当代中国学术思想史丛书

当代中国东方哲学研究

CONTEMPORARY STUDIES OF ORIENTAL PHILOSOPHY IN CHINA

孙 晶 主编

中国社会科学出版社

图书在版编目(CIP)数据

当代中国东方哲学研究/孙晶主编. —北京：中国社会科学出版社，2018.10
ISBN 978-7-5161-5896-8

Ⅰ.①当… Ⅱ.①孙… Ⅲ.①东方哲学—哲学研究 Ⅳ.①B3

中国版本图书馆 CIP 数据核字（2015）第 069680 号

出 版 人	赵剑英
责任编辑	韩国茹
责任校对	张依婧
责任印制	戴　宽

出　　版	中国社会科学出版社
社　　址	北京鼓楼西大街甲 158 号
邮　　编	100720
网　　址	http://www.csspw.cn
发 行 部	010-84083685
门 市 部	010-84029450
经　　销	新华书店及其他书店
印刷装订	北京君升印刷有限公司
版　　次	2018 年 10 月第 1 版
印　　次	2018 年 10 月第 1 次印刷
开　　本	710×1000　1/16
印　　张	20.5
插　　页	2
字　　数	336 千字
定　　价	88.00 元

凡购买中国社会科学出版社图书，如有质量问题请与本社营销中心联系调换
电话：010-84083683
版权所有　侵权必究

《当代中国学术思想史丛书》
编辑委员会

主　任　　王伟光

副主任　　蔡　昉（常务）　　李培林　　李　扬

编　委　　（以姓氏笔画为序）

　　　　　　卜宪群　马　援　王国刚　王建朗　王　巍
　　　　　　邢广程　刘丹青　杨　光　李　平　李汉林
　　　　　　李向阳　李　林　李　周　李培林　李　薇
　　　　　　吴恩远　张宇燕　张顺洪　陆建德　陈众议
　　　　　　陈泽宪　卓新平　周　弘　郑秉文　房　宁
　　　　　　赵剑英　郝时远　唐绪军　黄　平　黄群慧
　　　　　　朝戈金　程恩富　谢地坤　蔡　昉　裴长洪
　　　　　　潘家华

总策划　　赵剑英

总　序

当今世界正处于前所未有的激烈的变动之中，我国正处于中国特色社会主义发展的重要战略机遇期，正处于全面建设小康社会的关键期和改革开放的攻坚期。这一切为哲学社会科学的大繁荣大发展提供了难得的机遇。哲学社会科学发展目前面对三大有利条件：一是中国特色社会主义建设的伟大实践，为哲学社会科学界提供了大有作为的广阔舞台，为哲学社会科学研究提供了源源不断的资源、素材。二是党和国家的高度重视和大力支持，为哲学社会科学的繁荣发展提供了有力保证。三是"百花齐放、百家争鸣"方针的贯彻实施，为哲学社会科学界的思想创造和理论创新营造了良好环境。

国家"十二五"发展规划纲要明确提出："大力推进哲学社会科学创新体系建设，实施哲学社会科学创新工程，繁荣发展哲学社会科学。"中国社会科学院响应这一号召，启动哲学社会科学创新工程。哲学社会科学创新工程，旨在努力实现以马克思主义为指导，以学术观点与理论创新、学科体系创新、科研组织与管理创新、科研方法与手段创新、用人制度创新为主要内容的哲学社会科学体系创新。实施创新工程的目的是构建哲学社会科学创新体系，不断加强哲学社会科学研究，多出经得起实践检验的精品成果，多出政治方向正确、学术导向明确、科研成果突出的高层次人才，为人民服务，为繁荣发展社会主义先进文明服务，为中国特色社会主义服务。

实施创新工程的一项重要内容是遵循哲学社会科学学科发展规律，完善学科建设机制，优化学科结构，形成具有中国特色、结构合理、优势突出、适应国家需要的学科布局。作为创新工程精品成果的展示平台，哲学社会科学各学科发展报告的撰写，对于准确把握学科前沿发展状况、积极推进学科建设和创新来说，是一项兼具基础性和长远性的重要工作。

中华人民共和国成立以来，伴随中国社会主义革命、建设和改革发展的历史，中国特色哲学社会科学体系也处在形成和发展之中。特别是改革开放以来，随着我国经济社会的发展，哲学社会科学各学科的研究不断拓展与深化，成就显著、举世瞩目。为了促进中国特色、中国风格、中国气派的哲学社会科学观念、方法和体系的进一步发展，推动我国哲学社会科学优秀成果和优秀人才走向世界，更主动地参与国际学术对话，扩大中国哲学社会科学话语权，增强中华文化的软实力，我们亟待梳理当代中国哲学社会科学各学科学术思想的发展轨迹，不断总结各学科积累的优秀成果，包括重大学术观点的提出及影响、重要学术流派的形成与演变、重要学术著作与文献的撰著与出版、重要学术代表人物的涌现与成长等。为此，中国社会科学出版社组织编撰"当代中国学术思想史丛书"大型连续出版丛书，既是学术界和出版界的盛事，也是哲学社会科学创新工程的重要组成部分。

"当代中国学术思想史丛书"分为三个子系列："当代中国学术史"、"学科前沿研究报告"和"学科年度综述"。"当代中国学术史"涉及哲学、历史学、考古学、文学、宗教学、社会学、法学、教育学、民族学、经济学、政治学、国际关系学、语言学等不同的学科和研究领域，内容丰富，能够比较全面地反映当代中国哲学社会科学领域的研究状况。"学科前沿研究报告"按一级学科分类，每三年发布，"学科年度综述"为内部出版物。"学科前沿研究报告"内容包括学科发展的总体状况，三年来国内外学科前沿动态、最新理论观点与方法、重大理论创新与热点问题，国内外学科前沿的主要代表人物和代表作；"学科年度综述"内容包括本年度国内外学科发展最新动态、重要理论观点与方法、热点问题，代表性学者及代表作。每部学科发展报告都应当是反映当代重要学科学术思想发展、演变脉络的高水平、高质量的研究性成果；都应当是作者长期以来对学科跟踪研究的辛勤结晶；都应当反映学科最新发展动态，准确把握学科前沿，引领学科发展方向。我们相信，该出版工程的实施必将对我国哲学社会科学诸学科的建设与发展起到重要的促进作用，该系列丛书也将成为哲学社会科学学术研究领域重要的史料文献和教学材料，为我国哲学社会科学研究、教学事业以及人才培养作出重要贡献。

目　录

导论 ………………………………………………………………（1）

Ⅰ．印度篇

第一章　印度正统派哲学研究 ………………………………（3）
　前言 …………………………………………………………（3）
　第一节　古代哲学思想始源探究 …………………………（4）
　　一　吠陀神曲研究 ………………………………………（4）
　　二　奥义书的研究 ………………………………………（6）
　　三　《薄伽梵歌》研究 …………………………………（12）
　第二节　吠檀多的价值和意义 ……………………………（14）
　　一　一般研究 ……………………………………………（14）
　　二　吠檀多不二一元论哲学研究 ………………………（16）
　　三　后期吠檀多哲学研究 ………………………………（20）
　第三节　多元论与一元论 …………………………………（23）
　　一　胜论哲学研究 ………………………………………（23）
　　二　弥曼差语言哲学的研究 ……………………………（26）
　　三　正理派哲学研究 ……………………………………（29）
　第四节　印度二元论哲学 …………………………………（30）
　　一　数论及《金七十论》的文献研究 …………………（30）
　　二　古典数论的思想研究 ………………………………（32）
第二章　唯物论派哲学研究 …………………………………（36）
　　一　关于顺世外道的典籍 ………………………………（36）
　　二　顺世外道在中国的影响 ……………………………（37）

三　中国宗教对顺世外道的批判 ………………………………（39）
　　四　汉译佛经中关于顺世外道历史发展的主要记载 …………（40）
　　五　顺世外道的自然哲学观点 …………………………………（41）
第三章　印度佛教哲学研究 ……………………………………………（44）
　前言 ………………………………………………………………………（44）
　第一节　通论性研究 ……………………………………………………（45）
　第二节　原始佛教哲学研究 ……………………………………………（48）
　　一　起源问题 ……………………………………………………（48）
　　二　佛传本生 ……………………………………………………（51）
　　三　缘起理论 ……………………………………………………（52）
　　四　涅槃思想 ……………………………………………………（53）
　第三节　小乘部派佛教哲学研究 ………………………………………（54）
　　一　部派与分派 …………………………………………………（55）
　　二　《俱舍论》与说一切有部 …………………………………（56）
　　三　其他部派学说 ………………………………………………（58）
　第四节　大乘佛教哲学研究 ……………………………………………（59）
　　一　般若思想 ……………………………………………………（59）
　　二　中观哲学 ……………………………………………………（61）
　　三　唯识学说 ……………………………………………………（65）
　　四　因明理论 ……………………………………………………（68）
　第五节　密乘佛教哲学研究 ……………………………………………（71）
　第六节　印度佛教与印度正统派哲学比较研究 ………………………（74）
第四章　中国台湾六十年来的印度哲学研究 …………………………（83）
　第一节　印度传统哲学研究 ……………………………………………（83）
　　一　印度哲学思想史研究 ………………………………………（84）
　　二　印度异端派哲学研究 ………………………………………（88）
　　三　印度近现代哲学研究 ………………………………………（90）
　第二节　印度佛教哲学的研究 …………………………………………（91）
　　一　原始佛教哲学研究 …………………………………………（91）
　　二　开拓中国佛教研究的新境界 ………………………………（93）
　　三　大乘佛教哲学研究 …………………………………………（95）
　第三节　问题与展望 ……………………………………………………（96）

  一　1949年以来台湾的现代佛学研究 …………………………（96）
  二　梵语教学延续印度佛学与哲学的研究 ……………………（97）
  三　中国台湾的印度学研究及其展望——台湾印度学
    学会的成立 ……………………………………………………（98）

Ⅱ．日本篇

绪　论 ………………………………………………………………（101）
  一　关于日本哲学的研究范畴 …………………………………（103）
  二　新中国成立后日本哲学学研究状况概述 …………………（107）
  三　新时期的日本哲学学研究状况概述 ………………………（109）
  四　结语 …………………………………………………………（111）
第一章　日本古代及中世哲学研究 ………………………………（113）
  第一节　综合性研究及中日哲学比较研究 …………………（113）
  第二节　日本古代神道教及近世国学研究 …………………（123）
  第三节　日本古代儒学思想研究 ……………………………（133）
  第四节　日本古代佛教思想研究 ……………………………（147）
  第五节　日本町人思想研究 …………………………………（154）
  第六节　武士道思想研究 ……………………………………（156）
  第七节　日本独立学派思想研究 ……………………………（161）
  第八节　日本基督教及兰学思想研究 ………………………（168）
第二章　日本近现代哲学史、思想史等综论性研究 ……………（175）
第三章　日本近现代哲学思想研究 ………………………………（187）
  第一节　启蒙思想研究 ………………………………………（187）
  第二节　形而上学研究 ………………………………………（191）
  第三节　民族主义及其外围思想的研究 ……………………（195）
  第四节　马克思主义与左翼思想研究 ………………………（200）

Ⅲ．朝鲜（韩）半岛篇

第一章　中国的韩国哲学研究概况 ………………………………（205）
第二章　韩国儒学研究 ……………………………………………（208）
  第一节　韩国儒学史研究 ……………………………………（208）
  第二节　退溪哲学研究 ………………………………………（215）

第三节　栗谷哲学研究 ………………………………………（219）
　　第四节　南冥哲学研究 ………………………………………（224）
　　第五节　郑齐斗与韩国阳明学研究 …………………………（226）
　　第六节　丁茶山与韩国实学研究 ……………………………（229）
第三章　韩国佛教研究 …………………………………………（234）
第四章　韩国道教与道家哲学思想研究 ………………………（243）
第五章　韩国近代新宗教研究 …………………………………（246）
第六章　韩国哲学文献整理与哲学著作译介 …………………（249）
第七章　中韩日哲学比较研究 …………………………………（255）
参考文献 …………………………………………………………（259）

后记 ………………………………………………………………（264）

导　论

关于东方、东方学——中国对印度哲学的研究——日本对印度和中国哲学的研究——西方对东方哲学的研究——东方宗教哲学的起源——东方哲学内部的可比性——东西方文化的比较

一

东方既是一个地理学上的概念，也是文化及政治概念。如果单讲东方（east）这个地理学的概念，那它包括了整个亚洲以及北部非洲，具体的国家和地区主要有包括中国、日本、朝鲜、韩国的东亚地区；包括印度、巴基斯坦、孟加拉国、斯里兰卡等国的南亚地区；包括伊朗、阿富汗、伊拉克、埃及等国的西亚北非地区；包括越南、泰国、新加坡和马来西亚等国的东南亚地区。这是相对于西方（west）的地理概念而言的。作为一个地域概念，它的形成也有着历史的原因。不同国度的人对"东方"这个地理概念有不同的地域所指。美国人说"东方"指的是远东（亦即中国和日本）。而法国人与英国人从历史上来看，他们讲的"东方"主要指近东或阿拉伯世界，或与欧洲接界的"非欧世界"（non-European world）。而对于德国人、俄罗斯人、西班牙人、葡萄牙人、意大利人以及瑞士人而言，"东方"指的又是另外一些地区。东方学权威萨义德认为，从18世纪以来，随着欧洲对世界"开发"范围的扩大，"东方"这个地理概念从原来的伊斯兰世界和近东，转化成相当开放的地理概念体系（包括印度、中国、日本等），使"东方"超脱了古代基督教和犹太教的范畴。[1] 东洋

---

[1] 参见爱德华·W. 萨义德《东方学》，王宇根译，生活·读书·新知三联书店2007年版。

一词在我国元明之后的地理学著作中（《岛夷志略》、①《东西洋考》②）主要指南海东部地区，包括现东南亚地区。自清代以来又将日本称为"东瀛"或"东洋"。从政治上讲，16—17世纪以来，欧洲殖民主义向外扩张，为了与作为宗主国的西方国家相区别，即把中国、日本、朝鲜半岛、印度次大陆以及西亚北非地区通称为东方。日本人过去将印度、中国、日本这三国称为"东洋"，进而又将朝鲜、中亚纳入东洋的范围。第二次世界大战以后，由于西方对伊斯兰文化圈和犹太教文化圈开始重视，二者也被纳入东洋文化圈的范围。③

西方国家不但从政治上、经济上奴役、压迫和掠夺东方地区的国家，并且在文化上以"欧洲中心论"来对东方地区各民族文化进行歪曲和摧残。因而在这种情况下，东方人民自19世纪下半叶以来，为了抵制和反抗这种压迫，逐渐开始形成东方民族主义运动，到20世纪上半叶达到了高潮。这种反抗思想反映在许多革命家或历史学家的著作中，如孙中山先生在1924年所作的《大亚洲主义》演讲中，曾把东方文化说成是主张仁义道德的王道文化，把西方的功利和强权文化说成是霸道文化。列宁在他的《民族和殖民地问题提纲初稿》中也提到了"东方各民族"的解放问题。印度的甘地主义和土耳其的凯末尔主义便是典型的东方形式。④由于东方这个概念也代表着不同于西方的语言、文化和思维方式，所以在本书中特指包括中国（及东亚国家）、印度（及南亚国家）和巴比伦（及西亚北非国家）等国家和地区。在这些东方国家中，其文化背景和思维方式比较接近西方的是伊斯兰文化圈，而汉字文化圈和印度的民族文化则有自己独特的思想形态。

东方学（Orientalism）是研究东方的历史、宗教、哲学、经济、语言、文学、艺术及其他物质、精神文化的综合性学科。萨义德在《东方学》一书以及以后发表的诸多文章中，多处专门论述什么是"东方学"（东方主义）。在萨义德看来，Orientalism有三种含义：第一种是学术研究学科，即"东方学"。第二种是一种思维方式，由此，国内一些学者主张

---

① （元）汪大渊：《岛夷志略校释》，中华书局1981年版。
② 明代福建漳州人张燮（1574—1640）著。他还著有《文集》。
③ 参见［日］中村元《印度人的思维方法》，《中村元选集》第一卷，春秋社1988年版，第4页。
④ 参见黄心川《东方著名哲学家评传》总序，山东人民出版社1999年版，第2页。

翻译成"东方主义"。萨义德认为，东方学是一种思维方式，奠基于"the Orient"（东方）与"the Occident"（西方）在本体论和认识论意义上的区分。由此，大量的作家包括诗人、小说家、哲学家、政治理论家、经济学家以及行政官员，接受了这一东方、西方的区分，并将其作为精心阐释东方，包括东方的人民、习俗、心性和命运等的出发点。第三种是一种权力话语方式。萨义德认为，"东方学是一种阐释方式，只不过其阐释的对象正好是东方、东方的文化、民族和地域"。这种阐释"归根到底是一种强加于东方之上的政治学说"。① 根据第一种含义，东方哲学研究既可归属于它，同时也涵盖了第二种含义。对东方哲学的研究是伴随着东方学的出现而诞生的。

东方学产生于近代西方。大约从16世纪末开始就有一些欧洲商人、传教士和其他最初到东方传教、贸易和探险的人员写了一些关于东方各国的记载。早在13世纪就有马可·波罗（1254—1324）写的《东方闻见录》，② 后来的门多萨关于中国的记载（1585）③、欧利里阿斯关于波斯的记载（1647）等。16世纪末巴黎大学、17世纪牛津大学都开设近东语言课程。牛津大学首任阿拉伯语教授爱德华·波考克（1604—1691）著《阿拉伯史纲》，开阿拉伯研究先河。17世纪末欧洲一些大学收集了大量东方典籍文稿，出版了一批根据东方资料编成的系统著作。如戴尔倍罗等人编订的《东方文库》等。18世纪东方语言学获得了发展，东方经典的准确译本出版：加兰译《一千零一夜》、雷孝思译《易经》、④ 乔治·赛尔译《古兰经》、杜柏农译印度的《奥义书》和波斯的《阿维斯陀》（又译为《波斯古经》）、哈尔赫德译《摩奴法典》。19世纪是东方学的确立时期。在前一阶段东方语言学研究成果的基础上，东方学研究的众多方面

---

① 参见黄心川《东方著名哲学家评传》总序，山东人民出版社1999年版，第3—4页。
② 《东方闻见录》又称《马可·波罗游记》，共分4卷，共229章。（根据冯承钧中译本）马可·波罗回到故乡后，1296年因威尼斯与热那亚战争被俘入狱，在狱中口述东方见闻，由同狱的比萨人Rusticiano笔录成书。据说原文是用古老的法语写成的。后来的版本、译本非常多。
③ Gonzalez de Mendoza，西班牙传教士，著《大中华帝国史》（英译名：*History of the Kingdom of China*）。
④ 最早把《易经》意译成西文的是耶稣会士雷孝思（1663—1738）译成的拉丁文本，共上、下两册，分别于1834年和1839年出版。《易经》日文版本是星野恒和伊藤东涯编的《汉文大系》第16辑，1913年出版。

都有突破和发展。系列考古发现和东方古代铭文的解读，是东方学确立的基础之一。格罗特芬德对波斯楔形文字的破译（1802），罗林逊对亚述、巴比伦楔形文字的解读，高波利翁对埃及象形文字的发现（1822）以及多次对埃及、美索不达米亚、波斯、小亚细亚、印度、中国考古都取得了成果。东方语言学发展成熟，大型东方语言辞典、自成系统的语法著作陆续出版。如《英华字典》（6卷）[①]、《梵文字典》（7卷）[②]、《阿英词典》（8卷）、《中俄大辞典》及《梵文文法》[③]、《汉文典》[④] 等。20世纪以来，东方国家的一批学者加入东方学的研究队伍，以不同于西方东方学界的民族视野研究东方学，以其材料充实的研究成果而异军突起。一些研究领域呈现出繁荣局面。如敦煌学研究成为国际性的热门。汉学、中东学、日本学由于20世纪世界政治经济形势的发展与变化，成为显赫之学。沙畹（1865—1918）的汉学著作、戴密微的敦煌学研究成果、汉密尔顿·吉布的《阿拉伯文学史》、瓦特的《穆罕默德：先知和政治家》、陶德的《拉贾斯坦编年史与文物》、温特尼兹的《印度文学史》、谢尔巴茨基的《印度逻辑》等都是东方学的重要论著。东方学家的国际性合作研究是20世纪东方学的新发展。如《伊斯兰百科全书》就是西方各国伊斯兰—阿拉伯学者通力合作的产物，1942年出版了4卷本，然后各自根据已取得的学术成果进行专题研究，提供基本书目。第二次世界大战后编写的3卷中大部分词条是专门学者撰写的学术论文。1954年又在英、法、德学者的主持下修订，自1960年陆续出版各卷，汇集了20世纪世界阿拉伯研究的成果。

  关于东方哲学，一开始欧洲人是不承认东方有哲学存在的。在德国，康德、黑格尔、胡塞尔和海德格尔都曾认为欧洲之外没有哲学，尽管有着"深邃的智慧"，但至少没有"专门的哲学"。黑格尔认为孔子和他的弟子

[①] 《英华字典》（或称《中英字典》、《中国语言字典》、《华英辞典》等），是世界第一部英汉—汉英对照字典和中国境内最早使用西方活字印刷术排印的第一部中文书籍。该字典由基督新教来华传教士马礼逊独立编著，由隶属英国东印度公司的澳门印刷厂印制。共6册，在澳门出版，于1815年至1823年陆续出版。

[②] 《梵文字典》（*Sanskrit Worterbuch*）由著名语言学者伯特苓克（Boeht－lingk）著，其同时著有《简帘梵文字典》（*Sanskrit Worterbuch in Ku｜rzerer Fassung*），1889年出版。

[③] ［法］R. Antoine 著，梅酒文译。

[④] ［瑞典］高本汉著，潘悟云等编译。

们的谈话（即《论语》），里面所讲的只是一种道德常识，这种道德常识在哪里或在任何一个民族里都能找得到。因此，孔子只是一个实际的世间智者，在他那里，思辨的哲学是没有的——只有一些善良的、道德的教诲，从里面我们找不到思辨的东西。康德、黑格尔这种否定性评判的产生是源于他们东方知识的缺乏，非欧洲文化，从走进欧洲学者的眼中到得到欧洲学者的认可，经历了一段很长的历史。但值得注意的是，黑格尔从1819年开始，尤其在1825年以后修正了他对东方哲学的看法。1819年，他在自己关于哲学史的演讲中，写进了"东方哲学"这一节。从1825年开始，他似乎修正了自己的评价，这主要是读了亨利·托马斯·科尔布鲁克（Henry Thomas Colebrook）的《论印度哲学》（载《大不列颠与爱尔兰皇家亚洲学会学报》），还读了威廉·冯·洪堡特（Wilhelm von Humboldt）在1825年和1826年提交给柏林科学学院的对《薄伽梵歌》的评注。科尔布鲁克对印度哲学派别数论和正理—胜论学说的"摘录"，使黑格尔承认它们是"真正的哲学著作"。

二

中国的东方学研究起步很早，并在同亚非人民长期交往中积累了丰富的史料。古来有法显、玄奘和义净巡游印度，著有《佛国记》《大唐西域记》《南海寄归内法传》《唐西域求法高僧传》等著作；杜环出使西亚北非，著有《经行记》。这些著作都是研究古代印度和近东的重要资料。元代汪大渊两次游历东南亚和印度洋各地，著有《岛夷志略》。明代郑和率领庞大船队七下"西洋"，访问了东南亚和印度洋沿岸的20多个国家，其随员马欢、费信和巩珍分别撰写《瀛涯胜览》《星槎胜览》《西洋番国志》等书，是研究亚非政治、经济、文化的珍贵资料。官修《二十四史》中不乏亚非地区或某一国家的专门记载。

中国和印度同属世界文明古国，两国之间在文化上自古就有交流。中国与印度早在2000年前就开始了宗教、文化和思想的交流，两汉以后交流越来越频繁，唐代时达到高潮。一般认为，自公元1世纪佛教自西域传入中国开始，印度文化也就随之而入。在汉译佛经中包含了大量有关印度哲学的史料①，印度佛教思想是中国佛教的思想来源。然而，对印度哲学的研究与对佛教的研究是存在着很大的差别的，佛教学的理论基础是传统的佛教教义学，其研究是以宗教研究为核心的；而对印度哲学的研究受到了西方哲学的影响，以研究印度古典文献为重点。在印度，自古以来学人们在学习哲学或宗教的相关经典时，不但要准确地理解经典著作的思想精髓，还必须进行实践，即所谓的"学道"。然而，自欧洲人侵入印度以来，为了更好地殖民化，他们对印度文化进行了深入的探究。欧洲人根据自身的哲学理性传统，抛弃了印度文化中实践的部分，以研究古典文献为主。这种研究方法很快就影响到了亚洲，主要是日本。例如，日本最早对《瑜伽经》进行研究时，就是将其作为哲学文献来研究，而不是作为一种宗教实践来研究。但是，无论是日本还是中国，在19世纪晚期到20世纪前期，一般都把印度哲学的研究作为佛教学研究的辅助性学问，只是到了20世纪中叶才改变了印度哲学研究的地位，取得了与佛教学研究相同的地位。

1. 印度佛教和印度教的传入主要通过四个途径

(1) 海上丝绸之路。从印度的南部海岸出发，经马来半岛，到中国的广州和泉州。此条路线被在泉州大量出土的印度教的历史文物所证实。前些年在泉州出土有200多件文物，包括印度教的主要神的石像，如：湿婆、毗湿奴、黑天、吉祥天女、罗摩等，以及用古泰米尔文写作的印度教的碑铭。

(2) 从印度的阿萨姆（古称伽没洛国）出发，经上缅甸到中国的云南及西南地区。此路线可由在云南大理发现的印度密教遗址，以及云南剑川县的石钟山石窟造像得到证实。

(3) 丝绸之路。从克什米尔，越葱岭，沿天山山脉南北两路，到达阳关和玉门关。这是佛教传入中国的主要途径。在丝绸之路有许多印度教的艺术品，如在敦煌有印度教的象头神画像（莫高窟西魏第285窟），在克孜尔有《罗摩衍那》助弥猴的本生壁画（克孜尔石窟第179窟）。玄奘在《大唐西域记》中提到，7世纪时在现新疆和田地区（古称瞿萨旦那国）有涂灰外道（即湿婆派）在活动②，在新疆的库车城（古称屈支国，

---

① 参见汤用彤《汉文佛经中的印度哲学史料》，商务印书馆1994年版。
② 季羡林等：《大唐西域记今译》，陕西人民出版社1985年版，第415页。

即龟兹）曾建有印度教的寺庙。①

（4）由印度经尼泊尔传入西藏。这是印度佛教和密教传入藏地的途径，也同样是西藏喇嘛教传入尼泊尔和南亚地区的通道。②

佛教自传入我国以来，经过与中华文明的融合和互动，在漫长的发展过程中，产生了浩瀚的文献典籍，形成了内容极为丰富的佛教文化，成为中华传统文化一个重要的组成部分，对中国历史和社会产生了广泛而深刻的影响。

2. 佛教在中国发展史的简单回顾

（1）两汉时期（公元前206—公元220），佛教初传入，虽然有了佛经的翻译，也有印度和中亚西域的僧人，但毕竟是初期阶段，还未能普及于民间。当时也没有正式的中华僧人，主要流行在宫廷贵族的上层社会。

（2）魏晋时期（220—420），佛教得到了进一步的发展。译经方面，无论从数量还是质量上来看都有了很大的提高和发展。义理学说方面，魏晋时期的佛教开始了"中国化"过程，除了译经之外，也从事佛学的研究。这一时期出现了许多"义学高僧"，如：道安、慧远、法显、道生、僧肇等。当时出现了中国最早的佛经目录《经录》，《般若》之学盛行，同时还深受中国玄学的影响。曹魏之后，中国佛教建立了传戒制度，出家僧人不再只是"剃发""染衣"，而是要"受具"。③ 有了中国的僧人，这才标志着佛教真正在中国生根。

（3）南北朝时期（420—589），由于得到了王朝的支持，佛教得到更大的发展。在南方，由于宋、齐、梁、陈四朝的统治者都热衷于佛教，发展很顺利，崇尚"义学"。在北方，佛教虽受"二武法难"④，但佛教的发展并未受多大的影响，主要流行重实践的"禅学"。这一时期主要的成就有：梁僧祐的15卷的《出三藏记集》，为迄今保存完整的早期《经录》；僧祐的14卷的《弘明集》，是一部相当重要的佛教文献汇编；梁慧皎的14卷的《高僧传》，是中国佛教史上第一部体系完备的僧传。

---

① 季羡林等：《大唐西域记今译》，陕西人民出版社1985年版，第20页。
② 以上四条输入路线由黄心川整理提出，参阅黄心川为江亦丽《商羯罗》一书所作的序，台湾东大图书公司1997年版，第2—9页。黄心川：《中国密教的印度渊源》，载《印度宗教与中国佛教》（《南亚研究》增刊），中国社会科学出版社1988年版，第1—19页。
③ 受了"具足戒"，方能成为正式的合格僧人。
④ 即北魏太武帝和北周武帝的灭佛运动。

（4）隋唐时期（581—907），这是中国佛教的成熟期。因为，随着中国的统一，佛教也走向了统一。具有中国文化特征的各个佛教宗派相继产生，形成了真正意义上的中国佛教。与此同时，也产生了一批各宗的佛教大师，成为历史上有名的佛教领袖人物。如法相宗的玄奘、窥基、慧沼；华严宗的法顺、智俨、澄观；禅宗的道信、弘忍；等等。

（5）宋元及以后时期（960— ），直到明清，佛教一直在走下坡路，虽然各派各宗仍然各自为政，分头活动，但大都是在步前人后尘，很少有新的理论提出。明朝皇帝推崇理学，且为了维护自己政权的稳定，防止佛教组织成为民众闹事的工具对佛教加以严格的控制。清朝则在继续控制佛教的同时，对喇嘛教加以扶持。

关于印度佛教和哲学对中国的影响，胡适的《中国哲学史大纲》有一段话说得非常明白：

> 自东晋以后，直到北宋，这几百年中间，是印度哲学在中国最盛的时代。印度的经典，次第输入中国。印度的宇宙论、人生论、知识论、名学、宗教哲学，都能于诸子哲学之外，别开生面，别放光彩。此时凡是第一流的中国思想家，如智俨、玄奘、宗密、窥基，多用全副精力，发挥印度哲学。那时的中国系的学者，如王通、韩愈、李翱诸人，全是第二流以下的人物。他们所有的学说，浮泛之浅陋，全无精辟独到的见解。故这个时期的哲学，完全以印度系为主体。唐以后，印度哲学已渐渐成为中国思想文明的一部分。譬如吃美味，中古第二时期是仔细咀嚼的时候。唐以后便是胃里消化的时候了。吃的东西消化时，与人身本有的种种质料结合，别成一些新质料。印度哲学在中国，到了消化的时代，与中国固有的思想结合，所发生的新质料，便是中国近世的哲学。我这话初听了好像近于武断。平心而论，宋明的哲学，或是程朱，或是陆王，表面上虽都不承认和佛家禅宗有何关系。其实没有一派不曾受印度学说的影响。①

从印度佛教来讲，分有小乘、大乘两大系统，这两种系统都传到了中国。但是，这两大系统传到中国以后，经过在中国的社会历史背景下的发

---

① 胡适：《中国哲学史大纲》，商务印书馆1919年版，第7页。

展，也在逐渐适应了中国社会的需要后，形成了自隋唐以来的"大乘八宗"（即天台、三论、唯识、华严、禅、净土、律、密）。自此大乘佛教在中国独霸天下。

佛教自进入中国以来，一直接受中国文化的影响，在思想理论上与儒家、道家既互相吸取，又相互矛盾。然而在长期的相互交涉中却形成了具有中国特色的宗教，甚至可以说中国佛教是中国传统的宗教。印度佛教在哲学思想方面为中国的传统哲学所接受，程朱理学在相当程度上接受佛教（禅宗）的影响，对佛学赞不绝口，如"释氏之学，亦极尽乎高深"（《二程全书》卷十三），"（庄）周安得比他佛！佛说直有高妙处，庄周气象，大都浅近"（《二程全书》卷三十七）。明代儒学家王阳明的哲学命题"天下无心外之物"，与佛教唯识宗的"心外无物"的命题完全相似。至于道教，可以认为无论是宗教形式、道观规模或道士形象都对佛教进行了模仿。而佛教传到中国后，在汉代它被方术化；到魏晋，它又玄学化；此后再受儒家的影响，如"儒佛合一"，"三教同源"。儒、释、道三教在中国一直是相互融合、相互吸收的。

3. 中国还保存有大批的印度的史料和文献

（1）婆罗门教—印度教梵文文献：《薄伽梵歌》（Bhagavadgita）、《摩诃婆罗多》（Mahābhārata）、《莲花往世书》（Padma - pūraṇa）、《数论颂》（Sāmkhya - kārikā）、《七句义论》（Saptapadārthī）、《胜宗十句义论》（Dazapadārtha - śāstra）、《波你尼经读本》（Pāṇinisūtrapaṭhaka），等等。其中，中国陈隋之际的真谛（约548—596）所译印度自在黑（Śvarakṛṣṇa）的《金七十论》（Suvarṇasaptati - Śāstra）在印度已经失传，后根据《金七十论》又将它倒译为梵文。① 《胜宗十句义论》是由玄奘将其译成汉文，现在印度已无此梵本。上述梵文经典大都是11世纪以后的写本。在西藏布达拉宫（起居驻）发现的梵文写本《摩诃婆罗多》、《莲花往世书》、《胜宗十句义论》等三种都是用"驴唇体"（俱卢梵语 kharoṣṭhi）所书写，在我国新疆还发现了一些用"驴唇体"写作的梵文医学类写本。

（2）佛教经典：据统计，现存汉译佛经和其他经典中属印度次大陆的共计1692种，约5700卷。根据1683年北京版西藏大藏经统计，属于

---

① 此书由高楠顺次郎先转译为法文，再由 N. A. Sastri 译为梵文，即 *SurvarNasaptati ZAstra*，1944年在印度出版。

正藏（甘珠尔）的计1055部，属于副藏（丹珠尔）的计3522部。这些经典极大部分由梵文翻译而来。佛教经典中包含了大量关于印度教密教的经典，例如：日本所编《大正新修大藏经》第18册至第21册密教部共收录经轨1420部，其中属于密部的经轨计573部。另外，在藏外还发现有密教经典60部。①

在佛教的经典中包含有大量关于印度别的宗教哲学的资料，这从近年中国出版的汤用彤的著作《汉文佛经中的印度哲学史料》中就可以看出。该书主要参考了《大正》《频伽》《金陵》《藏要》等版本，详细地从佛经中分别出对佛教外的印度各派哲学的不同描述，例如：关于数论的二十五谛，该书就列举了《成唯识论述记》（《大正藏》第43册）、《因明入正理论疏》（《大正藏》第44册）与《阿毗达磨俱舍论光记》（《金陵藏》第45卷）等三部书中所记的数论的关于二十五谛的论述。又如对各派哲学的综述中，该书列举了《梵网经》（《大正藏》第11册）与《阿毗达磨大毗婆娑论》（《大正藏》第27册）中关于六十二见的论述。②

（3）关于印度的辞典或辞书：其中最重要的有玄应、慧苑、慧琳、希麟等所编的《一切经音义》（《大正藏》第54册）、《续一切经音义》（《大正藏》第54册）、隋吉藏著的《百论疏》（《大正藏》第42册），西藏在9世纪编的《翻译名义大集》等。这些辞书虽然为佛教所用，但也收集了许多关于印度别的宗教哲学的资料，具有很高的参考价值。③

自佛教及婆罗门教传入中国以来，中国在了解和接受佛教时，也即开始了对印度的研究，一千多年来就一直没有停止过。许许多多的士大夫和僧人终生致力于解经格义、翻译注疏的学术活动，撰写了鸿篇巨制，给我们后人们留下了许许多多宝贵的佛教文化遗产和极为珍贵的资料文献。在汉译佛经中有大量关于印度哲学的资料，遗憾的是由于佛教的势力太大，并没有人利用这些资料来对外道加以研究。

据史书记载，伊斯兰教传入我国是在公元651年，即唐高宗永徽二年，迄今已有一千三百多年的历史。实际上更早以前中国和阿拉伯各国之

---

① ［日］长部和雄：《唐宋密教史论考》，永田文昌堂1982年版。
② 汤用彤：《汉文佛经中的印度哲学史料》，商务印书馆1994年版。
③ 以上内容可以参考黄心川《印度教与中国》一文，见江亦丽著《商羯罗》序言，台湾东大图书公司1997年版。

间就互有往来。最早是在汉和帝刘肇永元九年（97）时，中国著名探险家甘英就曾奉命西使，游历过波斯等西域各国。以后还有不少中国和阿拉伯的船只和商人西往东来。到了盛唐时期，中阿关系更加发展，相互来往更加频繁。当时来中国的大食人（"大食"一词是阿拉伯语塔吉尔的音译，即商人之意）与日俱增。他们先是由海路，即从波斯湾经印度绕马来半岛到达广州、泉州等沿海一带城市。这就是历史上著名的海上"丝绸之路"。后来又由陆路即经波斯、中亚、天山南北到达长安（今西安）。

唐至德二年（757），阿拉伯人应唐肃宗李亨的邀请，派军队前来帮助平定安禄山之乱。后来这些人留居在中国，成了中国穆斯林来源的一部分。唐（618—907）、宋（960—1279）两朝来中国经商的大食人更是络绎不绝。他们所经营的大多是香料、药材、珠宝等贵重物品。在来华的大食人不断增加的情况下，阿拉伯当局也曾多次派遣使节团来华。在第三任哈里发奥斯曼时代，也就是公元651年8月25日（即教历31年1月21日），适逢唐永徽二年，他们向中国正式派来第一个使节团。他们谒见了唐朝皇帝并介绍了他们国家的宗教信仰和风俗习惯等情况。多数史学家将这次使节团的来华作为伊斯兰教正式传入我国的标志。到了南宋末期，由于元太祖成吉思汗西征，相继又有大批被征服的伊斯兰教徒来到中国。在这些被征服者中有一个较大的民族叫作花剌子模，这些人后来成了回族的主要来源。蒙古灭南宋建立元朝（1271—1368）后曾有"元时回回遍天下"之说。此时已有回、维等10个民族先后信仰了伊斯兰教。各地也随之建立了一些清真寺，如建于唐代的广州怀圣寺（亦称光塔寺）、西安的化觉寺，建于宋代的泉州清净寺和北京的牛街礼拜寺等。

伊斯兰教传入中国与佛教传入中国受到了不同的待遇。佛教传入中国后，立即受到中国封建统治者的高度重视。最高统治层中，信佛者、好佛者、捧佛者、崇佛者、媚佛者，代代有之。不少佛教徒，因其高深的宗教学识而被奉为"国师"、赐为"御弟"，冠带荣身，备受崇敬。伊斯兰教从唐代开始，在中国传播的过程中，除新疆局部地区外，从未受到过最高统治者如此崇高的待遇。即使以元代而论，伊斯兰教的"答失蛮"所以在统治者的文书中能与儒释道相提并论，所受待遇较好，那主要是教因人贵，以穆斯林为主体的色目人社会地位较高的缘故。穆斯林以其在军事、政治、经济、文化等各方面的杰出才干，为蒙古贵族统一中国、治理天下做出了重大的贡献，所以才被元统治者委以高官重任。这种委任与他们信奉的宗教无关。元统治者对伊斯兰教并无偏爱，他们信仰和崇拜的是佛教。正如洪钧《元史译文证补》中所说：

> 世祖混一区夏，虽亦以儒术饰治，然帝师佛子，殊宠绝礼。百年之间，朝廷之上，所以隆奉敬信之者无所有用其至。英宗时，且诏各郡，建八思巴殿，其制视孔子庙有加，驯至天魔按舞，秘密受戒，故有元一代，释氏称极盛。①

此外，佛教在中国积极传教，它的高度发展曾多次引起异教徒的嫉恨和不安，因此在历史上曾发生过南北朝时期及唐、元两朝僧道相争的事实，甚至有过北魏太武帝（424—451）排佛、北周武帝（561—578）废佛、唐武宗（841—846）灭佛、后周世宗（954）毁佛等所谓"三武一宗灭佛"的巨大灾难。而伊斯兰教在中国，除了新疆局部地区，基本上不对异教徒传教，亦不与其他宗教争高下，特别是不攻击儒家。所以伊斯兰教教义鲜为教外人知，也未遇到儒、佛、道及其他人的嫉恨。伊斯兰教在中国的传播发展速度虽慢，但却很平稳。从唐至明，有人批道，有人辟佛，有人参天主教，伊斯兰教却基本上没有受到过如此激烈的攻击和批评。

进入19世纪中叶以来，中国由于两大原因，对印度的研究一度有所减少。其一为西方各国对亚洲国家的殖民主义统治的开始，中国不断地与西方殖民主义者发生战争；同时由于印度也成为英国的殖民地，中印之间的经济文化交流减少。其二为明治维新以后，日本逐渐地"脱亚入欧"，中国也受其影响，"西学东渐"，大量地引入和宣传西方先进的科学技术和文化，使中国的学术界将目光都集中在西方的学问上，对古老的东方文明逐渐失去兴趣。梁漱溟先生的一段话可以使我们明白当时为什么人们对西方化有如此大的兴趣：

> 所谓东西文化的问题，现在是怎样情形呢？我们所看见的，几乎世界上完全是西方化的世界！欧美等国完全是西方化的领域，固然不须说了。就是东方各国，凡能领受接纳西方化而又能运用的，方能使

---

① 洪钧：《元史译文证补》卷二十九，中华书局1985年版。

它的民族、国家站得住；凡来不及领受接纳西方化的即被西方化的强力所占领。前一种的国家，例如日本，因为领受接纳西方化，故能维持其国家之存在，并且能很强胜的立在世界上；后一种国家，例如印度、朝鲜、安南、缅甸，都是没有来得及去采用西方化，结果遂为西方化的强力所占领。而唯一东方化发源地的中国也为西方化所压迫，差不多西方化撞进门来竟好几十年，使秉受东方化很久的中国人，也不能不改变生活，采用西方化！几乎我们现在的生活，无论精神方面、社会方面和物质方面，都充满了西方化，这是无法否认的。所以这个问题的现状，并非东方化与西方化对垒的战争，完全是西方化对于东方化绝对的胜利，绝对的压服！这个问题此刻要问：东方化究竟能否存在？①

20世纪初以来，特别是五四运动之后，泰戈尔访问中国，他和甘地的哲学及社会思想在当时的中国知识界曾产生过很大的影响。随着中国大量留学生东渡日本留学，在这一期间，中国的留日学生受日本学术界重视对佛教和印度哲学研究的影响，开始对印度哲学加以注目。1905年，清朝建立了京师大学堂（现北京大学的前身），由留学德、法，考察西方多年的蔡元培（1868—1940）担任校长。1917年，蔡元培聘请梁漱溟（1894—1988）在北京大学开设了关于印度哲学的讲座和课程。梁漱溟在第二年就出版了著作《印度哲学概论》②，继又出版了《东西文化及其哲学》③。中国著名哲学家汤用彤（1883—1964）擅长佛学、印度哲学，被北京大学聘为哲学系教授（1936）和哲学系主任（1939），1946年任文学院院长。曾在北京大学讲授印度哲学和佛学的著名学者还有：黄忏华、熊十力（1885—1968）、金克木（1912—2000）和季羡林。季羡林1946年从德国哥廷根学习梵文和巴利文归国后，任北京大学东方语言系主任。北京大学曾使用的印度哲学教科书包括有高楠顺次郎和木村泰贤共著、高观庐翻译的《印度哲学宗教史》④，黄忏华的《印度哲学史纲》⑤，汤用彤的

---

① 梁漱溟：《东西文化及其哲学》，商务印书馆2006年版，第12页。
② 梁漱溟：《印度哲学概论》，上海商务印书馆1918年版。
③ 梁漱溟：《东西文化及其哲学》，财政部印刷局出版1921年版。
④ [日]高楠顺次郎、木村泰贤：《印度哲学宗教史》，高观庐译，上海商务印书馆1935年版。
⑤ 黄忏华：《印度哲学史纲》，商务印书馆1936年版。

《印度哲学史略》①等。后来还选用了一些西方人的有关印度哲学、宗教、文化的书籍作为教科书，如：牛津大学的梵文教授麦克多尔（A. A. Macdonell）的著作《印度文化史》（*Indian's Past*，1927年）被翻译出版。②

新中国成立后，中国东方学的研究内容由过去的语言、历史、文化、哲学、宗教发展到当代亚非国家的社会、政治、经济等问题的全面研究。敦煌学、西藏学的研究基地在中国，其研究水平处于当代世界的前列。对其他领域的研究，中国的东方学者也作出了自己的贡献。1955年万隆亚非会议以后，国内相继成立了一些专门的东方研究机构。1956年成立的国际关系研究所设西亚、北非组，主要研究当代中东的政治、对外关系、社会状况和经济等问题。1959年中国科学院哲学社会科学部筹建亚非研究所。1962年在北京成立全国性的学术团体中国亚非学会。中国亚非学会和亚非研究所合办《亚非译丛》等刊物。1964年北京大学设亚非研究所。自改革开放以来，有关东方学的各种学会和研究机构纷纷成立。北京大学设有东方文化研究所、伊朗研究中心、朝鲜研究中心、日本研究中心等。中国科学院哲学社会科学部设立了亚洲与太平洋研究所、日本研究所、西亚北非研究所、韩国研究中心及东方文化研究中心，中国社会科学院哲学研究所还设立了东方哲学研究室。有关期刊有《南亚研究》《东南亚研究》《阿拉伯世界》《西亚·北非》《日本研究》《东方丛刊》等。北京大学和中国社会科学院还培养了新一代的东方学研究专家，出版了一大批东方学研究的著作，并且和世界主要东方学研究机构建立了广泛的交流和合作关系。

三

我国一衣带水的邻邦日本，对印度哲学的研究起步也很早。明治维新开始后的1879年（明治十二年），东京大学法理文学院和汉文学科讲师原坦山开设了"佛书讲义"，从此开始了日本的印度哲学研究。两年以后进行了学科改革，从政治学和理财学科中分设了哲学学科，又开设了

---

① 汤用彤：《印度哲学史略》，独立出版社1945年版。
② ［英］麦克多尔：《印度文化史》，中华书局1944年版。

"印度及中国哲学"。而早些时候开设的"佛书讲义"名称的"佛教哲学"也由此正式改为"印度哲学"。至于改名称的理由，据说是因为当时日本考虑到"脱亚入欧"的目的，要与西方的基督教搞好关系，用"佛教哲学"的名义容易引起基督教的不满，于是就改为了"印度哲学"，因为印度哲学实际上也包括佛教哲学。到1901年（明治三十四年），东京大学又开设了梵语讲座，1918年（大正六年）开设了印度及中国哲学讲座。最初在东京大学任教的教授是英国著名的东方学专家马克斯·缪勒以及当时世界最权威的印度哲学史专家、德国杜依森的学生高楠顺次郎。早年高楠顺次郎和南条文雄等人到英国留学，师事于马克斯·缪勒，还促成了马克斯·缪勒开始研究佛教。高楠从1906年开始讲授《印度哲学宗教史》，该书是日本印度哲学研究最早的成就，后来成为公认的世界名著。[1]从此结束了在日本一提印度哲学就只知道佛教的时代，也开始了日本的印度哲学、梵文学、佛教学三学科并立的时代。日本印度哲学研究最隆盛的年代是二战后，属于第二代的印度哲学专家有宇井伯寿（1882—1963）、金仓圆照（1896—1987）、中村元（1912—1994）等。新生代的印度哲学专家的代表为东京大学的前田专学（1931— ）。其中最值得一提的是东京大学的中村元教授，他对印度哲学与佛教学的研究成果[2]是当今世界印度学界最重要的成就，他所确立的对印度吠檀多哲学的研究方法为世界学界所公认。

　　日本对中国哲学的研究古来有之，明治维新初期，日本实行开国政策，搞"脱亚入欧"，当时的文部大臣森有礼在1875年（明治七年）首次提出"英语国语论"，东京大学的高田早苗在1886年提出英语国语化和国语罗马字化论，随后罗马字会创立，日本的汉学研究进入了衰退期。但到了明治中期，曾到中国留过学的日本哲学界的元勋服部宇之吉（1867—1939），创设了东方文化学院和东方文化研究所，在日本大力宣扬孔子教，认为儒教的真髓就是孔子教，孔子所说的"君臣之义"是普遍真理，要在日本加以普及。他著有《孔子及孔子教》《伦理学》《汉文大系》等，他还根据近代的知识和现实需要，将中国文化固有的体系和

---

[1]　参见［日］高楠顺次郎、木村泰贤《印度哲学宗教史》，高观庐译，上海商务印书馆1935年版。

[2]　见《中村元选集》（全32卷），春秋社1988年版。

形态加以整理，写出了《儒教要典》《儒教伦理概论》等著作，引起了日本汉学研究的复苏。东京大学在1878年创立时曾设立了文学部和汉文学科，讲授科目有中国经学、汉文学及东洋哲学，但生源不足。随后明治政府对教育政策进行了调整，又开设了哲学科，印度哲学和中国哲学才正式登上了大学的讲坛。当时主要的研究机构有"东亚学术研究会"（1910年，以东大中国哲学和汉学科为主）和井上圆了的"哲学馆"（1888年，后改为东洋大学），主要杂志有《东洋哲学》（1895年创刊）、《东亚研究》（1912年创刊），主要的代表性著作有：松本文三郎的《支那哲学史》（1899年）、内田周平的《支那哲学史》（1889年）、山路爱山的《中国思想史》（1898年）等，其中山路的这部著作对以前的护教主义采取的是批判态度，提倡言论自由和思想自由，着重谈了中国哲学的存在论、宇宙论和认识论，很显然这是受到西方哲学的影响后写作的。

20世纪以来，大量中国留学生及学者去日来，其学术思想对日本学术界也产生了不少的影响。随着罗振玉、王国维访日（1913年），董作宾的《甲骨文断代研究例》（1932年）和郭沫若的《两周金文辞大系》（1936年）在日本的发表，甲骨学也因为殷墟的发掘开始兴盛，于是在日本掀起了一股甲骨文研究热，出版了贝塚茂树的《中国古代史学的发展》（1947年）、白川的《金文通释》（1953年）、岛邦男的《祭祀卜辞研究》（1953年）和《殷墟卜辞研究》（1959年）等，杂志《甲骨学》创刊（1948年）。现代以来日本的东洋思想史研究的主要代表人物为东京大学的津田左右吉，他提倡对中国思想作彻底的客观化对象化研究，针对他的前辈们对中国古典文献的单纯文本批判，津田左右吉认为要从思想史的高度来认识，从中国的历史和生活来寻找思想的特质、机能和界限，他的著作主要有：《上代中国人的宗教思想》（1921年）、《左传的思想史研究》（1936年）、《儒教的实践道德》（1933年）等。津田左右吉的后辈渡边秀方翻译了梁启超的《清代学术概论》（1925年），并著有详细论述中国哲学史的《支那哲学史概论》（1907年）。秋泽修二的《东洋哲学史》（1937年）接受了渡边的影响，站在现代中国的立场上对康有为、梁启超的思想进行了考察，摄取了清朝的考证学及清末民初的成就，对日本江户时代汉学家的学说持审慎的态度，即对汉学家们的护教主义态度不予支持，对孔子的君臣观念漠然置之，而对孟子的君民相对主义持赞同态度，同时对日本大正时期出现的民主思想和中国的共和制也非常同情。秋泽修二受到了胡适学术研究思想的影响，除了清代哲学以外他对考证学的评价很高。

二战后日本对中国的研究由传统哲学研究开始向中国的思想史、政治史和革命史转化，京都支那学派形成，其代表人物小岛祐马是河上肇的学生，小岛祐马与中江丑吉［《中国古代政治思想研究》（1951年）的作者］是朋友，他们经常在一起讨论现代中国与国际形势。他的代表作《中国思想史》（1969年）非常重视社会思想，并对哲学加以了限定。他认为，中国思想史可以称作社会思想史，赞同唯物论所认为的要对思想进行理解就必须要对社会加以理解的观点，要继承清代的考证学和根据社会思想史将历史对象化，但要超越于考证学那种因为信仰的原因对经书不加批判的态度，要将佛教和道教都纳入思想史研究的视野，要重视它们的思想史意义，要接受法国社会学和宗教社会学的观点，等等。小岛在另一部著作《中国的社会思想》（1968年）中提出，要排除那种遵从儒学和经学的信仰的态度，从而运用政治学、经济学和社会学的方法来分析中国的资料。中村元提倡进行思想的比较研究，他的著作《东洋人的思维方法》（1948年）和《比较思想论》（1961年）通过对东方各民族思维方法特征的比较和分析，提出了树立一种普遍思想的研究课题。沟口雄三的《中国前近代思想的曲折与展开》（1981年）和《作为方法的中国》（1989年）两书，以中国的社会经济史的成就来看待中国前近代思想史，认为三民主义和毛泽东革命思想两者的渊源是对明末清初以来的社会发展要求的肯定和调和，对岛田的"挫折"论进行了批判。①

四

从西方世界来讲，他们在东方哲学的研究方面一直处于领先地位，西方学者不但翻译了大量东方国家的经典著作，还深深地受到了东方思想的影响。西方的东方学研究最早起源于对阿拉伯伊斯兰文化的研究，但后来对印度的研究日渐隆盛，因为他们认为印度文化在东方占有独特的地位。自穆斯林侵入和统治印度以后，在阿克巴尔（Akbar，1556—1586）时代就将印度哲学的经典著作《奥义书》译成波斯文字，18世

---

① 东京大学岛田虔次的著作《有关中国现代思维的挫折》（1950年）中，谈到现代公民意识的萌芽，他用西方的价值标准来对中国的事情进行评价。

纪下半叶法国学者杜柏农（Anquetil-Duperron）游历东方，在印度发现波斯文本的《奥义书》（1775年），将其译成法文，但未出版。后又译成了拉丁文，于1801年印行初卷，次年印行2卷，全50种。杜柏农的翻译本被称为"古代秘宝"，并作了注释。当时波斯译本已畅行欧洲大陆，但自拉丁译本问世后，遂为全欧学术人士所知，德国哲学家叔本华读后大加叹赏，他说：

> 在这部书的字里行间，真是到处都充满了一种明确的、彻底的和谐精神，每一页都向我们展示了深刻的、根本性的、崇高的思想，浮现出位于全体之上的神圣的真面目。这里吹拂着印度的气息，呈现出根本的、顺从自然的生命。那种在精神上早就注入犹太人的迷信以及还在重视这种迷信的一切哲学，在这里都被消除干净。这是这个世界上最为有益和最能提高人的品性的读物。它是我生的安慰，也将是我死的慰藉。①

叔本华在他的《作为意志与表象的世界》（*Die Weltals Wille und Vorstellung*，1818年初版）一书序言中，又再三表达此意。叔本华的弟子杜依森（Paul Deussen，1845—1919）对叔本华非常佩服，对印度哲学也非常感兴趣，以至于他把自己的一生都献给了印度哲学的研究。杜依森特别是对印度奥义书非常喜爱，主要研究从奥义书到商羯罗这一段的吠檀多哲学，他除了翻译《六十奥义书》之外，还出版了两卷六册的《一般哲学史》，这是世界上第一部最早包括西方和东方哲学史的著作，其中第1卷第3册讲东方，以印度为主，中国和日本只是以翻译文献为主，附带简单介绍。叔本华的徒孙、杜依森的弟子斯特劳斯（Otto Strauss）则专事印度哲学研究，于1925年在慕尼黑出版了大作《印度哲学》。

印度学从18世纪在欧洲兴起，到19世纪末已经非常兴盛。自东印度公司设立以来，欧洲帝国主义进行扩张，各国竞争激烈，图谋侵略东方而抢夺殖民地。英国人为了在东方进行政治和军事的统治，也为了经济上的利益，十分需要对印度的地理、历史、哲学、宗教有更深的理

---

① 转引自[日]中村元《比较思想论》，吴震译，浙江人民出版社1987年版，第14—15页。

解，也鼓励东方研究。法国的吉遥门（Pauthier Guillaume）将《奥义书》与中国的老子哲学相比，当时《道德经》已为西欧所知。他译出了《伊沙奥义》及《由谁奥义》两部《奥义书》，并将其梵文原本及波斯文译本作为疏释，于1831年在巴黎出版，此为法文译本之始。从19世纪中叶起，欧洲各国收集梵文典籍逐渐多起来。欧洲人往往进入印度的村落，窥探其庙堂，招募修道士加以讯问，以银币为诱惑，购其贝叶梵本，捆载而去，于是各种古代经典逐渐披露于世。英国牛津大学的马克斯·缪勒[1]1844年在柏林听谢林的讲座（"神话以及宗教哲学"）时，从柏林大学研究院（Chambers Collection）抄写了《奥义书》，并注疏了若干种，带回了伦敦，共译出12种，初版发行于1879年，再版于1884年（Oxford，Clarendon Press）。马克斯·缪勒的译本至今为学界所重用。马克斯·缪勒还与世界上一些学者合作，编辑出版了50卷本的《东方圣书》（Sacred Books of the East）。这是一部东方各国宗教经典著作的英译本，由于这部书的出版，使得东方宗教思想的全貌为世界上的人们所认识。马克斯·缪勒是世界公认的宗教学的奠基人，提出"人类真正的历史是宗教史"[2]，他把比较研究作为宗教学研究的基本方法，在对东方诸种宗教进行比较研究的基础上，建立了宗教学。19世纪末叶，米歇尔（Mischel）将《奥义书》从拉丁文译本转译为德文（Franz Mischel：Das Oupnek'hat，Dresden，1882）。其次有杜依森译的《六十奥义书》德文本，1897年初版（Sechziz Up. Des Veda；Brockhaus，Leipzig，946 s.）。

西方对佛教的研究距今也有近二百年的历史。通常认为欧美研究佛教起源于1826年法国人布奴夫（E. Burnouf，1801—1852）与德国人列森（C. Lassen，1800—1876）合作出版的一部关于巴利语的语法书。[3] 布奴夫最早奠定了佛教研究的文献学基础，他以比较语言学为工具，具体研究了跟佛教有关的几乎所有的语言文字，因而成为欧洲佛教学研究的开山祖师

---

[1] Friedrich Max Mueller（1822—1900），德国语言学家、东方学家，后加入英国籍。世界公认的宗教学的奠基人，并且在比较语言学、比较宗教学和比较神话学方面有杰出贡献。

[2] 转引自［德］M. 温特尼兹《印度文学史》，莱比锡，C.F. 阿梅朗出版社1909年版，第287页。

[3] 《巴利语考——恒河彼岸的圣典语》（Essai sur le Peli：Langue sacrée de le presqu ileau deladu Gange），Paris，1826。

之一。另一位重要人物为英国的何德逊（B. Hodgson，1800—1894），他在任英国派驻尼泊尔官员期间，收集到梵文写本381卷，200多种，为西方最早了解佛教梵文典籍存在的第一人。后来何德逊写作了大批关于佛教的论文。① 根据学者对欧美佛教学发展的分期，② 布奴夫和何德逊所在的19世纪20年代只能算是欧美研究佛教的初期阶段，真正研究佛教的兴盛时期是19世纪80年代至二战时期，这一时期欧美的学者以研究佛教文献为主，根据研究内容的不同，形成了三个不同的学派：在英国和德国以戴维斯（T. W. Rhys Davids，1834—1922）为首形成了以研究南传巴利经典为主的旧英德学派（Older Anglo - German School）；在俄国圣彼得堡以舍尔巴茨基为首以研究阿毗达磨论藏为主形成了列宁格勒学派（Leningrad School）；列维（Sylvain Levi，1863—1935）、布桑（Louis de la Vallee Poussin，1869—1938）等人以研究文献和哲学分析为主形成了法比学派（Franco - Belgian School）。这三个学派的出现标志着西方佛学研究的成熟，他们的研究著作对后代的佛学研究产生了很大的影响。

印度—雅利安人与欧洲民族有着人种上的同源关系，雅利安人与欧洲人有同一人种的祖先，虽然其原住地不详，但近年来有人推断其原住地在高加索（Caucasus）山脉的北部，是南俄罗斯里海北边的游牧民族的后裔。③ 该民族由原住地的草原向四方移居，向西部成为欧洲民族的祖先，向东部进入土耳其。而后再向西南进入伊朗的雅利安，成为伊朗—雅利安人的祖先，形成了拜火教，产生了《波斯古经》（Avesaā，又译《阿维斯陀》）。印度—雅利安人在迁徙过程中曾经反反复复，由于他们与欧洲人和伊朗人有着共同的祖先，也一起经历过流浪迁徙，因此，在他们最后定居于印度河畔的五河地区之前的时代，一般认为属于"印欧时代"和"印伊时代"。印度—雅利安人所信仰的神祇，例如Dyau ṣpitar（天父），希腊人所信仰的Zeuspater，罗马人所信仰的Jupiter，都是同一神的变化；再如雅利安人的Deva（天神）和罗马人的Deus，立陶宛人的Devas，拉

---

① 《佛教徒的文献和宗教概说》（*Illustrations of the Literature and Religion of the Buddhists*），SerAmpore，1841。

② 参见李四龙《论欧美佛教研究的分期与转型》，《世界宗教研究》2007年第3期，第65—72页。另外参见狄雍（J. W. de Jong，1921—2000）《欧美佛学研究小史》（*A Brief History of Buddhist Studies in Europe and America*，Tokyo：Kosei Publishing Co.，1997。

③ ［日］中村元：《印度思想史》，岩波书店1968年版，第4页。

丁文的 Dei，也都具有相同的语根和神格。在"印度—波斯文明"时期，两个民族有着共同的神祇，例如，雅利安人的雷神因陀罗（Indra）、太阳神弥陀罗（Mitra）、天空父神婆楼那（Varuṇa）、酒神苏摩（Soma）等，也都以相似的神格和语根，出现在伊朗人的信仰当中。① 根据雅利安人西迁的轨迹和以上的研究结果，几乎可以断定他们也是欧洲人的祖先。从印一欧语系的关系来讲，雅利安人的入侵不但带来了社会的变化，也带来了文化的变化。通过对碑刻的考古还发现，古代北印度的一种方言，经过变形后产生出了梵语（saṃskṛta），这种语言主要由祭司们使用，而他们中的诗人祭司使用这种古老的语言来编撰颂诗。后来在历史发展中经过文法学派的努力，梵语盛行于全印度，主要在接受过教育的人群中流行。这种语言与波斯、希腊、拉丁、条顿、凯尔特及斯拉夫等语言有关。例如，"母亲"一词，梵语为 mātar，希腊文为 μηπηρ，拉丁文为 mater，古爱尔兰语为 mathir，英文为 mather。又如"儿子"一词，梵文为 sūna，立陶宛语为 sū-nū，古上日耳曼语为 sunu，英语为 son。由此看来，梵语与欧洲语系之间确实存在着密切关系。

这也就可以解释为什么欧洲人对印度非常有兴趣，而美国人则不以为然。欧洲人想要揭示出印度民族和欧洲民族之间同根同源的文化根源，这成为他们研究东方的一大动力。温特尼兹（Moriz Winternitz, 1863—1937）对此现象作了很好的解说：

> 为了认识"印度日耳曼民族的精神"（即指印度雅利安人），亦即为了从这些民族（印度雅利安人）的有思想、有感情的诗歌当中去寻找印度日耳曼民族的特性，我们定要充分掌握已在远东得到确认的印度日耳曼民族的精神，以此来补充我们通过研究欧洲的文献所得到的关于印度日耳曼民族本质的知识（我们方面的）。对于想回避考察印度日耳曼民族本质的人来说，印度文献是古希腊和古罗马的古典文献的必要补充。②

---

① ［日］高楠顺次郎、木村泰贤：《印度哲学宗教史》，高观庐译，上海商务印书馆1935年版，第7—9页。

② 转引自［日］中村元《比较思想论》，吴震译，浙江人民出版社1987年版，第8页。

温特尼兹强调，也许印度文化并没有对西方文化产生很大的影响，但是，"为了认识我们自己文化的来源，有必要到保存有印度日耳曼民族最古老文献的印度去"。中村元也认为，这就好比是日本人为了研究古代日本，必须要同琉球或朝鲜文化进行比较一样，要认识西方文化就必须要去了解印度文化。①

中国哲学对西方确实产生过很大的影响，从17世纪开始西方来华传教士就开始把中国古典哲学著作逐渐翻译为欧洲文字，其中影响最大的应该算是《易经》。康熙皇帝的老师白晋②将《易经》介绍给德国大哲学家莱布尼茨，并认为莱布尼茨的二进位制与《易经》的卦序相配。莱布尼茨以"0"和"1"表示一切的数目；由"0"和"1"引申，可以表示宇宙万有的数。这和《易经》由"阴"和"阳"引申，表示宇宙万有的原理是非常吻合的。③莱布尼茨看了易图后同意白晋的意见，并对《易经》非常感兴趣，通过对易图的六十四卦研究之后认为，伏羲利用阴和阳来解释宇宙万物的创造的智慧是非常了不起的；莱布尼茨认为他的二进位制讲的就是0和1的作用，也即"无"和"一"的作用，这种功用在宗教上，可以用作创造的象征。万物产生之前，只有一神存在，0可以看作万物未生之前的"虚无"，这个"虚无"是相对的，产生了1就有了存在。莱布尼茨甚至把八卦用来附会基督教的《创世说》，他认为：

> 八卦即中国所认为根本的八线图，在伏羲是拿来显示创造的。万有皆从"1"与"0"而来，这个关系就是《创世记》的故事。因为"0"可说是先天地而生的虚空，次之七日之中，每日均表示着存在之物与创造之物。最初第一日"1"是神的存在，第二日"2"即第一日所造天与地的存在，（在000010中，1为天，0为地。）最后第七日为万有的存在，因之最后一日即最完全的一日，所谓安息日。因此一日创造功成，万物皆备，所以"7"的写法应作与"0"无关的"111"。④

---

① 转引自［日］中村元《比较思想论》，吴震译，浙江人民出版社1987年版，第8页。
② 白晋，法兰西人，康熙二十六年（1687）来华，来华两年后入内廷讲授西方科学，后著《中国皇帝传》（1697年）。
③ 朱谦之：《中国哲学对欧洲的影响》，上海世纪出版集团2006年版，第235页。
④ 同上书，第238页。

莱布尼茨的哲学虽然是建立在形而上学的基础上，但他在表述他的二进位制时却充分运用唯物辩证法，列宁在《哲学笔记》中曾经说过："因此，莱布尼茨通过神学而接近了物质和运动的不可分割的（并且是普遍的、绝对的）联系的原则。"① 莱布尼茨说"自然界中的一切都是相似的"。列宁批道："这里是特种的辩证法，而且是非常深刻的辩证法，尽管有唯心主义和僧侣主义。"② 莱布尼茨还认为，物体是在自身中具有活动力，具有永不静止的活动原则的实体。列宁批道："大概马克思就是因为这一点而重视莱布尼茨，虽然莱布尼茨在政治上和宗教上有'拉萨尔的'特点和调和的趋向。"③ 事实上莱布尼茨虽然也和《易经》一样主张有神，但所谓神是变化、发展的，是自然神教之神。正如费尔巴哈所说："他用自然主义来限制自己的有神论。"④ 因此莱布尼茨的二进位制实际上就是辩证法。⑤

朱谦之在《中国哲学对欧洲的影响》一书中写道，莱布尼茨不但研究中国的《易经》，他还对宋儒的理学做了深入的研究。莱布尼茨对当时欧洲学者⑥批评中国哲学是无神论加以辩护，他在自己的著作中主张宋儒之"理"与基督教之"神"完全相同。他根据宋儒的"理"建立了他的哲学中心，即所谓的"理由律"。根据日本学者的考证，⑦莱布尼茨是在读了出版于1687年的《中国之哲人孔子》一书后才发明"理由律"的，很显然他是受了宋儒程朱理学的影响，由此证明莱布尼茨的思想与程朱理学的关系很深。莱布尼茨不但研究中国哲学，他还身体力行，积极倡导中国学术。他极力主张设立学会，加强东西文化的交流，要在欧洲各国设立学士院，其中均设中国学研究部门。这些学会建立之后，出版了不少关于中国的书籍。⑧ 1697年，莱布尼茨用拉丁文编辑出版了《中国近事》第1版，两年后又出了第2版。这部著作对东西文化的交流具有划时代的意

---

① 列宁：《哲学笔记》，人民出版社1960年版，第427页。
② 同上书，第431页。
③ 同上。
④ 同上。
⑤ 朱谦之：《中国哲学对欧洲的影响》，上海世纪出版集团2006年版，第239页。
⑥ 如17世纪法国哲学家马勒伯朗士。
⑦ 参见［日］小林太市郎《中国思想与法兰西》，日文版，淡交社1974年版，第118—122页。
⑧ 参见朱谦之《中国哲学对欧洲的影响》，上海世纪出版集团2006年版，第240—246页。

义。德中协会主席赫尔曼·赖因博特（Hermann Reinbothe）在《莱布尼茨与中国》一书的序言中写道：

> 对于莱布尼茨来说，出版《中国近事》的目的在于，在西方和中国之间建立真正伟大的文化交流。他认为，在中西文化交流中，西方不仅应该是施教者与给予者，而且也应当是受教者和接受者。①

莱布尼茨的思想及行为都在实践着东西方文化交流的理想，并且影响了后代的德国哲学家、思想家。

中国哲学不但对德国哲学产生了影响，而且对法国也产生了深远影响。德国哲学革命起始于康德，兴盛于黑格尔，而法国的哲学革命也几乎出现在同一时期。朱谦之在书中认为，同是哲学革命，德国与法国的情况不同的是，同样对于孔子的思想，德国莱布尼茨、沃尔夫把它当作"自然神教"来接受，而法国百科全书派则当作"无神论"来接受。德国偏于思想的革命，法国偏于政治的革命。德国的影响是由哲学家们用那无生气的干燥无味的文体来写辩证法观念的哲学；法国的影响则由革命思想家们，利用中国哲学来鼓动一场大革命。前者以中国思想来建设，后者以中国思想来破坏；前者所认识的中国文化较为现实，后者所认识的中国文化较为理想。②

五

胡适在他的《中国哲学史大纲》导言中指出：

> 世界上的哲学，大概可分为东西两支。东支又分印度、中国两支。西支也分希腊、犹太两支。初起的时候，这四支都可算独立发生的。到汉以后犹太系加入希腊系成了欧洲的中古哲学。印度系加入中国系成了中国的中古哲学。到了近代印度系的势力渐衰，儒家复起，遂产生了中国近世的哲学。历宋、元、明、清，直到如今。欧洲思想

---

① 安文铸等：《莱布尼茨与中国》，福建人民出版社1993年版，第86页。
② 同上书，第254页。

渐渐脱离犹太系的势力，遂产生了欧洲的近古哲学。到了今日这两大支的哲学互相接触互相影响，五十年后一百年后或竟能发生一种世界的哲学也未可知。①

胡适先生的这种分法是获得了肯定的。其中至少有两点非常值得注意：(1) 肯定印度哲学对中国哲学的影响。前面已经提到，印度佛教自传入中国以来，形成了具有中国特色的中国佛教系统，从而影响中国文化至今。印度佛教不但影响了中国，还影响了日本、韩国以及东南亚各国，它的影响可以说是世界性的；当然影响都是相互的，印度也接受了别国文化对它的影响。(2) 预言了东西哲学的融合趋势是不可避免的。当年杜威、罗素两位大哲学家来中国时就看好中国哲学，认为东西文化将来一定是要调和融通的。② 中村元也认为："在东方，印度哲学思潮与中国哲学思潮也大致上获得了独立的发展。到了十九世纪末，特别是二十世纪初，世界各国、各民族以及各文化圈尽管互相对立和抗争，但就全体来看，世界的进步正在走向整体化。"③ 我们今天所做的工作，就是在朝这个方向努力。

世界文明的曙光最早出现在东方，在公元前5000年至公元前2000年，在中国的黄河、南亚的印度河和恒河、美索不达米亚的底格里斯河和幼发拉底河、埃及的尼罗河等流域就开始跨入阶级社会，随后在小亚细亚—巴勒斯坦和伊朗高原相继产生了一批奴隶制国家，这些地区和国家孕育了世界最早的文明，同时也产生了最早的哲学思维。中华文明、印度文明、古巴比伦文明和希腊文明都是世界最古老的文明，其产生的历史年代和精神形态具有惊人的相似性。甚至从人类思想发展史来看，大致都存在着一定的共同发展阶段。因为，人类文明的发展一般都经历了相同的石器时代、铜器时代、铁器时代等发展阶段，于是，经历过这些相同的物质发展阶段的人们，也会经历大致相同的思想发展阶段。

马克斯·缪勒认为，人类真正的历史是宗教史，从各民族宗教发展史来看，现代考古学为我们提供了许多这方面的证据：人类最初的文化形态

---

① 胡适：《中国哲学史大纲》，商务印书馆1919年版，第5页。
② 参见梁漱溟《东西文化及其哲学》，商务印书馆2006年版，第21页。
③ [日]中村元：《比较思想论》，吴震译，浙江人民出版社1987年版，第1页。

是原始的神话传说，在各原始民族中都存在着关于神的观念，也都有过祭祀、供牺、祈祷、巫术等行为，以及相信万物有灵、祖先崇拜等；而后产生了宗教，哲学则脱胎于宗教和神话的世界观。东方哲学大多产生于原始宗教，在上古时期的神话传说中萌芽着对宇宙本质和天人关系的探索。对哲学问题的探索产生于人类社会发展自身的需求。根据马克斯·缪勒的分类，宗教的产生和发展是沿着三条基本线索展开的：一是从自然对象中产生了物质宗教；二是从人类自身产生了人类宗教；三是二者的合流形成了心理宗教。① 而原始人主要是从自然对象中形成神灵的观念的。世界各国各民族都有自己的宗教，他们的哲学的产生过程也大致相同。例如在远古时代，印度吠陀诗人们对宇宙大自然的各种现象迷惑不解，他们好奇地发问："晚上太阳到哪里去了？""白天星星到哪里去了？""太阳为什么不落下呢？""天上为什么会打雷？"等等，他们对无法解释的自然现象的回答只能是因为存在着超自然的神，于是，出现了各种对自然现象或事物加以神格化的神祇。印度人认为天上打雷是很可怕的一件事情，一定是有一位具有无穷力量的天神在操控；同时，在雅利安人征服当地土著人时，雅利安人部落里也出现了一些英雄，他们英勇善战，坚强无比，让敌人胆战心惊，经过将天上的神祇与地上的英雄形象的结合，于是产生了手持金刚杵呼风唤雨的雷神因陀罗。这种神祇产生的过程，便是宗教形成的过程。原始人首先是对人们可感知、可认识的事物进行崇拜，如拜物教，或原始物质图腾等，这只是宗教产生的第一步。只有人们对不可把握不能感知的神秘事物形成了崇拜，人们才算找到了形成神祇的基础。有了神祇才算产生了宗教。马克斯·缪勒认为神祇观念的形成经历了三个阶段：从单一神教到多神教，从多神教到唯一神教。单一神教的阶段神都是独来独往的，例如印度这一阶段有 33 位神存在，这些神来自不同领域，有着不同的性格，人们在崇拜他们时，每一位都是各自领域中的最高神祇；相对的在这一自然哲学的萌芽阶段，人们所认识到的只能是感性的东西、对宇宙的朦胧猜想。到了多神教阶段时，在众神中出现了一位具有统领作用的神，或者说像社会关系形成后有一位部落酋长存在那样，众神在他的领导下，例如印度出现了一位具有初步抽象意味的"原人"（Puruṣa）。这个原人既是神，也是超越神的抽象物。多神教的必然结果就是走向唯一神教，在哲学上就

---

① 参见［英］马克斯·缪勒《宗教的起源与发展》，金泽译，上海人民出版社 1989 年版。

出现了用具有超验意味的抽象概念来替代神。东方哲学的萌芽与诞生就是伴随着宗教出现的，在单一神或多神的阶段，人们对哲学的需求并没有那么强烈，但在宗教发展的高级阶段，当人们发现众多的神祇原来却是如此无用，只需用一个神就可以替代所有时，人们并非放弃了他们的信仰，而是重新树立一个崇拜的对象——唯一的、抽象的、不可知的神。这个神在我们的感觉之外，不可知也不可命名，它并不是现实的看得见摸得着的世界，但它却代表着这一切，与我们的关系更加密切。随着原始宗教以及宗教祭祀体系的形成，人类思维水平的逐渐提高，人们开始对自然现象进行思索，哲学思维和伦理纲常得到了发展。这就是哲学。超验物的诞生标志着思维能力的提高和人类文明的进步。

原始部落一般都是游牧民族，大多经历过迁徙生活，但一旦他们定居下来，也就会形成他们民族特有的民族宗教或国家宗教。[①] 印度古代的雅利安人在进入印度五河地区之后，由于其自身特殊的生活方式和社会习惯，创造了许多神话，建立了印度河流域文明。印度河对于印度文明具有非常重要之作用，同样，美索不达米亚对于巴比伦文明，尼罗河对于埃及文明都产生了巨大的影响。考古发现证明：公元前2750—前1500年的时代，当时的人们已经出现了宗教信仰；后期印度的民间信仰与此有着渊源关系。例如，考古学家在印度河流域的摩亨约达罗遗址挖掘出一枚印章，上面雕有一尊类似结跏趺坐、作禅定冥想状态的神像，一般认为这就是后来流行全印度的印度教三大神之一的湿婆的原型；这一雕像也被认为和住民的信仰有关。[②] 早期印度哲学的起源与这些神话和宗教信仰的起源同出一端，哲学思维来自这些神话。可以这样说，印度从古至今的宗教或民族精神都由早期神话所支撑，特别对哲学的影响很大。印度人都具有丰富的宗教情感，不信仰宗教的印度人是没有的。在漫长的历史岁月中，印度人以宗教理念作为日常生活的指导，以侍奉神祇为人生目的。印度人称其宗教为"羯摩"（dharma），在羯摩之中宗教和哲学是结合为一体的。印度人一般的世界观人生观，都以宗教作为其基础理念；离开宗教的单纯哲学理念是不存在的，哲学与宗教有着天然的密不可分的关系。在印度，哲学虽不像西方中世纪哲学那样成为神学的奴婢，但哲学与宗教始终是密不可

---

① ［日］中村元：《比较思想论》，吴震译，浙江人民出版社1987年版，第210页。
② Cf. Susan L. Huntington, *The Art of Ancient India*, New York: Weather Hill, 1985, pp. 20–23.

分的亲友,它从思想理论上对宗教加以指导,而宗教则作为哲学发育的温床对其加以培育。因此,印度文化有其自身的特殊性,这种特殊性与它自身产生的地域和历史背景有着紧密联系;这也使印度文化在向外传播时,如佛教、印度教向亚洲各地传播时得到了极大的成功。

在众多的具有古老文明的国家中,尽管都有具有自己民族特色的神话和宗教存在,但却并非都产生了哲学。严格来讲,从一般意义上的原始素朴的哲学来看,世界上最古老的哲学只在中国、印度和希腊产生了。而其中印度哲学和宗教结合最紧密,而希腊哲学最不紧密。从产生的年代上来讲,印度哲学又是最早出现具有形而上学意味的宇宙观本体论的。赵敦华的《西方哲学简史》指出:

> 20世纪的德国哲学家雅斯贝尔斯(K. Jaspers)把人类精神的这一突破时期称为"轴心时代",约在公元前800至公元前200年之间。轴心时代在中国是先秦诸子百家争鸣的时代,其间产生了以儒家和道家为代表的中国哲学的传统。在这一时期,印度出现了最早的哲学文献《奥义书》和包含着丰富哲学思想的佛教典籍。希腊哲学的诞生和繁荣也发生在这一时期。①

雅斯贝斯认为,在经历了史前和古代文明时代之后,在公元前500年前后,也即公元前800—前200年前后的精神时代里,世界精神界发生了许多最不寻常的事件。可以想象,当佛祖释迦牟尼在印度的菩提树下为弟子们讲经布道时,中国的大思想家孔子也正坐着牛车奔波于列国之间演讲自己的道德学说,而在遥远的美索不达米亚河谷,苏美尔人和巴比伦人在传讲神话的同时也在探索着宇宙创世的宗教神学,而伊朗的琐罗亚斯德②则在讲授具有挑战性的人生哲学。希腊产生了荷马,出现了巴门尼德、赫拉克利特、柏拉图等哲学家。古代希腊、印度和中国在城市形成的相同时代都迎来了思想的自由解放,产生了苏格拉底、释迦牟尼和孔子这样伟大的思想家,当时的希腊出现了诡辩论者,印度出现了哲学经典《奥义书》

---

① 赵敦华:《西方哲学简史》,北京大学出版社2000年版,第1页。
② 琐罗亚斯德(Zoroaster,约公元前7—前6世纪),古代波斯宗教的改革家,琐罗亚斯德教的创始人。

和沙门思潮，而中国正是诸子百家诞生的年代。可以说，这一时期的古代中国、印度和希腊，这些国家和人民之间并无联系，他们还生活在人类社会的初级阶段，但是他们在精神上同时发达起来，他们都对后代产生了巨大的影响，这是因为他们站在人类思想的转折点上，揭开了人类思想史上新的一页。

> 人类一直靠轴心时代所产生的思考和创造的一切而生存，每一次新的飞跃都回顾这一时期，并被它重燃火焰，自那以后，情况就是这样，轴心期潜力的苏醒和对轴心期潜力的回归，或者说复兴，总是提供了精神的动力。①

他们融合了前代给予他们的文化遗产，超越了当时年代出现的各种异端邪说，也超越了他们之前的所有学说，在理论上产生了一次真正的飞跃。为了揭示出成为真正完美的人的方法和途径，释迦牟尼和孔子都尽力避开形而上的问题；为了真正做到对自我的认识，他们从考察人自身出发，去挖掘人的本质，探索人与大自然的关系，人与人之间的关系，创造出了具有永恒不朽意义的伦理观和实践论。释迦牟尼和孔子两人思想的影响是世界性的，佛陀的思想以普遍宗教的形式在全世界得到传播，而孔子的思想则是儒家文化的基础，自汉代以来在中国，在日本、朝鲜等国家被确定为官方统治阶级的伦理价值观并延续流传至今。佛陀所强调的"中道"和孔子所倡导的"中庸"，同样都是以"和"作为哲学背景的；只不过二人对待世间实践的态度是截然不同的：一个要出世，一个要入世。

雅斯贝斯既然认为轴心时代是一种精神的突破和时代的超越，那么，它就是对文明前期的神话时代的突破和超越，即以理性来替代神话，但是这种变化是多元的复杂的。从东方的情况来看，中国孔子和老子的思想并非凭空产生，他们的思想是对前代文化的继承，只不过他们没有去继续发展神话体系，而是对神和神性产生了怀疑，在自己的思想中增加了人性，突出了人的主体性地位。孔子等人之所以能够产生巨大的历史性转变，就在于他们在进行思想转变之时，在对原来的文化进行继承时做了不同的选

---

① ［德］雅斯贝斯：《历史的起源与目标》，魏楚雄、俞新天译，华夏出版社1989年版，第14页。

择，是历史给予了他们巨大的文化选择权能。陈来的《古代宗教与伦理——儒家思想的根源》一书说：

> 在中国历史上，这个人先是周公，后是孔子，而孔子是把周公所作的一切进一步加以发展和普遍化。没有周公和西周文化养育的文化气质，孔子的出现是不可想象的。……因此，中国轴心时代的变化，并不是断裂的突变，从孔子对周公的倾心向往及墨子对《尚书》的频繁引用可以看出轴心时代与前轴心时代的明显连续的一面。①

在印度，以公元前500年为中心时代，作为吠陀哲学思想萌芽的集大成性经典《奥义书》（Upaniṣad）开始出现，从而进入奥义书时代。《奥义书》的思想实际上就是对上古经典《吠陀》的总结和批判，奥义书的梵文名称为：Upaniṣad，它的含义为"吠陀的末尾"。在这个哲学思维充分发展的时代，人们对宗教的祭祀、对神祇的关心开始降低，取而代之的是开始探究宇宙的本原——非人格化的一元的哲学原理，最终结果就是产生了作为宇宙最高原理的梵（Brahman）和作为个人存在原理的阿特曼（ātman）这两个哲学概念，而奥义书哲学的整个体系则是研究这两者完全同一的"梵我一如"（Brahmātmaikyam）原理，其哲学体系的主要内容包括："二梵说"和"二我说"；业报、轮回、解脱等，后期的印度所有哲学体系都受到了奥义书的影响；换句话说，印度的所有哲学派别的理论都能在奥义书中找到它们的思想始源，包括反婆罗门教的佛教也不例外。印度传统六派哲学包括吠檀多、弥曼差、胜论、正理论、数论和瑜伽，都宣称吠陀和奥义书是它们的根本经典，承认吠陀文献的神圣权威，故又被称为正统派。印度在这一时期即产生了流传至今的所有宗教哲学派别，并且，它们在这一时期确定的哲学命题成为后世永远讨论不完的课题。

同样从公元前500年开始，在印度出现了反吠陀权威也即反婆罗门教的思潮，与中国的百家争鸣时代相当，这就是以佛教的释迦牟尼（Śākyamuni）和耆那教的大雄（Mahāvīra）为首的自由思想家（沙门，Śra-

---

① 陈来：《古代宗教与伦理——儒家思想的根源》，生活·读书·新知三联书店1996年版，第4—5页。

maṇa），这股反婆罗门教的思潮就被称为沙门思潮。他们对婆罗门传统的祭祀中心主义提出疑问，由于业报和轮回思想的传播，个人伦理思想、出家制度的萌芽等，都对旧的传统形成了动摇，以往的婆罗门的理想生活方式也被放弃。这些沙门采用出家的方式，也放弃了祭祀行为，直到不从事任何职业以乞讨为生。他们后来的代表为外道六师，其主要历史文献资料可以在汉译佛经《沙门果经》中找到。到公元前4世纪时，孔雀王朝（Maurya）统一了全印度（前317），阿育王（Aśoka）[①] 皈依（saraṇa）了佛教，在全印度乃至南亚各国传播佛教，佛教得到了很大的发展，但也开始分裂为两派。到公元前1世纪左右，兴起了大乘佛教运动，编纂了大量的般若经典，而他们将传统保守的派别蔑称为小乘。此时在一般民间也开始形成印度教，并产生了大量经典，这一时期哲学思维充分发展，但是哲学的完整体系还未出现。

这一时期产生的哲学思想也具有无限的生命力。例如，婆罗门教的官方哲学吠檀多派认为，宇宙的本体是不变的，世界是一种虚幻的存在，只不过是梵用它的魔力"摩耶"所幻现而来，给了虚幻的世界以假的名称和形态，形成了千变万化的多样世界。如果了悟真谛，去除无明（虚妄的认识），便能认识到真实的宇宙本体——"梵我一如"。吠檀多派哲学这一思想是从奥义书而来的，因为奥义书讲"汝即那"[②]，认为一切皆为梵，"非此也，非彼也"（neti, neti）。而佛教认为，一切的存在都不过是名称和形态（名相）而已，并不存在一个实在的本体；中观派认为，名相的本质都是"空"，不过是人们的"虚妄辨别"而已。中观派的立场是不要以固定不变的观点来分析看待实相，而要承认千变万化、流转不息才是实相。佛教的这种观点与吠檀多的观点都出自奥义书，也与中国庄子的思想是一致的。《庄子·则阳篇》说：

> 道不可有，有不可无。道之为名，所假而行。或使其为，在物一曲，夫胡为于大方？

[①] 阿育王，公元前268—前232年在位，孔雀王朝第三代国王，在印度实现了中央集权的统一国家。

[②] "汝即那"出自于奥义书，在《歌者奥义》第六篇中，随处可见此句。这是一句精辟的名句，它实际上传达着梵我同一同源的哲学本质。

庄子是说，要抛弃那种以固定不变的观点来看待流转不息的事象的观点，当你把握住了事物千变万化的状态时，你也就看见了事物不变的本体。要用变化的运动的眼光来看待事物，这完全是辩证法的观点。

六

东方国家的古代哲学家对宇宙创世有很多种说法，其中主要有"从无到有"说，对宇宙是从"无"开展而来还是从"有"开展而来的问题展开了讨论。希腊古代哲学家却完全不同。古希腊哲学家认为，宇宙的生成演化完全是神的创造，他们把神的创造和自然的生成交织在一起，以神话世界观来解释世界生成图式。直到公元前6世纪前后希腊早期哲学家出现之后，才开始了自然哲学的思考。而中国诞生于公元前的《淮南子》对宇宙和世界的产生提出了很多说法，如《俶真训》：

> 有始者，有未始有有始者，有未始有夫未始有有始者，有有者，有无者，有未始有有无者，有未始有夫未始有有无者。
>
> 所谓有始者，繁愤未发，萌兆牙蘖，未有形坶垠堮，无无蠕蠕，将欲生兴而未成物类。有未始有有始者，天气始下，地气始上，阴阳错合，相与优游竞畅于宇宙之间。被德含和，缤纷茏苁，欲与物接而未成兆朕。
>
> 有未始有夫未始有有始者，天含和而未降，地怀气而未扬，虚无寂寞，萧条霄霏，无有仿佛，气遂而大通□□者也。①

在《俶真训》的上述论说中，作者对宇宙的起源作了探讨，将宇宙的演化分成不同阶段，即有始者，有未始有有始者，有未始有夫未始有有始者。此分三个阶段：

第一个阶段中，万物处于积聚状态，虽已呈现出萌发之兆，但还没有发展完善而最终形成，处于一片混沌之中。

第二个阶段，天地阴阳二气上下互相交合，"相与优游竞畅于宇宙之

---

① （汉）高诱注：《淮南鸿烈解》卷二，《俶真训》，中华书局1989年版。以下引文均用此版本，只标书名与篇名。

间"。宇宙中和气絪缊，处处酝酿着生化之机，但是具有形质的物体还没有产生出来，只有生命的征兆，而没有具有生命的具体形态。

第三阶段，便到了宇宙创化的原初阶段，即篇中所说的"有未始有夫未始有有始者"。此时的宇宙虚无寂寥，萧条冷清，"天含和而未降，地怀气而未扬"，宁静无为。这种宁静是蓄势之寂静，是蕴含生命等待阴阳和合而生的阶段。

与上述三个阶段相对应有三种存在状态："有有者，有无者，有未始有有无者，有未始有夫未始有有无者。"意为：第一阶段的状态为"有有者"与"有无者"两方面，前者为感性的存在，后者为观念的存在。在此阶段，万物虽未出形，但已经蓄势待发；而除了未得开展的物质之外，还有物质赖以存在的空间。这种空间"视之不见其形，听之不闻其声，扪之不可得也，望之不可极也"，浩浩瀚瀚，漫无边际，各种各样的原初物质都在其间繁衍生息。实际上第一阶段只是"道"或"一"的存在，而"有有者"与"有无者"是被"道"或"一"所遮盖着的，这是"无"。第二个阶段的状态为，物质与空间仍尚未分化，宇宙还处于混沌朦胧的状态，它虽深邃广大，但却未显内外之分。第三阶段的状态，就是所谓"有未始有夫未始有有无者"。此时"天地未剖，阴阳未判，四时未分，万物未生，汪然平静，寂然清澄，莫见其形"，宇宙万物处于最初的原始状态。按照《淮南子》的描述，宇宙的演化是从无形演变为有形，从混沌演变为清晰，从昏暗演变为明朗。经过了一个时间的历程，完成了宇宙的演变。《淮南子》实际上是用了老子的"道生一，一生二，二生三，三生万物"的思路，把宇宙生成的过程解释为从无形到有形，从平静到动荡，从整全到剖判，从大一到万有的过程，它从时间上可以划分为三个阶段，从存在状态上也可以划分为三种，在经过了这些时间阶段和存在状态后，万有世界便产生了。

从《淮南子》之《天文训》《精神训》和《俶真训》关于宇宙生成的描述来看，它们对"有"和"无"进行了规定和说明，"无"是"不可隐仪揆度而通光耀"，也即不可认识不可描述的世界，而"有"则是"可切循把握而有数量"，是可认识可描述的世界。"无"是"有"的根本，也是"有"的来源。从此可以看出，《淮南子》所持的宇宙生成论是典型的"从无到有"说，"道"即是"无"或"无极"，"万物"则是"有"了。

关于宇宙的原初状态中国古代的经典著作中都有不同描写,屈原的《天问》里就有关于宇宙生成论的描述:"曰遂古之初,谁传道之?上下未形,何由考之?冥昭瞢暗,谁能极之?冯翼惟象,何以识之?明明暗暗,惟时何为?阴阳三合,何本体化?"其中的"遂古之初"和"上下未形"可以与《淮南子》中的"天坠未形"(《淮南子·天文训》)相对应,与《黄帝帛书·道原》中的"恒先之初"同义,均指宇宙产生以前天地尚未形成的终极存在状态。《淮南子·精神训》说:

> 古未有天地之时,惟像无形,窈窈冥冥,芒芠漠闵,澒濛鸿洞,莫知其门。有二神混生,经天营地,孔乎莫知其所终极,滔乎莫知其所止息,于是乃别为阴阳,离为八极,刚柔相成,万物乃形,烦气为虫,精气为人。

其中所说"窈窈冥冥,芒芠漠闵,澒濛鸿洞",同书《天文训》称为"冯冯翼翼,洞洞灟灟",都指天地未成形之前的混沌状态,这种状态在战国《楚帛书》中描述为"梦梦墨墨,亡章弼弼"。屈原《天问》里的"明明暗暗",在《黄帝帛书·十六经·观》描述为"无晦无明",强调混沌的状态,为下文阴阳化分天地作准备。而屈原《天问》里的"阴阳三(参)合",则在《黄帝帛书·十六经·观》中表述为:"今始判为两,分为阴阳。"《淮南子·精神训》中说:"于是乃别为阴阳,离为八极,刚柔相成,万物乃形。"有了阴阳二气,然后就有了天地之始,宇宙就这样生成了。通过比较可以发现,《天问》《黄帝帛书》《淮南子》以及《楚帛书》中的宇宙生成论是完全一样的,一些表述的词句都完全相同。特别是《淮南子》的宇宙生成论,它继承了先秦道家的思想,并加以唯物主义改造。该书《天文训》说"道始于虚霩"、"道始于一",认为在天地未成形之前,整个宇宙是个浑然一体、没有定型的"虚霩",是个混沌未分的"一"。《淮南子·原道训》说:

> 所谓无形者,一之谓也;所谓一者,无匹合于天下者也。卓然独立,块然独处,上通九天,下贯九野,圆不中规,方不中矩,大浑而如一。

据上可以这样分析："道"是"虚霩"之道，是"一"之道，归根结底，是物之道。这是对先秦道家"道生物"观点的改造，肯定了"物有道"，将道和物辩证地统一了起来，这是明显的唯物主义观点。在宇宙生成论方面，该书《天文训》指出：

> 道始于一，一而不生，故分而阴阳。阴阳合和而万物生，故曰：一生二，二生三，三生万物。

并认为宇宙之气"清阳者薄靡而为天，重浊者凝滞而为地"，阳为日，阴为月，阴阳分化为四体，这是明确的宇宙生成论，在近代科学出现以前，几乎成为古代唯物主义公认的定论。众所周知，宇宙论或宇宙生成论的基石正在于把"道"理解为宇宙化生的本根。先有本根，在经过几个不同阶段的变化后，天地万物产生出来。其中，阴阳二气或天地之气的阶段化，是宇宙生成论十分必要而且重要的理论组成部分。《淮南子》这部传世文献的论说为中国古代经典著作中最为典型的宇宙生成论文本之一，它揭示了万物经过不同的几个演化阶段，如何逐步演化出来的，而且在生化的过程中前后阶段具有因果关系。

古代东方人对宇宙诞生创造模式非常关心，他们往往通过对生物世界的各种生殖现象的观察，来对宇宙世界的产生进行想象和模拟似的描述。例如，古人们根据鸡与蛋的生殖关系，进行创造性的想象，来对宇宙的生殖和再生的关系进行描述。印度上古吠陀诗人在探讨宇宙创世说时提出了几种说法。其中主要一种看法认为，在宇宙出现之前是混沌幽冥，或者是洪荒遍地，其中孕育着一粒生命的种子，即金卵（或金胎）。金卵产生之后，分裂为两片，从此世界得以产生。[①] 吠陀稍后的奥义书对宇宙由卵创生有了更成熟的说法，《歌者奥义》说：

> 太始之时，唯"无"而已。而有"有"焉。而"有"起焉。化为卵。卵久静处如一年时，于是乎破。卵壳二分，一为金，一为银。
> 彼银者为此土地；金者为天。卵外膜为山岳，内膜为云雾。脉管

---

① 参看《梨俱吠陀》X，121。

为江河，液汁为海。①

这种认为宇宙最早产生于卵的说法，同样也出现在远古的埃及。在古埃及的赫利奥坡里斯神学和赫尔摩坡里斯神学体系中，同样认为宇宙未开启之前存在的是混沌之水，在这片流动的、天生的混沌之中有一个"原始丘"，丘上有一个"宇宙卵"。卵的孵化，形成了宇宙的各种现象。《三五历纪》②与《淮南子》也有类似的神话，如《三五历纪》说：

> 未有天地之时，混沌状如鸡子，溟涬始牙，濛鸿滋萌，岁在摄提，元气肇始。（《太平御览》卷一引）
> 天地浑沌如鸡子，盘古在其中，万八千岁。天地开辟，清阳为天，阴浊为地。盘古在其中，一日九变，神为天，圣为地。（《艺文类聚》卷一引）

《淮南子·天文训》说：

> 虚霩生宇宙，宇宙为气，气有涯垠，清阳者薄靡而为天，重浊者凝滞而为地。清妙之合未易，重浊之地凝竭难。故天先成而地后定。

中国的这种思想后来传到了日本，在《日本书纪》（神代上）中也出现了类似的说法：

> 古天地未剖，阴阳不分，浑沌如鸡子，溟涬而含牙。及其清阳者，薄靡而为天，重浊者，淹滞而为地，精妙之合博易，重浊之凝竭难。故天先成而地后定。然后，神圣生其中焉。

可以看出，日本的这种"世界开辟说"很明显完全是脱胎于中国古

---

① 《歌者奥义》Ⅲ，19，1—2；译文引自徐梵澄《五十奥义书》，中国社会科学出版社1984年版，第148页。
② 《三五历纪》又作《三五历》，为三国时代吴国人徐整所著，内容皆论三皇以来之事，为最早记载盘古开天传说的一部著作，此书已佚，仅部分段落存于后来的类书如《太平御览》《艺文类聚》之中。

典而来的。原始先民们赋予宇宙卵以原始创造者的性格，就连开天辟地的盘古也是生于宇宙卵的。日本的纪记神话认为，神圣也生于其中，鸡子即为宇宙卵，而宇宙卵就是孕育人类世界的子宫。考察朝鲜半岛的宇宙创造说也能看到与卵相关的神话传说。这种自然哲学的萌芽是远古人类的精神支柱，为人类探讨自身和宇宙的来源问题提供了方便。金卵论是人类思维处于低水平阶段的产物，发展的必然结果是在唯一神论的基础上产生具有哲学意味的一元论。

在印度最古的《梨俱吠陀》中包含了很多关于宇宙起源的重要思想，除了认为宇宙产生于某一物体的说法外，吠陀时代的诗人们还对宇宙本源的发展过程和产生方式非常感兴趣，进行了很多的探讨。其中被称为"开展说"的观点非常重要。《梨俱吠陀》的赞歌之一《无有赞歌》① 是一首充满哲学意味的诗，它描述了在宇宙开创之前，那时的状态是既非有又非无，仅仅是混沌冥暗的水，存在的只是无形而具有活动力的"唯一物"。它又是精神性的"心识"（manas）。在当时心识被看作灵魂或精神性的实体。心识由于欲念而生起无和有，心识也由于热力进行二分，出现了男性和女性，从而产生了万有。这种宇宙创世说承认创造的动力是"欲念""热力"等，而创造的根本则是独一无二的"唯一物"（tad ekam，指心识），也即唯一物的自身发展即为宇宙万有的发展，这样一来就可以免除能生与所生的区别。由这种神话又演变出了独自一人的"原人创造说"。原人独自一人即能由他自身的各个部分产生出宇宙的各个部分，他遍布于不死界的天国以及我们心脏的小空间之中，无处不在；而心脏的小空间中恰好是心识的住所，因此，原人也就是我们的心识。可见，原人就是根本的唯一者，宇宙之中除了原人之外别无他存。

印度的神话还用人类的生殖力来比拟自然的生成，在上古经典《梨俱吠陀》之《无有赞歌》的第四节中，首先表述了"欲念"或"欲爱"是心识最初的种子的意思。而"种子"（retas）一词在字典上有男性精子之意。第五节提到了"施种者"（retodhāḥ），最后说"自力为下，冲力为上"，这是借男女性生活动作的比拟来表达有与无的分界：作为本体的自在力（svadha）它是一切的种子，处于下方，类似于母胎，它代表着无；而在上的则是冲动力（prayati），它是由自在力依热力所生起的现象界，

---

① 参看《梨俱吠陀》X，21。

代表着有。① 这两者的分界线是"欲念",从而区分出本体界和现象界。由此种分析可以看出,吠陀人还是倾向于认为宇宙产生之前是无,由无发展出有,现象世界就是有。由唯一者作出两性原理的分化,此后两性进行交媾,从而产出万物。宇宙万物本身早已潜藏于唯一物之中,由唯一物生出有与无两个原初元素,然后再由这两个元素产出万物。

古希腊赫西俄德的《神谱》以谱系形式,描述了宇宙生成的过程:首先生成的是卡俄斯(混沌),然后是地神该亚、冥神塔耳塔罗斯和爱神厄罗斯。其次,卡俄斯也分别产生出幽冥神厄瑞玻斯和夜神倪克斯,两神结合交媾后生出太空神埃忒耳(以太)和白昼神赫墨拉。该亚则生出覆盖她的星空神、山神和海神等。② 通过对印度和希腊神话中的宇宙生成论的比较可以看出,早期人类对宇宙生成论的描述还停留在感性直观的表面上,他们的描述还是用拟人化的方式;不同之处在于,印度人早在公元前2000年就提出了关于"唯一物"的说法。唯一物被作为抽象的绝对本体而存在,但是吠陀人还对它作出了人格化的描写,认为它是一个具有呼吸作用的生活体,也即是一个生命体,具有思考力(manas),会产生欲念,根据热力而产生现象界。由于古印度人惯于对抽象的东西进行人格化的描写,因此,在谈到现象界的产生原因和过程时,便使用了生殖观来进行描述。

吠陀诗人们提出从"唯一物"之中开展或分化出了万有。而在《原人赞歌》中具体提出,具有千头千眼的原人由它的各个部分而展开了万有,对原人进行祭供,对神进行牺牲祭祀,则天地万物皆得以产生。根据《原人赞歌》,由意产生月亮,由眼产生太阳,从口生出因陀罗和阿耆尼,气息生出风,肚脐生出空界,头生出天,耳生出方位等。总之,由原人身体的各个部位生出了作为宇宙各种要素的神,反之还可以讲神居住于原人身体的各个部位。这是与中国的盘古神话相似的"巨人解体说"。

中国有关盘古开天辟地神话的汉文古籍记载,最早见于三国东吴徐整的《三五历纪》和《五运历年纪》,当属于一种哲理性的宇宙生成说,但并未谈及故事的来源。到了南朝梁代任昉的《述异记》(上)所载的盘古

---

① 参见[日]高楠顺次郎、木村泰贤《印度哲学宗教史》,高观庐译,上海商务印书馆1935年版,第153页。

② [古希腊]赫西俄德:《神谱》,张竹明译,商务印书馆1991年版,第116—130页。

神话，便进一步说明了其流传的大致年代、具体地域和盘古为夫妻之事：

> 昔盘古氏之死也，头为四岳，目为日月，脂膏为江海，毛发为草木。秦汉间俗说：盘古氏头为东岳，腹为中岳，左臂为南岳，右臂为北岳，足为西岳。先儒说，盘古泣为江河，气为风，声为雷，目瞳为电。古说：盘古氏喜为晴，怒为阴。吴楚间说：盘古氏夫妻，阴阳之始也。今南海有盘古氏墓，亘三百余里，俗云后人追葬盘古之魂也。桂林有盘古祠，今人祝祀。南海中有盘古国，今人皆以盘古为姓。（任）按：盘古氏天地万物之祖也，然则生物始于盘古。

《五运历年纪》说：

> 首生盘古，垂死化身：气成风云，声为雷霆，左眼为日，右眼为月，四肢五体为四极五岳，血液为江河，筋脉为地理，肌肉为田土，发髭为星辰，皮毛为草木，齿骨为金玉，精髓为珠石，汗流为雨泽。①

盘古神话认为，道生化出盘古，盘古做完了开天辟地的事情以后，成就了永垂不朽的化身：其气化成了风云，其声化成了雷声，左眼化成了太阳，右眼化成了月亮，其四肢化成了东西南北四方，五脏化成了东岳泰山、西岳华山、北岳恒山、中岳嵩山、南岳衡山之五岳，其血液化成了江河，筋脉化成了地理山川之纹脉，肌肉化为了田土，头发胡须化为了星辰，皮毛化成了草木，牙齿和骨骼化成了金玉之矿藏，精髓化为了珍珠宝石，汗流化成了雨泽。其中，"首"字在古代与"道"字通用。首者，道也。"首生盘古"就是说：道生的盘古。盘古者，人格化的物事。反说之，就是物事之人格化的产物。盘古指的就是宇宙自然界，盘古神话描写的就是宇宙天地初成时期的状况，也即古代所说的天地阴阳剖判之时期。

在日本也有同样的传说，根据《古事记》与《日本书纪》记载，天照大神是从日本神话中开天辟地之祖伊奘诺尊（《古事记》里称为伊邪那岐）眼中诞生的：伊奘诺尊思念难产而死的妹妹兼爱妻伊奘冉尊（《古事

---

① （清）马骕：《绎史》太古篇卷一，中华书局2002年版。

记》里称为伊邪那美），亲赴黄泉国。但看见她腐烂而丑陋的身体后，因感到恶心与畏惧，遂逃离黄泉国。愤怒的伊奘冉尊派出数将追击，但被他用计甩开，最后在黄泉比良坂用大石堵住阴阳两界之路，才停止这场灾难。这时疲惫的伊奘诺尊停在日向国的橘小户阿波岐原休息，他脱去身上的衣物跳入河流中洗涤，于是他脱掉的衣物与洗涤的部位顿时生出二十多位神祇。最后洗脸时，左眼生出掌管太阳的天照大神，右眼生出掌管月亮的月夜见尊（《古事记》里称为月读），鼻孔生出素盏鸣尊（《古事记》里称为须佐之男）。伊奘诺尊便令天照大神治理高天原，月夜见尊治理夜之食原，素盏鸣尊治理海原。

天照大神在天上时发现地上的苇原中国有保食神将来，令弟弟月夜见尊前去迎接。保食神来到后便转头，面对陆地的方向吐出米饭，又面对海洋的方向吐出各种鱼类，等吐出各种食物后，便存起来准备庭宴时供大家分享。见此情状，月夜见尊脸色大变，指责保食神居然拿吐出来的食物给他吃，随即拔剑杀之，然后把这件事告诉天照大神。天照大神听后很生气，大骂月夜见尊一顿后不再见面，从此日月相隔出现。之后天照大神派天熊人去看保食神的尸首，只见头顶化为牛马，头壳长出小米，眉毛长出蚕茧，眼睛长出稗，肚子长出稻米，下阴长出小麦、大豆和红豆。天熊人将这些物品取下来献给天照大神，天照大神把这些食物与丝品交给定天邑君管理，从此天下有养蚕与可耕种的谷物。

天照大神与月夜见尊都接受父亲的命令，到自己的领地。唯独素盏鸣尊因思念母亲伊奘冉尊而泣，被伊奘诺尊放逐。被放逐的素盏鸣尊赴黄泉国见母前，决定先去高天原找其姊天照大神，但他行走时山川与诸土震动，反而惊动了天照大神。她以为他要侵占高天原，全副武装准备迎战。素盏鸣尊到达后说明来意，天照大神仍有些许怀疑，于是两人以生子为证；天照大神拿素盏鸣尊的十拳剑折成三段，用河水冲洗后放入口中咬碎，然后吐出雾气，随之生出三女神：田心姬（《古事记》称为多纪理姬命）、湍津姬（《古事记》称为市寸鸠姬命）和市杵岛姬（《古事记》称为多岐都姬命）。

通过上述分析可以看出，原始自然哲学的萌芽和产生的过程，是由多神向一神发展，再由一神生成宇宙万物，最后由具体的神向抽象的哲学概念发展的过程。在印度《奥义书》中，已经从一个多神的集中体现概念——原人，向完全抽象的哲学概念——"我"（阿特曼）转化，它充分反映出人类社会文明进步的历程，以及思维水平的提高。这种转化的具体体现是：在吠陀早期，对所有的神都采取拟人化的描述，人格化的神的名称也是使用的梵文阳性名词；在印度吠陀梵语中，阳性名词用来描述有生命之物。而如果使用中性名词的话，那是用来描述非人格的事物，它应该是高于阳性或阴性名词的。在吠陀中我们可以看到一些对非人格神的猜想，如："当他第一次出生时，无骨的他生出有骨的他时，谁见过他？""世界的呼吸、血液和自我在哪里？谁向知道此事的人询问此事？"在这里值得注意的是，前句说"无骨的他"指的就是无形者，而"有骨的他"显然指的是人。无形者代表着抽象的东西，而后一句的"世界的呼吸和血液"更是指向未知之物，事物背后的支撑者，一种宇宙的基本原理或事物本质。"呼吸"一词梵语为 ātman（阿特曼），一般可以把阿特曼译为"自我"，反过来讲，阿特曼起初的意思为"呼吸"，后来延伸为"生命"，到了奥义书阶段它彻底成为一个抽象的哲学名词，它并非意味着具有生命的个人，而是一个超越了生命的可以轮回转世的个体灵魂，它也是与作为宇宙原理的"梵"同一的哲学原理。

印度奥义书提出的哲学概念"阿特曼"，实际上是指代的个体灵魂，个体灵魂概念的出现，是伴随着转世再生思想而来的。在古埃及，自新石器时代以来就开始出现了墓地，这是古代埃及人死后信仰的最早表现。墓地的出现，标志着人们相信地下世界的存在，对灵魂再生寄予希望。古代希腊也存在着死后地下审判的观念。而在古印度，《梨俱吠陀》的来世观认为，人死之后就会移民到阎摩（Yama）那里，而后期的《梵书》则认为人是会"再死"（punarmṛtyu）的。《梵书》认为，在阎摩那里虽然不会再死，但是死了以后去哪里却是一个令人担心的问题。既然有再死，那就必然还有再生；再死观念的进一步发展就是轮回（saṃsāra）观念了。印度人从最早相信神的永恒性到人的再生再死，人们猜测在肉体之外还有某种可以延续下来的东西，于是推出了轮回转世和解脱的理论。在实践的层面，人们由于相信灵魂永恒不灭和天上世界的存在，而火神阿耆尼能够使人的灵魂升天，从而产生了对火的崇拜，形成了火葬的传统。古代中国人出于农耕文化的原因，依恋于黄土，认为人死后形体埋入地下，脱离形体的灵魂才可以归于上天，因而在中国实行的是土葬。这种追求死后再生的观念的产生，不但是东方人对生命热爱的表现，它还是东方独特的哲学观念的体现：肯定宇宙存在着一个最根本的始源，这个最根本的始源是永恒存在的，而现象世界和人却是变幻不定的；现象世界和人是产自这个始源，与这个始源既是统一的又是相异的，"生于斯，归于斯"，中国叫作"天人合一"，印度叫作"梵我一如"。人只是宇宙始源的一种表现形式，或称为小宇宙；一旦人死，肉体归地，灵魂归天，两者合而为一。它们也传递着物质毁灭而精神不死的信念。古埃及人相信人的本质表现为两种形式：一是躯体，一是灵魂；前者属于现实世界，后者属于地下世界或未来世界。因而出现了关于生界与死界、阴间与阳界双重性的二元的人生观和世界观。在古埃及的金字塔中有不少关于生死两界的文字记载，也正是因为这种双重人生观的出现才会在埃及出现金字塔，使人们幻想人死后也能过上跟生前同样的生活。死去的国王就像活着的神一样，具有不朽的永恒性。

　　在文明的早期，人们在超自然的神创造了宇宙万物的神话之下，展开了自然哲学的研究，开始探讨世界各种事物的组成元素。这种探讨是处于早期文明阶段不同地区不同种族的人们普遍思维的一种反映，也显示出人们思维水平和能力同步发展的历程。古希腊哲学家泰勒斯认为水是万物的本源；其后恩培多克勒又提出四元素说，认为世界由"气、水、火、土"四种元素组成。古印度吠陀哲学家也提出了"地、水、火、风、气"五个概念，后来在佛教中演化为"地、水、火、风"四大（元素）的说法。在中国春秋战国时期提出了五行学说，把宇宙间的事物分别归属于水、火、木、金、土五种基本的类别。战国末期，以邹衍为首的阴阳家将前代的阴阳、五行学说进一步系统化。邹衍在总结前人认识成果的基础上，提出了"五行相生"的观点。他认为木生火、火生土、土生金、金生水、水生木是五行相生的转化形式，这一形式说明事物之间的统一关系；水胜火、火胜金、金胜木、木胜土、土胜水则是"五行相胜"的转化形式，这一形式则说明着事物之间的对立关系。邹衍还把这种五行相生相克的物理性能，比附到社会历史方面，作为解释历代王朝兴衰成败的依据，提出了所谓的"五德终始说"。如他把上古五帝之首黄帝说成是具有土德，其色黄；而夏禹则以木德代替土德，其色青；商汤以金德克夏木，其色白；文王又以火德克商金，其色赤。这样历史的发展就变成了五德循环。苏美尔的神话尽管讲述的是宇宙神创造了一切，他们的宇宙创造论纯属于宗教神学的说法，但是苏美尔人也提出了天、地、气、水是四种宇宙的组成要素。波斯《王书》虽然认为宇宙是由神所创造，但进行的是自然哲学的探讨，认为宇宙创造的本源要素是火、气、地、水四种。这几种组成宇宙的基本元素，对人们的生活方式产生了极大的影响。在这些基本元素中，由于不同国家和地区人们生活环境的不同，分别对其有着不同的喜好，例如印度人对火非常喜好，崇拜火神阿耆尼；而中国人由于其农耕文化的缘故，对土地有着割裂不断的情感，因而形成了土地神崇拜。更由于文化理念的差别，两个国家的人民在丧葬礼仪上也存在着很大的区别：印度从古到今主要都实行火葬，古代中国人则讲求"入土为安"。

七

中村元教授认为，要对东西文化作出比较研究，首先要研究双方的思维方式，因为思维方式影响着各民族的语言、信仰、礼仪、习俗等，对各民族成员实践的具体行为起着规范的作用。① 文化是由人所创造的，而人是受大脑所支配的，大脑的功能就是思维；那么，我们人的思维方式会支配人的行为方式，换句话说，就是思维模式决定行为模式。文化是由人们的行为来创造的，因此，从逻辑关系上来讲，行为模式决定文化创造的走向和特征。我们说东西方文化是不同的，从总体上讲东方是精神的、内在的、综合的和主体的，而西方则是物质的、外在的、分析的和客体的；具体的讲，双方存在着思维方式的区别。但是，东方民族众多，各个不同民族的思维方式又各有不同的特点。要对东方各国各民族的思维方式作出研究，我们就必须要对东方各民族在思维方式上相互影响的关系作出考证。从东方的主要国家和民族来看，有印度、中国和东亚的日本及朝鲜半岛，这些国家共同的文化历史证明，它们都受到了佛教的影响，而日本和朝鲜半岛还受到了儒家思想的影响；从影响顺序来看，中国受到了印度佛教的影响，通过中国佛教又影响了日本和朝鲜半岛。从这种文化结构来看，研究东方文化应该首先研究印度文化。

在今日我们已经深切地感到世界是一个整体的时候，要想再把东方思想和西方思想彻底地分开来确实是困难的。但是，如果不了解东方思想的特征，不懂得东方思想的思维特点，我们就很难把握住未来思想的发展趋

---

① 参见［日］中村元《印度人的思维方法》，《中村元选集》第一卷，春秋社1988年版，第5—6页。

向，也无法更好地吸取西方的先进思想，从而陷入自我思想发展的怪圈之中。印度思想在整个东方思想的大氛围中基本上是协调的，从宗教的角度来说，印度教思想与佛教思想是相近的，与伊斯兰教也是相近的，而这三种宗教确实是东方的主流宗教。研究印度人的思维特点，实际上就是研究印度民族的思维特点，也是研究东方这个大范围内的民族思维特点。因为根据上述内容可以看出，无论是中国、日本、朝鲜，还是东南亚以及阿拉伯世界，甚至西欧文明，都受到过印度文化的影响，多多少少都与印度有一些关系。所以，研究印度哲学发展史是很重要的工作，它将会对我们进行整个东方思想的研究产生影响和帮助。

美国耶鲁大学教授诺斯罗普（Filmer S. C. Northrop）在他的《东西方之相遇：关于世界理知的一个研究》[①]一书中对世界各民族的文化特征进行了探讨。诺斯罗普在书中区分了两个概念：直观性的概念（concepts by intuition）和假设性的概念（concepts by postulation）。他认为，东方民族的思维特点多依赖于前者，而西方人的思维特征则是运用后者；前者即为直观事物，直观领悟，凭直觉来作判断，对事物缺乏区别和分析，忽视事物之间的差别而只作整体判断。西方人的假设判断是以寻找事物的合规律性为准则，在进行推断中必须要有前提或假设，依据形式逻辑分析，这是以科学为根据的。根据诺斯罗普的观点我们可以认为，东方民族的思维特点是依赖直接感觉，一种不需要进行分析判断的，或者说是忽视逻辑推理或理性判断的认识，这种认识具有某些神秘的因素，起源于宗教信仰或对于神权王权的臣服。诺斯罗普的观点是有一定道理的。从印度人的思维特点来看，印度是非常强调直觉的，这种直觉对感性认识和逻辑推理两方都持排斥态度。吠檀多哲学家商羯罗在他的著作《示教千则》[②]中提出了"映象"（ābhāsa）这个概念，他认为映象具有三种含义：（1）谬误；（2）假象；（3）映象。第一是指无明（虚妄的认识），无明是不具有正确的知识，所以会产生谬误。第二是对真实的阿特曼不认识，而把虚假的现象世界误以为真，就像把绳子误认为是蛇那样。第三是说上梵和下梵的关系，

[①] Filmer S. C. Northrop, *The Meeting of East and West, An Inquiry Concerning World Understanding*, New York: MacMillan, 1946.

[②] 商羯罗：《示教千则》第18章第29颂，参见孙晶《印度吠檀多不二论哲学》，东方出版社2002年版。

上梵（真梵）会反映在人的统觉机能中，形成映象，即为下梵。下梵实际上是不存在的，它只不过是上梵的映象而已。就像人们照镜子一样，会把镜子中的映象当成真实的人；人们因为无明的原因，根本就不能正确地认识真实的存在本体，而往往把虚妄不实千差万别的现象世界当成唯一的真实存在，所以要摒弃具有差别相的映象。佛教也有大致相同的观点，日本佛学家铃木大拙博士反复强调直觉思维是东方思想的基本特征，他说：

> "分别识"（Viñāna，识）是分析的，"智慧"（Prajñā，般若）则是直观的。"分别识"展示了差别相，"智慧"则超越了差别相达到了无差别，两者正相反。"禅"是这一根本的智慧的闪耀。①

中村元在他的《比较思想论》一书中对东方各民族的思维特点进行非常精辟的描述之后，特别指出：尽管他列出了东方民族的各种思维特点，但并不能说明这些就是东方民族的全部思维特征，只是某些民族、某些时期，或者某种人身上比较突出的表现而已；就好比东方最普遍的宗教是佛教，佛教对东方各民族发生的影响是共同的，但并不意味着东方所有的人都是佛教徒。东方民族的思维特征也是具有多元性和复杂性的。②

亨廷顿在《文明的冲突与世界秩序的重建》中说："正是为了上帝和黄金，西方人在16世纪向外征服世界。"③ 从16世纪开始逐渐形成了由西方文明主宰世界的格局。20世纪以来，欧美文化开始流行于全世界，西方人因民族偏见往往带着一种鄙夷的眼光来看待东方文化。时至今日，连东方人特别是我们中国人自己也看不起东方文化。东方文化的重振复兴，东西方文化的对立和交流等问题一直是萦绕在人们心头的一件大事，近年来热议的亨廷顿的"文明冲突论"更是搅得世界惶惶不安。东方文明与西方文明到底是怎么样一个关系呢？印度"诗圣"泰戈尔对东西方的交流有他自己的独到见解，他认为西方与东方并没有真正的交流，因为双方之间的交流在实质上是不对等的。西方为了征服东方，他们向东方送

---

① D. T. Suzuki, "Reason and Intuition in Buddhist Philosophy", *Philosophy East and West*, ed. by C. A. Moore, PU. 1951, p. 17f.
② [日] 中村元：《比较思想论》，吴震译，浙江人民出版社1987年版，第177—178页。
③ [美] 亨廷顿：《文明的冲突与世界秩序的重建》，周琪等译，新华出版社1998年版，第60页。

去了机器而不是人（的精神）。泰戈尔指出，东方人曾经在其源远流长的生命历程中与西方人相遇过，那时，东方人所具有的是向往着"终极无限"的神秘意识，这对于西方人所追求的精神生活上的安定是必不可少的。从东方人的角度来讲，从西方引入优秀的科学也可以使我们得到一种安定，这也是非常必要的。① 由于缺乏精神上的交流，以自由主义或"天人相分"作为精神和行动指南的西方人，与以"天人合一"而讲求物质宇宙与精神宇宙相统一的东方人之间存在着不同的价值观念。早年日本早稻田大学教授金子马治在讲授"东西文明之比较"的讲座时提出："西洋文明是势能（Power）文明。"西方文明最早源于希腊，希腊半岛土地贫瘠多山，物产不丰，所以希腊人只好向海外谋求生存和发展，行商于位于希腊和中东交通要冲的小亚细亚的伊奥尼亚地区，并在那里建立了城邦米利都和爱菲斯。希腊民族在面对这些地理和经济条件的情况下，必须要对大自然进行征服才能维持其本民族的生存与发展，他们在爱琴海、黑海和地中海沿岸和岛屿建立了众多的殖民地，随之便产生一种具有强烈征服欲望的强势文化。但是，文化的交流总是双向的，从公元前6世纪开始，由于波斯自东向西入侵，造成了当时各国的领土变迁、民族迁徙，东方和西方之间的文化交流和贸易往来变得频繁起来。当时的埃及和巴比伦在文化上处于领先地位，他们将其医学、历法、度量衡、算术、天文等方面的先进知识也带到了希腊地区，促进了该地区文化的进步。所以，可以说西方文化是源自东方的。

美国哲学家杜威在1919年到北京大学访问期间，北大哲学研究会有天晚上为杜威先生开欢迎会，杜威先生在演讲中说，西方人是征服自然，东方人是与自然融洽，这就是东西方的不同之处。② 德国哲学家凯瑟琳（Hermann Keyserling，1880—1946）于1912年访问中国期间，在上海发表了题为"东西方以及两者对共同真理的探索"的演讲，他在演讲中表示自己是到东方学习来的。他认为西方人只重视物质生活的手段，而忽视了生命本身的意义。③

东西方文化差异的原因要追溯到数千年以来的生态学和经济学。在古

---

① 泰戈尔：《东方与西方》，载《泰戈尔著作集》第8卷，阿波罗社1959年版，第137—150页。
② 梁漱溟：《东西文化及其哲学》，商务印书馆2006年版，第27页。
③ *The East and the West and Their Search for the Common Truth*，上海中国国际研究所1912年版。

代中国，农民发展了灌溉农业系统。稻谷种植者必须相处融洽，相互协作才能分享到水源。而西方人的世界观源于古希腊。在古希腊，许多人都自己经营农场，自己种植葡萄或橄榄树，然后像个体商人一样进行经营。农耕文化的价值观在于提倡集体主义精神，追求善的伦理观，而游牧民族或个体农场经济则是个人主义或自由主义的。并且，东西方在事物理解方面的差异既有社会背景的原因，也有生理基础上的不同。美国密歇根大学一个由汉纳—法耶·楚阿和理查德·尼斯贝特所领导的研究小组通过研究发现，具有欧洲文化背景的北美学生和具有东亚文化背景的学生在看同一张照片时，他们的反应是不同的。前者对照片中显著位置的目标物体更加关注，而东亚学生则愿意花更多时间来研究照片的背景和理解整幅画面。通过研究，他们得出结论：东方人和西方人在看待世界时其方式是不同的。西方人关注目标物体，而东方人（亚洲人）关注内容更多，会比较全面地观察整个场景。研究小组认为，出现这种区别的原因是，东西方人的文化背景不一样。亚洲人是生活在一个更加复杂的社会环境中，所以亚洲人必须要更关心别人，而西方人属于个人主义者。例如2000年前的古希腊大哲学家亚里士多德就更关注物体。他认为，石头之所以能沉入水中，是因为重力；木头之所以能浮在水面，是因为浮力。在这里，亚里士多德完全没有提及水的作用。然而，中国古代人却认为一切事物的运动都与其所处的环境有关，所以他们比西方人更早了解潮汐和磁场现象。另外，最近报载，[1] 美国神经科学专家特雷·赫登与约翰·加布里埃利对10个美国学生和10个东亚学生这两组具有不同文化背景的学生做实验，通过让他们做同样的简单知觉问题的实验，来对这两组具有不同文化背景的学生的大脑思维活动的运行方式作出判断。实验结果表明，由于文化背景的不同，他们各自的大脑运行方式也不同，例如，关于广告和电影，东亚人更注重人与人的关系，而美国广告说的全是"做你自己"、"你就是第一"或"追寻你的梦想"等宣传个人主义的东西。尽管实验结果表明两种人眼中的世界并无二致，但他们看到世界后怎么想却是不同的。

为什么中国人重视人与自然的和谐一致，"天人合一"理论产生的基础是什么，必须要追寻到东方文化产生的思想背景和物质基础。

美国哈佛大学著名考古学家张光直教授（1932—2001）说：

---

[1] 新华社专稿：《文化有差异　大脑大不同》，转引自《北京晚报》2008年1月20日第12版。

> 中国传统的"天人合一"的概念，建基于人类和自然之间一种和谐的关系，建基于传统文化行为的一致性，这些行为表现在农业、建筑、医药、畜牧、烹饪、废物处理，以及物质生活的每一方面。而西方观念却不同。

他又说：

> "天人合一"的宇宙观曾经是世界上许多地方人类文化的常规，理应可以再次建立它的地位。如果能够重新发扬"天人合一"这个概念，将可对全人类有重大贡献。①

张光直教授的上述结论源于他对苏美尔文明的考证。公元前三四千年两河流域的苏美尔文明是西方文明的前身，这种文明与同时期的东方文明并无二致。那时候人类与自然是非常和谐一致的，但到了稍后时期，当人类社会的生产力发生了革命性变化之后，使用金属工具和构筑大规模的灌溉工程，使得人类社会与自然界之间的关系发生了突破；特别是生产原料的大规模贸易流通，使得地方之间的文化得以交流，从而超越了地方性的自然资源的限制。从此人类社会从自然的限制和束缚中解脱了出来，尝到了征服自然的甜头，生产关系也发生了变化，在政治上也开始出现宫廷，宗教上产生了教廷。可以看出，早期人类的宇宙观都是将人与自然的关系看成一体的，这种宇宙与人一体的观念无论是苏美尔，还是中国和印度都是占据主导地位的世界观，多少世代一直延续下来。中国的"天人合一"和印度的"梵我一如"观念就是基于此的。而后期生产力的发展和生产关系的改变，使得人类与大自然被分离开来，使西方产生了"征服自然"的观念，从而西方文明运用新的生活原则来指导社会发展。

东方和西方具有不同的价值观和伦理道德观，东方的思想也具有缺陷，西方的思想也具有很大的优势。梁漱溟先生则认为，西方至少有两样东西应该肯定：一是科学方法，这是西方学术上的特别之处；另一是对人的个性的伸展，社会性的发达，这是西方社会的特别精神。② 亨廷顿在

---

① 张光直：《考古人类学随笔》，生活·读书·新知三联书店 1999 年版，第 49—51 页。
② 梁漱溟：《东西文化及其哲学》，商务印书馆 2006 年版，第 29 页。

《文明的冲突与世界秩序的重建》中说:"在20世纪的各文明中,个人主义仍然是西方的显著标志。在一位学者对包括50个国家的类似例子的分析中,在个人主义指标方面得分最高的20个国家包括了除葡萄牙之外的所有西方国家,再加上以色列。另10个对个人主义和集体主义作跨文化研究的作者同样强调,与其他集体主义盛行的地方相比,在西方,个人主义占统治地位,该作者得出如下结论:'在西方被视为最重要的价值,在世界范围内最不重要。'西方人和非西方人一再把自由主义认作西方主要的区分标志。"[①] 亨廷顿认为,是法治、社会多元主义、现代民主的代议机构等"上述许多西方文明的特征促进了文明社会中所独有的个人主义意识及个人权利传统和自由传统的出现。自由主义产生于14和15世纪,被多伊奇称为'罗密欧与朱丽叶革命'的个人选择权利到17世纪在西方被普遍接受。对所有个人平等权利的要求——'英格兰最贫穷的人生活得像最富有的人一样'——即使没有被普遍接受,也得到了清楚的表达"[②]。

在东方,无论是印度思想(例如商羯罗的不二一元论),还是中国思想(例如老子或宋明理学),都存在着一种大一统论的倾向。他们都把人类社会看成是一个整体,而几乎并不把个人看作是一个个体的存在。个人只是家族、社会和宇宙的一个成员,个人是从属于普遍者的;个人盲目地服从于某种意义上的权威。例如黑格尔在他的《哲学史讲演录》中对东方哲学进行评论时说,在东方的宗教中只有一个实体是真实的,个人只有与这个实体相结合,才能实现其自身的价值。东方人不但在宗教上对神崇拜到了无以复加的地步,在政治上,东方国家把每个国民都看成国家的一部分,而欧洲人则认为国家是由国民组成的,换句话说,东方国家(如日本等)都以国家为中心,而欧洲人则是以个人为中心,因此在日本等国家为了不断地给公民灌输"我们国家"的集体意识,在各种场合升旗、奏国歌等,不断地宣扬国家和集体优先于个人。东方的价值观反对张扬个人意志,认为个人的自我实现就是进入整个社会的和谐状态。老子认为自我的实现就是达到了与整体的和谐,商羯罗认为就是把小我(阿特曼)

---

① [美]亨廷顿:《文明的冲突与世界秩序的重建》,周琪等译,新华出版社1998年版,第62—63页。

② 同上书,第62页。

融入大我（梵）之中。这是根本不同于西方那种培养人的个性，认为自我的实现就是在竞争中获胜的观念。东方人对于知识的认识与西方也是不同的，印度人认为知识是实现人与神、个体与宇宙本体沟通的唯一途径，在宗教上的意义大于任何其他的意义；中国人认为知识是使人获得幸福的途径，"学而优则仕"，善大于真。而西方是以追求真理为目的，西方关于经验科学的概念，以及知识对于自然世界和人生的意义与东方是不一样的。

20世纪三四十年代非常知名的德国哲学家卡尔·施密特（Carl Schmitt, 1888—1983）在他最重要的著作《政治的概念》中将人类行为的所有领域都用一种不能简约的二元对立性加以结构化。他认为，就像道德领域中的善与恶，审美领域中的美与丑，经济领域中的利与害等问题一样，"所有政治活动和政治动机所能归结成的具体政治性划分便是朋友与敌人的划分"[1]。划分敌友是政治的标准，那就是使政治不同于其他事物的东西。《马太福音》（5，44）说："爱你们的仇敌"，但是卡尔·施密特说，基督徒这种关于爱你的敌人的呼吁完全适宜于宗教，但无法与总是涉及生死利益的政治相调和，因为在历经千年的基督徒与穆斯林的争斗中，基督徒从未因为爱而放弃保卫欧洲。[2] 道德哲学家关注的是公正，但政治与使世界更公正毫无关系。经济交换只要求竞争，不要求灭绝。政治不是如此。施密特认为："政治造成了最剧烈、最极端的对抗。"[3] 战争是政治所采取的最暴力的形式，而且即使没有战争，政治仍然要求你把你的反对者作为敌视你所信仰的事物的人。这并不是个人恩怨，你不必憎恨你的敌人。但是，你必须准备好如果必要的话就去击败他。施密特关于敌我对立的思想对西方现代保守主义者产生了很大的影响，现代保守主义者比自由主义者更加彻底地吸收了施密特的政治观。他这种观点对美国共和党的影响就直接反映在布什总统在对伊拉克战争时的表态，"要么是我们的朋友，要么是我们的敌人"，这种极端主义的政治态度与东方的"与人为善"的宽容大度是具有本质区别的。中国人讲"以和为贵"的交际之道

---

[1] ［德］卡尔·施密特：《政治的概念》，刘小枫编，刘宗坤等译，上海世纪出版集团、上海人民出版社2005年版，第106页。

[2] 同上书，第110页。

[3] 同上书，第111页。

和治国之道，讲究的是"协和万邦"（《尚书·虞夏书·尧典》）、"万国咸宁"（《周易·乾·象传》）。由于历史的原因，国家有大小强弱之分。要做到"协和万邦"，就要处理好大国与小国、强国与弱国之间的关系问题。《老子·六十一章》曰："大国以下小国，则取小国；小国以下大国，则取大国。"大国对小国谦下，就可以取信于小国；小国对大国谦下，也可以取信于大国。大国与小国、强国与弱国，能够相互谦让、互相信任，各国之间就可以和平共处，相安无事。否则，谁都不得安宁。即便是国与国之间交战，中国也提倡崇尚和谐的用兵之道。

在中国传统文化中蕴含着和平主义和人道主义的理念。就兵家而言，早在两千五百多年前，中国著名的军事家孙子就主张和平解决争端，反对轻易诉诸武力和发动战争，认为："百战百胜，非善之善者也；不战而屈人之兵，善之善者也。"并主张："上兵伐谋，其次伐交，其次伐兵，其下攻城。攻城之法，为不得已。"① 所以，崇尚和谐也是中国军事思想的精髓和灵魂。即便是不得已而要动武打仗时，也主张坚守"有理、有利、有节"的原则。有理则"师出有名"，"师出有名"才能"得道多助"，"有理走遍天下，无理寸步难行"，"以力服人"不如"以理服人"，有所节制方能"止于至善"。

儒家思想在社会生活中主张"礼让"，春秋时期齐国的管仲与鲍叔牙推金相让，宽厚为怀，"管鲍分金"遂成为千古美谈。《三字经》说"融四岁，能让梨"，也成为万世楷模。中国古代的体育，更多地强调修身养性，自我提高，前些年我们对外的体育比赛强调的也是"友谊第一，比赛第二"。西方文明则是提倡竞争，以个人主义作为行为指导，以不妨碍他人为道德的准则。孔子的"己所不欲，勿施于人"黄金道德律则是把自己和他人联系起来，以抑制自己的个人欲念为行为的准则来维护人与人之间的关系。东方人还认为，西方人过分看重活动本身，而丧失了心灵的平静。西方人缺乏抑制（瑜伽）精神，对于活动本身没有超脱的心态。在他们看来，人的活动首先是因为活动能带来直接的结果，或是因为喜欢活动而活动。而东方思想的主要贡献就在于它指出了一个道理：不能在繁忙的生活中迷失了生活的方向。人类的唯一目的，也即避免混乱和贪婪的唯一目的，就是精神上的满足和心灵上的平静。中国的思想特别肯定这一

---

① 引自《中国军事史》编写组《武经七书注释》，解放军出版社1986年版，第13页。

观点。东方人认为人的本性是一种自然的本性，因为他们往往把生活法则同万物的本性统一起来，印度人所谓的解脱或涅槃就是个人的本性与终极实在相统一，中国人则讲"天人合一"。印度思想的一大特征就是关注人的终极问题，他们认为人的终极状态就是"解脱"或"涅槃"。某些西方人通过此而误认东方人是消极主义的，或者遁世无为的。但是东方人绝不认为自己是消极主义的。印度人的"圣经"——《薄伽梵歌》所阐述的思想就是不执着于行为的补偿，而是把行为看作是履行义务。他们并不是不关心世俗社会、没有执着的追求，而是指在行为中，抛开了有意识的执着追求。所谓"出淤泥而不染"的莲花就是印度佛教道德思想的象征。通过对东方各国家各民族的思想发展历史的了解，可以认识到我们东方思想的包容性和多样性；并且通过对各国文化发展史的比较，去发现历史上民族间文化的异同，寻求现代民族共生共存的连接点。中印两国同属东方民族，在思想特征上存在着可比性。例如，一般认为，东方人习惯于对事物现象作静的把握，这是中国人与印度人所共有的思维方法。另外，宽容宥和的精神也是中印思想的一个特征。在印度，宗教界历来充满着安宁与和平的气氛，同时也允许各种不同的哲学世界观存在；而我们中国也历来承认信仰的自由，允许诸子百家学说争鸣。其他宗教则不是这样，例如基督教的十字军东征和伊斯兰教 12 世纪在印度灭佛。印度人从形而上学的观点出发，承认各种类型的哲学思想同时并存，而中国则从政治和实践的角度出发，谋求各种思想的妥协、调和。印度是佛教的发源地，中国是佛教的主要影响地，这种同根同源的文化背景是值得我们去认真研究和思考的。时至今日，东方各国大多同属发展中国家，传统的思想意识曾经在历史上发挥过指导性作用，它也与现代文明具有相协调的适应性；而我们应该考虑的是这些精神上的潜能如何与现代性相适应，更全面充分地发挥出来，经过扬弃的过程，焕发出新的光辉，使世界和平得以实现，达到人类共生的目的。

Ⅰ. 印度篇

第一章　印度正统派哲学研究

前　言

关于印度的正统派哲学，学术界通常都认为有六派：吠檀多、弥曼差、数论、正理论、胜论、瑜伽。"六派哲学"并非只是一个简单的集合概念，而是代表着印度婆罗门教正统宗教哲学的总理念。我们现在所持的印度六派哲学的概念，是近现代学者无批判地使用的一个概念，它所指的这六个派别的哲学最迟在孔雀王朝的时代其本派经典已经成形，形成了一个尊吠陀为圣典的哲学潮流。实际上六派哲学的形成也是有一个较长的历史过程的。北京大学的金克木教授认为，梵文典籍中论及哲学派别时大半都并没有列举六派，有的即使提到了六派，但却又和一般所认为的不同。例如：师子贤（Haribhadra）在8世纪的作品《六见集论》（Saḍdarśana Samuccaya）中所举的六派与现在的不同。《摄一切见论》（Sarvadarśansaṃṇ-graha，14世纪）列举了十五派。即使就现在所说的六派来讲，数论和瑜伽实际上是相辅而行的理论与实践，《瑜伽经》在理论上完全接受数论，只在无神的系统中插进了一个神（"自在天"）。而这个神只是一个手段或工具，是修习瑜伽的对象之一，说不上是与数论的理论分野。正理与胜论又是一个系统，《正理经》虽然看上去是关于逻辑的，但它阐述知识来源，很有哲学意味；而胜论阐述宇宙成分，完全是宇宙论。后期的正理和胜论完全就变成了一个系统《思择要义》（Tarkasaṃgraha），逻辑的正理被作为知识来源（"量"）的说明。前弥曼差（Pūrva-Mimāsā）讨论祭仪和训诂，很难叫作哲学。后弥曼差（Uttara-Mimāṃsā）即吠檀多，并不研究吠陀章句，主要研究奥义书；不重烦琐的祭仪，而以直悟义理、修习亲证为主。所以，金克木认为，名为六派，实为三宗。而在这三宗中，前二者无神的色彩很浓，实际上也很难算是正统，只有吠檀多继承传统并有发展。同时，在吠檀多兴盛之后，把正理与胜论算作训练思想的入门，又加入数论的一部分理论与瑜伽的修习方法，即将各派都并入自宗。①

孙晶在《印度六派哲学》一书中指出，在印度正统派哲学发展的历史上，曾经出现过多种版本的关于六派哲学的分类，至少有五种。直到 19 世纪初，西方的印度学者才将正统的婆罗门系统的六派哲学进行了组合整理，除了按照以是否承认吠陀的权威为标准来划分正统与异端之外，还按照不同的阶层和在印度教中的地位来进行分别介绍。他们认为，六派哲学实际上追求的是同一真理，都是以吠檀多一元论哲学作为哲学基础的。到 20 世纪以后，印度国内的学者们纷纷著书立说来介绍印度哲学史，其中一般都按照现存的六派哲学的形式来论述。因此可以认为，印度哲学史对六派哲学概念的确立还是比较近代的事情。之所以出现这种潮流，是因为吠檀多不二一元论哲学在印度思想界所处的地位，无论印度国内或国外的学者都给予它很高的评价；同时，印度的思想家或政治家都受到了吠檀多不二一元论哲学很深的影响。因此，相对于印度两千多年以上的哲学史而言，正统婆罗门系统的六派哲学概念的形成确实时间并不长。②

第一节　古代哲学思想始源探究

一　吠陀神曲研究

巫白慧的译著《〈梨俱吠陀〉神曲选》是我国学者对吠陀研究的一部重要著作，他主要围绕《梨俱吠陀》的部分美学和哲学诗曲进行翻译和研究。

1. 对《梨俱吠陀》美学诗的翻译和研究

巫白慧主要翻译了第 1 卷第 80 曲，第 4 卷第 51 曲（usas），第 10 卷第 35 曲（Agni）、第 112 曲（Indra）、第 168 曲（Vāta）。

巫白慧在《〈梨俱吠陀〉神曲选》中指出，吠陀诗人在对宇宙进行直观时得出一个认识，现象是虚幻的（māyā）。《梨俱吠陀》（Ⅷ.41）提出了"二幻"的理论：幻现和幻归。幻现和幻归二幻理论的提出，反映了

---

① 参见金克木《Vedāndasāra 之翻译和解说》前言，《学原》1947 年第 1 卷第 7、8 期。
② 参见孙晶《印度六派哲学》，台北大元书局 2011 年版，第 19—23 页。

吠陀诗人已经认识到：如果单纯用幻现来表现外在的美，其艺术难以达到永恒；只有把幻现与幻归结合起来，才能通过外在的美而催生内在的美，这种内在的美是超外在的，它具有永恒不朽的艺术效果。黑格尔在谈论美学时显示出与印度古典美学思想的相似性。黑格尔认为，"幻是一个美学手段"，他说："美的生命在于显现（外形）。"显现外形靠的是幻的手段，这与吠陀的"幻现"理论很相似。黑格尔又说，美是真实的，光靠幻的手段还不够，要在心灵深处进行艺术加工，才有可能达到美的真实境界。"只有心灵才是真实的，只有心灵才涵盖一切"，这又与吠陀的幻归理论相似。

2. 对《梨俱吠陀》主要哲学诗的翻译和研究

主要有：第1卷第47曲，第164曲；第8卷第41曲；第10卷，第14曲，第58曲，第82曲，第90曲，第129曲，等等。

巫白慧翻译的这些哲学诗比较集中地论述了吠陀中提出的哲学问题，而且他认为印度正统派哲学的主要思想根源在这些诗中都能找到，它们是印度最原始、最直接的哲学思想的萌芽。它们提出的一些哲学问题，主要包括：（1）宇宙起源说：宇宙是由某个超验神创造的呢？抑或是由别的什么所创造？世界起初是有还是无？（2）人类四种姓说：谁创造人类？谁把人类划分为四个种姓？（3）意识说：生物界，特别是人类的意识，从何而来？它是抽象的实在，还是具体的实在？（4）关于灵魂：作为灵魂的"我"是如何形成的？它的主要组成部分是什么？为什么又说"无我"？灵魂和意识是一还是二？灵魂是否承受轮回的主体？（5）虚幻说：宇宙现象是虚幻的还是实在的？

巫白慧根据吠陀的哲学诗，对其哲学思想进行了分析研究后认为，吠陀哲学诗中所讨论的问题，基本上都是一些带有普遍意义的哲学问题。吠陀的哲学思想在奥义书中进行系统阐述和发展之后，约在公元前6世纪，逐渐从奥义书中派生出一大批观点不同的哲学派别，这些派别传统地被划分为正统派和非正统派。巫白慧又认为，如果从它们的思想渊源上来考察的话，其实在这两派哲学系统中，贯穿和支配着两派发展全过程的理论有两种最基本的哲学观点——"Śāśvatadṛṣṭi"和"Ucchedadṛṣṭi"，前者被佛教称为"常见"，后者被佛教称为"断见"。这两种哲学观点也可以说是印度哲学发展史上两条基本线索。无论是正统派或非正统派哲学，它们都是以"常见"或者"断见"来构建对"永恒的精神本体"或者肯定或者否定的理论。持肯定理论的派别即为正统派的六派哲学，因为它们哲学的目的在于肯定"永恒的精神本体"，尽管各派使用不同的名言概念来加以阐述。而对"永恒的精神本体"持否定理论的即为非正统派（如佛教、Jaina、顺世外道、六师等）。常见思想和断见思想的根源可以追溯到吠陀经，然后从吠陀经再到梵书—奥义书，以及后奥义书，从而形成了贯穿整个印度哲学史的主要思想线索。

二 奥义书的研究

巫白慧在对奥义书的研究中，充分地将自己关于印度哲学的"常见"（Śāśvatadṛṣṭi）和"断见"（Ucchedadṛṣṭi）的观点表述了出来。他在论文《论印度哲学中的"断常"二见》[①]中，深入地分析和研究了奥义书中的"常见"和"断见"的论述。

1. 奥义书关于"常见"的观点

巫白慧首先指出，从根本上说，奥义书哲学的核心就是"常见"，在奥义书中肯定的三个精神实体是：原人（puruṣa）、梵（brahman）、我（ātman），他们实际上是同一个精神实体的三个不同的称呼。如：《广森林奥义》（I.4, 1）和（II.5, 1）中都认为这三者是"名异体一"的"一梵"，从这个"一梵"中又发展出了"二梵"：有德之梵（guṇa）和无德之梵（aguṇa）。无德之梵是梵绝对的一面，"na iti na iti"，也被称为"satyasya satyam"。其中的两个 na，是一种双重的否定方式，即"否定之否定"；第 1 个 na 是对梵的一切规定的否定，第 2 个 na 是对前一个"na iti"的否定。巫教授认为这种否定实际上是在肯定原人的永恒性和不灭性。从另外一层意思来讲，因为原人是真理中的真理，所以是不能用语言文字来描述的，不是概念所能把握的。有德之梵是梵相对的一面，它有形相，有特征，有规定。换句话说，原人、梵、我这三者具有奇妙的形相，可以对它进行描述。所以，无德之梵的基本模式是"na iti na iti"，而有德之梵则是"那是真理，那就是我，那就是你"。有德之梵是客观世界的基础和精神世界的根源。巫教授在说明原人、梵、我的关系时认为，梵与我是原人的发展，但我似乎比梵更直接来自原人。奥义书时期把原人在吠陀时期的全部特征都分别赋予了梵和我。

[①] 参见巫白慧《印度哲学》，东方出版社 1998 年版。

巫白慧说有德之梵是客观世界的基础和精神世界的根源，他的根据是：(1) 奥义书哲学家把梵这个精神实体作为客观世界的基础，是先于天地的唯一存在。《广森林奥义》(Ⅰ.4，17) 说，"太初此界，唯一之我，最先存在"，"彼是圆满，此是圆满，从圆满到圆满。若从圆满取走圆满，圆满依旧存在"。此中的"彼是圆满，此是圆满"，前一个圆满是体（无德之梵），后一个圆满是相（有德之梵）；"若从圆满取走圆满，圆满依旧存在"，意谓无德之梵绝对唯一，无形无相，周遍圆满，由此幻现出万象森罗、丰富多彩的现象世界。(2) 奥义书哲学家继承和发展了吠陀关于梵天创造人类四种姓（casta）的理论，以"我"取代了"原人"，使"原人"创造人类的作用被哲学化。在奥义书中，梵与我为同一本体，但把我说成是梵的具有意识的部分。"太初此界，荡然无物……彼造意识，并祈有我"，此中的彼即指梵；"有我"（ātmanvī）是一个物主形容词，说明梵兼有我的成分。又说，"彼为自我，创造意识、语言、生命"，这样就肯定了我具有三个特征：意识、语言、生命。由于具有了这三个特征，所以我就可以充当一切众生的本源。

2. 奥义书关于"断见"的观点

断见的观点与常见的观点是针锋相对的两种不同的观点，断见的观点包含着破立两种含义：破的含义是对精神本体的永恒性的否定，立的含义是对物质不灭性的肯定。断见观点的起源可以追溯到吠陀，如《梨俱吠陀》(Ⅰ.164，4) 说："谁曾看见，彼之初现？无骨架者，支撑骨架？"无骨架意为非物质，骨架为物质；前者为虚，后者为实，虚幻的东西如何能够产生、支持实在的东西？这些思想是印度的早期唯物论思想。吠陀的这些早期唯物论思想导致他们提出了物质原素——水、火、金卵等作为世界构成的基本成分。到了奥义书阶段，哲学家们继承了吠陀的原素说思想，例如，他们肯定了吠陀哲学家关于"水"是世界的本源的思想，进一步认为："太初之时，此界唯水，水生真实，真实即梵；梵出生主，生主育诸神。"在此可以看出，奥义书哲学家认为梵我的基础是水，水既是物质世界的基础，也是精神世界的基础。还有一种比较典型的说法为"金卵说"，这也是从吠陀"胎藏说"的基础上发展而来，"金卵说"具有明显的唯物论特征。

巫白慧的观点说明了一点，在奥义书时代"常见"和"断见"的观点之争，实际上是关于"谁是不灭者"的论战。黄心川在他的著作《印度哲学史》中认为，这场论战就是唯物论与唯心论之间的论争，主要表现为在《广森林奥义》中坚持唯物论观点的邬达罗伽·阿鲁尼（Uddālaka Aruṇi）和坚持唯心论观点的耶若伏吉耶（Yajñavalkya）之间。在《广森林奥义》（III.3，8）中持唯心论观点的人说不灭者就是梵，持唯物论观点的人说不灭者不是梵，而是某种物质。直到奥义书的末期这一论争还时不时地出现，如在《白骡奥义》（I.10）中说："可灭者是原初质料（Pradhāna），不可灭者和不死者是 Hara 神。"《广森林奥义》是最老的奥义书，《白骡奥义》是较晚的，两书先后都涉及了谁是不灭者的问题，从这一过程显现出奥义书哲学从早期的"梵我"一体的绝对一元论向后期的"物我"相混的二元论发展的过程。①

3. 佛教与奥义书的关系

巫白慧认为，奥义书是印度一切哲学的总根源，包括佛教哲学在内。

（1）首先，佛教接受吠陀的"原人"和"梵"这两个概念。在佛教的经典中，"原人"（puruṣa）被译为"人、男人、丈夫、神我、原人"等，"神我、原人"一般是指称数论外道的术语，佛教一般不用。但中国佛教华严五祖宗密法师（780—841）却写有《华严原人论》。此论以"原人"为唯一的哲学命题，按照华严宗教义探讨了生物界特别是人的本源，认为人的精神世界的发展是从低级（人天境界）起，经过中级（小乘境界）、高级（大乘空有二宗境界）而到达最高级（一乘显性、一真心体的境界）。此时人已经升华为原人、佛。《华严原人论》看上去有一种对吠陀、奥义书作更完整和深入解释的感觉。关于"梵"（brahman），佛经通常将其译作"梵志、寂静、清静、离欲"等，有时称佛德为"梵德"，因而称佛为"梵"。但是从哲学上讲，佛教不认同奥义书的二梵说，不承认无相梵，只认可有相梵——色界的大梵天。

（2）无我说。在吠陀中已经出现了否定"我"的说法，《梨俱吠陀》（I.164，4）说："从地生气血，何处有我在？谁去寻智人，请教斯道理？"此偈实际上认为肉体消亡后复归于地水火风四大原素，我（灵魂）是不存在的。佛教的无我思想可以溯源到吠陀的这一思想。

（3）摩耶说。在吠陀时代，毗湿奴（Varuṇa）和因陀罗（Indra）都被尊为幻相的制作者；到了奥义书时代，毗湿奴被有相梵"大自在天"所代替，只剩下了因陀罗。而有相梵和因陀罗其实都是无相梵的外现的化

---

① 参见黄心川《印度哲学史》，商务印书馆1989年版，第69—75页。

身。奥义书虚幻的思想甚至影响到了印度哲学的所有派别，也包括佛教。佛教哲学把幻看作事物本身因为客观规律的制约而产生的一种必然现象，佛教用"因缘"之说来解释事物的变化，离开了因缘，事物便不存在。那么，佛教实际上是认为在因缘未被破坏之前，现象只是仿佛存在，就只是幻相而已。现象世界，本无自体；如幻不实，非真存在。

（4）无有与空有。早在吠陀时代哲学家们就注意到"无"与"有"的矛盾。到奥义书时代，关于无和有出现了两种不同的观点。一派认为，宇宙是先"有"后"无"，然后再从无生出有。另一派认为，是"有"先出，然后从有发展到无。后期的一些奥义书哲学家解释说，"无"作为"有"的根本时，"无"并不意味着绝对的无，而只是一个居前的或先行的"无"（prag-abhāva），也可以说是一个潜藏的"有"，创世并非起于绝对的无，而是起于prag-abhāva，即有始无终的无。那么，"无"到底是什么呢？《广森林奥义》（I.4,9）说："太初之时，唯梵存在；彼知自己，我就是梵。"因此，梵就是一切。于是，"无"就是梵。佛教根据奥义书的理论，结合"缘起性空"再加以改造，提出了"空有说"。佛教赋予了空和有以新的内容，成为佛教特有的哲学术语：空是第一义谛，有是俗谛。佛教认为，空和有既有联系，又有不同。龙树讲："若人见有无，见自性他性；如是则不见，佛法真实义。"意思是说，如果以绝对的观点来谈空或有，都是对佛法真义的无知。而无知所造成的具体情况就是"定有则著常，定无则著断；是故有智者，不应著有无"。所以在佛教哲学中，常与断的观点都是被批判的外道邪见，不是佛教的正见。因为常见起于执定有，断见起于执定无。在空有的理论上，如果坚持"有"的观点，必然会导致执常的邪见；而如果坚持无的观点，必然就会走向执断的邪见。只有站在"中观"的立场，全面地理解和把握空有的内在关系，才能避免走向极端。

4. 关于"唵"（Om）字的研究

巫白慧在他的论文《奥义书的禅理》① 中有一章专门对Om（唵）字进行了研究。他认为，奥义书的哲学家们根据对宇宙的直观观察，运用梵语字母为宇宙现象制作了一套并不系统但含有神秘意义的符号——为一些主要的自然现象（如地、水、火、风、空或大气层、明、暗、雷、雨、

---

① 巫白慧：《奥义书的禅理》，《世界宗教研究》1996年第4期。

时间、空间，以及幻想中的鬼神等）建立代号，并借此来对自然现象进行说明。这些代号（密码），从较早的《歌者奥义》开始，到较晚的《弥勒奥义》，逐步发展成一个神秘的符号系统。

奥义书的神秘符号系统中最重要的一个符号就是"Om"，Om 字在汉译佛典中被音译为"唵"字，意译为"极赞，极至"。在奥义书中这个字被赋予了深奥的神学和哲学含义。从神学上讲，唵是婆罗门教（印度教）三大主神的密码、代号，在 Om 中 a，u，m 三个成分代表了三大神，a 代表毗湿奴，u 代表鲁陀罗（吠陀后的湿婆），m 代表梵天；Om 还被尊为婆罗门教的三大圣典——《梨俱吠陀》、《沙摩吠陀》和《夜柔吠陀》的精华、核心。在一些奥义书中，Om 的作用被夸大为超越了三大神和三大天启圣典。

5.《蛙氏奥义》研究

北京大学教授金克木的《〈蛙氏奥义〉的神秘主义试析》[①] 是一篇很有学术价值的论文，以神秘主义作为研究的突破点，对《蛙氏奥义》作了形式上和思想内容上较为全面的分析，遗憾之处在于他并没有将《蛙氏奥义》与《乔荼波陀颂》或商羯罗的《乔荼波陀颂疏》作比较研究。

金克木首先指出，研究《蛙氏奥义》具有两点重要的意义：（1）历史的意义。金克木认为，在公认的最古老的十三种奥义书中，《蛙氏奥义》属于晚期，大概成书于公元前 6 世纪。金克木教授的理由是，《蛙氏奥义》属于较古老的十三种奥义书中的一种，而学术界普遍公认的这十三种奥义书都出现于吠陀时代的末期，即佛教和耆那教等许多宗教和哲学活跃的时期，也即公元前 6 世纪左右。在后代所有的对《蛙氏奥义》的注释中，商羯罗的《乔荼波陀颂疏》是最重要的，这部著作成为印度近代不二一元论吠檀多哲学派的理论渊源之一，因此，所有研究近代或现代印度哲学的都必须要研究吠檀多派，也往往要追溯到《蛙氏奥义》。（2）哲学的意义。V. 帕塔恰耶在 1943 年出版了他经过 20 多年才校订出来的《圣教论》。V. 帕塔恰耶认为《乔荼波陀颂》的观点实际上和佛教的唯识宗是一宗的两派。另外，Karl H. 波特尔在他的论文《乔荼波陀是不是唯心论者》认为，乔荼波陀并不是唯心论者，因为乔荼波陀并不认为世界产生于思维，他的"摩耶"（māyā）的说法只是他认为对世界产生错误认

---

① 金克木：《〈蛙氏奥义〉的神秘主义试析》，《哲学研究》1981 年第 6 期。

识是由于"摩耶",不能由此就自然地得出结论说乔荼波陀是唯心论者,而实际上他是一位实在论者。关于乔荼波陀哲学观点的争论很多,金教授认为,单从《乔荼波陀颂》来研究他的观点是不够的,必须要从他的思想源头来加以研究才行。因此,研究《蛙氏奥义》的哲学思想是很重要的。

首先金克木对 Om 进行了研究。他认为,Om 由三个音合成,这是当时关于语音、语法、语词研究的结果。公元前 5 世纪的《尼禄多》解说辞书 Nighaṇṭu,语词分析已有发展,可证明这种语音分析已经是婆罗门祭司的常识。波尼尼的梵语语法体系完成于公元前 4 世纪。《蛙氏奥义》成书时,a + u = o,o + m = om,变成鼻化音 oṃ,这一公式也是诵经祭司人所共知的常识。《蛙氏奥义》以 Om 构造了一个三分的模式,这虽然不是《蛙氏奥义》所专有的,但它用这样的结构来突出"第四",这很重要。

在古代印度书中常用"四分",一类为实:如佛教理论中列举的"自因、他因、共因、无因",其中前三个是"有因",再加上一个"无因"成为第四。另一类是虚:逻辑上可以分为四,但实际上只有二加上虚构的第三和第四;从哲学内容上讲是四个,但形式上却不过是二分为四。如佛教常说的"有,无,亦有亦无,非有非无"。后两个实际上是"空"。于是产生了"有,无,空"的三分模式。由此分析,无论是前一类"实"的,还是后一类"虚"的,都是采取的"三分模式"。这种三分模式在古印度是很流行的。例如:最古的吠陀是"三吠陀"——《梨俱吠陀》、《沙摩吠陀》和《夜柔吠陀》,最后再加上《阿达婆吠陀》。胜论的句义主要是前面的三个,"实,德,业"(dravya, guṇa, karma),这三者的意义是:物体,性质,行为(运动)。数论理论中的"三德"(guṇa),"萨埵"(sattva)、"罗阇"(rājas)、"答磨"(tāmas),它们后来脱离了整个数论体系而流行,几乎成为一般用语。这是三个相互联系的范畴,它们合成了一个模式,可以多方使用,凡事物都可以分这三个面来考察。《薄伽梵歌》总括了三条瑜伽的道路:"信,智,业"(bhaktiyoga、jānayoga、karmayoga)。这是把智慧、行为和信仰三者加以分别,同时又联系起来,也可以说是把理智、行为、感情三者加以分别,又联系了起来,作为三种"瑜伽行"。金克木在他的论文中举了很多类似以上的例证,笔者认为,他主要是为了说明以下两点:第一,《蛙氏奥义》的三分模式在当时的印度并不是独一无二的，而是带有社会性和集体性的；《蛙氏奥义》所使用的论述方法，与当时流行的哲学理论是相适应的。第二，《蛙氏奥义》所反映出的思想，是与当时的现实一致的，它的结论是分析现实世界事物而得来的。它属于传授《阿达婆吠陀》的一个宗派，金先生认为，"蛙氏"本身很可能是以"蛙"为氏族图腾的一个家族，它必然会带有本家族的社会地位特点。当时进行祭祈主要依靠三个祭司，一个诵读《梨俱》，一个唱《沙摩》，一个依照《夜柔》主持祭祈活动。《阿达婆吠陀》的传授者，大约本身是个巫师，后来才参与了祭祈。据说他们是监督祭祈进行的，纠正错误以免发生灾害，并且防备外部邪祟。他是三个祭司以外的第四个，他的功能是执行巫师的职责。《蛙氏奥义》强调这个"第四"，强调《歌者奥义》中的"唵"，却不提祭祀，这反映出它的社会特性。

三 《薄伽梵歌》研究

李馨宇、孙晶合作的论文《〈薄伽梵歌〉的伦理道德观解析》① 是对千百年来影响印度人道德观的经典《薄伽梵歌》进行研究的专业学术论文。《薄伽梵歌》是印度最著名的经典，它不但是宗教文献，也是印度人从古至今的精神依靠和生活指南，被印度人尊为他们的"圣经"，几千年以来一直流传不断。《薄伽梵歌》包含着复杂的印度古代正统派的哲学思想，它还具有丰富的伦理道德的说教，是人们社会生活的规范，也是宗教修行的典范。该文根据《薄伽梵歌》一书的内容，将其伦理道德思想理论作出了整理和归纳，充分挖掘其合理的成分，分析它们在社会发展过程中产生的作用。通过这篇论文，可以使我们了解到同属东方文明古国的印度其伦理道德观是如何形成的，它又是怎样影响社会发展进程的。该论文分为四个部分：（1）种姓的职责与义务；（2）平等观；（3）祭祀；（4）瑜伽修行理论。

该论文指出，《薄伽梵歌》将种姓制度神圣化，认为这种社会阶层的划分是在上古经典《梨俱吠陀》中神定的，是亘古不变的。印度教将人生分为四个阶段：梵行期，又称学生期；家庭期；森林期；云游期（比丘）。在每一个阶段都有个人应尽的职责和义务。这些职责和义务构成了种姓阶层的法，相对这些法的还有一般之法，它们来自《摩奴法典》。关

---

① 李馨宇、孙晶：《〈薄伽梵歌〉的伦理道德观解析》，《人文杂志》2012年第2期。

于两者的关系，可以说，一般之法是基础，而种姓之法是神圣不可侵犯，必须要遵守的。也即，当一般之法与种姓之法相冲突时，首先服从种姓之法；只有当一般之法不与种姓之法相冲突时，才可以执行一般之法。

平等是《薄伽梵歌》所讲的美德之一，在书中多次得到了强调。业瑜伽肯定平等观。① 智者认为对牛、象、狗、贱民等都要平等看待。② 无论黄金还是石头，喜好还是嫌恶，敌人还是朋友，毁灭还是赞誉，对人而言都没有差别，所以不能因为个人的好恶来决定，还必须要以精神来进行统治以克服欲望和愤怒。③ 要想达到平等，就必须要超越三德。要像旁观者那样，不受三德活动的影响。只有超越了三德，才能与梵合为一体。④

平等观的理论基础最终归结于梵我观念，它是由博爱主义发展而来的。吠檀多派的梵我观认为，每个人的自我都是一样平等的；万物之中可见自我，自我之中也见万物。因此，由于自我的本质都是一样的，那么，无论是婆罗门也好，是狗也好，本质都是同一的，都与本来就是平等的梵的本质是一致的。如果把自己与他人同等看待的话，那么你加害他人也就等于加害你自己。因此吠檀多派的梵我观提倡的就是博爱主义，通过对自己的爱类推及对他人的爱，对一切万物的幸福都表示欢喜。持此种"一如观"而敬爱安住于一切之中的神的人，他就是与神生活在一起，也是修习业瑜伽的最上者。

在《薄伽梵歌》中平等观可以分为三个层次，一种是内在的层次，就是在个人心灵上的平等，平等看待苦乐、毁誉，保持一种心灵上的平静。另一种是外在的层次，即平等地对待他人。无论是好人坏人，敌人朋友，都同等对待；以自我同质同源为理论基础。最后一个层次也是最高的层次，它超越了三德，⑤ 达到了自我与梵的合一，这也是获得了解脱的最后阶段。

该文指出，《薄伽梵歌》认为，吠陀宗教确立的三大原则之一是祭祀主义，祭祀对于吠陀宗教有着重要的意义。《薄伽梵歌》虽然继承了吠陀的宗教仪式，但是，它并非采取极端主义的态度，而是在不同的场合采取

---

① 参见《薄伽梵歌》6，33，黄宝生译，商务印书馆2010年版，第67页。
② 参见《薄伽梵歌》5，18，黄宝生译，商务印书馆2010年版，第58页。
③ 参见《薄伽梵歌》14，24—25，黄宝生译，商务印书馆2010年版，第136—137页。
④ 参见《薄伽梵歌》14，26，黄宝生译，商务印书馆2010年版，第137页。
⑤ 代表着物质的三种属性或三种状态：喜、忧、暗。

不同的态度。它对于祭祀行为和祭祀目的所采取的立场是不同的：祭祀并不是为了获得升天或获利，而是为了尽到本阶层的职责义务。因为圣典规定，婆罗门的职责就是进行祭祀，所以婆罗门必须是纯粹为了尽义务而进行祭祀。因此，《薄伽梵歌》强调的是，如果为了追求物质利益，那么必须要排斥这种意义的祭祀；如果是为了尽职责义务，就必须要支持这种祭祀。人要想获得解脱，就要把祭祀与修行联系起来。包括瑜伽法、供养牺牲品、布施、苦行、精神上的三昧、知识修炼等，这些都是人们获得解脱的途径。

该论文对瑜伽法又进行了论述，个我（有身我）要想摆脱生死轮回，就必须要消除约束和支配个我的业力；而消除业力的最好办法是修习瑜伽行。《薄伽梵歌》（第6章）专门论述瑜伽理论，它讲一位瑜伽修行者修行的全部过程。《薄伽梵歌》中的瑜伽一词实际上含义很多，其中主要提到了几种瑜伽：业瑜伽和行动瑜伽、觉瑜伽和智瑜伽（实指数论）、信瑜伽等。① 因为瑜伽从本义上讲是作为一种修行的手段，具有"方法、道"的含义，所以也可以分为"三道"——首先是将灵魂与肉体进行正确的区别，属于神性的认识的"智道"（智瑜伽），也可叫作"知识的修炼"；其次是不管结果的实行义务职责的"行道"（业瑜伽），也可以叫作"行为的修炼"；最后为对神绝对信奉和挚爱的"信道"（信瑜伽），也可以叫作"信仰的实践"。《薄伽梵歌》的这三道都是为了一个共同的目的——解脱。它们之间具有内在的联系，相互补充，都是为了共同的目标解脱。

第二节 吠檀多的价值和意义

一 一般研究

主要有：巫白慧的论文《印度吠檀多主义哲学》②，黄心川的《印度哲学史》③ 一书关于吠檀多哲学的部分，孙晶的著作《印度吠檀多不二论

---

① 行动瑜伽出现四次：3，3；3，7；5，2；13，24。觉瑜伽出现3次：2，49；10，10；18，57。信瑜伽出现1次：14，26。

② 巫白慧：《印度吠檀多主义哲学》，《南亚研究》1989年第1期。

③ 黄心川：《印度哲学史》，商务印书馆1989年版。

哲学》及《印度吠檀多哲学史》①。关于近代吠檀多哲学发展的研究有黄心川的著作《印度近现代哲学》，以及他的另一部著作《辩喜》②。

巫白慧的论文对整个吠檀多哲学的历史作了全面的回顾，他将吠檀多哲学史的发展分为三个部分：早期（吠陀和奥义书时期），中期（公元前5世纪以后），晚期（近代）。巫白慧实际上是对各个发展时期的吠檀多派哲学进行总结。他的论文的后半部分主要是谈"新吠檀多主义"，即吠檀多哲学在近代的发展情况。黄心川在他的《印度哲学史》的"吠檀多哲学"一章中，却并没有像巫白慧那样给吠檀多哲学作历史分期，他主要集中介绍了《梵经》、乔荼波陀、商羯罗以及后期的发展情况等。

早期吠檀多哲学主要包含吠陀和古奥义书。巫白慧认为，奥义书在当时有两个重要的历史作用：一是为种姓制提供理论依据；一是为婆罗门教制定一个永恒的思维模式。这就是奥义书哲学的主要学说："二梵说"、"二我说"和"二智说"。"二梵说"意指"无形之梵"和"有形之梵"，前者是绝对的真理，后者则是相对的存在；前者的特征如奥义书所说，是"非如此，非如此"（neti, neti），后者的特征是"那是真理，那就是我，那就是你"。巫白慧认为，"有形之梵"是客观世界和主观世界的基础。奥义书中梵和我虽然是同一本体，但却分工不同：讲梵时是强调它作为客观世界的本源，讲我时则是强调它作为主观世界的本源，因为我是梵的意识、语言和生命。"二我说"认为，二我是同一我的两个方面，分为"内我"和"外我"，前者是肉体内的"生命"，后者是肉体外的"胜我"。巫白慧引用《秃顶奥义》的说法来支持他的这种区分。在书中二我的关系被喻为二鸟，二鸟同栖一树，一鸟吃树上的果实，一鸟旁观不吃。二我同居同一我之树，一我（命我）承受善恶果报，轮回转生；一我（胜我）寂然不动，常存自在。"二智"即指俗智和真智（胜义智），这是与二我相联系的，内我持俗智，外我持真智；内我是可知的，外我不可知，但并非绝对的不可知。二智是通过外持苦行、内修瑜伽而获得的。

笔者认为，通过巫白慧的上述论述可以对奥义书哲学关于"梵"的

---

① 孙晶：《印度吠檀多不二论哲学》，东方出版社2002年版；《印度吠檀多哲学史》，中国社会科学出版社2013年版。

② 黄心川：《辩喜》，商务印书馆1989年版。

概念的发展有一个了解。梵这个概念在吠陀本集中与"原人"是相等的，是人格化的神。到了梵书时代，梵开始被抽象化成为哲学概念。当然在《广森林奥义》中它还处处与原人相提并论："不死原人，于此大地，永放光辉；不死原人，内我为体，永放光辉。他正是我，此是不死，此即是梵，此即一切。"但是，把二我分为内我和外我，以及将梵分为二梵是同样意味的，这是哲学概念在更高层次上的分化，是为了解决现实与理论的矛盾而产生的。

关于中期，巫白慧认为是从公元前5世纪沙门的出现，以及婆罗门教哲学与反婆罗门教派别的出现开始，一直到后期的罗摩奴阇等。此时，根据各派对吠陀的态度，即承认和继承吠陀权威的，被认为是正统派；相反就是非正统派。在正统派中弥曼差是直接从奥义书发展而来的，分前和后弥曼差两派，这两派基本上是围绕着奥义书的"梵—我"概念来建立自己的哲学体系的。前弥曼差强调奥义书的实践方面，后弥曼差着重理论研究；前弥曼差又称业弥曼差，后弥曼差又称智弥曼差。由后弥曼差发展出了吠檀多派。

二 吠檀多不二一元论哲学研究

乔荼波陀是吠檀多不二一元论的祖师，对他的研究，主要有巫白慧的梵本译著《圣教论》①，孙晶的著作《印度吠檀多不二论哲学》《印度吠檀多哲学史》和《印度六派哲学》②，以及孙晶的三篇论文：《乔荼波陀的核心哲学》《〈乔荼波陀颂〉文献学研究》和《乔荼波陀与佛教》③。商羯罗是吠檀多不二一元论哲学的集大成者，对商羯罗的研究，主要有孙晶的著作《印度吠檀多哲学史》，以及孙晶的论文《商羯罗基本哲学思想述评》《商羯罗与〈示教千则〉》《商羯罗的解脱观及其思想渊源》《商羯罗是假面的佛教徒吗？》等。

孙晶对乔荼波陀的研究主要集中在两部分：（1）文献学研究。主要对乔荼波陀的主要哲学著作《乔荼波陀颂》（又称《圣教论》）其文献本

---

① 巫白慧：《圣教论》，商务印书馆1999年版。
② 孙晶：《印度六派哲学》，中国社会科学出版社2013年版。
③ 孙晶：《乔荼波陀的核心哲学》，《南亚研究》1987年第3期；《〈乔荼波陀颂〉文献学研究》，《哲学研究》2005年第3期；《乔荼波陀与佛教》，《世界哲学》2009年第5期。

身的形成、内在结构以及国际学术界"乔荼波陀研究史"的发展历程作出了全面的研究。(2)哲学思想的研究。一方面对乔荼波陀哲学思想的吠檀多性格作出剖析,另一方面又对他与佛教之间的相互影响和相互渗透的状况给予充分的重视。

孙晶在 2005 年第 3 期的《哲学研究》上发表了《〈乔荼波陀颂〉文献学研究》一文。该文主要分为四个部分:第一,关于乔荼波陀是否历史人物及其年代、著作真伪的考证。由于印度缺乏翔实的历史年代,乔荼波陀的年代只能通过与他同时代的佛教思想家之间的比较研究来考证。第二,《乔荼波陀颂》的名称及其注疏的研究。《乔荼波陀颂》一书的名称有多个,对它的注疏也有多个,梳理清楚很有必要。第三,各章之间的逻辑关系和传承关系研究。《乔荼波陀颂》一书是对《蛙氏奥义》的注释,该书分为四章,虽为一书,但第 1 章和后 3 章之间并不具有逻辑关联,第 1 章的内容主要为对《蛙氏奥义》的注释,而后 3 章更像是独立性的著作。第四,《乔荼波陀颂》一书的研究史研究。

孙晶在对《乔荼波陀颂》进行研究的过程中发现,乔荼波陀的时代正是大乘佛教的兴盛期,各学派间的相互渗透、相互影响是很普遍的,他作为吠檀多不二一元论派的重要哲学家,其思想动向是值得关注的。于是,将乔荼波陀的哲学与佛教哲学进行比较研究,特别是与大乘佛教的空宗和唯识宗的比较研究很有必要。孙晶在《世界哲学》2009 年第 5 期上发表了《乔荼波陀与佛教》的论文。该文首先从文献上来论证曾有几位佛教大师的文句与《圣教论》的偈颂相似,由此可以看出吠檀多与佛教之间是经常相互引用文献的。该文指出,《乔荼波陀颂》的哲学中心思想讲述两个道理:世界的非真实性(虚妄)和不生说。前一个教说讲述现象世界的非真实性产生的原因,一切法的产生都与心识相关,心生法起,与佛教唯识宗的思想有关;后一个教说明确指出现象世界根本就是不生的,只是由因缘生起万法,诸法本身无本体、无自性。无自性就是性空。这性空思想正是反映宇宙的如实相,这与佛教空宗的思想密切相关。笔者在论文中将《乔荼波陀颂》与佛教唯识宗及龙树的空宗思想展开了比较全面的比较研究,认为,乔氏的思想既类似于唯识宗的思想又接近于空宗的思想,简单总结乔氏的思想为:

(1)知识的对象也即醒时对象的根基是思想对现象世界的经验。所生是依赖于能生的,这个能生即是命我。因为梵我——遍在一切的自在天住在一切众生的心中，是绝对的不动本体；认识主体是命我，醒时的认识对象是虚妄的现象世界，而醒时经验最终又依赖于认识主体。故结论是：识生则法生，识灭则法灭；一切唯识，离识无境。

（2）乔荼波陀的哲学持"摩耶论"，对现象世界加以否定，它与龙树的"空"的思想很接近。乔氏借用龙树的四句否定模式论证自己的不生说，是要证实缘起性空的道理，从根本上否定了现象世界存在的客观必要性，论证梵我一如、万法归一的客观必然性。

孙晶研究的另外一个主要关注点是印度吠檀多哲学派的最大哲学家商羯罗。孙晶在日本东京大学前田教授的指导下专门研究商羯罗的哲学思想，并经前田教授的指导将商羯罗的梵本哲学经典《示教千则》汉译了出来。孙晶在《南亚研究》1994年第1期发表的《商羯罗与〈示教千则〉》一文中指出，在公认的商羯罗著作的真品中，大部分为注释一类的著作，而真正称得上商羯罗独立哲学著作的应该是《示教千则》一书。按照学术界研究惯例，凡研究商羯罗，必谈他的《梵经注》。然而实际上《梵经注》中的一些观点与商羯罗本身所持观点是不同的，要想从《梵经注》中抽取出商羯罗自身的哲学思想也很困难。于是，相对于商羯罗的大多数注释类著作来讲，尽管《示教千则》只是小品类的作品，但作为商羯罗自己的独立真作，它却是研究商羯罗思想的最直接便利同时也是最确实可靠的资料，也可以说是唯一的历史资料。

孙晶在《商羯罗与〈示教千则〉》一文中还特别对国际印度哲学界对商羯罗研究的方法进行总结和判断。当前国际印度学界和印度的学术界对商羯罗的吠檀多不二一元论所采取的研究方法大致可以分为三种：（1）传统的方法；（2）纯哲学的方法；（3）历史学的、文献学的方法。采用第一种方法的，主要是一些吠檀多教派的后继者。第二种研究方法主要是由欧洲的印度学者在19世纪末发展起来的，这种方法注重理论探讨，进行哲学思辨分析，却容易将它与同时期各种不同的哲学思潮混淆起来。第三种方法是近年来由德国印度学家哈克（P. Hacker）博士和日本的印度学家中村元博士所倡导的。第一种方法显然对商羯罗的学术研究贡献不大，而对于发展商羯罗教派倒是有用。第二种方法注重的主要是哲学的或比较哲学的研究，这对于思想研究是非常重要的。如果能把第二种方法和第三种方法结合起来进行研究，那是最好不过的了。因为现在世界上所发表和出版的有关研究商羯罗的著作和论文，大多以商羯罗的观点来代表吠檀多不二一元论派的观点，其实在商羯罗之前和之后不二一元论派都有其不同的发展过程，而将其展开来以历史的观点进行研究的情况却很少，特别是将其哲学与其他派别进行比较研究的就更少了。所以，应该首先运用第三种方法解明商羯罗哲学的实相，再将第二种方法活用于其思想研究之中。因为这样在研究中就可以排除那些非商羯罗的因素，从而便于对其哲学思想进行真正的理论研究。基于上述理由，孙晶将商羯罗的梵本《示教千则》汉译出来，于2002年由东方出版社出版。

孙晶在《哲学研究》1993年第11期发表的《商羯罗基本哲学思想述评》一文，对印度吠檀多派哲学家商羯罗的哲学思想进行了较全面的概括和总结，给商羯罗的思想以吠檀多哲学集大成者的定位。《哲学研究》2008年第12期又发表了孙晶的《商羯罗的解脱观及其思想渊源》，该文对商羯罗的宗教解脱思想进行了初步的探讨。商羯罗的解脱观继承了自吠陀以来印度婆罗门教的轮回业报思想，他对轮回的看法充满了哲学的思辨，而不仅仅是宗教的考量；他冲破了传统婆罗门教的樊篱，反对祭祀万能主义，用精神分析的方法来取代祭祀实践，开创了印度教新的思想传统。该文对商羯罗理论的源泉——吠陀和奥义书的思想首先进行了分析和论述，论证了印度轮回思想的最早理论起源，以及轮回观的主要构成和发展过程。该论文是以梵本《示教千则》作为研究的根据，分析了商羯罗在《示教千则》一书中对轮回的本质与主体的论述，指出了商羯罗哲学分析的特殊性在于他坚持梵我知识优于行为实践的立场，以精神的缺失即识别智的欠缺作为沦陷轮回的根本原因，从而得出了个我作为行为主体也是轮回主体的结论。

孙晶最新的论文《商羯罗是假面的佛教徒吗？》和《商羯罗对佛教的诘难》[①]认为，自从吠檀多派根本经典《梵经》问世以来，到商羯罗时代，吠檀多哲学的传统发生了一些质上的变化，这种变化可以被称为吠檀多哲学佛教化。商羯罗的祖师乔荼波陀与佛教的关系很深，乔荼波陀在《乔荼波陀颂》中显露出大量佛教影响的痕迹。尽管到了商羯罗的时代，佛教已经衰退，印度教得到了全面的复兴，同时商羯罗尽量想使乔荼波陀的《乔荼波陀颂》吠檀多化，但是他自己也无法在自己的作品中排除佛教的因素。商羯罗是在佛教的要素中加上

---

① 孙晶：《商羯罗对佛教的诘难》，《哲学动态》2013年第6期。

吠檀多的性格，包摄在自己的体系之中。孙晶在前篇论文中通过对商羯罗在《梵经注》一书中对佛教的种种批判的分析，揭示出他理论深处的吠檀多实质，澄清他的"假面的佛教徒"称号的误区。同时，该文对于辨明当时吠檀多派与佛教在理论上的差异，以及佛教理论的发展概况，也有助益。

三　后期吠檀多哲学研究

关于后期吠檀多派主要哲学家的思想研究，主要包括罗摩奴阇的不一不异论、摩陀婆的二元论和筏罗婆的纯粹不二一元论等。其中特别是对吠檀多派商羯罗之后最著名的哲学家罗摩奴阇的研究，他的哲学观点属于吠檀多派的"不一不异论"。孙晶有论文《印度中世纪罗摩奴阇的思想述评》①，以及孙晶的著作《印度吠檀多哲学史》的部分。

罗摩奴阇的理论也被称为"限定不二论"（Viśiṣādvaita），因为他主张梵与个我的关系是一种"不一不异"（又称"离与不离"，bhedābheda）的关系。他也是印度虔诚派（bhakti）运动在理论上的一位先驱。罗摩奴阇著有许多宗教哲学书籍，其中最重要的是《吉祥注》（Śribhāṣya，又称《圣注》），这是他对吠檀多派根本经典《梵经》所作的注释，是继商羯罗之后最重要的梵经注；也是他自己哲学思想的阐述，其中提出了限定不二论的主要理论。他在《吉祥注》中提出了与商羯罗不同的哲学观点，特别是在一开篇（I.1，1）就对不二一元论的"无明"说进行了彻底的批判。孙晶指出，商羯罗的不二一元论是说我们所认识的世界是虚妄的，梵是无差别的、没有属性的。因此，只有真实的知可以使虚妄终止。对于最高梵而言，一切众生和世界都是妄想的产物。然而罗摩奴阇认为，梵并不是无差别的，它是有属性（德）的。梵"是有差别（saviśeṣa）的"②，它是"一切的主宰神（sarveśvara）"③。于是，商羯罗对无明以及由无明所起的虚妄是坚决否定的。

从孙晶的著作《印度吠檀多哲学史》中关于罗摩奴阇的部分可以看到，

---

① 孙晶：《印度中世纪罗摩奴阇的思想述评》，《东方论坛》1994年第1期。

② Śribhāṣya of Rāmānuja, ed. By R. D. Karmarkar (University of Poona Sanskrit and Prakrit Series, vol. I), Vol. III, Poona, 1959—1964, §72, p. 163.

③ *Śribhāṣya of Rāmānuja* §2, p. 3.

他论述了罗摩奴阇与商羯罗之间的区别在于，罗摩奴阇的哲学还保持着实在论的因素。但是，作者又提出，应该认识到，罗摩奴阇哲学虽然有一些实在论因素，但并不意味着他就背离了吠檀多唯心主义，而走向了唯物主义。孙晶分析到，首先，他仍然与商羯罗一样在客观现实之上设置了一个超越的精神，把它作为宇宙根本原理和万物的主宰，所以他的本体论的根本立场是唯心主义的。其次，尽管他认为最高梵或实体受到了外部现象世界的限定，承认现象世界的现实性，但他并不是二元论的，也不是唯物主义的，他仍然维护着精神性的最高梵的一元性，保持着实体的整体性，只不过是一种有限的唯心一元论。再次，由于罗摩奴阇哲学的非彻底性，在其体系中包含着许多矛盾。这些矛盾是吠檀多派哲学家都具有和遇到的难题。例如，关于现实世界的创造的问题，精神性的梵是如何显现出非精神性的世界呢？商羯罗采用"幻现说"来解释，认为是梵通过其魔力"摩耶"幻现出了现象界，在这里因不过是假象地或非真实地转变为果，因此现象界实际上是不存在的。商羯罗用了个比喻，犹如把绳误认为蛇一样，一旦消除了误认，蛇即不复存在。商羯罗的观点是彻底的唯心主义，而罗摩奴阇却又承认梵显现为现象界是真实的转变，在这种显现中因是真实地转变为果，因此他认为梵和它所变现的现象界都是真实的。那么如何回答梵显现出非本性的东西，它具有一种什么样的力量的问题呢？罗摩奴阇认为梵虽然是精神性的，但它拥有产生非精神性东西的力量，能生的和所生的是可以不同的，显然罗摩奴阇无法圆满地解决这个矛盾。

  关于吠檀多二元论哲学家摩陀婆，他的哲学理论实际上是在耶牟那、罗摩奴阇所开展的毗湿奴派吠檀多哲学的基础上发展起来的。他把最高梵等同于大神毗湿奴和那罗延天，同时他认为梵与个我、梵与物质、此个我与他个我、个我与物质、此物质与他物质等都是完全别异的，这种别异性是永远实在的。这种论说五种类的别异性的理论被称为"五别异论"。孙晶指出，对于摩陀婆来讲，他如此强调别异性，这与吠檀多哲学从来就讲的圣典的说法是相反的。摩陀婆认为，无论是讲梵我一如也好，是讲个我与最高我的同一性也好，都不具有真实的意义；而仅仅是在讲它们之间的相似性。摩陀婆的意思在这里讲得非常清楚，在主宰神（梵）与个我这两个实体之间永远存在着别异性，因此他的哲学被认为是二元论的，与商羯罗的不二一元论是完全对立的。对于摩陀婆的二元论，实际上也可以叫作不一一元论或别异论，这样称呼可以使摩陀婆的二元论与数论的二元论区别开来。①

筏罗婆是印度吠檀多派的重要哲学家，他的学说被称为"纯粹不二一元论"（śuddhādvaitavāda）。对于吠檀多派哲学家来说，虽然其哲学的最终目的是回归于梵，但是他们之间的观点却各不相同，特别是在关于梵、我和物质世界的关系上，表现出极大的差异性。然而，孙晶在《印度吠檀多哲学史》第九章中指出，筏罗婆所理解的这种"纯粹不二"具有两种不同的含义：（1）"纯粹（而不带有虚幻相的）不二性"；（2）"纯粹的（不带有虚幻相的）二者（原因与结果）是不二的"。而事物的纯粹的"原因"和"结果"为：原因就是"梵"，结果就是"个我"与"物质世界"。

筏罗婆所讲的"摩耶"（幻），并非是吠檀多不二一元论派所理解的那样。筏罗婆认为，摩耶并不是虚妄世界的质料因，它是人们的认识所显现的不真实的世界的原因即"薄伽梵"的一种"力能"（śakti）所为。孙晶指出，在筏罗婆的"纯粹不二"的观点中，他坚持的是"梵论"（brahmavāda），排斥的是"幻论"（māyāvāda），在他那里，个我、物质世界和梵是同一的，都是真实的实在物。筏罗婆所讲的世界分为三种：第一是梵的世界，这是真实的；第二是介于梵与现象界之间的世界，存在着真实与虚妄的差别；第三是虚妄的世界。

筏罗婆最重要的著作是他对《梵经》作的注释《小注》（Aṇubhāṣya），该书属于一种哲学纲要类的书籍。其中第一章主要讨论形而上的问题，孙晶的著作《印度吠檀多哲学史》第九章着重研究的就是《小注》的第一章。其结论是：

（1）筏罗婆所说的动力因，就是梵要创造世界的欲念。

（2）筏罗婆用内属因的概念替代了以前使用的质料因，表示了梵与物质世界的直接的结合，也即强调梵与物质世界的同一性。

（3）对于梵而言，因为"无属性"与"行为主体性"二者结合的缘故，筏罗婆将"无属性"解释为"没有世间的属性"。由此，梵的"行为主体性"就成为"非世间的行为主体性"。筏罗婆认为梵应该是有属性的，其属性是"非世间的"；这跟"无属性"的说法并不矛盾。

筏罗婆就是根据梵的这种性格，而形成了梵与世界同一性的理论，从

---

① 参见孙晶《印度吠檀多哲学史》关于摩陀婆的部分，中国社会科学出版社2013年版。

而展开了世界创造的学说。自身作为世界直接开展的原因的梵,与不二一元论派所说的梵只是世界开展的旁观者的说法相比较,显得更为能动。

当然,用无属性来概括梵,筏罗婆跟不二一元论派是一致的。但是,商羯罗坚持梵是绝对的非世间的,而罗摩奴阇则认为梵是有属性的。而对于筏罗婆来说,梵在世间和非世间之间往来是可能的。因此,筏罗婆的"纯粹不二一元论"是讲的梵与个我和世界的纯粹不二的关系,这三者是不异的。

第三节　多元论与一元论

一　胜论哲学研究

1. 中国关于胜论的记载

在中国,对胜论的研究有很久远的历史,胜论在汉译佛经以及中国僧侣所写的著作中有着大量的记载,可分为以下几类:

(1) 关于胜论学说的总述

《成实论》卷三一切有无品、卷五

《百论疏》卷三

《成唯识论述记》卷一

《因明入正理论疏》卷中、下

《俱舍论光记》卷十九、二十二

(2) 关于胜论与佛教的争论

《成实论》卷三、四大实有品

《成实论》卷五触相品

《成实论》卷五闻声品

《百论疏》卷九破异品

《广百论释论》卷六

《广百论释论》卷七破根境品第五

《广百论释论》卷七破边执品第六

《俱舍论光记》卷四十四

(3) 其他

《大庄严论经》卷第一

《大般涅槃经》卷第三十五

《百论疏》卷三

《阿毗达磨顺正理论》卷第八辨本事品第一之八
《阿毗达磨顺正理论》卷第三十五辨业品第四之三
《阿毗达磨藏显宗论》卷第七辨差别品第三之三
《俱舍论光记》卷四十五①

2. 关于胜论起源的研究

印度哲学家达斯笈多（S. Dasgupta）的研究认为，胜论起源于弥曼差，是弥曼差的一个分支。日本宇井伯寿则认为，胜论作为弥曼差的反对派，是在以声无常论与弥曼差的声常住论的争论中诞生的，两派成立的年代应该是很接近的，胜论起源于公元前150—50年，正是六师外道的时期。我国的汤用彤认为，胜论应该是起源于与佛陀同时代的反婆罗门的沙门思潮，特别是顺世外道和耆那教的哲学学说。汤用彤说："耆那教人指此宗为其支流……计耆那教与胜论之同处有四：一、耆那教计极微（补特伽罗）是常，胜论亦同；二、耆那教谓有五实，谓天命、法、非法、虚空、补特伽罗。胜论有九实，地、水、风、火即补特伽罗也，我即命也，空即虚空也；三、耆那常立二句义，一实二变。成立三句义，一实、二德、三变，与胜论之六句义虽不同，然说者谓胜宗迦那陀原立三句义（实德业），此三虽内容与彼不同，然或可证胜宗句义本从二句义或三句义演进渐加详密也；四、二宗均立因中无果，且于极微外立自我。"

黄心川认为，对于胜论的起源，应该要从文献学、民俗学的研究来加以证实，但如果单从胜论的思想特征以及它的社会作用上来看，胜论应该是起源于反婆罗门的沙门思潮。②

3. 句义论

根据汉译佛经中所载《胜宗十句义论》，在《胜论经》中提出的"六句义"之外，另加"无说"（abhāva）、"有能"（śakti）、"无能"（aśakti）、"俱分"（sādṛśya），合为十句义。西北大学教授高扬在他的论文《论早期胜论派的学说》③中对十句义进行了详细的研究，比较值得注意的是他对"实句义"中的"阿特曼"（ātman）的研究。高扬认为，"实句义"

---

① 以上分类，主要参考汤用彤《汉译佛经中的印度哲学史料》和黄心川《印度哲学史》二书整理而成。

② 参见黄心川《印度哲学史》，商务印书馆1989年版，第339—340页。

③ 高扬：《论早期胜论派的学说》，《南亚研究》1983年第3期。

中的四大、空（ākāśa）、时（kāla）、方（diś）等七种实体，是构成客观世界的要素，而我（ātman）和意（manas）则是构成主观世界的要素。

关于阿特曼，《胜论经》（3.2.4）认为：

> 呼吸、瞬目、生命、意之运动、感官的变化、快感、非快感、欲望、嫌恶、勤勇等皆为我存在的征相。

《胜宗十句义论》云：

> 觉、乐、苦、欲、憎、勤勇、行、法、非法等和合因缘起智为相，是为我。

高扬认为，胜论把呼吸、生命等生理现象和喜怒哀乐等心理现象都作为阿特曼存在的证据，并认为阿特曼是心理现象的主体，主体与各种心理现象之间的关系是密不可分的，离开了阿特曼就不可能产生任何的心理现象。黄心川认为，根据中国的资料，胜论常常把阿特曼看作一种独立于客体的、永恒的存在，也是一种认识的来源，它是一种意识或心理的东西。

《百论疏》卷三云：

> 实有神（ātman）常，以出入息、视、眴、寿命等为相，故知有神。复次以欲、迷、苦、乐、智慧等所依处，故知有神。

这段话实际上与《胜论经》（3.2.4）的意思是一致的，可以通过比较得知。这里要特别指出，阿特曼是常住而遍在的，并且阿特曼作为各种心理现象的主体，是有执受的。胜论的这一观点，与数论和吠檀多派那种把阿特曼的本性认为是不苦、不乐、无活动的看法是完全不同的。早期胜论的这种观点，被称为"有执受说"（Kriyāvāda）。

关于意，《胜宗十句义论》云：

> 觉、乐、苦、欲、瞋、勤勇、法、非法、行，不和合因缘起智为相，是为意。

高扬认为，意和阿特曼是不同的，意并非各种心理现象的主体，因此各种心理现象并不依意而存在，谓为不和合因缘。意是阿特曼和各种感觉器官（诸根）之间联络的中介。它把各种感觉器官的感觉传送给阿特曼，阿特曼又通过意下达命令而形成意志活动。这和奥义书以来把意作为心理现象的主体的传统看法是完全不同的。

早期胜论派认为，意绝非精神的存在，而是由极微组成的有触体（sparśavat），亦即由原子组成的无知觉的物质实体。窥基认为意大如芥子，在每个人身上都只有一个，它以极强的速度（vega）在周身运动，哪里有感觉就到哪里，就犹如阿特曼的使者。很显然，这是早期胜论派的原子学说在意上的运用，具有唯物论的意味，它和传统上的意为心理现象的主体的学说是完全对立的。

在中国保存的文献中，关于胜论的句义论的记载主要有三种说法：十句义论、六句义论和七句义论。十句义论的说法出自《胜宗十句义论》。

关于六句义论有不同的说法：

（1）《成实论》卷三、《百论疏》卷三云：实（所依谛 dravya）、德（依谛 guṇa）、业（作谛 karma）、同（总相谛 sāmānya）、异（别相谛 viśesa）、和合（无障碍谛 sāmāvaya）；

（2）《成唯识论述记》卷五、《广百论》卷六及卷八、《俱舍论》（《光记》十九）、《显宗论》卷七、《顺正理论》卷十二云：实、德、业、有、同异、和合。

二 弥曼差语言哲学的研究

黄心川在他的《印度哲学史》[①] 中对弥曼差语言哲学进行了研究。在古代中国，佛教把语言不灭论（又称"声常住论"，Śabda - nityatā - vadin）看作是弥曼差的特有思想。关于这方面的记载在佛经中有一些，主要如下：

《成唯识论》卷一

《成唯识论述记》卷一末

《因明大疏》卷六

《大日经疏》卷十二

---

① 参见黄心川《印度哲学史》，商务印书馆1989年版，第403—410页。

《大唐西域记》卷二

《大慈恩寺三藏法师传》卷三

《南海寄归内法传》卷四

《瑜伽师地论》卷六、七、十五

《百论疏》卷上

西藏善慧法日著《宗教流派镜史》卷一

多罗那他著《印度佛教史》

黄心川在他的《印度哲学史》一书中指出,根据中国佛教的史料,在印度主张"声常住论"的派别基本可以分为两类:

(1)"明论声常",这其实是指吠檀多派或婆罗门所主张的声常论。该派认为,人们所有的概念和语言(声)都是吠陀或梵自身(表现为吠陀文句)借着发声的机缘而显现的永恒的实在,因此,人们的概念和语言不是人们自身的东西。

《成唯识论》解释说:"明论(指吠陀)声常是婆罗门等计……彼计此论,声为能诠定量,表诠诸法,诸法楷量,故是常住……梵王诵者而本性有。"

(2)"声明记论"(毗伽罗论,Vyākaraṇa)。该派又可以分为"声显说"和"声生说"。

《成唯识论》说:"有执一切声皆是常,待缘显发,方有诠表。"

窥基在《成唯识论述记》卷一中解释说:"待缘显者,声显也,待缘发者,声生也,发是生意,声皆是常。"声显说认为,概念和名称都是由语言而来,语言则由相应的根底即实在的声显现出来,但实在之声不都是吠陀或梵本身种种的显现,每一种声都是它的相应实在(体)的显现。

《法苑义林》卷二释:"声显论者,声体本有,待缘显之,体性常住。此计有二:一者随一一物,各各有一能诠常声……以寻(粗)伺(细)等所发音显,音是无常,今用众多常声为体;二者一切法上,但共有一能诠常声……以寻伺等所发音显。此音无常,今者唯取一常声为体。其音声等但是缘显,非能诠体。"

声生论者认为,声本来是无,可是声发生以后,却成为永恒的存在。《法苑义林》在同卷中解释说:"其声生论,计声本无,待缘生之,生已常住,由音响等所发生故。"

《因明大疏》卷六还把声生分为三类:"一者响音,虽耳所闻,不能诠表。如近巩语（巩为长颈瓶的意思——引者注），别有响声；二者声性，一一能诠，各有性类，离能诠外，别有本常。不缘不觉。新生缘具，方始可闻；三者能诠，离前二有，响及此二，皆新生。响不能诠。"这种解释让人理解起来很难。

无论是声显论还是声生论，都认为发声是无常的，而声音本身则是永恒常住的。另外，他们已把吠陀之声扩展到了一般的声音，认为声音是一种实在，并且具有各种的属性（guṇa）和力量。

黄心川教授在书中指出，"声明记论"原系印度婆罗门必须学习的五明之一的"声明"，概指研究声明的文典派。在《大唐西域记》卷二、《大慈恩寺三藏法师传》卷三、《南海寄归传》卷四的记述中提到，印度的文典派源远流长，其中包括帕你尼（Pāṇini）、阇弥尼（Jaimini）、钵颠阇利（Patañjali）以及吠檀多派的语言学家伐致呵利（Bhartṛhari，5世纪后半期）等人的论述。因此，可以认为，"声明记论"与"明论声常"很难作严格的区分。但是二者有一个很重要的区别："声明记论"认为声只是吠陀之声或从梵自身那里派生出来的；"明论声常"则认为这不单是吠陀之声而且一般的声音也都是常住的。声显论与弥曼差派的解释极为相似，但是声生论却不知属于哪个派别。因为婆罗门一般不认为声是可以生出的（吠陀是天启圣典，没有作者，所以是不能生出的），声只是存在的显现。黄心川认为，声生论可能属于胜论的主张。理由是：因为胜论主张声无常论，他们认为声是虚空特有的德（guṇa），它一旦发生后就具有了生灭性，它是有始无终的，无所不在的。而声显论认为声是无始无终的，所以是不生的。

弥曼差派认为，语言有着三种含义：（1）发出之音；（2）所含的意味（诠）；（3）所指的事物。他们不仅认为语言表明了个别事物，也表明了事物的类概念。弥曼差派发挥了声显说的义理，认为吠陀的语言、权威和可信人的语言是独立的认识来源，声不是一种单纯的名称或概念，在它的背后有着不变的实在。在弥曼差经中，他们对声常住论进行了烦琐的论证，首先列出胜论—正理论和佛教所主张的声无常论的理由（前论），然后逐一进行驳斥（驳论），最后提出他们自己最终的结论（极成说）。黄心川得出结论说，实际上，弥曼差派的声常住论主要论证吠陀以及一般人们的语言背后有着永恒不变的存在，这是从宗教神学出发的，但是他们把这种理论推向了极端，也就否认了主宰神的存在，从而走向了与吠陀神学相反的方向。弥曼差派的声常住论，一方面是反对胜论—正理论的声无常论，另一方面也反对吠檀多派的声常住论。弥曼差派在驳论中所使用的方法是：逻辑的推理、日常生活经验的证明、经典著作的根据，这种思辨方法很稚气，缺乏科学性，经常混淆于主客观之间，把声这样一种物质性的东西（后期弥曼差派也有把声作为概念）无限地加以夸大，使之成为绝对，从而宣称世界上各种事物或存在都是声的显现或派生物。但是，弥曼差派与胜论—正理论的声无常论和吠檀多派的声常住论的根本不同之处在于：他们并不否认声是一种客观实在的东西，不像吠檀多派所认为的声是最高实体或梵我，或佛教的空或识，也不认为声是神的创造物。弥曼差派宣称：声是一种类概念，而这种类概念是不能与事物相分离的。虽然胜论—正理论的自然观是唯物论的，承认原子是物质世界的基础，可是他们又认为原子是受"不可见力"或神（后期胜论—正理论）所控制或指导的，因此最后不得不承认声是无常的。黄心川主张，如果再把伐致呵利所主张的声常住论作一比较，那就很清楚了。伐致呵利也主张声是超越的、永恒的实在，声和它的意味（诠）的结合是永恒的类，类归结为"有性"（sattā），但有性本身并无内容，它为"添性"（upādha）的内容所限定，因而成立了种种的类。在伐致呵利看来，有性是真实绝对的本体，也就是梵或我，因此一切声音都是梵的幻现，这样就把声常住论与吠檀多的梵我理论结合了起来，从而改变了声的性质，体现其唯心论的本性。

三 正理派哲学研究

对正理派哲学的研究，目前主要是巫白慧对《正理经》逻辑学说的研究。巫白慧指出，《正理经》的"十六句义"主要可以概括为四个方面：（1）认识方法和认识来源（量）；（2）认识对象（所量）；（3）推论模式（即五支论式：宗、因、喻、合、结）；（4）论证真伪（逻辑的正确和谬误）。

关于认识的对象，巫白慧认为《正理经》列出了12个：我、身、根（感觉器官）、境、觉、意、作业、过失、彼岸的存在、果报、苦、解脱。其中身、根、境属于物质对象；觉、意、作业、过失、苦这五者属于精神对象；我、彼岸的存在、果报、解脱则都是幻想或虚构的对象。在《正理经》看来，这12个对象包摄了一切主观和客观的对象，而它的逻辑首先要讨论的对象是"我"，所以就把它列在12个对象的首位。正理派的哲学目的是"我常论"（灵魂不灭论），这一主张贯穿于它的全部逻辑论述中，最明显的例子是，在《正理经》中，"声是无常"这个命题作为对五支论式用法的说明：

（1）宗（命题）：声是无常。

（2）因（理由）：具制作性故。

（3）喻（例证）：有二：同法喻和异法喻。同法喻谓，凡是制作的产物，必是无常，如杯碟等；异法喻谓，凡非制作的产物，必定是常，如"我"（灵魂）等。

（4）合（应用）：声亦如是（杯碟有制作性，杯碟是无常；当知声有制作性，声亦无常）。

（5）结（结论）：故声是无常。

巫白慧认为，论式中的第三支（喻）实际上已经隐含正反两个结论："正"，凡属制作的产物必是无常，同喻如杯碟等；"反"，凡属非制作的产物必定是常，异喻如"我"（灵魂）等。因此可见，《正理经》看似在论证"声是无常"，实际上也反证了"我"（灵魂）是常。

在《正理经》作者看来，非永恒的"声"与永恒的"我"是两个对立的实体，从表面上来看，这个论式是在论证"声"的非永恒性，但实际上是借"声"之非永恒性来反证"我"的永恒性。

第四节　印度二元论哲学

黄心川关于数论的二元论研究主要体现在他的著作《印度哲学史》中。① 他充分地利用汉译佛经的资料，特别是散存于汉译佛经中的有关印度哲学的史料，来对数论二元论哲学进行研究。

一　数论及《金七十论》的文献研究

数论传统上在汉译佛经中被称为"僧佉""迦毗罗论""雨众外道"等。《成唯识论述记》说：

> 梵云僧佉，此翻为数，即智慧数。数度诸法，根本立名。从数起论，名为数论。

---

① 参见黄心川《印度哲学史》，商务印书馆1989年版，第266—302页。

《百论疏》对数论名称的看法却不同，如：

> 僧佉此云制数论，明一切法不出二十五谛故，一切法摄入二十五谛中名为制数论。

黄心川认为，根据中国传统的说法，《金七十论》是由频阇诃婆沙所造，时间大约在世亲之前，也即公元3世纪。《成唯识论述记》中说：

> 此师所造金七十论，谓有外道入金耳国，以铁鞔腹，顶戴火盆，击王论鼓，求僧论议，因诤世界，初有后无，谤僧不如外道，遂造七十行颂，申数论宗，王意朋彼，以金赐之，外道欲彰己令誉，遂以所造名金七十论。

黄心川认为，《数论颂》（Sāṃkhya - Kārikā）是数论的主要经典，相传为公元3世纪的自在黑（Iśvarakṛṣṇa）所作，它的注释本主要有下列5种：

(1)《金七十论》。
(2)《道理之光》（约为公元6世纪中叶所写），这一注释本主要是对数论的历史和古代数论作了阐述。
(3)《乔荼波陀疏》，这一注释本带有明显的吠檀多的痕迹。
(4)《摩陀罗注》，摩陀罗的年代不明。
(5)《明谛论》，此书作者为筏遮塞波底·弥室罗，该作者对《数论颂》的无神论思想进行了批判，他力图将古代数论改造为有神论。①

关于上述5个注释本，有些内容、章节以及思想立场与《数论颂》的观点是不同的，其不同的原因虽然经过许多学者的考证和解释，但目前学术界还没有取得一致的看法。

数论的另一部重要的经典——《数论经》（Sāṃkhya - sūtra），此书的著者和年代在学术界有争论，有人认为它在古代的数论经典著作中并未被提及，有可能是由吠檀多派的学者在公元9世纪甚至14世纪时才写出的。

---

① 黄心川：《印度哲学史》，商务印书馆1989年版，第269页。

但在中国的汉译佛经中有多处提及《僧佉经》如：

（1）龙树造，鸠摩罗什译：《大智度论》卷七十（《大正藏》第25册，第546—547页）。

（2）马鸣撰，鸠摩罗什译：《大庄严论经》卷一（《大正藏》第4册，第258—260页）。

（3）隋吉藏疏：《百论疏》卷三（《大正藏》第30册，第168—181页）。

黄心川认为，《僧佉经》是否就是《数论经》还需要作进一步的研究才能作出结论。他认为，《数论经》有三部重要的注释本，如下：

（1）阿尼鲁达（Aniruddha，公元15世纪）：《数论经评注》（Sāmkyasūtravṛtti）。

（2）识比丘（Vijñānabhikṣu，1550年）：《数论解明注》（Sāṃkhyapravacanabhāṣya）。

（3）摩呵提婆·吠檀丁（MahāCdeva Vedāntin，公元17世纪）：《数论评注精要》（Sāṃkhyāvṛttisārā）。

在这三人之中，前两人都是吠檀多派的人物，他们力图使原始数论的观点和吠檀多的哲学调和起来，排除掉它的无神论因素，所以在他们的注释中当然会有吠檀多的影响。①

二 古典数论的思想研究

黄心川认为，《金七十论》是目前保存的《数论颂》注释本中最古老的一种，从其内容上来看，它较之印度所保存的、后期的《数论颂》的各种释本受到吠檀多的影响也较浅，因此，对《金七十论》进行研究，大致可以看出数论思想内部发展的过程。黄心川、姚卫群等对古典数论的主要观点进行了批判研究。

大约在公元前3世纪至公元3世纪时期，数论在与其他哲学派别的斗争中产生了分化，印度的许多文献如《摩诃婆罗多》，中期的奥义书，佛教的《大智度论》《百论》都对那一时期数论的情况进行了记载。从其思想的发展状况来看，数论一方面继续维持原质演变世界的观点，另一方面也使神我与原质分裂开来成为一个精神实体。数论作为一个系统的表面化

---

① 黄心川：《印度哲学史》，商务印书馆1989年版，第270页。

的二元论体系,是开始于自在黑的《数论颂》。因此,以《数论颂》为中心而展开的数论哲学,被一些学者称为"古典数论"。黄心川等人以《数论颂》和《金七十论》为依据对古典数论进行了批判。

1. 关于因中有果论

数论的世界观是以"因中有果论"(satkāryavāda)作为其出发点的。数论的观点是:在一切事物的原因中已经具有了结果,结果是潜藏在原因中的。姚卫群教授认为,数论的因果观与其哲学体系结合得极其紧密。它们在论述"二元论二十五谛"时,对各谛所起的因果作用都作了分析。[①] 数论的原质(prakṛti)在汉译佛经中被称为"自性""本""胜因"等,《金七十论》第二十二长行说:

自性者或名胜因,或名为梵,或名众持。

数论有时把因称为"本",把果称为"变异",如:《数论颂》Ⅲ及《金七十论》第十五长行就有这种说法。《数论颂》认为:觉(大)等七谛(包含我慢和五唯)既为本(因为觉可以生我慢,我慢又可以生五唯和十一根,五唯可生五大),又为"变异"(因为觉为自性所生,我慢为觉所生,五唯为我慢所生)。十一根和五大这十六谛仅是"变异"(因为十一根为我慢所生,五大为五唯所生)。

黄心川认为,数论的因中有果论与正理—胜论的因中无果论(asatkāryavāda)或因果差别论(kāraṇabheda)是不同的,同时它与佛教中观派、吠檀多派的因果论也是相对立的。佛教发展到经量部以至大乘之后,他们对因果观一直是抱着否定的态度。中观派认为,一切法都是因缘和合,由于和合就不能产生自体(自性),没有自体也就谈不上结果。另外,龙树还认为,因与果绝不是同一的,作者和作业(作者的活动)、薪和火是不同的。"因果是一者,是事作不然","若因果是一,生及所生一"。吠檀多哲学认为,从因转化到果,或从果转化到因,都是一种虚幻的转化,是非真实的。因此吠檀多派坚持的是"因真果假"的观点。而数论哲学的因果转化是真实的,所以数论的观点是实在论的。

---

① 详细参见姚卫群《印度宗教哲学概论》第二篇数论哲学部分,北京大学出版社2006年版。

姚卫群教授对数论的因果转变观与胜论、中观、吠檀多的观点进行了对比分析。胜论派的因果观与数论是对立的，这种对立的产生是由于两派哲学体系的不同所决定的。数论是要用因中有果论来论证其转变说的体系，而胜论则是用因中无果论来论证其积聚论的体系。数论的哲学体系认为，世界上一切事物都是由一个根本的因——自性（prakṛti）转变而来的，这个因是真实的因，果也是真实的果；因果之间存在着联系，这个根本因是物质性的，所以其转化物或结果的世界也是物质性的。同时，姚卫群教授又指出，数论哲学虽然看到了因与果之间的统一和联系，但是却在一定程度上忽视了原因和结果的差别，没有认识到事物之间存在差别的客观必然性。吠檀多哲学的因果观与数论的观点具有一定的相似性，两者在哲学体系上都同属转变说；但两派的区别在于，数论认为无论是转变物或被转变物都是真实的，转变的过程也是真实的，而吠檀多派则认为只有转变的根本因是真实的，被转变物却不是真实的，都是无明的产物，因与果的转变在实质上是不存在的。①

2. 关于二十四谛

黄心川认为，数论的二十四谛有很多矛盾：（1）数论把原质的发展阶段大致分为两个，心理的和生理的阶段。关于心理阶段，包括统觉、自我意识、五细微原素，相当于人的理性的心理职能。关于生理的阶段，包括五感觉器官、五行动器官、心、五粗大原素，大致相当于客观世界的基本存在形式。在这里黄心川认为，数论哲学认为，十个器官、心、五粗大原素是由心理的东西（统觉、自我意识）所产生出来的，即一切意识性的东西都是由原质所产生的，这在哲学上与当时的婆罗门教哲学是针锋相对的，但是，它作为具有唯物论倾向的哲学，却把物质性的东西说成是由心理物所产生的，这与唯物论的观点却是矛盾的。（2）黄心川指出，如果把数论二十四谛的内容作重新排列，他认为那样就是很合理的。重新排列后如下：

五粗大原素→五 感觉 器官→心→五细微原素→自我意识→统觉
　　　　　　　行动

---

① 详细参见姚卫群《印度宗教哲学概论》第二篇数论哲学部分，北京大学出版社2006年版。

当然，黄心川的这种排列与数论的原意是不相符合的。（3）数论的二元论与笛卡尔的二元论是有区别的。在笛卡尔看来，世界是由灵魂、物质和凌驾于二者之上的上帝这三个实体组成，数论虽然也承认神、物质和统觉这三者的存在，但在数论看来，物质和统觉都是原质的产物；笛卡尔承认上帝是灵魂和物质的动力因，而数论则认为原质内部的运动是被动的神和原质的结合，特别是三德内部活动的结果。因此，黄心川认为数论是否是二元论的哲学还值得讨论。①

姚卫群教授认为，在数论转变说的体系中，实际的转变物是"原质"，其原质在本质上是物质性的。另据达斯笈多的研究，早期的数论实际上是唯物论的一元论的哲学，因为早期数论的神等同于原质，或等同于原质未转化为世界前的状态。因此，可以肯定地说，数论转变说中的最高实体是物质性的，转变的过程是一种真实的转变，原质是真实的，而其他的二十三谛也是真实的。由此看来，数论哲学所感兴趣的是物质性的实体如何真实地转变出世界来的。由此姚卫群得出结论，数论的转变说是唯物论的。②

---

① 参见黄心川《印度哲学史》，商务印书馆1989年版，第294—297页。
② 参见姚卫群《印度宗教哲学概论》第二篇数论哲学部分，北京大学出版社2006年版。

第二章 唯物论派哲学研究

一 关于顺世外道的典籍

关于顺世外道有无自身的经典，是一个争议很大的问题，国际上有很多的印度学家做出了很多的考证。例如：1921年，托马斯（F. W. Thomas）在印度发现一部《毗诃跋提经》（Brhaspati Sūtra），这部经中引用了顺世外道的一些观点，但经过考证，发现它是印度教徒假托的。庞德（Pandit Sukhlalji Sanghavi）与另一个叫庞德（Pandit）的人在1926年发现了一个7世纪的棕榈叶写本，作者是帕塔（Jayarasi Bhatta），书名叫 Tattvopaplavasimha。此书的作者虽然阐述了很多顺世外道的观点，但作者本人的观点却是属于不可知论。例如日本金仓圆照认为，此书的作者在全书中对顺世外道一直承认的"现量"加以否定，对当时印度哲学各学派的认识论都加以非难。黄心川在他的《印度哲学史》中认为，顺世外道确实存在着经典，因为中国古代汉译佛经有十一部都曾提到顺世外道的经疏，同时印度其他的经典中也提到了顺世外道的经疏。下面是黄心川提出的汉译佛经中提及顺世外道经疏的典籍：

《长阿含·梵动经》
《长阿含·阿昼摩经》
《长阿含·种德经》
《长阿含·究罗檀头经》
《中阿含·阿摄恕经》
《佛说梵网六十二见经》
《妙法莲华经·乐行品》
《十住毗婆裟论》卷九
《舍头谏太子二十八宿经》
《大宝积经》卷十二、二十一

《摩登伽经·往缘品》

上面的个别典籍记载不是很具体，如《长阿含·究罗檀头经》，记有《世典》，但黄心川查阅南传相应的巴利文本，发现此即为《路伽耶陀经》。

慧琳《一切经音义》（卷十五）说："《路伽耶经》梵语，此名恶论议，正梵音云路伽耶底迦，此则顺世外道。随顺世间凡情所说，执计之法是常是有等。"

慧琳《一切经音义》（卷二十七）说："'路伽耶陀'先译云恶答对者。'逆路伽耶陀'先译云恶征问者。初正梵云路迦也底迦，言顺世外道，执计随顺世间所说之法外道。后正梵云缚摩路迦也底迦，云左顺外道，执计不顺世间所说，与前执乖，名左顺世外道。"

后秦译《十住毗婆婆论》中谈到印度顺世外道的经典叫作《路伽耶经》。

西晋译《舍头谏太子二十八宿经》（又名《虎耳经》）也记载有《世理经》。

根据达斯笈多的说法，在公元前3世纪以前，在印度至少有顺世外道的两种经典和几种注疏存在。

二　顺世外道在中国的影响

黄心川认为[①]，自顺世外道随佛教传入中国起就对中国产生了影响。据初步整理得知，自三国时期到明代，在这一千年间，在中国翻译和撰注的六十二部汉译佛经以及其他史籍中都有记载。黄心川指出，最早系统地阐述顺世外道思想的是吴支谦（223—253）所译的《佛说梵网六十二见经》，以及东晋时所译的《寂志果经》。最迟所见是明寂光所撰《梵网经直解》。黄心川认为，可以把汉译佛经所记载的关于顺世外道的内容分为下面几类：

（1）对于顺世外道的时代背景、活动情况的记载。如《摩登伽经》《梵网经》都记载了顺世外道论者大多精通医学、天文学、农学等。并且，《箭毛经》记录了顺世外道在公元前6—5世纪的活动情况和巨大影响。

---

① 以下内容主要参见黄心川《印度哲学史》，商务印书馆1989年版，第116—120页。

(2) 对于顺世外道的世界观、认识论、社会思想等的介绍。

(3) 记载佛教徒与顺世外道相互诘难的问题和情形。如《根本说一切有部毗奈耶》卷三十五中,记载着顺世外道论者在印度室罗伐底城同佛教徒辩论以及发展到彼此之间"拳打脚踢,恣意熟捶"的情况。又如《入楞伽经》卷六记载:"释提桓因(帝释天)广解诸论自造声论,彼卢伽耶陀有一弟子证世间通,诣帝释天宫建立论法而作是言,乔尸伽(Kauśika,即帝释天),我共汝赌,与汝论议,若不如者要受屈伏,令诸一切天人知见即共主要,我若胜汝,要当打汝千辐轮碎,我若不如,从头至足节节分解以谢于汝。作是要已,卢伽耶陀弟子现作龙身,共释提桓因论议,以其论法,即能胜彼,释提桓因令其屈伏,即于天中打千辐轮车碎如微尘即下人间。"这则神话说的是佛教与顺世外道的理论斗争。

(4) 中国的僧侣对于顺世外道字义的解释,其中有一些解释明显地与顺世论的原义是不同的。这一般是为了适应中国古代派别间斗争的需要而作的曲解。

(5) 记载了个别顺世外道论者在中国的活动,以及中国僧侣同印度来的顺世外道论者之间进行思想交锋的情况。如《旧唐书·天竺传》曾记载印度卢迦溢多来中国为唐高宗炼长生不老药。此事在《旧唐书·郝处俊传》、《大唐西域求法高僧传·玄昭传》、《册府元龟》卷四十六等处都有记载。也有人认为卢迦溢多(或作卢迦阿溢多)只是人名,并非指顺世外道一事,只是音与顺世外道相同。但印度的穆克纪(P. K. Mukherji)在他的著作《在中国及远东的印度文学》(*Indian Literature in China and the Far East*)中把"卢迦溢多"翻译为唯物论者,美国的 Dale Riepe 则把"卢迦溢多"认为是"明显从事炼金术等类似事情的唯物论者"。

《大慈恩寺三藏法师传》卷四,记载玄奘在印度那烂陀寺曾与顺世外道进行过辩论,这个材料说明了 7 世纪时印度顺世外道的影响还是很大的。

藏译佛经中顺世外道的资料也有一些,藏族佛学家妙音笑金刚(1648—1721)著有《自他宗派建立》、无畏王著有《宗派建立宝鬘论》、土观活佛善慧法日(1737—?)著有《宗教流派镜史》,在这些著作中都对顺世外道有记载。

(6) 中国古代还根据佛经所记载的佛陀与"外道六师"斗争的内容,

以说唱文学、雕塑、绘画等艺术形式加以表现。如敦煌出土的《降魔变文》，描写了"六师"与佛陀弟子舍利弗的六度斗法，其中阿耆多·翅舍钦婆罗（Ajita Keśakambali）就是顺世外道的形象。

三　中国宗教对顺世外道的批判

中国佛教历来把顺世外道的学说列为"恶论"或"魔说"，认为他们是"无父无君""绝仁弃智""巧妙辩才""弟子破师"。中国佛教要求人们不要学习或接受顺世外道的学说，否则是"以刀割泥，泥无所成，而刀自破"，在来世得不到解脱。

中国佛教或者认为顺世外道的思想并非唯物论的，他们对顺世论的学说作出别的理解。如唐智周写道："顺世极微有其三类，一极精虚，二者清静，三非虚净。所生之果亦有三，一心心所，二眼等根，三色声，如其次第三因所生。"

又如唐定宾写道："微尘者如顺世外道……彼计一切色心等法皆用四大极微为因。然四大中最精灵者能有缘虑，即为心法，犹如诸色虽皆是大。而灯发光，余则不尔。"

在中国南北朝和隋唐释道、儒释之间所展开的思想斗法中，由于道家提出的某些观点如"形神相接"（身体和灵魂的统一）、"法性自然"、"无报应"等与持唯物论的顺世外道观点接近，于是佛教就把顺世外道作为儒道的同路人而加以攻击。例如，吉藏（549—623）在陈隋之间建立中国三论宗时就把道教和顺世外道相提并论，他写道："路伽耶陀者旧云是恶解义。逆路伽耶陀者（或释'左顺世外道'）是恶论义。注经云，路伽耶陀者如此间礼义名教儒墨之流也，逆路伽耶陀者如老庄玄书绝仁弃圣之例。"在陈、隋、唐时期所写的顺世外道一般都被与老庄、儒墨并论。又如唐武宗利用道教打击佛教的"毁佛事件"前后，以华严宗为代表与道教的唯物论观点进行了争辩，华严宗的中兴代表澄观（760—820）在批判道教的同时，也对顺世外道进行批判。他在论及顺世外道的"自然为因"观点时写道："若以自然为因等者断义也。通其两势，初即老子意由道生一，道是自然，故以道为因是邪因也，若谓万物自然而生，下出庄子意，则万物自然无使之然。故曰，自然即无因也。如鸟之黑者即庄子文亦涅槃经意。"

四 汉译佛经中关于顺世外道历史发展的主要记载

在汉译佛经中有许多关于顺世外道的记载，其中一些非常重要，可以从中发现顺世外道的历史发展过程。根据现有的对顺世外道的先行研究可以看出，在公元3—7世纪之间印度的有关哲学和其他历史文献中都很少谈到顺世外道，但恰好这一时期是中国佛教发展的时期，也是大量佛经被汉译的时期，因此这一时期所翻译出来的佛经中有许多对顺世外道的重要记录，通过对这些佛经的研究可以比较清楚地了解这一时期顺世外道发展的线索。现简要列举如下：

根据印度乾陀罗来中国的高僧阇那崛多（512—600）在6世纪翻译的《大威德陀罗尼经》的记载，顺世外道当时在印度已经分为四派，"有路伽耶多，名曰阿啰多啰鞞厨；复有路伽耶多，名曰郁瞿卢伽啰迦利逾；复有路伽耶多，名曰奚罗蔓多罗瞿；复有路伽耶多，名曰三摩多尼舍叉般"。

又据中国藏译、相传为提婆（Aryadeva，约170—270）所著的《智心要集论颂》记载："世间顺世派有其三种，如佛经中说'（i）、以摄一切邪分别行为缘，乃至所有心思随行之中皆说顺世法；（ii）、以世界密语为缘，即未来世诸比丘在大众中坐师子座，讲说顺世派教法，赞美彼说，谓彼等教法离欲不变，厌离不变，恒常执法不舍为唯密语，舍离子；彼等比丘寻求顺世语，远离佛语，或说其他外道密语，彼等在大众中说外道法，令众欢喜，彼等士夫非善士，名腐烂比丘；（iii）、以断见为缘，谓此是我所说'。"

如无畏王的《宗派建立宝鬘论》中认为，在印度，除顺世派外，还有一些与顺世派有少许不同的自然外道，这些自然外道主张："一切法无因从自然生，如说'日出东方水下流，豆圆荆棘尖长刺，孔雀尾翎眼等法，谁亦未作自然生'。"

土观活佛善慧法日在《宗教流派镜史》中说："顺世外道内分禅定和说理两派。此二派中，又各有两派断见。一派断见，虽许有前后世，然不许有业果；另一派断见，不许有前后世，亦不许有业果。"

黄心川认为，在中国的汉译佛经中出现的有关顺世外道的论述，现在还无法与印度的史料对应起来，但至少可以看出两点：（1）可以说明当时在印度顺世外道也有许多的派别，各自在理论上有一些细枝末节的区别；（2）后期的顺世外道也与印度民间的一些信仰结合了起来，也实行密术。

五 顺世外道的自然哲学观点

黄心川在他的著作《印度哲学史》中，通过佛经的记载描述了顺世外道的自然哲学观点，归纳起来主要有以下几点：

（1）古代印度的实在论哲学一般都认为宇宙是由地、水、火、风、空五大元素组成，但是顺世外道哲学从感觉经验出发，只承认前四种元素是宇宙统一的物质基础，不承认空也是组成的元素之一。如：

> 复次顺世外道作如是言：诸法及我大种为性，四大种外无别有物，即四大种和合为我，及身心等内外诸法现世是有，前后世无。

顺世外道不但认为非生物是由四大元素组成，而且也承认生物有机体，例如人和动植物等同样是由四大所组成；人死之后，一切都回归于四大。如：

> 此初也，即是顺世外道所计，此唯执有实常，四大生一切有情，一切有情禀此而有，更无余物。后死灭时，还归四大。

又如：

> 我如是见，我如是说，无与、无爱、无见、无祭祀、无善行、无恶行、无善恶业报异熟果。无今世、无后世、无父、无母、无化生有情世间，无阿罗汉正行正成就，若见此世、后世者，于此自法，证明神通，说得圆成，我生已尽，梵行已立，所作已办，不受后有，唯受此生，断后世有，命中即坏，四大共成，假为人身，是命断时，四大各归本处，第五空界，诸根即转，将此死尸，于林间焚烧，既变为灰，骸骨鸽色，即无人也。
>
> 此身谢已，五大分离，更无生理，名之为死，地归于地，水归于水，火归于火，风归于风，诸根归空，四人舆至焚烧之处，以火烧讫，但有残骨，更无所知，愚智同此，与者名施，取者名受，诸如有

者，皆是虚妄。

（2）顺世外道认为，宇宙是由物质性的四大元素组成，其形成是自然而成的，不应否认具有外在的原因。同时，事物的运动也是有自然的原因，否定超自然的原因是宇宙运动的根本原因。如：

> 谁铦诸刺？谁画禽兽？谁积山原？谁凿涧谷？谁复雕镂？草木花果，如是一切，皆无因生，自然而有。
>
> 言自然者，谓无因论师作如是说：无因无缘生一切物，无染净因缘，如我论中说，如荆棘针无人作，孔雀等类种种画色皆无人作，自然而有，不从因生，名为涅槃，自然是常，生一切物。
>
> 经云自然者，谓一类外道计，一切法皆自然而有，无造作之者，如莲花生而色鲜洁，谁之所染？荆棘利端，谁之所削成？故知诸法皆自尔也。

（3）顺世外道还认为，人的意识是由人体中所有四种元素结合而生，是四大的一种特殊结合。他们承认：如果肉体存在，意识也就存在；如果意识不存在，肉体也就不存在，因此可以认为意识是肉体产生的结果。这一观点被表述在商羯罗对顺世外道的批判之中。如：

> 如果说某物只有当他物存在时才存在，没有他物就不存在，那么，我们就说某物仅是他物的性质、特性，例如光和热是火的性质。由于生命、运动、意识、记忆等等（而在那些主张灵魂脱离肉体独立存在的人看来，它们是灵魂的特性）只在肉体之中，从来不在肉体之外，由于无法证明这些性质脱离肉体而存在，由此可以得出结论说：它们只能是肉体的属性。因此，灵魂是不能脱离肉体的。

根据商羯罗提供的顺世外道的这种观点，比较其早期的"四大元素和合为我"的观点，可以认为，顺世外道承认精神是肉体的属性，这在哲学上是一个进步。

（4）顺世外道否认了永恒的、无所不在的灵魂的存在，这可以从早期的耆那教哲学经典中发现这种记载：顺世外道认为，剑可以从鞘中拔出，鞘和剑是不同的；纤维可以从茎中抽出，茎和纤维也是不同的。可是，没有一个人能够把灵魂从肉体中抽出，因为没有任何地方可以使肉体和灵魂分开，也就是说不能断定灵魂寓于肉体之外。

顺世外道还将人的肉体的特征与"我"的概念联系起来，否认"我"独立于肉体之外而存在。如：

> 鹅能生白色，鹦鹉生绿色，孔雀生杂色，"我"亦从此生。

从顺世外道的这一观点来看他们是反对吠檀多的阿特曼（我）独立存在的观点的。①

---

① 参见黄心川《印度哲学史》，商务印书馆 1989 年版，第 102—105 页。

第三章 印度佛教哲学研究

前 言

　　印度佛教自两汉之际初传中土到现在，已经走过了两千多个年头。随着时代的变迁和历史的演变，印度佛教作为信仰与研究的对象在中国经历了漫长而曲折的发展过程。然而，如果谈到现代意义上的印度佛教学术研究，应该从20世纪初开始算起。

　　20世纪初至1949年期间，特别是20世纪二三十年代，从在西学东渐的影响下反思传统文化，到面对民族危难探寻救国救民的道路；从自日本回传佛教典籍，到发现敦煌佛教文献；一系列内因外缘促使中国的佛教学者一方面摆脱单纯的信仰主义式的研究方式，另一方面在继承传统考据学等的基础上，吸纳欧美、日本以语言文献学和历史学为主的近代科学主义的研究方法。这时期的佛教研究逐渐从传统的寺院传承向学院化的职业研究过渡，释太虚、释印顺、欧阳竟无、吕澂、唐大圆、王恩洋、梁启超、胡适、陈寅恪、汤用彤、黄忏华等一大批著名学者在包括印度佛教哲学、中国佛教哲学、佛教史等佛教研究的各个领域取得了突破性的成果，形成了20世纪佛教研究的一个繁盛时期。

　　1949年中华人民共和国成立以后，中国的佛教研究进入了另一个新的时期。首先，社会性质的变化极大地影响了包括印度佛教哲学研究在内的宗教领域的学术研究，如"文革"期间的佛教哲学研究基本上处于停滞状态。1974年以后，"左"倾思想对佛教学术研究的干扰性影响日趋减少，吕澂等学者发表了一些重要成果。1978年后，佛教学术研究活动逐渐恢复，随着对中国佛教研究的深入，有关印度佛教（哲学）的介绍和研究也随之展开，取得了不少成果，除了专著以外，主要论文刊登在

《哲学研究》《南亚研究》《法音》《佛学研究》《东南亚》《东南亚研究》《世界宗教研究》等杂志上。中国社会科学院哲学研究所、世界宗教研究所、亚洲太平洋研究所暨南亚文化研究中心、外国文学研究所,北京大学哲学系、东方学系等是从事印度佛教研究的主要学术团体。

在中国的佛教学术研究领域,印度佛教哲学研究是一项传统课题,有着悠久的历史,然而由于历史构成与语言障碍等诸多因素,其研究规模与学术成果一直以来较为零散。本章所整理的当代中国的印度佛教哲学研究,主要是指1949年以来,尤其是改革开放以来,中国学者在印度佛教哲学领域所取得的主要成果。考虑到哲学研究注重思想整理与理论阐述的一般特性,下文的叙述将主要按照中国学者所研究的"问题"与所处理的"对象"来梳理当代的印度佛教哲学研究。

第一节 通论性研究

1979年,吕澂的《印度佛学源流略讲》[①]出版,该书是当代中国学术界第一本系统论述印度佛教史的著述,标志着当代中国印度佛教(哲学)研究的新篇章的开启。该书原是吕澂受原中国科学院哲学社会科学部的委托,在1961年开办为期五年的佛学班上授课的讲义稿,部分内容曾经在《现代佛学》上发表。

在《印度佛学源流略讲》一书中,吕澂以时间为经、典籍为纬,根据大量汉、藏文文献,同时对勘了巴利文三藏以及当时留存的有关梵文原典,按照各个阶段出现的典籍的先后顺序,比较系统地阐述了"原始佛学""部派佛学""初期大乘佛学""小乘佛学""中期佛学""晚期大乘佛学"六个阶段的印度佛教的历史发展概况、教义学说特点、哲学思想变迁等内容。

吕澂在书中提出的释迦牟尼逝世时间为公元前486年的"众圣点记"说法、南方上座部是"分别论"方法者、说一切有部以《相应阿含》为根本经典、世亲一系的学说是唯识古学、陈那的学说是唯识今学等观点都成为颇具影响的重要学说,具有很高的学术价值。

《印度佛学源流略讲》一书内容丰富、条理清晰,可谓发前人之所未

---

① 吕澂:《印度佛学源流略讲》,上海人民出版社1979年版。

发,对于当代中国的印度佛教(哲学)研究来说具有继往开来的重要意义。

黄心川的《印度佛教哲学》是当代中国从总体上研究印度佛教哲学的一项重要成果。该书曾在任继愈主编的《中国佛教史》第1卷附刊,后又经增补收入作者的《印度哲学史》(1989年)。

黄心川主要依据中国保存的汉译佛经史料,并参考国内外研究成果,对印度佛教的起源、教义、哲学思想的发展等作了重点阐述,尤其注意把印度佛教的产生和发展放到整个社会大背景中加以探讨,揭示了佛教与其他印度宗教派别之间的内在联系与外在区别,把宏观考察和微观研究较好地结合起来,勾勒出了印度佛教哲学发展的基本线索。

《印度佛教哲学》提到:印度大乘佛教兴起于公元1世纪前后,这一时期正是印度奴隶制度开始向封建制度过渡的时期。在这段时期内,印度的生产力有了进一步提高,商业经济也有了相当的发展,出现了大批富裕商人。在商业和高利贷的影响下,农村公社的成员迅速分化,越来越多的自由公社成员沦为封建地主阶级的佃农或者卖身为家务奴隶,印度封建关系的形成并没有完全消灭奴隶制的残余。这些是大乘佛教兴起的社会背景,也是它的群众基础。

此外,黄心川还提出:瑜伽行派的八识是一种虚构的精神作用的体系,在八识中处于主导地位的是阿赖耶识。阿赖耶识既是认识的主体,也是客体,它们的认识作用不是主观对客观事物的认识,而是八个识对于由它们自己所表现出来的认识对象的认识,就是认识自体的认识。就八识的认识作用和过程来说,瑜伽行派是主观唯心主义;但就阿赖耶识是永恒流转的种子,它在因果业报中一味相续,阿赖耶识不单为个人所有,而且为众生共有,瑜伽行派又是客观唯心主义。佛教唯心主义到此进入了高峰。

《印度佛教哲学》这一研究成果虽然在某种程度上较多地带上了特定研究时代的思想与意识形态的烙印,但是全书脉络清楚,深入浅出、通俗易懂地解释了佛教的一些基本概念,被国内许多书刊引用,在当时的影响较大,是当代中国学者从总体上把握印度佛教哲学、对其作通史性与通识性研究的重要成果。

巫白慧的《印度哲学与佛教》[①],是中国大陆佛教学者撰写的第一本

---

① 巫白慧:《印度哲学与佛教》,中国佛教文化研究所1991年版。

英文书，具有开拓性和填补空白的重要意义。

巫白慧曾指出，过去的中国学生只知道印度四种姓和六派哲学的名字，但是缺少这方面的系统知识和理论。中国据说有6000卷左右佛教经典，被发现利用于哲学研究的只有少数一些经典。结果造成了现在中国的印度哲学研究不如其他哲学研究重要。《印度哲学与佛教》一书即是为阐述印度哲学与佛教哲学的重要性而作的。

《印度哲学与佛教》一书介绍了印度哲学史上的种姓制度、奥义书、龙树哲学、现代中国印度哲学研究和今日中国佛教概况等，较好地介绍了现代中国佛教和学术界的情况。

巫白慧提出："常、断"二见是印度佛教对一切外道哲学基本观点的归纳和批判，它除了有宗教意义之外，还有更重要的历史意义，即进行佛教哲学思想探源的重要意义。

姚卫群的《佛学概论》与《佛教入门——历史与教义》[①]，是从总体上把握印度佛教哲学的两本专著。

《佛学概论》一书主要以印度佛教思想中的基本概念为研究对象来展开考察，并且联系有关概念传入中国后的情况进行比较分析，因而该书设立的章目名称多为佛教学说中的基本观点。姚卫群指出，所谓"佛学"主要指佛教教义中的理论性成分。就《佛学概论》而言，虽然也谈到戒学、定学、慧学三方面，但主要的内容还是属于传统佛教中的慧学部分。

在《佛学概论》一书中，姚卫群首先从印度佛教发展史的角度，重点讨论了早期佛教的基本教义、基本部派的主要学说、大小乘佛教的主要区别、初期大乘佛教与般若中观学说、中期大乘佛教与瑜伽行派、后期大乘佛教与佛教在印度的衰落。其次，从佛教经典的角度，主要考察了佛教经典的形成、印中佛教史上影响较大的佛典以及主要的大藏经等。最后，从戒律论的角度，分析了佛教最初的戒律的形成、戒律的主要种类以及戒律在中国发展的基本线索。该书还集中阐释了禅思想、空观念、心识观念、中道观念、二谛理论、无分别观念、佛学观念、因果观念、法类别论、轮回观念、涅槃观念等佛教的基本教义与主要思想。此外，还介绍了印度佛教中的因明学说，同时剖析了佛教的基本伦理思想，以及佛教与婆

---

① 姚卫群：《佛学概论》，宗教文化出版社2002年版；《佛教入门——历史与教义》，中国人民大学出版社2006年版。

罗门教的理论关涉等内容。

《佛学概论》对佛教在印度和中国创立、传播、发展的历史，以及佛教的主要教义思想、哲学经典等都作了十分简要精到而全面的介绍与阐述，是当代中国印度佛教哲学研究的代表作之一。

《佛教入门——历史与教义》，是一部讲述佛教基础知识的著作，概述了印度佛教在历史发展、文献、义理、修行、人物等方面的情形，深入浅出地向读者展示佛教的基本内容和特点。

第一，姚卫群论述了佛教的产生，其中包括佛教形成时印度思想界的历史文化背景，以及释迦牟尼创立佛教的经过和最初教义。第二，论述了佛教产生后在印度本国和中国等亚洲主要佛教流行国家的传播过程。第三，论述了佛教的文献，对佛教的主要文献进行了分类，重点论述了印度佛典和中国佛典，并选择了一些有代表性的佛典进行重点介绍。第四，论述了佛教的义理，主要选择了一些佛教理论体系中的核心观念或概念进行勾勒，阐述了这些观念或概念的基本内容。第五，论述了佛教的修行，既从总体上考察了佛教修行理论的形成和主要观念，又重点论述了作为修行理论基本内容的戒律和禅定。第六，主要论述了佛教中影响较大或较著名的人物等，他们分为两类，一类是历史上真实存在的人物，还有一类是佛教传说中的人物或信奉的佛与菩萨等。

《佛教入门——历史与教义》一书全面立体地对佛教进行了系统论述，对许多学术问题进行了独到的分析，书中探讨的有关课题在当代中国的印度佛教哲学研究领域具有前沿性和重要的理论意义。

第二节　原始佛教哲学研究

"原始佛教"一词源于现代日本与西方的佛学研究学者，即相对于后世发达的大乘佛教而言，佛学研究者将印度佛教发展的最初阶段称为"原始佛教"或"初期佛教"，也就是释迦牟尼在世时期至部派开始分裂之前的佛教。

一　起源问题

季羡林虽然没有出版原始佛教研究方面的系统专著，但他的几篇论文——《原始佛教的语言问题》《再论原始佛教的语言问题》《三论原始佛教的语言问题》①,是当代中国学者在原始佛教的语言与起源问题研究方面所取得的代表性成果。

在《原始佛教的语言问题》一文中,季羡林主要研究的是原始佛教的语言政策,他从佛教史里选出国外梵文学者和佛教研究者多少年来争而未决的问题,即原始佛教是否规定了一种语言作为标准语言?原始佛教是否允许比丘们使用婆罗门教的圣语梵文来学习佛教教义?季羡林运用比较语言学的方法对现存的古代经典进行对比和分析,根据佛教语言各种形态变化来判定这些经典产生的地点、年代以及流传情况。他的结论是:原始佛教不允许比丘们使用梵文来学习佛教教义,也没有规定哪一种语言作为标准语言,但是允许比丘们用自己的方言来学习佛所说的话。

在《再论原始佛教的语言问题》一文中,季羡林进一步阐明:原始佛教经典是不是用一种语言写成的;换句话说,佛教是否有一种用所谓"原始语言"写成的经典?这个问题同《原始佛教的语言问题》一文中谈到的问题不相冲突。季羡林指出:《原始佛教的语言问题》一文谈的是原始佛教不曾规定一种语言作为标准语,那是一个规定不规定的问题。《再论原始佛教的语言问题》谈的是最原始的佛教经典是否用一种统一的语言写成的,这是一个有没有的问题。没有,当然就不能规定;但是即使是有,也不一定就是规定。这是截然不同的两个问题,不能混淆。季羡林写这篇文章的另一个目的是批判梵文学者弗兰克林·爱哲顿(Franklin Edgerton)著的《佛教混合梵文文法和字典》②。季羡林在文中表示:"我同意德国梵文学者吕德斯(Heinrich Lüders)的意见,也主张原始佛教有一种用所谓'佛教原始语言'写成的佛典,这种语言就是印度古代东部的方言,所谓古代半摩揭陀语(Ardhamāgadhī);而爱哲顿先生则不承认有这样一部佛典,当然更不承认这部原始佛典是用东部方言写成的。这就是基本的分歧。"

《三论原始佛教的语言问题》一文是季羡林在上述两篇论文发表20多年后撰写的,这篇论文除了主要讨论原始佛教的语言问题,还涉及了原始

---

① 季羡林:《原始佛教的语言问题》,《北京大学学报·人文科学》1957年第1期;《再论原始佛教的语言问题》,《语言研究》1958年第1期;《三论原始佛教的语言问题》,载《原始佛教的语言问题》,中国社会科学出版社1985年版。

② Franklin Edgerton, *Buddhist Hybrid Sanskrit Grammar and Dictionary*, Yale University Press, 1953.

佛教经典的形成、佛教的传播、宗派的形成，以及对阿育王碑的评价等一系列问题。具体来说，季羡林在论述下面四个问题的基础上提出了自己的看法：(1) 有没有一个"原始佛典"？"原始佛典"使用什么语言？是否有个"翻译"问题？(2) 释迦牟尼用什么语言说法？(3) 阿育王碑是否能显示方言划分？(4)《毗尼母经》等经中讲的是诵读方法（音调），还是方言的不同？季羡林提出：释迦牟尼说古代半摩揭陀语的可能性更大一些。佛经的形成可能有类似《论语》的地方。佛说法时或者平常谈话时有一些常说的话，深深地印在弟子们的记忆中。到了适当的时候，比如说第一次结集时，弟子们聚集在一起，回忆佛语（buddhavacanam），把佛说话的时间和地点都一一说清楚，然后定了下来。每一部佛经都以"如是我闻"（eva mayā śrutam）开始，不外想说明事实的可靠性。原始佛典的滥觞大概就是这个样子。

除了季羡林的三篇代表性文章之外，郭元兴、杨曾文、方广锠等人也就原始佛教的起源问题提出了自己的看法。

郭元兴的《山海经之西荒地理和印度，释典及西方古地志》[①] 一文，首先解决了历代从未引起注意的《山海经·西次三经》的错简问题，然后利用中国古籍、印度古籍、佛教典籍及西方古地志，从语言学及地区、方位等角度对《山海经》所载的西荒地理作了详尽的考证。指出《山海经》的记载竟然与今天的西藏、印度、中亚等地区的山水实貌丝丝相扣。郭元兴还指出印度佛教哲学渊源，应是来自于印度境外西北部或东南部的一种最古老的宗教。

杨曾文的《佛教的起源》[②] 一书，以汉译佛典《四阿含》为原始资料，着重探讨了原始佛教的产生、发展情况，同时介绍了部派佛教的历史演变、比较研究了大小乘佛教，书后附录了原始资料。

方广锠在《关于佛教起源的几点思考》[③] 一文中提出：佛教的产生，既有经济与政治方面的背景，又有思想文化方面的原因；此外，历史、地理环境及种族的影响，释迦牟尼个人的创教努力，等等，也都是不可忽视的因素。例如，释迦族部族宗教的影响是佛教产生的重要因素之一；释迦牟

---

① 郭元兴：《山海经之西荒地理和印度，释典及西方古地志》，《南亚研究》1988 年增刊。
② 杨曾文：《佛教的起源》，今日中国出版社 1989 年版。
③ 方广锠：《关于佛教起源的几点思考》，《南亚研究》1990 年第 2、3 期。

尼出身于释迦族聚居的迦毗罗卫国，在释迦族部族文化的熏陶下成长。因此，研究释迦族部族文化对释迦牟尼及其创教努力的影响是一个重要的课题。

方广锠在《渊源与流变：印度初期佛教研究》①一书中，把原始佛教（初期佛教）研究分解为五个课题：典籍研究、历史研究、思想研究、教团研究、人物研究。方广锠在书中对原始佛教的年代、分期，原始佛教的起源，原始佛教的思想，原始佛教的五阴与无我，原始佛教的灵魂观及其对后代的影响，原始佛教的禅定修持，原始佛教的时间、空间与世界模式等作出了精辟、独到的分析和阐述。

《渊源与流变：印度初期佛教研究》一书内容丰富、系统性强、涵盖面广、深入浅出，可以说是当代中国学者在原始佛教研究领域，尤其是研究原始佛教的起源与发展方面取得的代表性成果。

二 佛传本生

当代中国原始佛教研究的另一大主题是佛传（佛陀传记）和本生（佛本生故事）研究，这方面的代表人物是郭良鋆。

郭良鋆《佛陀和原始佛教思想》②一书，依据巴利语三藏原典，在描述佛陀生平传记的同时，与后期佛陀生平传说作了比较，清晰地揭示了佛陀形象的历史演变和神化过程，提供了最接近原始面目的佛陀生平传记和原始佛教思想。此外，该书还重点梳理了沙门思潮中的"六十二见"以及原始佛教基本教义"四谛说"等，阐释了佛陀社会观中的两个闪光点——"种姓平等思想"与"转轮王治国理想"，阐发了佛陀神话观的两大特色——"恶魔在心中"和"天神在禅定中"。《佛陀和原始佛教思想》是当代学者研究原始佛教的一部重要著作。

郭良鋆、黄宝生译《佛本生故事选》③，译自早期佛教巴利语经藏中的《本生经》，讲述了佛陀释迦牟尼前生的故事，其中既有世俗故事，也有神话故事和动物故事。巴利语《佛本生故事》是一部最重要的佛教寓言故事集，也是世界上最古老的寓言故事集之一。《佛本生故事选》一书

---

① 方广锠：《渊源与流变：印度初期佛教研究》，中国社会科学出版社2004年版。
② 郭良鋆：《佛陀和原始佛教思想》，中国社会科学出版社1997年版。
③ 郭良鋆、黄宝生译：《佛本生故事选》，人民文学出版社2001年版。

为了解、研究佛本生故事提供了最直接的材料，具有重要的意义。

此外，弘学著《人间佛陀与原始佛教》① 一书，通俗易懂地介绍了释迦牟尼这位真实的历史人物和他创立的佛教，不是神化了的佛陀，而是大家所看到的佛教。

崔连仲的《从吠陀到阿育王》② 一书，以传记的形式，不仅全方位介绍了佛说，而且使佛说成为有血有肉，具有具体情节的趣话。

三 缘起理论

"缘起"，就是"由缘而起"。原始佛教的"缘起观"又译为"因缘法"。"因"是指事物生起或坏灭的主要条件，"缘"是指事物生灭的辅助条件。"缘起说"是原始佛教的哲学基础。佛教否认婆罗门教的创世说，同时批判了沙门思潮中其他派别的各种世界观，提出缘起说，指出"诸法从缘生，诸法从缘灭"，认为一切事物或现象的生起都是因为各种相互依存、相互作用的关系或条件，离开了关系或条件，就没有任何事物的生灭变化。世界、人生的一切现象都是在其应发生之条件或原因下，遵循缘起的法则而产生的。

缘起理论是当代中国学者在研究原始佛教的哲学思想时最为关注的一个问题，发表了不少重要成果。

蔡惠明在《原始佛教的缘起观》③ 一文中指出：缘起观是原始佛教针对当时各种宗教哲学主张宇宙从"大梵天造""大自在天造"，或从"自性生""宿因生""偶然因生""生类因说"等理论而提出的，用以解释世界、社会、人生和各种精神现象产生的根源。佛陀在菩提树下彻悟缘起法而成无上正觉，此后为诸众生分别演说、开发、显示。此外，原始佛教敷演缘起法是依有情现实生命而展开的，所以十二支中的五蕴、六入处等都是一切有情可以尝试去认识体验，日常生活中又能如实感觉与体会到的。因此，业感缘起与后来发展所施设的"阿赖耶缘起""如来藏缘起""法界缘起"等根本上有所不同。"业感缘起"依世俗谛而施设，所以学习佛法、依教修行可依世俗谛如实而观而行，不易犯错误、入歧途或多所

---

① 弘学：《人间佛陀与原始佛教》，巴蜀书社1998年版。
② 崔连仲：《从吠陀到阿育王》，商务印书馆2001年版。
③ 蔡惠明：《原始佛教的缘起观》，《法音》1990年第5期。

争辩。原始佛教重实践,因此多用十二支缘起说明有情世间的开展与还灭,理论简明,深入浅出,容易被人们信解和接受。

蔡惠明认为,缘起观是佛教基本教义的核心,概括约有四个重要论点:无造物主、无我、无常、因果相续,这四点应当为佛教徒所了解掌握,成为"正见"的检验准则。原始佛教的缘起观是建立在离有无、离断常、离一异、离来去的基础上的,这是后来形成的龙树中观派的理论渊源。

关桐与袁健的《原始佛教哲学的"缘起"说》[①] 一文指出:释迦牟尼生前没有著作,其思想是由弟子们凭记忆流传下来的,口耳相传便免不了流传者以己意而有所增改,所以形成了几种不同的"缘起"说。关桐与袁健认为,"四阿含"中的几种不同的"缘起"说,是从两个不同的角度对众生进行分析而形成的,大致可分为"因缘和合缘起"说、"因果循环缘起"说等几类。

傅新毅在《原始佛教缘起无我语义下的心识论》[②] 一文中指出:原始佛教的"业报说"与"无我义"相矛盾的判定几乎已经为国内学界所普遍接受,而他基于对佛教原典的解读,对此作出了相应的辨正,并且在缘起无我的语义下,探讨了心识论的意义。

邱高兴与费东佐合撰的《原始佛教"因缘"义考察——以四〈阿含经〉为中心》[③] 一文,通过分析原始佛教经典四《阿含经》对"因缘"理论的详细论述,从两个方面探讨了佛教因缘概念的内涵与发展:一方面,"因缘"概念来源于对人生现实的观察,同时又最先应用于人生而成为因果报应法则,体现了佛教的一个基本伦理与价值原则;另一方面,原始佛教以十二因缘的链条具体地说明了因缘的内容,揭示了人生的缘起过程,展现了佛教致思的一个基本倾向。

四　涅槃思想

涅槃,是 Nirvāṇa 的音译,意译为圆寂、灭度、寂灭、无为、解脱、

---

① 关桐、袁健:《原始佛教哲学的"缘起"说》,《五台山研究》1994 年第 4 期。
② 傅新毅:《原始佛教缘起无我语义下的心识论》,《宗教学研究》2001 年第 4 期。
③ 邱高兴、费东佐:《原始佛教"因缘"义考察——以四〈阿含经〉为中心》,《吉林大学社会科学学报》2004 年第 4 期。

自在、安乐、不生不灭等。佛教认为涅槃是将世间所有一切事物现象都灭尽而仅有一住法圆满而寂静的状态，所以涅槃中永远没有生命中的种种烦恼、痛苦，获得涅槃之后就不会再进入轮回。涅槃概念并非佛教独有，作为一个宗教哲学中的解脱概念，在佛教产生以前已经出现。印度哲学普遍具有追求解脱的倾向，而涅槃就是它们追求的最高解脱状态。佛教虽然沿用了涅槃这一概念，但它所包含的内容却不同于印度其他哲学。

单正齐《原始佛教涅槃概念辨析》[①]一文从早期佛教经典四部《阿含经》出发，探讨了佛陀的涅槃概念，揭示了原始佛教涅槃学说的内涵和特质，进而理解与把握原始佛教所特有的境界超越型的哲学形而上学，以及佛教与印度外道哲学在涅槃解脱问题上的本质差异。单正齐认为：尽管原始佛教提出了很多命题，如业报轮回观、五蕴观、缘起论、无我观、四谛说等，但大多取自传统的印度哲学，唯有缘起论与无我论方能体现出佛教教义的独特之处，而无我论直接与佛教涅槃观念相关，能充分揭示出原始佛教涅槃观与外道哲学涅槃观的本质差异。这是因为，涅槃作为一种解脱之境，关涉到解脱主体问题：外道一般来说都主张有我的解脱观，而佛教却主张由无我才能导致涅槃。事实上，佛陀正是在批判外道有我论的基础之上建立了无我论的涅槃观。

余树苹《自净其心——关于印度原始佛教的解脱理论》[②]一文，通过对解脱的含义和目的的论述，尝试阐明佛陀乃至印度人提出解脱理论的根源及其意义。余树苹认为，原始佛教对解脱的追求是因为"苦"，解脱的获得是无明的消除、轮回的断灭，是心的安宁，是寂灭与永恒，是一种与世俗世界有着本质差别的涅槃境界。

第三节　小乘部派佛教哲学研究

小乘部派佛教，或称"部派佛教"，是佛教在经历了"原始佛教"之后的第一个发展阶段。部派佛教时期的佛教形成了许多不同的传统与学说，所有部派的共同传说则是各部派皆源自于释迦牟尼的初期僧团。一般认为，原始佛教最初分裂为两大部派（佛灭后 100 年左右），即上座部与

---

① 单正齐：《原始佛教涅槃概念辨析》，《哲学研究》2008 年第 7 期。
② 余树苹：《自净其心——关于印度原始佛教的解脱理论》，《兰州学刊》2009 年第 9 期。

大众部。但也有认为原始佛教最初分成三众或四众，后来分裂为十八部、二十余部的种种说法。上座部与大众部根本分裂之后，又因地域、律仪、教义等的不同，分别在上座部与大众部下面又分裂出不同的僧团，称为"枝叶分裂"。释迦牟尼圆寂后，从上座部与大众部的"根本分裂"到大乘佛教兴起前的这一时期与发展阶段就被称为"小乘部派佛教"。至公元前1世纪左右，各部派已发展成熟，各自发展出不同的教义，也各自传承了不尽相同的经典。各部派在公元1世纪前大乘佛教成为印度佛教主流之后，仍然继续发展，但是，有关根本分裂的原因和确切时间，目前学界仍有争论。

一 部派与分派

小乘部派佛教的部派与分派问题是研究该时期佛教历史与思想发展的基础性重要问题，以季羡林和王邦维为代表的学者在这一问题上提出了不少创见。

季羡林的《关于大乘上座部的问题》[①] 一文认为：根据巴利文佛典和锡兰史籍的记载，锡兰佛教信仰虽以小乘上座部为主，但是大乘思想始终输入未断，无畏山住部更是特别受到大乘的影响。许多典型的大乘思想渗入小乘，在大乘萌芽时期更为明显。这在印度佛教史上是一个非常重要的问题。锡兰小乘的三个部派（主要是两个部派）所遵行的戒律并无歧义；但在学说方面，无畏山住部却不断接受大乘影响，即早期接受原始大乘的功德转让等思想，到了玄奘时期，又接受大乘瑜伽思想（可能也有中观思想）。因此，季羡林提出：所谓"大乘上座部"，并不是大乘与上座部两者，而是接受了大乘思想的小乘上座部，包含大乘与小乘两方面的内容，因此才形成了"大乘上座部"这种奇特的教派。西藏文译本《大唐西域记》，在一个地方把"大乘上座部"译为"大乘的上座部"，在另一个地方又译为"上座部的大乘"，看似矛盾，实则颇能表现二者的关系。季羡林根据中外史籍，对佛教史上有关"大乘上座部"这一长期未决的问题，作出了自己的论断。

---

① 季羡林：《关于大乘上座部的问题》，《中国社会科学》1981年第5期。

王邦维的《略论古代印度佛教的部派及大小乘问题》① 一文，主要依据梵文、巴利文资料进行研究。王邦维指出，在佛教的发展史上，部派和大乘的出现是很重要的两件事，但也是佛教史研究中至今未能得到最后解决的两个困难的问题。长期以来，从事研究的学者们大多都认为，部派佛教属于小乘佛教的范围，部派就是小乘。这一观点曾被广泛接受。《略论古代印度佛教的部派及大小乘问题》一文就此提出疑问，并加以了讨论。

二 《俱舍论》与说一切有部

《阿毗达磨俱舍论》是小乘佛教说一切有部的重要论著，有关该论与说一切有部思想的研究一直是部派佛教研究的重点与热点话题，当代中国学者在这方面发表了不少重要成果。

在《决定俱生——〈俱舍论〉理论体系完成的重要环节》② 一文中，苏军提出：决定俱生理论是融通《俱舍论》全部思想的重要理论和中心环节。该文对《俱舍论》的决定俱生理论加以探讨，并通过决定俱生理论与其他几个主要理论间关系的探讨，确定这一理论在《俱舍论》思想体系中的地位，进而对《俱舍论》的一些基本思想提出独特的看法。苏军基本上采用了形而上的思辨方法，通过对《俱舍论》中有关理论的叙述，查寻出这些理论所面临的应该解决的问题，然后再寻找《俱舍论》对这些问题的解决方法。例如，世间与出世间的问题，《俱舍论》设定的世界由世间（世俗世界）与出世间（超世俗世界）两部分组成，世间探讨一切有情（众生）及其生存活动的时间与空间，论述世俗世界的原因与结果、现象与本质；出世间主要是指涅槃，是《俱舍论》所倡导的众生超世俗存在的理想境界，出世间探讨众生解脱的原因与结果、现象与本质。

振宇在《〈俱舍论〉史略及其价值》③ 一文中指出：《俱舍论》在印度享有"聪明论"之称，其组织结构之严谨，对诸法分析之精密，乃为千五百余年来所共知共赞。然而在素以大乘根器自居的中国，这部被判为

---

① 王邦维：《略论古代印度佛教的部派及大小乘问题》，《北京大学学报》（哲学社会科学版）1989年第4期。

② 苏军：《决定俱生——〈俱舍论〉理论体系完成的重要环节》，《南亚研究》1991年第1期。

③ 振宇：《〈俱舍论〉史略及其价值》，《法音》2008年第3期。

"小乘"的《俱舍论》，一直未能被给予足够的重视。殊不知所谓大乘是由小乘发展而来，小乘佛教于大乘佛法，犹如屋室之基、树之根本。不了解大乘佛教思想的源流，没有扎实的理解和修学部派佛教的法义，好简厌繁，这可以说是造成后期中国佛教思想看似圆融而实质流于空疏的重要原因。振宇对《俱舍论》的史略、组织大纲及其在佛教史上的价值等，概略地作了介绍，期望教界同仁能认识到阿毗达磨的重要性，从《俱舍》入手，加强对部派佛教思想的学习和研究，以期教法重振兴、正法长住世。

何石彬的《从〈俱舍论〉看印度佛教由小乘向大乘的演进理路》[①] 一文，以《俱舍论》为小乘佛学的代表性文本，尝试对印度佛教由小乘向大乘的内在演进理路进行梳理，揭示两者的思想差异及其在根本精神上的内在统一性。何石彬指出，在关于大小乘思想差别的讨论中，常有这样一种提法：小乘一般主张"法有"，而大乘则一般认为"法空"，这虽在一定程度上说明了大小乘佛教的不同思想特征，但带有以大乘佛学的理论范畴来规定小乘思想的倾向，未能充分注意到大小乘佛教在核心范畴、核心理论问题等方面的根本差异，遮蔽了印度佛教思想演进的真实理路，因而是不够准确且容易引起误解的。

惟善著《说一切有部之禅定论研究——以梵文〈俱舍论〉及其梵汉注释为基础》[②] 以梵文原典《俱舍论》第八定品为基础，参考其梵汉注释以及汉、法、英等各种译本，并辅以巴利文经典，对四禅、四无色、等持、等至，以及四无量、八解脱、八胜处、十遍处等理论作了系统的分析和论述，并对一些重要的术语从翻译和历史演变等角度作了考证和辨析。禅定论是整个佛教理论体系的重要支柱之一，而印度说一切有部的禅定论则对大乘佛教的发展，特别是对我国佛教禅学理论的发展具有重大而深远的影响，惟善的《说一切有部之禅定论研究》集中体现了当代中国学者在该研究领域取得的重要成果。

单正齐的《论部派佛教一切有部的实有涅槃说》[③] 是专题探讨部派佛

---

① 何石彬：《从〈俱舍论〉看印度佛教由小乘向大乘的演进理路》，《哲学研究》2007年第8期。

② 惟善：《说一切有部之禅定论研究——以梵文〈俱舍论〉及其梵汉注释为基础》，中国人民大学出版社2011年版。

③ 单正齐：《论部派佛教一切有部的实有涅槃说》，《宗教学研究》2007年第3期。

教说一切有部的涅槃学说的论文。单正齐认为：说一切有部的涅槃学说建立在关于法的实有学说的基础之上，所谓法的实有，是指宇宙构成成分的实有，每一种实有的成分又包含有不变的法体与刹那的作用。所谓涅槃就是指止灭刹那的作用，达到唯有法性的寂灭状态，或者说是圣者证入法体的解脱状态。有部的涅槃是一种实有自体的存在，这是以法体实有为基础的涅槃概念。有部的涅槃概念又称作择灭无为，而最终的解脱状态又细分为有余涅槃与无余涅槃两种。单正齐对这些与涅槃相关的概念都作了细致的分析和论证，并指出：说一切有部是以脱离现象界的生命，消融于无生命的绝对界为解脱的最终目的，与印度哲学中的解脱论的传统，尤其是胜论学派的解脱论从思想本质上是相一致的。

三 其他部派学说

当代中国学者对部派佛教时期除说一切有部以外的派别的思想研究并不多见，主要是下面两篇论文：

高扬在《试论经量部的学说》① 一文中提出，经量部是瑜伽行派的先驱或唯识产生的理论来源，它具有部派佛教向大乘佛教过渡的承前启后的作用和与此相适应的一切特点。经量部又称说转部，是部派佛教中产生最晚的学派。此派产生虽晚但对以后佛学的发展影响很大。约在公元1世纪时，经量部从毗婆娑论师即说一切有部中分化出来。与说一切有部的重论不同，经量部则偏重于经。由于所重的典籍不同，所以两派的基本观点也不相同。经量部认为现在实有，过去、未来无体，这就和说一切有部完全不同。经量部的这一基本观点，是在接受大众部的影响与批判说一切有部的过程中逐渐形成的。

魏洪峰的《早期印度佛教中的蕴与我》② 一文，详细地回顾了早期印度佛教中"蕴"与"我"概念的产生、发展和变化，并对它们在不同阶段、在各部派佛教中的哲学意涵作了诠释和区别。魏洪峰通过对佛教基本概念的起源、演化过程及原因的探讨，以及与中国化佛教各派别中相应概念的比较和区别来探讨早期印度佛教中的"蕴"与"我"。

---

① 高扬：《试论经量部的学说》，《南亚研究》1985年第4期。
② 魏洪峰：《早期印度佛教中的蕴与我》，《宗教学研究》1997年第1期。

第四节　大乘佛教哲学研究

佛教发展到公元前后，在僧团中开始出现一群标榜"发菩提心，修菩萨行，求成无上菩提"的菩萨行修行者，同时，也开始流行称为"方广""大方广"的经典，这些经典很快发展成为大乘经典的前身，此为大乘佛教的起源。这些"方等"经属于阿含经之外的杂藏部，根据大众部所传，是富楼那尊者窟外集结所成。传统的佛教部派认为，这些经典都不是佛陀所说（大乘非佛说），认为这些大乘行者并非正统佛教。而这些菩萨行修行者，则自称为大乘，指传统的佛教部派为小乘行，认为他们所传授的，不是佛陀真正的教诲，只是用以接引根器较差众生的暂时手段。

一般认为，大众部是大乘佛教的最初起源，但大乘佛教与说一切有部、经量部及分别说部也有着很深的关系。日本学者平川彰提出：大乘佛教是一群以菩萨道修行为主的在家、出家僧团相结合而兴起的教派，并不是由某个特定部派发展而来，这种说法亦成为有关大乘佛教起源的最重要理论之一。

大乘佛教的经典很多，传统上分成五类，分别为华严门、方等门、般若门、法华门、涅槃门，称五大部。其中，方等门由杂藏部发展而来，逐渐发展出《般若经》与《华严经》，再渐次展开《法华经》《大般涅盘经》等经典。

到了佛灭五百年前后，龙树著《中论》，建立般若中观学派，被视为大乘佛教理论完全建立的标志，此为大乘佛教前期。其后又有无著、世亲创立"唯识论"，盛极一时。中观学派则有佛护、清辨、月称等，起而复兴。中观论和唯识论被认为是大乘佛学的两个主要理论基础。在印度南方，则有如来藏思想盛行，与唯识学派合流。一般把该时期称为中期大乘佛教，也是大乘佛教思想最为丰富多彩的时期。

一　般若思想

般若思想是大乘佛教文化的精华之一，无论在印度佛教发展史上，还是在中国佛教发展史上，都占有重要的位置。从印度佛教发展的历史来看，般若思想的形成是在大乘佛教兴起的初期，但是它的某些观念和最初萌芽不仅可以追溯到原始佛教和部派佛教时期，而且可以追溯到古代婆罗门教的经典奥义书中。般若思想是古代印度佛教与婆罗门教相互斗争，以及佛教内部各派思想斗争的产物，是大乘佛学的理论基础。大乘佛教的几个主要派别无一不受到般若学说的影响。因此，研究般若学说，乃是探索和了解印度佛教以至于整个印度文化的重要途径。

方立天的《般若思维简论》[①]一文认为，随着大乘佛教的产生，般若学逐渐成为佛教的主导思想。"般若"被认为能断惑证真、度化众生，从而被称为"佛母"，是佛教所谓的高级智慧——一种指导观察一切事物的根本观点，判别是非善恶的基本方法，也是佛教所证悟的最高理想境界。而从认识论和思维科学的角度来说，般若是一种特殊的体证方法和体验境界。

姚卫群著《佛教般若思想发展源流》[②]一书，对佛教般若思想的基本内容、历史发展作了全面系统的阐述，分析了般若思想体系内所包含的各主要观点间的内在联系和逻辑发展，揭示了般若学说在其各个主要发展阶段上的基本特征及在思想文化上的重要意义，对般若思想这一佛教哲学中的重大课题作了全方位、多层次的研究。姚卫群在一些过去学术界很少有人论及的般若学难点问题上提出了新的见解。

《佛教般若思想发展源流》一书的研究范围不局限于印度部分，也不局限于中国部分，而是对般若思想的发展历史作较全面的叙述，即从般若思想在印度的形成、发展等论至它在中国的传播和发展。针对我国学界对般若思想在中国的发展情况相对较熟悉、较有研究的状况，该书对此部分写得较略一些，主要勾画出其历史发展的基本线索，选择一些重点部分进行分析、叙述。全书的重点（主要篇幅）放在般若思想传入中国前的部分，而且这部分也写出了特色。针对多数国外学者是在佛教史的范围内来论述般若的情况，该书在叙述印度部分时力求在研究般若思想与先于佛教而产生的婆罗门教的渊源关系问题上作出一些突破。这部分内容外国学者叙述不多，国内学者的研究几乎是空白。此外，大乘般若思想与原始佛教和小乘部派佛教的关系也是研究时要搞清楚的一个重要问题。

---

① 方立天：《般若思维简论》，《江淮论坛》1989年第5期。
② 姚卫群：《佛教般若思想发展源流》，北京大学出版社1996年版。

二　中观哲学

"中观哲学"，顾名思义，是由龙树创建的中观派的哲学思想。有关中观哲学的研究在中国具有悠久的历史，也是当代中国学者最为关注的佛教哲学思想之一。

方广锠的《龙树及其著作与思想》[①] 一文，介绍了龙树的生平、著作与思想。方广锠认为代表龙树思想最高峰的是《中论》，因此他主要根据《中论》来谈论龙树的思想。该文把《中论》的主要观点归纳为：缘起性空、中观二谛、实相涅槃三个方面，而且认为理解了这三个方面，就基本上掌握了《中论》，亦即龙树与其后中观派的主要思想。

欧东明在《印度佛教的"空"观念与龙树的中观学说》[②] 一文中指出，"空"观是佛教关于世界的终极性见解之一，而"空"观则是直接脱胎于早期佛教的"三法印"。由于"三法印"构成了佛教所有宗派共同的思想内核，且简要地囊括了佛教理论与修行生活的根本旨趣。欧东明认为：以龙树为巅峰的佛家缘起说，还尚未落入任何物理的、心理的、形式的、观念的与概念的现成化状态，相反缘起却正是世间一切的现成状态的终极可能性本源。凡是以自然因果观、以并非本源却必须依缘而起的物理现象去理解"缘起性空"的观念，都是与佛教传统中精深微妙的缘起观相左的。

成建华的博士学位论文《龙树与中国佛教哲学》[③]，通过比较哲学和比较宗教学的研究方法，对龙树哲学产生的思想渊源、理论特征以及对中国佛教早期学派、宗派思想的影响进行个案分析和研究，论证龙树哲学及其方法论学说是影响和建构中国佛教哲学方法论系统，特别是隋唐佛教天台宗和三论宗教义学说的主要思想来源，强调这一交融发展的逻辑性。该论文还透过汉藏两地以及印度关于龙树的传记和传说，对龙树的生平及其时代进行了认真剖析，认为鸠摩罗什所译的《龙树菩萨传》尽管充满了浓厚的神话色彩，但神话的背后还是有一定史实根据的。因此，在前人研究的基础上，并根据现有的中外文文献和考古发掘资料，进一步提出了有

---

① 方广锠：《龙树及其著作与思想》，《南亚研究》1985 年第 2 期。
② 欧东明：《印度佛教的"空"观念与龙树的中观学说》，《南亚研究季刊》1999 年第 2 期。
③ 成建华：《龙树与中国佛教哲学》，中国社会科学院研究生院博士学位论文，2003 年。

别于他人的关于龙树时代的看法，认为龙树可能就是活跃于公元 2 世纪初至 3 世纪初的历史人物。通过对龙树的主要著作《中论》思想内容的分析，并结合与其他学派理论学说的比较，对龙树哲学产生的社会背景和思想渊源进行了认真梳理，认为龙树在继承传统佛学如《般若经》思想的基础上，进一步吸收了印度其他学派的思想精华，特别是奥义书的哲学概念，从而建立了自己的宗教哲学体系。关于龙树哲学的特色方面，成建华通过对龙树哲学的中心概念"空"和"二谛"等学说的分析论证，认为龙树哲学具有以下三个方面的主要特点：（一）破邪显正，鼓吹对空的直接观照；（二）不信任任何世俗的名言概念；（三）透过否定而辩证的论证形式以显示实相（真理）。

李学竹的《月称及其〈入中论〉》[①] 一文，比较系统地介绍了月称的生平、著作和他对中观学派所作出的贡献以及《入中论》的先行研究、梵文佚文等相关情况。月称是公元 7 世纪印度大乘佛教中观学派的著名论师，在印度中观学派历史上占有崇高的地位。他的学说对于印度后期大乘佛教，以及我国藏传佛教都有很大影响。尤其是藏传佛教把他的中观学说看成是代表大乘佛教哲学的基石，而且指定他的代表作《入中论》为格鲁派学僧必学的五部大论之一，在各寺院中一直传习不绝。

程恭让发表了有关月称的《明句论》（又译《清净句》）的一系列论文：《月称〈清净句〉龙树〈中论〉第 23 品注疏要义研究》《月称〈清净句〉龙树〈中论〉第 24 品注疏要义研究》《月称〈清净句〉龙树〈中论〉第 25 品注疏要义研究》[②]。程恭让指出：月称撰写的《清净句》是注解龙树《中论》的一部重要的佛学著作，该著作不仅是简单意义上的文字注释，而且月称力求在他这部著作中回应、展现论主龙树的思想线索。程恭让梳理了月称《清净句》解释《中论》第 23、24、25 等品的思想要点，并且据此对龙树中观学名著《中论》第 23、24、25 品的思想线索作了分析、探索，推动了学界的龙树研究、《中论》研究以及月称研究。

由吕澂翻译、肖永明整理的清辩著作《中观心论·入决择瑜伽师真

[①] 李学竹：《月称及其〈入中论〉》，《中国藏学》2006 年第 2 期。
[②] 程恭让：《月称〈清净句〉龙树〈中论〉第 23 品注疏要义研究》，《法音》2011 年第 2 期；《月称〈清净句〉龙树〈中论〉第 24 品注疏要义研究》，《首都师范大学学报》（社会科学版），2011 年第 5 期；《月称〈清净句〉龙树〈中论〉第 25 品注疏要义研究》，《世界宗教研究》2011 年第 6 期。

实品》①,是吕澂在20世纪50年代依藏文本译出,但一直没有正式出版,整理者据金陵刻经处所藏稿本刊出,实为对学界的一大贡献。古印度佛教哲学家清辩所造《中观心论》(含颂文和注释),其中第五品《入决择瑜伽师真实品》专门驳破唯识的主张,大乘佛教因此遂裂为中观和瑜伽行(唯识)二派,史称"空有之诤"。

杨航的博士学位论文《〈大智度论〉菩萨思想研究》②,是对龙树著《大智度论》的较深入研究,考察核心限定在《大智度论》中菩萨思想的各个层面,诸如:菩萨的性格、人本内涵等基本特征;菩萨实相智慧观中的"我空"观、法印观、语言观、涅槃观、"法空"观,及时空观与中道观;菩萨出世理想中的"波罗蜜"思想,主要包括福德门的"施、戒、忍"和智慧门的"勤、定、慧",还有菩萨的发心、行愿与功德回向;几种菩萨地阶思想的关系;菩萨的佛陀观、"佛法"观,菩萨的诸佛观、三世佛恩观、佛寿观、佛身观,菩萨的成佛观念及成佛信念,等等。该博士学位论文揭示了《大智度论》菩萨思想的基本体系与特征,以考察《大智度论》菩萨思想在中印佛教中所处的重要作用及其影响力的来源。杨航提出:(1)空性观、佛崇拜,以及菩萨六度等宗教实践,在《大智度论》的学说中,呈现出一种"空—有"兼顾的姿态,与此同时,这部长篇大论对文字语言效用本身的自我审慎甚至价值否认,都使得《智论》的空性观达到一种横扫一切、毫不留情的程度。(2)空性思想虽然是《大智度论》的根本思想,但是,《大智度论》中释迦如来崇拜的立场非常鲜明,这种崇拜和空性思想完美地结合在一起,体现了菩萨思想体系中哲学性和宗教性的圆融会通。(3)《智论》关于"菩萨六度"的宗教实践,即施舍、善戒、忍让、精进、禅修和般若之智,被表述为五而一、六而一的关系,彰显了对般若与成佛解脱的重视,体现了终极超越的价值等颇具新意的观点。

何欢欢近年来发表了一系列有关清辩及其《中观心论》的研究,以专著《〈中观心论〉及其古注〈思择焰〉研究》③为代表。《中观心论》

---

① 清辩著,吕澂译,肖永明整理:《中观心论·入决择瑜伽师真实品》,《世界哲学》2011年第6期。
② 杨航:《〈大智度论〉菩萨思想研究》,西北大学博士学位论文,2011年。
③ 何欢欢:《〈中观心论〉及其古注〈思择焰〉研究》,中国社会科学出版社2013年版。

及其古注《思择焰》中的第六品《入抉择数论之真实品》、第七品《入抉择胜论之真实品》以及第八品《入抉择吠檀多之真实品》是目前所知最早系统叙述并批判数论派、胜论派、吠檀多派思想学说的佛教文献。这三品充分展示了佛教与这三派外道的论辩内容，彰显了中观派的教理特点及其与各派外道间的分歧矛盾，涉及思想之深广、批判论证之精彩在《中观心论》与《思择焰》全十一品中独树一帜。

该书撰写的出发点就是试图通过对印度佛教哲学鼎盛时期的典型论著——《中观心论》及其古注《思择焰》——中相关内容的译解与研究，考察佛教中观派如何实现对数论、胜论、吠檀多三大派外道思想的客观叙述与有效批判，从而对印度古代哲学的主要理论形态有一个比较清晰的了解。何欢欢主要运用文献研究与思想研究相结合的方法，分四个步骤进行研究与写作——文本校订、梵藏译汉、思想释读、综合评述——完成了梵本、藏译的校勘与首个汉译，并在此基础上分析了以清辩为代表的佛教中观派如何实现对三大派外道学说的客观叙述与有效批判，展现了印度古代哲学的主要理论形态与思想纷争。

何欢欢提出：（1）《中观心论》及其古注《思择焰》对数论、胜论、吠檀多三大外道思想的转述大多直接来源于各派外道的根本经典，即《数论颂》、《胜论经》、奥义书等，较少受到其他注释性文献的影响。两部论著所传之外道学说涵盖了三派理论体系中的大部分重要思想，描述之丰富、准确、客观在一般佛教论著中极为少见。（2）《中观心论》及其古注《思择焰》在批判数论、胜论、吠檀多三大外道的思想理论时，主要使用了四种批判手法：因明三支法、中观归谬法、圣言说教法、譬喻说理法。特别是对陈那新因明理论的借鉴运用，从自立论证的角度来正面批判诸外道的思想，有别于传统的中观论著，彰显了自续派的新宗风。而对龙树中观归谬法的继承演绎则提醒我们应该以广阔的视角去看待中观自续与应成的区别，不被固有的成见所束缚。此外，《中观心论》与《思择焰》在批判手法的使用上针对性很强，外道用何种方法证明自己的观点，论主就用相应的手法批判之。（3）《中观心论》及其古注《思择焰》与数论派、胜论派、吠檀多派之间的根本理论分歧在于是否承认绝对存在者。佛教以"无我论"为根本教义，而三派外道都主张"有我论"，这种根本理念上的矛盾与双方的解脱观密不可分，三派外道的解脱观基本都属于"主体解脱"论，而《中观心论》与《思择焰》则承袭了《中论》"实相涅槃"的思想，这两种解脱观念的对立是不可调和的：数论、胜论、吠檀多三派外道都认为有绝对者存在，并将这种实在的绝对者当作轮回与解脱的主体，认为解脱的关键就在于认识这种主体的本质，摆脱各种束缚就可以使所谓人我、我、原人等主体达到解脱；佛教中观派则否认任何恒常的绝对存在者，反对将这种绝对存在者当作轮回与解脱的主体，而是主张看到事物的本来面目，认识"诸法实相"，脱离不实在之物的束缚才是真正的解脱。所以，《中观心论》与《思择焰》对三派外道各种理论学说的批判归根结底是为了否定其"有我论"和"主体解脱"的思想，弘扬中观派的"无我论"与"实相涅槃"的教义。

《〈中观心论〉及其古注〈思择焰〉研究》一书将《中观心论》与《思择焰》中的这三品置于广阔的背景予以考察和分析，探讨了这两部论著提供的数论派、胜论派、吠檀多派等外道的新资料，开拓了用佛教义理来批判外道思想的新视野。

三 唯识学说

有关唯识学说（瑜伽行学说）的研究也是当代中国印度佛教哲学研究领域的一大热点。

魏德东在《论阿赖耶识的确立与发展》[①] 一文中指出：阿赖耶识是佛教中最重要也是最复杂的范畴之一，长期以来对阿赖耶识的理解存在着许多歧义。该文通过对阿赖耶识在印度佛教中确立与发展过程的分析，阐明了阿赖耶识的基本含义及流变。

如吉在《印度佛教瑜伽学之纲要——〈显扬圣教论〉结构试析》[②] 一文中提出：《显扬论》一论是以教、理、行、果的顺序来安排其内容结构的，虽有后面的《成瑜伽品第九》、《成不思议品第十》、《摄胜抉择品第十一》，并非按应有顺序加以排列，而是分摄于前"行""理"二部分之内，对前面各自所属内容进行补充说明，但这不妨碍全论整体的结构顺序。关于全部瑜伽学之内容，如《显扬论》卷二十末尾总结说："若略说瑜伽道，当知多闻所摄，正法为境界，奢摩他毗钵舍那为体，依止影像及依止事成就。如薄伽梵说：有五种法能摄一切瑜伽行者诸瑜伽地，谓持、

[①] 魏德东：《论阿赖耶识的确立与发展》，《中华文化论坛》1994年第4期。
[②] 如吉：《印度佛教瑜伽学之纲要——〈显扬圣教论〉结构试析》，《法音》1998年第6期。

任、明、镜及与转依。当知闻正法是持，所缘是任，止观是明，影像是镜，事成就是转依。"此中多闻正法属于教，所缘即是理，止观、影像即是行，依止事成就（转依）便是果。可见，教、理、行、果由《显扬论》所赋予之特殊内涵，不仅是《显扬》一论之大纲，也是整个瑜伽学之纲要。

周贵华近年来专攻唯识学方向的研究，发表了一系列研究论文和专著。其中，《唯心与了别——根本唯识思想研究》① 一书是对印度佛教瑜伽行派根本唯识学亦即瑜伽行派三大师弥勒、无著、世亲著述的唯识思想的一个研究，是重新诠释印度唯识学的尝试。该书在方法上突破了中国传统唯识学研究方式，在梵文、藏文与汉文唯识学文献对比的基础上，结合语言学、文献学等方法进行研究，采取宏观结构分析与微观概念分析的两条进路，在内容上对唯识学给出了一个全新的梳理、解读与重建，从不同层次与角度对唯识学说的思想结构特征予以了判分；给出了一种新的唯识学诠释模式，即将印度唯识学区分为有为依唯识学与无为依唯识学两支，并以此二范式观照唯识思想。其中，有为依唯识学范式揭示出唯识学的纯粹方面，这是玄奘所传的唯识；无为依唯识学范式揭示出唯识学与佛性如来藏思想的内在交涉，也揭示出玄奘唯识对此的遮蔽。并由此能够进一步揭示唯识学对印度佛性如来藏思想的定型性作用，即形成心性如来藏思想，从而说明中国化佛教思想范型的真正来源。周贵华还对唯识学的一些基本概念进行了深入与细致的辨析，比如辨析了"唯识"与"唯了别"这对关键概念，指出对二者的混淆是造成唯识学成为治学畏途的原因之一。

周贵华的另一部专著《唯识通论——瑜伽行学义诠》②，是一部关于印度大乘佛教瑜伽行学（又称唯识学）的通论，分为上、下册，共有序论编、教义学编、法相学编、唯识学编、道行学编、果位学编等六编。序论编作为对瑜伽行派学说的整体勾勒，梳理并阐释了瑜伽行派学说的思想特质、分流及其兴起与展开的教史。教义学编略阐了佛教教理的基本原则、认知标准、诠释原则，以及乘宗的安立与判教思想。法相学编系统地诠释了三性所摄的一切法的种种事体、性相及其差别，分法事论、法相论

---

① 周贵华：《唯心与了别——根本唯识思想研究》，中国社会科学出版社2007年版。
② 周贵华：《唯识通论——瑜伽行学义诠》，中国社会科学出版社2009年版。

与法性论。唯识学编区分为本体论、识境论与缘起论，从唯识体论、唯识相论、唯识用论角度叙述了唯识学的本体思想、唯识观以及种子与现行间生、熏的因果道理。道行学编说明佛性如来藏思想、种姓思想，以及菩提心、菩萨行与五位十地的道次第思想。果位学编阐述了转依学说与涅槃思想及其所摄解脱、菩提和佛身土学说。

周贵华还将唯识学说与如来藏思想结合起来研究，他在《唯识心性与如来藏》[①] 一书中指出：中国乃至整个东亚佛教的核心思想是心性如来藏思想，心性如来藏思想的印度形态是以佛性如来藏说为根本因素，而与唯识思想、心性思想相融合的结果。心性思想在其中所起的重要作用已有定论，但唯识学的铸造性作用则罕有所识。唯识学的无为依唯识思想结合唯心意义上之心性说，将法性如来藏说改造为心性如来藏说，构建了印度晚期如来藏思想的基本思想模式。再经过《大乘起信论》的"一心二门"以及真如缘起一说的发挥，形成中国化佛教的核心思想形态。心性如来藏思想形式上具有明显的梵化色彩，在印度、中国，甚至在日本，都屡遭诟病。现代中国的欧阳竟无、吕澂、印顺等，以及日本"批判佛教"思潮的松本史郎、袴谷宪昭等对之的批判即是其近期的表现。但他们的批判都失之偏颇。

此外，周贵华的《从〈婆薮盘豆法师传〉等看瑜伽行派三大师唯识著述的流出分期》[②] 一文依据《婆薮盘豆法师传》，并结合玄奘的《大唐西域记》、布顿的《佛教史大宝藏论》、多罗那他的《印度佛教史》等文献，通过分析无著、世亲修学弘化的生涯，说明了瑜伽行派三大师弥勒、无著、世亲唯识著述流出的分期。无著、世亲唯识著述的流出分期直接从他们自己的活动经历分析得到，而弥勒著述的流出情况则是通过分析无著的修学过程判断的，因为弥勒的著述是唯传授给无著而且唯由无著传出的。周贵华首先将无著修学弘法生涯分为八个阶段，即初修小乘时期、修小乘空观时期、修大乘空观时期、初传弥勒学说时期、再传弥勒学说时期、修大乘妙定时期、造大乘论时期、暮年弘化时期，然后由修大乘空观时期、初传弥勒学说时期、再传弥勒学说时期确定了弥勒著述的传授与流

---

① 周贵华：《唯识心性与如来藏》，宗教文化出版社2006年版。
② 周贵华：《从〈婆薮盘豆法师传〉等看瑜伽行派三大师唯识著述的流出分期》，《中国文化研究》2003年第4期。

出次第，再由修大乘空观时期、初传弥勒学说时期、再传弥勒学说时期、造大乘论时期，确定了无著造论及其论著流出情况。在上述分析过程中，周贵华注意将弥勒、无著相关著述的思想以及无著的思想变化发展情况一并考察。世亲的修学弘化生涯是主要依据其修学经论、释经论、造论的过程而划分的，被略分为六个阶段，即初修小乘时期、著小乘论及弘化时期、修学大乘经论时期、释大乘经论时期、释大乘论及著大乘论时期、最后著大乘论时期，后三个阶段，是世亲的论著撰造、流出的时期。

周贵华在《印度瑜伽行派唯识学缘起思想之特质》[①]一文中还认为：印度瑜伽行派唯识学的缘起理论具有四个与印度佛教其他派别缘起思想不同的特质，即缘起的因果平等性、缘起的唯心性、缘起的俱时性、缘起的整体性，不论有为依唯识思想还是无为依唯识思想在这方面皆是如此。但由于唯识学的此二分型在本体论方面相异，对此四特质的说明自然会有所不同。

《辩中边论》是大乘瑜伽行派的重要典籍，该论的主旨在于辨明两边，正显中道，使修习佛法者能远离边见，如实通达诸法中道实相。杨东的《〈辩中边论〉思想研究》[②]一书全面阐述了《辩中边论》在虚妄分别、三性、中道和心识结构上的理论特色，指出该论的非空非有中道说是唯识中道说的核心理论；该论所说的心摄一切有为法、有染净转变，心性是无为法、本性清净的思想亦成为瑜伽行派阐释心性的基本学说。另外，通过对该论和其他经论的比较分析，《〈辩中边论〉思想研究》一书从六个方面具体阐述了唯识与中观在佛学要义上各有宗趣却又殊途同归的特色，还对唯识古学与今学的异同从四个方面加以了总结，指出二者异议的根源在于对心识结构、三性等要义的不同理解和诠释。

四　因明理论

近代以来，随着佛教在中国的复兴，因明研究亦随之复苏，当代的中国学者主要从佛理和逻辑两大角度对佛教因明理论进行研究。

1980年法尊法师根据德格版与北京版从藏文编译出了陈那《集量论》

---

① 周贵华：《印度瑜伽行派唯识学缘起思想之特质》，《上海大学学报》（社会科学版）2006年第1期。

② 杨东：《〈辩中边论〉思想研究》，宗教文化出版社2011年版。

的全部颂和释，写成《集量论略解》，这是《集量论》的第一个汉译全本。另外，吕澂与释印沧又合作编译了《观所缘释论会译》。除了《观三时论》之外，陈那的主要因明著作都已有了汉译本，对陈那因明的研究已经具备了较为完整和可靠的经典依据。

王森先生曾于1940年根据苏联《佛教文库》中的梵文原本把《正理滴论》译成汉文，但直至1982年才发表。吕澂先生的专论《佛家逻辑——法称的因明学说》① 实际上是《正理滴论》的一个内容介绍。1982年，杨化群又从藏文本译成汉文②。这样，《正理滴论》就有了两个汉译本和一个内容介绍。依据这两部经典，汉地学者已可能对法称的因明思想有一个比较系统的认识。

石村的《因明述要》③，是"十年动乱"后问世的第一部因明著作，对20世纪80年代因明研究再兴起了某种启蒙作用，全书共分六章，是一部通俗性的著述。

沈剑英的《因明学研究》④，依据《因明正理门论》《因明入正理论》二论，广泛征引唐疏，从纵横剖面探讨因明体例规则、论证格式和立言过失等，并与西方逻辑作比较研究，阐明二者之异同。1992年，沈剑英又有新著《佛家逻辑》，该书上卷为佛家逻辑论，涉及因明的历史沿革和诸多义理，并对以往鲜有研究的堕负论和误难论作了系统的概括。此二著作是当代中国因明研究的重要著述。

舒晓炜、宋立道译，舍尔巴茨基著《佛教逻辑》⑤，是对佛教逻辑权威性著作的译介。该书通过对梵、藏原典的研究，并借助西方政治理论，对代表印度逻辑最高成就的晚期大乘佛教的逻辑理论作了系统的阐释和评价。

郑伟宏在《论印度佛教逻辑的两个高峰》⑥ 一文中指出：国内外对印度佛教逻辑的认识有普遍的误解，印度逻辑史上首次创建演绎论证式应当归功于佛教逻辑。陈那因明和法称因明是印度佛教逻辑的两个高峰。陈那

---

① 吕澂：《佛家逻辑——法称的因明学说》，《现代佛学》1954年第2—4期。
② 杨化群译：《正理滴论》，《世界宗教研究》1982年第1期。
③ 石村：《因明述要》，中华书局1981年版。
④ 沈剑英：《因明学研究》，中国大百科全书出版社1985年版。
⑤ [俄] 舍尔巴茨基：《佛教逻辑》，舒晓炜、宋立道译，商务印书馆1997年版。
⑥ 郑伟宏：《论印度佛教逻辑的两个高峰》，《复旦学报》（社会科学版）2007年第6期。

因明为印度有演绎逻辑打下基础，法称因明最终使论证形式完成从类比到演绎的飞跃，使之达到西方逻辑三段论水平。

汤铭钧博士学位论文《陈那、法称因明的推理理论》[①]，旨在阐明陈那、法称有关有效的推理形式及其规则的探究，即陈那、法称因明的推理理论。该博士论文以文献研究为基础进行义理分析，并将义理分析落实到文献的层面。据此，汤铭钧提出了因明研究的六种基本方法：（1）逻辑刻画的方法；（2）义理对勘的方法；（3）文本译研的方法；（4）比较逻辑的方法；（5）哲学诠释的方法；（6）历史研究的方法。

《陈那、法称因明的推理理论》分为五章。第一章：陈那三支作法的推理性质——从逻辑刻画的视角看，探讨了陈那三支作法的推理性质。说明陈那将推理的有效性建立在论辩双方共同认可的基础上，这就限制了陈那的三支作法只能是最大限度的类比推理，而不是演绎。这就回应了在国内因明学界长期流行的三支作法的归纳演绎合一说。本章运用逻辑刻画的方法，进一步以"蕴涵"概念为依据，界定了演绎、归纳和类比，并刻画了陈那因明中的"不相离性"，指出陈那的三支作法，是凭借宗有法以外的对象上存在的因法与所立法的不相离性，来类比宗有法上也应有因法与所立法的不相离性。第二章：汉传对陈那因明的继承和发展——从义理对勘的视角看，一方面以义理对勘的方法，将《入正理论》的梵本及耆那教徒师子贤的《入正理论释》，与本论的奘译及奘门弟子的注释相比较，来说明汉传因明对陈那因明的继承。另一方面对玄奘的"唯识比量"作一个简要、准确的分析，以说明汉传对陈那因明的发展，主要在于完善了印度本土有关三种比量的理论。第三章：法称因明的推理论——从文本译研的视角看，运用文本译研的方法，在《正理滴论》梵本前二品校订和语译的基础上，指出：法称从知识与实在的"相同表征"，保证了推理前提的真实性，从而保证了比量推理的可靠性，这一思路在三类因中被高度概括。法称又从三类因，进一步得出新的因三相规则，变陈那的类比推理为演绎推理，从而发展了陈那因明。就其继承陈那的方面来说，则是深化了陈那因明中的知识论倾向，使比量推理更符合思想活动在把握实在世界的过程中的真实情形。第四章：佛教逻辑的特质——从比较逻辑的视角看，将陈那、法称因明与西

[①] 汤铭钧：《陈那、法称因明的推理理论》，复旦大学博士学位论文，2010年。

方传统的三段论相比较，指出佛教逻辑从推论前提是否为真的角度来建立推论的基本规则即因三相；西方传统的三段论从形式是否有效的角度来建立推论的一般规则，这反映了佛教逻辑与西方逻辑的根本差异。实际上，佛教逻辑关注前提的真，这已经预示了它在历史的发展中向佛教知识论（量论）的必然转化。第五章：佛教如何安立言说？——从哲学诠释的视角看，佛教哲学对于言说的态度，决定了它对于推理的态度。推理的问题又与语言的问题密切相关。该章运用哲学诠释的方法，以天台、三论、慈恩三宗的二谛论为依据，建立一个佛教二谛论的宏观的框架，从中考察言说在佛教哲学中如何被赋予相对的实在性，从而为追溯因明与佛教哲学的内在关联，提供一个探讨的起点。

肖建原在《佛教世界与〈因明正理门论〉宗、因、喻关系再辨析》[①]一文中指出：《因明正理门论》重在立破，宗、因、喻组成的"三支论式"沟通信仰的现量世界与名言思辨的比量世界，体现启发立、敌之智并证成所立之宗的独特推理形式。通过因喻、喻宗、因宗以及立破规则四个方面，辨析《理门论》新因明逻辑推理规则与体系的本质，对深入理解和把握印度佛教与中国佛教思想，进一步明确陈那新因明的研究方向具有重要意义。

第五节　密乘佛教哲学研究

公元 7 世纪前后，印度大乘佛教在吸收婆罗门教咒语、宗教仪规和瑜伽术身体训练方法的基础上，创造了一套极富神秘主义色彩的宗教实践方式，称为秘密大乘佛教，或称"金刚乘"或者"密乘"。相对于密乘，人们把大乘佛教的理论部分称为"显乘"。这一时期亦被称为晚期大乘佛教，但本章将其归入"密乘佛教"来阐述。中国学者对密乘佛教的研究以薛克翘和李南两位学者为代表。

薛克翘的《印度佛教金刚乘诗歌浅谈》[②]一文，首先简要回顾了印度密教的产生与发展，然后介绍了公元 8 世纪以后金刚乘成就师（悉陀）

---

①　肖建原：《佛教世界与〈因明正理门论〉宗、因、喻关系再辨析》，《宗教学研究》2012 年第 3 期。

②　薛克翘：《印度佛教金刚乘诗歌浅谈》，《南亚研究》2009 年第 1 期。

们的诗歌作品，他们的作品被印度学界称为"悉陀文学"。薛克翘重点发掘了悉陀文学中的积极内容，并给予积极评价。

薛克翘在《关于印度佛教金刚乘八十四悉陀》①一文中，阐述了印度佛教金刚乘的发展简况，介绍了印度学界对八十四悉陀相关文献的发掘与整理，以及对悉陀诗歌作品的研究情况，最后重新评价了悉陀思想和悉陀文学对后世的影响。

薛克翘的《印度密教大师萨罗诃及其证道歌》②一文，介绍了印度密教大师萨罗诃的生平传说，并通过其证道歌分析了他的哲学思想。指出其思想的主要特点是：（1）站在佛教的立场上反对印度教；（2）站在大乘佛教的立场上宣扬"悲"和"空"的理论；（3）站在金刚乘的立场上主张"易行"修法；（4）对其佛教史上的地位给予了客观评价。

薛克翘的《印度佛教金刚乘成就师坎诃巴》③一文，介绍了印度佛教金刚乘成就师坎诃巴的生平传说，并通过其《双行诗库》和修行诗，分析了他的宗教哲学思想和教派归属，最后评价了他在佛教史上的地位，并讨论了佛教金刚乘与印度教湿婆派的关系问题。

薛克翘在《金刚乘悉陀修行诗试解》④一文中指出，金刚乘悉陀们的诗歌表达了他们自己的宗教哲学思想和修行体会，他们的写作目的是教诲弟子和世人，但同时他们的作品中也留下了历史的痕迹。通过这些诗歌，可以看出他们是沿着佛教大乘—真言乘—金刚乘（包括易行乘和时轮乘）的路线走过来的。他们以佛陀的名义颠覆了佛陀的传统，为佛教在印度的消失准备了条件。

薛克翘的《印度佛教金刚乘主要道场考》⑤一文，通过对乌仗那、阁烂达罗、迦摩缕波、吉祥山、金刚座、那烂陀、超岩寺和乌丹塔普里寺等密教修行中心的相关资料分析指出，印度佛教金刚乘的前期修行中心基本在边远偏僻地区，后期中心则集中在今比哈尔地区；前期中心为密教修法的发源地，后期中心为密教典籍的加工地。

---

① 薛克翘：《关于印度佛教金刚乘八十四悉陀》，《东南亚南亚研究》2011年第3期。
② 薛克翘：《印度密教大师萨罗诃及其证道歌》，《南亚研究》2011年第3期。
③ 薛克翘：《印度佛教金刚乘成就师坎诃巴》，《世界宗教研究》2012年第3期。
④ 薛克翘：《金刚乘悉陀修行诗试解》，《南亚研究》2012年第2期。
⑤ 薛克翘：《印度佛教金刚乘主要道场考》，《南亚研究》2012年第4期。

李南的《从婆和婆吒著梵文〈胜乐轮注〉写本看佛教密宗的哲学思想（一）》《从婆和婆吒著梵文〈胜乐轮注〉写本看佛教密宗的哲学思想（二）》①两篇文章，填补了当时国内以梵文原始材料来系统论述佛教密宗哲学体系的研究空白。《胜乐轮经》为佛教密宗金刚乘无上瑜伽部的主要经典之一，婆和婆吒在其所著《胜乐轮注》的第一品中较为系统地阐述了佛教密宗的哲学思想。

李南在《略论印度密教的真言咒语》②中指出，真言咒语在印度密教中占有极其重要的地位。李南论述了密教真言咒语的重要性及其起源和真言咒语在印度和佛教中的发展，并特别对印度密教的"安立法"与中国道教的"存神法"进行了对比研究，指出密教与道教曾经有过相互之间的交流、影响、借鉴和融合。

李南的《佛教密宗女性神佛》③中指出，佛教密宗的神殿中女神云集，蔚为大观，其中不乏忿怒的凶神，大量女性神佛的出现与印度教性力派崇拜的兴起不无关系，而忿怒女神的涌现则是佛教密宗重要义理的体现。

李南的《论无首女神》④一文就无首女神在印度佛教密宗金刚乘与印度教性力派两教派中的传说、造像、成就法进行对比分析，对该女神形象的形成、神格、象征意义作出探讨研究，说明其为两教派中的形象独特的至高女神之一。

李南在《〈胜乐根本续〉及其注疏研究》⑤一文中指出，《胜乐根本续》是佛教密宗无上瑜伽部母续最为重要的经典之一，在藏传佛教中也有极大的影响，婆和婆吒著《胜乐续释》年代久远，内容重要，且无汉文译本。李南对两部经籍的文本和主要内容进行了评介，并提出了自己的看法。

---

① 李南：《从婆和婆吒著梵文〈胜乐轮注〉写本看佛教密宗的哲学思想（一）》，《南亚研究》2004年第1期；《从婆和婆吒著梵文〈胜乐轮注〉写本看佛教密宗的哲学思想（二）》，《南亚研究》2005年第1期。
② 李南：《略论印度密教的真言咒语》，《南亚研究》2005年第2期。
③ 李南：《佛教密宗女性神佛》，《南亚研究》2007年第2期。
④ 李南：《论无首女神》，《南亚研究》2009年第3期。
⑤ 李南：《〈胜乐根本续〉及其注疏研究》，《南亚研究》2011年第4期。

第六节　印度佛教与印度正统派哲学比较研究

印度佛教与印度正统派哲学的比较研究是当代中国学者在印度佛教哲学研究上取得较丰硕成果的一个特色领域。

黄心川在《印度吠檀多哲学与中国佛道思想的交流》[①]中指出，印度教大概与佛教同时传入我国，先后在新疆地区和大陆本土建立寺庙，进行宗教活动，印度教正统派哲学——"六派哲学"也随之传入我国，特别是作为印度教理论基础的吠檀多哲学在我国有一定影响。我国古代翻译过不少印度婆罗门教——印度教的史籍。印度教的根本经典"吠陀"在我国不同时代的史籍中都有简略的记载。吠檀多哲学的本体论、遮诠的方法和某些伦理道德思想对我国佛教的一些派别有过间接的影响，对藏地出现的觉囊派还有过直接影响，觉囊派的"他空见"在古代就被佛教徒斥为吠檀多外道，迄今在青海、四川等地还在流传。吠檀多哲学也与我国道教有过交流。吠檀多是印度从古迄今一直占统治地位的思想体系，在目前西方宗教界、哲学界和自然科学界也有着不可忽视的影响。

姚卫群主要选取了佛教和婆罗门教中的诸多重要概念，深入细致地分析佛教哲学与印度正统哲学在各重要思想概念方面的同异之处。

在《佛教的"如来藏"思想与婆罗门教的"我"的观念》[②]一文中，姚卫群指出，"如来藏"观念和"我"的观念分别在佛教和婆罗门教的理论体系中占有重要地位，这两个观念有某些共同之处，但它们的差别点更为突出，考察二者的主要含义，分析其同异，对于认识印度宗教哲学的基本内容，明了东方文化的理论特点具有积极意义。

姚卫群将佛教的"如来藏"思想与婆罗门教的"我"的观念二者同的方面归纳为：第一，佛教的如来藏与事物的生灭有关联（如在《胜鬘经》和《大乘起信论》中），这种生灭本身在不少佛典中被认为是不实在的；婆罗门教的大我也与事物的生灭有关，这种生灭在婆罗门教的主流思想中也被认为是不实在的（如在奥义书和吠檀多派中）。第二，佛教的如

[①]　黄心川：《印度吠檀多哲学与中国佛道思想的交流》，《中国文化研究》1997年第2期。

[②]　姚卫群：《佛教的"如来藏"思想与婆罗门教的"我"的观念》，《西南民族大学学报》（人文社科版）2007年第8期。

来藏可被客尘所染污,但被染污的如来藏在本质上是清净的(如在各类与如来藏相关的佛典中);婆罗门教的大我也可被无知或错误观念所遮覆,然而大我在本质上亦是纯净的(如在奥义书和吠檀多派中)。第三,佛教的如来藏与识有关联,如在一些佛典中它被认为是识藏或心(如在《楞伽经》和《大乘起信论》中);婆罗门教的大我也曾被认为是一种识(如在一些奥义书中)。第四,佛教的如来藏在一些佛典中被认为是一种不可思议的境界(如在《胜鬘经》中),这种境界一般的凡夫难以认识(如在《楞伽经》中);婆罗门教中的大我也同样被认为是不可描述的实在,这种实在也被说成是用一般的认识观念不能把握的(如在奥义书和吠檀多派中)。

　　姚卫群将佛教的"如来藏"思想与婆罗门教的"我"的观念二者异的方面归纳为:第一,佛教的如来藏虽然在不少佛典中被说成是常住不变的,但它却很难说是一个确定的实体或主体,因为佛教的理论体系的基本特点是强调缘起观,认为事物是由因缘关系和合而成的,其中没有一个真正实在的根本因或本体,而如来藏的所谓常住性主要是指其作为佛教真理的确定性,而且即便是这一点,在不同佛典中的见解也不一样。而婆罗门教的大我则是一个确定的实体或本体,它是一切事物的根本,是物质现象和精神现象的根本因,万有在本质上就是这一实体的表现形态,事物不是由多种要素和合而成的,而是在本质上就是大我;婆罗门教中的小我被作为每个有情的精神或意识现象的主体,这种小我在婆罗门教后来的不少派别看来是实在的,具有明确的实体性或主体性,而在奥义书或吠檀多派看来,小我在本质上就是大我。第二,佛教的如来藏理论在一些佛典中被认为是佛的方便说法,这种理论的提出根据一些佛典的说法是针对一些人的错误观念提出的对治方法(如在《楞伽经》中),如来藏本身是不能执为一个实体的;而婆罗门教的大我观念则实属此派的究竟之谈,大我在婆罗门教中被看作是真实不虚的实体,具有不能动摇的真理性或实在性。也可以说,如来藏观念在佛教中的地位远没有我的观念在婆罗门教中的地位那样重要。第三,佛教的如来藏一般不被明确看作是轮回解脱的主体,佛教中并没有明确将如来藏区分为一或多的思想,没有大如来藏及小如来藏的区分,佛教中的轮回形态是因缘和合的结果,它具体取决于有情行为的业力对一些因缘成分的影响情况;而婆罗门教的我则是众生轮回解脱的主体——婆罗门教的小我是多,可以各自附在不同的生命形态中,不断轮转，而当修行达到最高境界时，小我也就回到它的本来纯净面目，或与大我同一了。第四，佛教的如来藏虽然在一些经典中被说成是不可思议的，但这类描述在佛教中并不突出，尤其是没有明确将如来藏说成是要用否定的方式来领悟的东西；而在婆罗门教中，大我则被说成是要通过遮诠的方式或否定形态的思维方式才能真正体悟的实体。在佛教的如来藏思想和婆罗门教的我的观念的上述差别中，最主要的差别就是佛教的如来藏没有明确的实体性，而且在一些佛典中被说成是佛的方便说法；而婆罗门教中的我则被明确作为一个实体，大我的实在性在婆罗门教中是被十分肯定的，是毫不含糊的。由于二者间的这个根本差别，因而尽管它们有不少相同点，我们还是不能说它们在两教体系中的地位或作用基本等同或相当。

姚卫群的《奥义书与大乘佛教中相关思想比较》①一文侧重对奥义书中与印度大乘佛教思想相关的一些问题进行考察，就其中一些有重要意义的理论进行比较分析。这类理论不少，该文仅探讨其中的三个。一、根本实在观念；二、认识体悟方法；三、轮回解脱理论。大乘佛教的理论与奥义书中的婆罗门教核心思想有着极为密切的联系。佛教产生时是在批判和吸收婆罗门教有关思想的基础上构筑本教基本理论的。但在两教长期的并行发展中，后来的大乘佛教又从自身的需要出发，进一步大量借鉴吸收了奥义书中的观念，就其借鉴和吸收的程度来看，要大大多于早期佛教和部派佛教。当然，在这种借鉴和吸收的过程中，大乘佛教还是保留了本教的基本特点，特别是在坚持缘起观或无我无常说等方面，大乘佛教并没有完全放弃佛教的根本立场。

姚卫群的《佛教与婆罗门教的真理观念比较》②一文探讨了佛教与婆罗门教在真理观念上具有明显的差别和相同点。

姚卫群认为，从大的方面来说，佛教和婆罗门教的真理观念有三点重要差别：第一，对事物中有无唯一真实的实体或主体的认识有不同。婆罗门教从奥义书时开始，通常就认为有一个根本实体或主体，一切事物或是这种实体的显现，或是其变化，或在本质上就是这一实体。如奥义书中的梵我一如说和吠檀多派中的不二一元论就认为只有梵是实在的，其他事物不过是人对唯一实在的梵的虚假观念；数论派和瑜伽派则认为有自性和神

---

① 姚卫群:《奥义书与大乘佛教中相关思想比较》,《法音》2008年第12期。
② 姚卫群:《佛教与婆罗门教的真理观念比较》,《社会科学战线》2008年第6期。

我这样的实体，事物是自性在受神我作用后的变化；胜论派、正理派和弥曼差派都认为事物中有实体，它是事物的自身，而事物的静的性质、动的形态、事物间的关系都是以实体为基础的。在婆罗门教看来，所谓真理就是对事物的根本实体的认识或把握。而佛教的理论则与此相反，佛教主张缘起观，缘起观否定事物或人生现象中有一个根本因或唯一实在的主体，认为世间事物都是因缘和合的，事物的具体形态不过就是各种缘或条件的分分合合，其中没有作为唯一实在的东西。佛教中虽有许多分支，一些分支或一些佛教文献提出某些作为因的概念，如识的概念、如来藏概念等，但这些概念在实际上并不具有最终根本因的地位，它们在佛教体系中只是被用来对治某些错误观念的，佛教从"第一义"的角度看并不认为它们是真正的实体，一些佛典中关于它们唯一真正实在的论述仅仅属于"方便说法"，它们与婆罗门教中的梵一类实体并不相当。在佛教看来，所谓真理就是对事物的这种本来面目的认识或把握。第二，对事物形态的分析不同。佛教和婆罗门教都很重视对事物或人生现象的形态或种类进行分析。这些分析在两教看来也是它们对事物的客观看法，体现了它们真理观念中的重要内容。婆罗门教中对事物分析的内容在六派哲学中较为丰富，如胜论派用句义论来说明事物的形态或各个方面，正理派的逻辑学说分析了人的思维推理的基本规律，数论派的二元二十五谛分析了人生现象中的主要成分等。这些理论被婆罗门教哲学派别视为关于事物的真理。佛教在成立时就提出了十二因缘和五蕴等理论，对事物或人生现象的形态进行了分析，后来的说一切有部和瑜伽行派对事物形态或种类的分析则更为细致，提出了"五位"的理论，对心法、色法、心所法、心不相应行法、无为法做了极其精微的描述。这些理论也被佛教视为是其真理性认识的重要组成部分。将佛教和婆罗门教中的这类理论进行比较，也可以看出二者在真理观念上的重要差别。第三，两教的真理观念在解脱问题上的不同。在婆罗门教的主流思想看来，达到真理就是认识到梵我一如，当人看到一切事物在本质上不过是梵，在梵之外不存在真正实在或独立的东西时，人也就不会去追求本身不实在的事物了。这样就不会有相应的行为，不会由此产生业力，进而跳出轮回。因此，人掌握了这种真理，也就是达到了解脱。佛教则不这样认为。在佛教看来，达到真理就是认识到一切事物都无自性，认识到人生现象或外部事物是不断变化的，没有真正实在的永恒不变的外部事物，因而，人对事物的贪欲是没有意义的。有了这种真理性认识之后，人也就不会再去追求对事物的永恒占有，因为事物本身是无自性的，追求没有意义。人不去追求外物也就不产生业力，就不会继续在轮回中流转，这种真理性认识可以使人真正脱离痛苦，达到解脱。

姚卫群还指出，佛教和婆罗门教的真理观念的相同处有两点较为突出。第一，两教及其所属派别都将本派的理论体系看作最高真理，并且都认为只有掌握了这种最高真理才能使人摆脱痛苦，强调所谓智慧解脱。佛教和婆罗门教均认为世界充满了痛苦，并认为痛苦的主要原因不在外部，而是与人自身的认识状态直接相关。人由于不能正确认识事物或人生现象的本质，去追求不实在的东西，因而不断轮转于生死，漂流于苦海。摆脱痛苦的关键，并不在于离开人生活的现实世界，去寻求另一个没有痛苦的世界，而在于改变人的认识状态，即消除错误的认识，消除无知。尽管佛教和婆罗门教对于什么是无知，什么是智慧的理解不同，但它们都认为通过智慧或真理来转变人的错误认识，正确认识现实世界，是获得解脱的根本途径。第二，两教都认为真理是超言绝相的。婆罗门教在奥义书中已显示出这方面的思想，后来的吠檀多派在继承时对此有所发展。佛教在产生后不久也吸收了这一思想。早期佛教中就有"无记"的理论，后来的大乘佛教更是将这类成分推向极致，如《维摩诘经》和《金刚经》等许多经典都强调它。在两教看来，最高的真理是不能通过一般的言语或概念来正面表述的，对于这种真理只能通过否定的方式来把握，即通过所谓"遮诠法"来认识。这实际就是强调要采用直觉的认识方式来体悟最高真理。佛教和婆罗门教毕竟都是宗教派别，它们都重视宗教体验或体悟。在佛教和婆罗门教中，瑜伽修行或禅定都占有重要地位，它们被两教视为是体悟真理的基本方法。显然，婆罗门教和佛教的真理观念都带有浓厚的宗教色彩。但它们的真理观念还是有值得肯定之处，这种观念看到了人们一般认识的局限性，看到了人们不可能完全彻底地穷尽绝对真理。这对于促使人们全面地看问题，避免片面性和主观性，努力客观地看待和分析事物，具有积极意义。

在《佛教与婆罗门教的修行理论比较》[①] 一文中，姚卫群指出：佛教和婆罗门教中的修行理论是两教宗教体系中的重要内容，这些内容的一些核心观念发源于印度古代圣典吠陀奥义书，在后世又不断丰富。两教的修

---

① 姚卫群：《佛教与婆罗门教的修行理论比较》，《南亚研究》2009年第4期。

行理论涉及宗教戒律及伦理思想的内容，也涉及禅定或瑜伽的内容，并且与两教的世界或人生现象的主要哲学观念相关。

姚卫群认为，佛教与婆罗门教的修行理论的相似处主要表现在以下四点：第一，两教都认为要达到最高境界需要对自己的行为有所控制，两教修行中都有类似的戒律要求。第二，两教都认为要达到最高境界需要去除各种杂念，要抑制自己心的作用，借助禅定的手法。第三，两教都认为戒律与禅定密切相关，一些戒律如果不遵守，则无法进入禅定或冥想。第四，两教都将体悟最高真理、达到神圣境界作为最高层次的修行。佛教和婆罗门教修行理论的差别主要表现在以下三点：第一，佛教和婆罗门教修行所要达到的最高境界不同，追求的根本真理不同。第二，佛教和婆罗门教修行的细节不一样。佛教与婆罗门教的具体修行手法还是有不同的。第三，佛教和婆罗门教修行时具有的善恶观念不同。

在《佛教与婆罗门教中的否定形态的思维方式》①一文中，姚卫群指出：思维方式是文化形态的重要内容，佛教和婆罗门教中都存在否定形态的思维方式。这种思维方式最初形成于吠陀奥义书中，其后在佛教和婆罗门教主要哲学流派中都有不同程度的发展。佛教中的大乘流派系统以及婆罗门教中的吠檀多派和瑜伽派使用否定形态的思维方式较为突出。两教中的这种思维方式既有共同点，又有重要差别，它们展示了古代印度哲学的一些基本特色。随着历史上印度文化的大量对外传播，否定形态的思维方式对不少东方国家文化的形成也有明显影响，在人类精神文明的发展中起了重要作用。

在《佛教与婆罗门教的"无明"观念比较》②一文中，姚卫群指出：佛教和婆罗门教的无明观念体现了两教对事物本质的基本认识，是印度宗教哲学中的重要内容，这方面的思想在印度远古圣典奥义书中最初形成，在后来为历代重要的思想家或宗教派别所重视。

姚卫群认为：佛教与婆罗门教的无明观念有着重要的关联，二者在这方面的思想有相同处，也有差别处。相同处主要表现在三点上：第

---

① 姚卫群：《佛教与婆罗门教中的否定形态的思维方式》，《北京大学学报》（哲学社会科学版）2009年第1期。

② 姚卫群：《佛教与婆罗门教的"无明"观念比较》，《西南民族大学学报》（人文社科版）2010年第4期。

一，两教中的主流思想通常认为外部事物是不实在的，认为将外部事物看作实在的观念是无明。如早期佛教的缘起思想，大乘佛教中的空观念，都认为世间事物是无我的或无自性的，认为有这方面的观念即是无明。婆罗门教中吠檀多派的主流分支不二论也认为事物不实在，认为外物不过是"摩耶"的产物。如果把外物看作是有别于梵的独立存在就是无明。两教中主流思想的这种共同点使得印度文化中呈现一种较明显的出世倾向，古印度大量先哲以至相当多的普通民众都追求摆脱现实生活，向往一种神圣的无烦恼离苦境界。第二，两教中也都有派别不认为肯定外部事物实在性为无明。如佛教中的说一切有部等中的一些分支就认为法体恒有，不把肯定事物实在视为无明。婆罗门教中吠檀多派的限定不二论与二元论也不把事物看作虚无，反对"摩耶"的观念。在他们看来，否定事物实在才是无明。两教中这种关于无明的观念多少反映了古代印度许多民众肯定现实生活的思想态度。第三，两教都认为无明是导致轮回及痛苦的主要原因。如佛教中有十二因缘的理论，十二因缘中的第一支就是无明，由于无明才引生其他十一支的出现。佛教中的主流派一般都认为人由于无明而去追求不实在的东西，由于有这种追求的行为及其业力，轮回过程就持续发展，在轮回中是不可能没有痛苦的。婆罗门教哲学各派多数也认为无明是轮回及痛苦的根本因。如婆罗门教中的吠檀多不二论认为人由于无明而去追求梵之外的实在的东西。这种行为会产生业力，导致生死轮回及其中的痛苦。

虽然佛教和婆罗门教都认为产生轮回现象和世间痛苦的主要原因是无明，但对无明的表现两教看法有明显差别。差别处主要表现在两点上：第一，两教中的主流思想对无明的主要表现看法不同。佛教和婆罗门教虽然都强调要消除无明，但二者对无明的理解有很大差别。在佛教的主流思想看来，所谓无明主要是不明了佛教的缘起思想，不理解事物的无自性或性空观念，因而去追求本来不实在的东西，产生业力，轮转于生死轮回，不离痛苦。而在婆罗门教的主流哲学派别看来，所谓无明主要是不能理解事物在本质上就是最高实体（如梵），不知道没有真正独立于最高实体的东西，人们由于这种无明而追求不实在的事物，产生相应业力，因而轮转于生死，遭受痛苦。第二，两教中关于消除无明的主要智慧不同。佛教和婆罗门教都认为要依靠本教中的智慧来消除无明。但这方面的理论多种多样，差别很大。佛教中对事物本质（实相）的分析在不同派别中就有不同，早期佛教、部派佛教、大乘中观派、大乘瑜伽行派的思想有不少差别，但基本倾向或主流思想都与缘起理论有关，都否定有根本的真正唯一实在的实体。这是佛教中借以消除无明的主要智慧。婆罗门教哲学中也有不少派别，各派对最高智慧的理解也有差别，但多数派别都承认有实在的根本实体，如吠檀多派的梵，数论派和瑜伽派的自性，胜论派、正理派和弥曼差派中的极微或句义等，这些方面的理论被婆罗门教哲学视为消除无明的主要智慧。这和佛教以缘起性空观念为主的消除无明的智慧是不同的。

在《佛教与婆罗门教中的"我"的观念》[①]一文中，姚卫群指出："我"的观念在古印度宗教哲学中占有重要地位，是古印度哲学的核心观念。印度古代两大宗教之佛教和婆罗门教在"我"的问题上曾有重要的思想交锋。两教中的主要哲学派别或分支的许多理论都是围绕着"我"这一观念展开的。佛教与婆罗门教在"我"的观念上的分歧，反映了两教根本的理论差别，也反映了古代印度社会中存在的不同阶层间的政治对立。研究这方面的内容对于认识印度古代哲学的基本形态有积极的意义。

在《佛教与弥曼差派中的神观念比较》[②]一文中，姚卫群认为：佛教和弥曼差派在印度历史上都属于赋予神地位不高的派别，这和印度古代宗教高度信仰或崇拜神的大部分派别很不一样，两派在各自的发展中，对待神的态度有变化；两派之间对神的看法也不尽相同；两派后来对神的否定程度和角度也有差别。这些都与它们各自理论体系的基本倾向和变化有密切的关系。梳理和分析这方面的内容对我们较全面地把握印度宗教哲学的主要发展脉络有重要价值，对我们认识印度文化的基本特色有积极意义。姚卫群认为佛教与弥曼差派中的神观念的相同处主要有三点：第一，两派都在一定程度上谈到神的存在。第二，两派都否定创世神的存在。第三，两派对神的看法都与各自的基本理论直接相关。不同处也主要有三点：第一，两派否定创世神存在的出发点不一样。第二，两派对神的否定程度或鲜明性不一样。第三，两派中的崇拜对象不一样。

---

① 姚卫群：《佛教与婆罗门教中的"我"的观念》，《云南大学学报》（社会科学版）2010年第2期。

② 姚卫群：《佛教与弥曼差派中的神观念比较》，《南亚研究》2011年第2期。

在《佛教与婆罗门教的事物形成观念比较》[①]一文中，姚卫群指出：古印度宗教派别往往都比较重视对世间事物形成问题的探讨，诸教中在这方面较突出的是佛教和婆罗门教。佛教和婆罗门教的这类思想都与印度远古的圣典吠陀和奥义书有一定的渊源关系。婆罗门教哲学中提出的主要理论有转变说、积聚说和幻变说；而佛教中提出的主要理论是缘起说，同时一些佛教分支中也有积聚说和幻变说的成分。梳理这些思想并进行比较，指出它们的差别和关联，对于把握印度宗教哲学的发展脉络，认识印度文化的特色具有积极意义。

在《奥义书中的"解脱"与佛教的"涅槃"》[②]一文中，姚卫群提出：印度远古圣典奥义书中的许多观念对印度后世的宗教哲学派别有重要影响。佛教的"涅槃"观念是在吸收借鉴和改造奥义书中"解脱"观念的基础上形成的。奥义书中的解脱观念以"有我论"为基础，而佛教的涅槃观念则以缘起论和无我论为基础。奥义书中的解脱观念是婆罗门教主流思想中的核心内容，而佛教的涅槃观念也是此教教义的主要成分。二者都是古印度宗教哲学中的特色理论，在印度文化的发展中占有重要地位。

此外，孙晶的《乔荼波陀与佛教》[③]一文主要将印度吠檀多派哲学家乔荼波陀的哲学思想与佛教的思想进行比较研究。孙晶认为：持"无我论"观点的佛教认为世间一切事物皆无自性实体可言，万物都为因缘和合聚散而生灭。持"有我论"观点的吠檀多派则认为存在着一个精神绝对体（梵我），它是事物生灭的本源，现象世界随生随灭，而它恒常不灭。孙晶还提出：乔荼波陀作为印度正统派哲学家，在他的著作《圣教论》中却处处表现出对佛教思想的偏爱，接受了佛教大量的影响，运用唯识宗和空宗的理论来为自己的吠檀多哲学作论证。

---

① 姚卫群：《佛教与婆罗门教的事物形成观念比较》，《云南大学学报》（社会科学版）2012年第6期。

② 姚卫群：《奥义书中的"解脱"与佛教的"涅槃"》，《华东师范大学学报》（哲学社会科学版）2012年第1期。

③ 孙晶：《乔荼波陀与佛教》，《世界哲学》2009年第3期。

第四章　中国台湾六十年来的印度哲学研究

近 60 年以来，中国台湾学界对印度哲学的研究，主要是因为佛学研究在台湾比较普遍，而印度哲学被作为佛学研究的辅助学科，越来越受到重视。佛教产生在印度，如果研究佛教不了解印度的思想文化背景，不懂正统派与异端派之间的区别，以及它们的相互渗透和影响，就无法对佛教产生的根源和思想发展的逻辑展开深入细致的研究，这是台湾佛学界的共识。

本章所述的有关中国台湾地区的印度哲学研究主要分成两大部分，第一部分是印度传统哲学，它代表印度婆罗门教宗教哲学的总理念，以及唯物论哲学；第二部分是印度佛教哲学，主要着重在原始佛教和大乘佛教中观与唯识的讨论。台湾学术界对佛学义理探讨的著作可说是数量众多，但由于篇幅所限，在此章中只能略述具有指标意义的学者、专家的著作。

第一节　印度传统哲学研究

糜文开先生是在台湾大学、台湾师范大学等学府讲授印度文化与文学的第一人。他的作品多以论述、散文为主，翻译作品十余种，主要介绍印度文化与印度文学，尤其是介绍了《吠陀经》《奥义书》《薄伽梵歌》等印度的经典（《印度三大圣典》）。他的《印度文学欣赏》《印度文化十八篇》[①]，文字清新、译文典雅，在文学界颇有好评，亦深受社会大众的喜爱。

而在台湾大学最早正式讲授印度正统派哲学"印度哲学史"的，应

---

① 糜文开：《印度文化十八篇》，三民书局 1977 年版。

该是后来任美国天普大学（Temple University）宗教系教授的傅伟勋先生，他从20世纪60年代就开始在台湾大学哲学系开设印度哲学这一课程，随后又由杨惠南教授接任这一课程。傅伟勋先生从1987年开始，组织两岸学者开始编辑《世界思想文化史丛书》，其中就收了李志夫的《印度思想文化史——从传统到现代》和杨惠南的《印度哲学史》。但是，在中国台湾研究印度正统派哲学的学者并不多，成果也很少，主要有李志夫的《印度思想文化史——从传统到现代》《巴拉蒂特的哲学：印度吠檀多学派后期》《印度哲学及其基本精神》[①]及《印度当代哲学》，杨惠南的《印度哲学史》[②]，林煌洲的《印度思想文化与佛教》[③]等，以及其他一些论文。中国台湾学界对印度哲学的研究并非局限在个别研究上，而是对国际印度学界知名学者的主要学术著作也做了很多的翻译介绍。例如，李世杰的译述《印度奥义书哲学概要》[④]，李志夫翻译了《印度哲学导论》[⑤]和《印度通史》[⑥]。林煌洲翻译了世界著名的达斯笈多（S. Dasgupta）的《印度哲学史》（*A History of Indian Philosophy*，Delhi：Motilal Banarsidass，1975）五卷本中的第1、2册。林煌洲还翻译了日本辛岛升等人的名著《印度河文明——印度文化之源流》[⑦]等。

一 印度哲学思想史研究

现任台湾法鼓山中华佛学研究所名誉所长的李志夫教授[⑧]对研究印度思想文化有很独到的见解，他在为中国台湾中青年印度学者林煌洲的

---

① 李志夫：《印度思想文化史——从传统到现代》，东大图书公司1995年版；《巴拉蒂特的哲学：印度吠檀多学派后期》，台湾商务印书馆1975年版；《印度哲学及其基本精神》，洪叶文化事业有限公司1999年版。

② 杨惠南：《印度哲学史》，东大图书公司1995年版。

③ 林煌洲：《印度思想文化与佛教》，台湾历史博物馆2002年版。

④ 李世杰译述：《印度奥义书哲学概要》，台湾佛教月刊社1965年版。

⑤ D. M. Dattan & S. C. Chatteyee：《印度哲学导论》，李志夫译，台北幼狮文化公司1974年版。

⑥ 李志夫译：《印度通史》（上下册），"国立编译馆"1983年版。

⑦ ［日］辛岛升等：《印度河文明——印度文化之源流》，林煌洲译，"国立编译馆"1990年版。

⑧ 李志夫先生，1929年九月一日生于四川奉节，现定居台湾，著名佛教学者及佛学研究专家，在法相唯识学、天台宗及印度思想文化研究方面有专长，原中国文化大学哲学所教授、中华佛学研究所所长，现为中华佛学研究所名誉所长。

《印度思想文化与佛教》一书作序时指出："古代印度不重历史而重思想，宗教哲学则为其主要特质和贡献，其中又以印度教和佛教为要，两者关系极为密切。因此，其彼此交互关系之研究实为印度宗教哲学思想史上一项重要课题。……印度思想的研究：一方面须由宗教哲学着手深究其学说理论；一方面得从文化史广研其文化背景及因素，这在印度学术上尤其需要。"[①] 李志夫的观点既能代表中国台湾印度学界的主流看法，也对年轻一代学者产生了影响。研究佛教就必须要对当时印度的思想文化背景加以了解，这样才能清楚地明白初期佛教思想产生的缘由，这是毋庸置疑的。然而，关于两者之间是否存在相互影响或渗透的问题，特别是初期佛教是否如此的问题，在学界是存在不同看法的。一些学者认为，尽管佛教与婆罗门教产生于同一个国度，初期佛学与奥义书的年代也非常接近，但两者在思想架构、观点方法上仍然有很大的差别，彼此是一种平行的独立的发展。那么，佛教是如何在印度这样的以婆罗门教为主的文化大背景下发展壮大起来的，确实值得认真研究。林煌洲在自己的论文集《印度思想文化与佛教》一书中，收的头四篇论文都是讨论有关奥义书与佛教关系的，他认为，印度奥义书与初期佛教分为两大系统，各自发展；初期佛教实际上是在反对婆罗门教的斗争中创建起来的，因此存在着很大的差别。林煌洲认为，可以基于以下四点理由来把奥义书与佛教的理论基础区别开来。（1）奥义书的产生年代与佛教的年代并非一致，因为印度古代并不重视时间，所以它们的年代或者纪年是非决定性的；（2）虽然沙门思潮或者初期佛教时期的文献其编成应该会晚于奥义书，但这并非自动地就意味着佛教接受了奥义书的影响；（3）奥义书的名称并未在初期佛教的文献中出现过，而是相反；（4）要想证明二者谁先谁后确实是一件很困难的事情，因为它们各自的文献传承方式都是经由口耳相传，而文献的真正编成却是后期的事情。尽管双方有些相似之处，但其哲学及宗教思想根本是不相同的。[②] 基于这些原因，林煌洲用了大量的篇幅来进行论证。

李志夫的《印度思想文化史——从传统到现代》一书是现代中国台湾研究印度思想史的代表性著作。该书分为上下两篇，上篇主要论述印度古典哲学，下篇论述英国人在印度开始殖民统治之后印度当代思想文化的

---

① 林煌洲：《印度思想文化与佛教》之序，台湾历史博物馆2002年版，第4页。
② 同上书，第15页。

形成。对于印度传统与当代的关系,李志夫认为,从印度的思想文化史来讲,主要是以宗教文化和哲学为主流。在宗教上是稳固的一神论;在人生哲学上是要提升人的人格返回到神格;其他所有的人文社会科学都是围绕着这一思想在发展。从历史上来讲,印度的思想传统都可以回归到吠陀之思想,吠陀产生的"原人"思想影响最大。原人为神(又等于梵),又是人的祖先;人与原人具有血亲关系。因此,人就具有神性——婆罗门教讲:"我就是梵。"耆那教说:"人人都可成耆那即大灵魂(vina)。"佛教说:"人人都可以成佛。"乃至当代印度思想家,他们大多视耶稣、安拉、梵天与真理为同一。所以他们提倡普遍宗教或称为大同教。①

李志夫考察印度思想文化的起源非常注重历史文献资料,涉及面很广,包括人类学、考古学、语言学、地理、神话学,等等。印度的人种主要由外来民族组成,是多人种的非单一民族。因此,李志夫经过精心论证后认为,印度文化的特征属于非单一性的混合文化。不过,早期的史诗文学可以肯定出自非雅利安人之手,这是印度河人在文学上之最大贡献。而吠陀文献则应该是属于雅利安人的作品。印度河文明所代表的早期荼卢毗文明被雅利安人所摧毁,但是他们又从破坏走向建设,产生出了印度的正统派文化。李志夫在书中强调,雅利安文化在印度思想文化史上具有五点意义:(1)它是印度思想、文化之黄金时代;(2)它是印度思想、文化之成熟期;(3)它建立了印度思想、文化之传统;(4)它综合了非雅利安人之思想与文化;(5)虽然它也是外来民族,但却对印度本土思想、文化具有强烈之爱国意识。② 李志夫的上述观点也为大多数学者所接受。

对早期佛教与奥义书的研究,难点有很多,但主要有以下几点最重要:(1)文献的研究。主要牵涉双方文献年代的确定,对文献的主题思想和概念加以综合分类,需要调查、比较、定论。(2)哲学主题的分类。早期佛教与奥义书哲学思想都属于原始哲学阶段,主要关注点还停留在人与世界的关系上。林煌洲的论文主要围绕着这些问题,他将论述的内容分为人的概念、世界的概念、人与世界的关系三部分。(3)精神哲学的萌芽。从心理或心灵、精神的层面来研究人的自我,是原始哲学进步的重要标志。而这两大哲学思潮都重视哲学上或精神上关于人的概念,而不是生

---

① 参见李志夫《印度思想文化史》,东大图书公司1995年版,第12页。
② 同上书,第58页。

理意义上的人的问题。两派的区别点在于，奥义书对人的自我观重视的是本质、实体或主体，而佛教则是针锋相对，它反对本质主义或实体主义，认为一切都是无常的，根本就没有一个本体存在。根据以上三点可以得出结论，早期佛教是在反婆罗门的思潮中诞生出来的，所以跟奥义书的根本立场完全是南辕北辙。林煌洲在他的《印度思想文化与佛教》一书中提出，首先对于人与世界的关系，早期佛教跟奥义书就有很大的差别。佛教并不关心世界的结构以及产生，也不接受任何一种形上学的宇宙观，或者任何一种恒常主义或虚无主义，他们只关心人如何能够透过自制、净化及自我转变从而终结人生的苦。因此，林煌洲在书中对关于人的概念、世界的概念及它们之间的关系等方面进行了大量的论证，以厘清两大系统的区别点，并指出其本质区别的根源所在。①

林煌洲对人的自我问题非常关注，进行了多篇幅的研究。他在《印度思想文化与佛教》中专门有一篇讨论这个问题。关于人的自我的问题在古代印度是最受关注的主要哲学议题之一，无论是正统派婆罗门教哲学还是沙门思潮都普遍关注。根据对奥义书的研究，林煌洲认为，奥义书提出的阿特曼思想代表着它的自我观，根据作为人的自我的阿特曼等同于宇宙本体梵的原理，自我也就为万物的内在之恒常实在本质及本源。而这种关于自我的学说与佛教正好相反，佛教是从人生苦的事实出发，为探究苦而分析构成人身心的五蕴、六入，因而得出了相反的非恒常非本质论。因此，要对两大系统的人的自我观进行分析，必须要从知识、人生现象、行为活动及结果等三个方面来进行探讨。② 林煌洲还在书中对两大系统在社会人生、理想生活等概念上的差别进行了论述和评价。林煌洲另著有《印度教宗教文化》（东大图书公司，2007年初版）一书，该书也对印度教的正统六派哲学有简略的介绍。

台湾华梵大学东方人文思想研究所黄俊威副教授的论文《印度奥义书中的神话思想》（载《问天》2011年刊），主要通过对印度古典文献的语言、历史背景及文化的分析，论述了《原人歌》中"多即一"的基本概念。黄俊威在论文中极力要想消除一种看法，即认为作印度佛教思想研究只与印度佛教有关，而对于当时印度的其他宗教思想毫不关心，其实这是一种

---

① 参见林煌洲《印度思想文化与佛教》，台湾历史博物馆2002年版，第14—33页。
② 同上书，第88—89页。

错误的看法。通过他的这篇论文，特别是作者在第三部分对佛陀的出生与原人出生的神话的比较分析，可以揭示出印度古代宗教之间的相互渗透和影响。在该论文的最后，作者通过原人所表现的"一即多，多即一"的关系，揭示出印度奥义书哲学的核心思想——"我回归梵"的形上学立场。

二 印度异端派哲学研究

杨惠南的《印度哲学史》比较全面地对印度各派哲学进行了描述，属于通史类的著作。其中比较值得注意的是，他不但利用了梵文及英文的文献，还能够充分利用汉译佛经的文献来进行研究；运用文献有一手也有二三手的，内容都很充实。特别值得注意的一点，杨惠南的《印度哲学史》充分运用汉译佛经来对印度的唯物论派哲学——"顺世论"进行研究，包括对顺世论派哲学的自然哲学观以及"现量"思想的详细分析。一般认为，顺世论（佛经中称顺世外道，或称路迦耶底迦）是反婆罗门教的世俗思潮，它除了反对婆罗门教的宗教信仰之外，还宣扬一种属于自然主义的唯物论观点，承认世间一切事物包括身心诸法及我，都是由四大（物质元素）所构成。世界万物在形成过程中，并没有前世的"业力"或神祇的介入，而是自然界的偶然因素造成的。杨惠南在论证这一观点时，运用了佛教的《阿含经》作为依据。例如，杨惠南依据《成唯识论演秘》（卷一末）的记载指出，唯物论派认为，四大之极微共有三种：（1）极精虚；（2）清净；（3）非虚净。由这三种不同的四大极微所组成的东西，因而也分别有三种差异：（a）由极精虚的四大，组成心和心所；（b）由清净的四大，组成眼、耳、鼻、舌、身、意等六根；（c）由非虚净的四大，组成色、声、香、味、触、法等六尘。唯物论派就是运用这种方式来说明心灵活动的可能性。然而，这种解说方式还会引起下面的疑惑：物质性的四大，怎么可能组合成精神性的心灵活动呢？杨惠南对此又引用《一切知见要集》中的说明解释道："就这个学派（唯物论）来说，地等四大是最初的原理；当组合成身体时，仅仅由它们，即可产生智慧；就像从某些混合物，可以产生令人酒醉的力量一样。"

印度古代唯物论派顺世论为什么会反对宗教、否定灵魂呢？其实主要跟他们在认识论上坚持"现量论"有关：即承认感官直觉是我们知识的唯一来源。在印度，正确的知识来源被称为"量"，本义为测量，亦即通过这些测量我们就可以得到正确的知识。正理派认为量分为四种——现量

(感官直觉)、比量（逻辑推理）、圣言量（声量）、譬喻量（模拟）。对于这四种量，唯物论派只承认现量的可靠性，而否认其他三种量可以作为正确知识来源的可能性。什么理由让唯物论派只承认现量而否定其他三量呢？杨惠南在他的书中直接引用《一切悉檀要集》的论述来加以说明。同时，他还对此进行了大量的论说，说明顺世外道的观点：比量并不是现量可以加以证明的，因此比量是一种不可靠的知识判断，由它并不能获得正确的知识。杨惠南在他的书中列举了顺世外道的三个理由：（1）现量无法知觉到"所有的（烟）"这一"全类"，因此，出现"所有的（烟）"这一词的喻支为假。（2）现量无法知觉到喻支中的中词（证相）和大词（所立）之间，具有不变的关系——遍充性，因此喻支为假。（3）喻支中的中词和大词之间，并没有不变的因果关系，因此喻支为假。另外，比量也无法用比量来证明其可靠性，同样，比量也不能用圣言量来加以证明，因为，圣言量不过是某种形式的比量而已。所以，圣言量是不可靠的知识判断，因为它可以化归为比量。顺世外道得出结论，在四量之中，比量、圣言量、譬喻量三者都是不可靠的。那么，唯一获得正确知识的方法就是现量了。

李志夫在《中华佛学学报》1987年第1期上发表的论文《试分析印度"六师"之思想》也不失为研究印度外道异端派思想的一篇有价值的论文。印度六师是与佛陀释迦牟尼同时代的有代表性的六位思想家，一般学术界认为，关于他们的思想材料主要散见于巴利文长部经典《沙门果经》和《梵动经》等经文中，耆那教的经典中也有部分记载。因为在那个时代，思想界的斗争非常激烈，各派理论混杂，李志夫在论文中指出："六师之思想，在印度不但受婆罗门教之指责，亦受耆那教及佛教之痛斥。但事实上，耆那教及佛教都接受有六师们的反婆罗门教之思想；甚至可以说，六师们的教义就是耆那、佛教之先期思想。研究思想史，我们发现了一个规律：凡是后期对其先期思想大肆批评的，其所受之影响愈大，其中包括正面的与反面的。"① 因此，我们对于印度六师思想之研究，其资料绝大多数均来自佛教或耆那教之文献；像在吠陀经（Veda）及摩诃般若多史诗（Mahabharata）中所出现之自由思想，那只是片面的提到而

---

① 参见 Stace《希腊哲学史》第210页亚里士多德对柏拉图之批判。

已。"① 李志夫在论文中对文献进行了详尽的分析，其文献有四个来源：《阿含经》《维摩诘经》《大般涅盘经》《陀罗尼经》，其次可以作参考的还有《楞严经》和《梵网六十二经》。随后作者又根据文献进行思想理论的论述，对六师各自的哲学立场进行了判定，并根据他们各自的哲学观点来论证当时思想界的理论特征。他说："六师彼此之关系，末伽梨与不兰迦叶在思想上较为接近。而波浮陀与末伽梨几是近亲。尼干陀与散若夷已算是同胞了。唯有阿耆多为独立特行之物质主义者。六师之共同特色，其一是反神论，尤其反对梵之创造说。阿耆多是物质主义者，自然反对梵创造一切；其它实在论、真常论，也没有设定创造神之必要。其二是反对业论，除尼干陀主张前业外，不是充分的三世业报说，其它五师根本是反对业论的。也因为如此，其反神论受传统有神论之反对；其反对业报说受到传统的反对，也受到耆那、佛教之反对。在反对有神论，耆那教、佛教与六师是一体的，可以说是前二者之先驱。无论在理论上，方法上都是有影响的。佛陀则以他的'缘起论'为核心针对六师思想作批判。本文在经文中所引者，也全赖佛陀之批判，我们才能了解六师思想之大要。"②

三　印度近现代哲学研究

李志夫的《印度思想文化史》一书的下篇为印度近现代哲学研究，主要介绍了7位印度近现代哲学家：戴扬南达（Smami Dayanand Sarasvat）、韦惟卡纳达（又译辩喜，Swami Vivekananda）、泰戈尔、甘地、奥罗宾多、巴塔查亚（Buttacharya K. C.）、拉达克里希那。印度传统哲学一般都是以宗教为中心，宗教与哲学难以进行严格的区别；宗教家们间或也论及知识论。而近现代哲学家们则不一样，尽管他们都跟宗教有关系，但他们提倡各宗教在相互尊重下相互了解，在哲学研究的方面偏向于形上学，极力促进一种大同宗教信仰。因此，印度近现代哲学家们在不同的宗教寺庙中敬神、拜神。李志夫认为，哲学与宗教最简单的判别是：宗教是重信仰、重实践仪式；而哲学则是重思辨、重理性、重语言文字之分析。印度是一个宗教文化国家，虽然有宇宙论、知识论、伦理学等诸种思想，但这些都不过是形上学与人文思想的附庸而已。而印度近现代的哲学家们，大都为有神论

---

① 李志夫：《印度哲学及其基本精神》，洪叶文化事业有限公司1999年版，第61—62页。
② 同上书，第100页。

者；而印度的有神论者，自传统以来都是重人文的。因为人如果没有人文的道德修养，就不可能成为神，也无法得到自由解脱。所以，印度学者除了关心形上学外，也关心人文思想。依据这一看法，李志夫在书中分为四部分来进行研究：传统哲学的发展、人文思想、宗教、今日印度现状。

李志夫的另一本重要研究著作是对印度吠檀多派后期思想家巴拉蒂特（Bharatitirtha）哲学的研究——《巴拉蒂特的哲学：印度吠檀多学派后期》，巴拉蒂特的哲学继承了吠檀多派最大哲学家商羯罗的不二一元论哲学理论。李志夫认为，商羯罗哲学采用了佛教空宗的论证方法，只破不立，以破代立来说明"梵我"的思想。而商羯罗不可描述的"摩耶"学说，可以说是直接继承了佛陀原始的缘起理论。商羯罗哲学的兴起虽然削弱甚至湮没了印度国内的佛教及其他学派，但对整个印度文化来说只能算是不同流的回归。巴拉蒂特哲学是更进一步强化了商羯罗的不二一元论思想，直接继承了商羯罗的衣钵。巴拉蒂特哲学除了直接叙述商羯罗的哲学之外，他还对同时期的其他哲学派别进行鞭挞。印度哲学虽然多属于宗教哲学，但却是辩证的、批判的。从奥义书到其他部派彼此间的鞭挞，及至当代印度思想家们的著作，一直都具有这一特点。由于这一特点，商羯罗的理论在他之后遭到了很多的批判，巴拉蒂特则转而为商羯罗作辩护，所以巴拉蒂特哲学较之商羯罗更为广泛深入。李志夫该书主要根据巴拉蒂特的著作而作，分为形上学、知识论、宇宙论三部分。他认为，实际上，按理说印度哲学照西方哲学的这种分类法来作区分是有些不伦不类，因为在印度吠檀多派哲学中只有关于"自我"的知识才是真正的真理，而经验知识充其量只是相对真理而已。但是，为了能让广大读者真正了解到印度哲学那种只承认形上学的真实性，把知识论和宇宙论用来论证形上学的目的，李志夫认为做出这种分类还是可行的。

第二节　印度佛教哲学的研究

一　原始佛教哲学研究

关于原始佛教的研究，在台湾影响最深的首推印顺法师。印顺法师（1906—2005），年轻时曾追随太虚大师办学，来台后历任善导寺、福严精舍、慧日讲堂住持及导师，暨福严佛学院、华雨精舍导师。印顺法师的佛学成就是历史性的，尤其是对印度佛教之发展及佛经之形成过程，理出脉络。他对原始佛教的研究，主要有五本著作：《印度之佛教》《印度佛教思想史》《说一切有部为主的论书与论师之研究》《原始佛教圣典之集成》《初期大乘佛教之起源与开展》①等。《印度佛教思想史》是最重要的一本，全书分十章，对印度佛教之发展及佛经形成过程，理出脉络。印顺法师"大乘三系教判"之说，不以宗派、大小乘等偏见，以合乎历史发展轨迹，在空有二系之外，发现真常唯心思想之存在事实，此书是印顺法师对印度佛教的总概括叙述，也是印顺思想的主要论述。

印顺《说一切有部为主的论书与论师之研究》，以活动于西北印度迦湿弥罗（今称克什米尔）之说一切有部为主要研究对象。研究说一切有部的主要论书和论师，对于了解部派佛教过渡到初期大乘佛教的种种思想，提供了许多重要的线索。中国佛教自古就是重经不重论，此本著作充分展现印顺法师的学术功力。

印顺《初期大乘佛教之起源与开展》在质与量上都是一本非常重要的著作。对于大乘佛教兴起、形成的原因，东西方学界有不同的看法，而印顺法师认为是"佛涅盘后，佛弟子对佛的永恒怀念"，并以此为主轴思想，贯穿全书。主要表现在几个方面：（1）供养佛舍利的佛塔，原本是在家众所供养的，后来出家众也开始供养，而且佛塔渐渐趋于艺术化。这是大乘佛法兴起的前兆。（2）佛涅槃后，佛建筑迅速发展起来。（3）佛经中的"本事""本生""譬喻""因缘"都是释尊过去生的修行事迹，其实这些原本很多是印度的民间故事，现在主角都变成释尊，就是将佛陀神圣化。（4）"十方佛"的开展，现前的释尊虽已入灭，但十方的他方的世界仍有佛存在。该书除了"对佛的永恒怀念"此一主轴论点外，更是从多方面引证"大乘佛法源自部派"。印顺法师提出了许多证据，不接受日本学者平川彰的论点。平川彰的《初期大乘佛教之研究》一书，认为大乘的兴起与部派佛教无关，却与非僧非俗的在家团体有关，而印顺法师书中第二章到第八章，介绍了一些小乘与大乘的经典，例如本生、方广、六度集、道智大经等，它们都是大乘佛法的先声，所以大乘佛教的兴起是与部派有关的。②

---

① 印顺法师：《印度之佛教》，正闻出版社1985年修订重版；《印度佛教思想史》，正闻出版社1988年初版；《说一切有部为主的论书与论师之研究》，正闻出版社1968年初版；《原始佛教圣典之集成》，正闻出版社1971年初版；《初期大乘佛教之起源与开展》正闻出版社1980年初版。

② 参见杨惠南《我读〈初期大乘佛教之起源与开展〉》，载蓝吉富编《印顺导师的思想与学问》，正闻出版社1986年版。

印顺法师在《原始佛教圣典之集成》的序中说："佛教圣典成立的实际情形，应有合理的正确认识。唯有能理解圣典集成的实际情形，才能理解巴利圣典及与之相当的华文圣典的真正意义。对佛法、大乘佛法、秘密大乘佛法的圣典，才能给予肯定，肯定其在佛法中的义趣与价值。这样，我决定写这一部。"以上这段论述表明他写这部书的动机和理由。他又在序中说："我确信，华文圣典——代表不同部派的经律，比之巴利圣典（属于一派）的单一性，应有更多的比较价值。所以从华文经律与巴利圣典的比较，以窥见其次第发展的过程。"印顺法师不断强调，华文佛教圣典在研究原始佛教圣典集成上的价值，由此可知，他著作这部书的基本态度是：以汉译佛教圣典为主要的研究资料，并兼用巴利语佛教圣典。

台湾华梵大学东方人文思想研究所副教授黄俊威的著作《缘起的诠释史》[①]，是一部关于印度原始佛教哲学的核心观念——"十二缘起"发展变化的历史书。该书起于佛陀的"十四无记"，终于中国大乘佛教华严宗的"法界缘起"。"法界缘起"思想是一个庞大的形上学体系，这个体系力图通过"无碍"这个观念来解释宇宙万千现象的整体结构。而黄俊威写作《缘起的诠释史》一书的目的，是想透过对"法界"、"缘起"、"一心"等系列的形上学观念的溯源，考察出佛教思想史的演变过程，从而作为对整个华严宗"法界缘起观"形上学进路研究的方法论基础。具体地讲，黄俊威研究的主要目的和方式是：从思想史的角度探讨"法界缘起"的来龙去脉，以及漫长的演变过程；从而更具体地说明佛教为何从原先的纯粹实践，经过部派佛教（阿毗达磨佛教）的发展，再到"性空唯名、虚妄唯识"的初期大乘，一直慢慢地往"真常唯心"的道路上走。该书书名为《缘起的诠释史》，作者专门对此加以了解释：该书就是专门对"缘起"思想作诠释；根据不同时期的发展状况，有不同的诠释态度；除了"思想史的溯源法"之外，还运用了"思想的诠释法"。透过对诠释内容的理解，也就能对佛教的深奥难懂的教理有较具象的了解。

二　开拓中国佛教研究的新境界

1. 研究方法的提出

印顺法师影响最深的是其"历史发展观"的研究法。印顺法师在

[①] 黄俊威：《缘起的诠释史》，圆光出版社1996年初版。

《游心法海六十年》一文中，说："从现实世间的一定时空中，去理解佛法的本源与流变，渐成为我探求佛法的方针。"也就是说，所有的教义与任何的讨论，皆要从历史的发展中，探求佛法的真谛，要时时回顾寻求佛陀的本怀。所以他认为佛法是发展中完成的。所以，他对于佛法的任何一个议题的提出，都是从教理与教史两方面来探讨。这是他的"吾道一以贯之"的研究法，而此历史研究法，已成为台湾佛学研究的主流，数十年来，台湾年轻一代研究佛学者，受印顺法师的引导和启迪实在太多。

2. 一切研究皆回归原始佛教

印顺法师在印度佛教研究方面所投注的心力最大，撰述也最多。《初期大乘佛教之起源与开展》第一章说："对于佛法的研究，原始佛教是最主要的环节。"如《阿含经》，可说是佛弟子集释尊本怀的最原始根本之经典，却因中国的判教而沉寂千年，终于因印顺法师"重回佛陀的本怀"的呼吁而再被重视。印老也从此一角度出发，诠释中国佛教的教义，例如其著作《净土与禅》①，不是用传统中国佛教的注疏方式，而是溯源到当时印度的宗教文化，这在教界引起很大的震撼与批评。若不是印顺法师，中国佛教不知还要沉睡多少年，只以"顿、渐""圆融"等为研究的重点，而当面对世界佛学研究时，不是以"佛教是被中国发扬光大的"而沾沾自喜，就是认为梵文、巴利文经典优于汉传经典而自卑。

印顺法师是一位宗教家，面对佛学研究，不是情感性地认为一切佛经皆是佛说，而认为佛经是历史的、发展中完成的。此一研究法，明确地指引出一条道路，帮助中国佛教了解自身的特点，也了解自身的局限性。

而当今的佛教研究，无论东西方的学者，对于佛陀所创立的佛教，若是专从历史方面着手，主要想探索佛法在时空的流转中有何演变？哪一些是印度宗教中所固有的思想？哪一些是佛陀的创见？因为，无可否认，印度教与佛教的基本教义，在本质上，有很大的差别，但在两教之间，有着千丝万缕的联系，不论是教义还是宗教仪式都有很大的类似性。而哪一些又是中国佛教所独具的特色？总而言之，关于从印度佛教到中国佛教这个主题研究非常多，例如冉云华《从印度佛教到中国佛教》②从社会基础、教义变化与人的概念等三个方面，说明印度佛教与中国佛教的不同。

---

① 印顺法师：《净土与禅》，正闻出版社1963年版。
② 冉云华：《从印度佛教到中国佛教》，东大图书公司1995年版。

日本著名学者的翻译作品皆有这方面的讨论，对中国台湾印度佛教研究也影响颇大。如平川彰《印度佛教史》①，木村泰贤《原始佛教思想论》②，中村元、水野弘元等合著《印度的佛教》③，水野弘元《佛典成立史》④，高楠顺次郎《印度哲学宗教史》⑤，服部正明《印度思想史与佛教史》⑥，佐佐木教悟《印度佛教史概说》⑦ 等。

三 大乘佛教哲学研究

1. 中观研究

龙树的《中论》是印度佛学中一部重要的哲学著作。它由偈颂的方式构成，而以敏锐的逻辑，通过严密的论证，有力地确立了印度大乘佛学的空之哲学。台湾"中央研究院"中国文哲研究所研究员吴汝钧的力作《龙树中论的哲学解读》⑧ 一书，根据龙树《中论》的哲学思路，以现代人熟悉的名相、词汇和表达方式，对《中论》的根本哲学概念和哲学方法，作出了系统的分析，展示出其中的哲学内涵和逻辑方法。该书是中国台湾地区第一本以哲学方式解读佛教著作《中论》的专著。该书论述编排的特点是：完全按照《中论》的顺序，依次对每一个偈颂都采取详细分析论述的方式；同时，根据偈颂之间的逻辑关系和思想发展路数可以前后对应进行解释。

台湾政治大学哲学系教授林镇国的著作《空性与现代性》⑨ 将佛教"空"的哲学重置于现代与后现代哲学争论的语境脉络中，审视从东亚到北美两种类型的佛教论述——"批判佛教"与"场所佛教"，考察在现代情境下佛教哲学面对同一性与主体性形上学时的立场分歧。林镇国在书中认为，发源于日本的"批判佛教"是为现代性作辩护的，认为佛教与西方启蒙传统皆积极肯定理性、科学、人权、民主的价值，而"场所佛教"

---

① ［日］平川彰：《印度佛教史》，庄昆木译，商周出版社2002年版。
② ［日］木村泰贤：《原始佛教思想论》，欧阳瀚存译，台湾商务印书馆1968年版。
③ ［日］中村元、水野弘元等合著：《印度的佛教》许洋主译，法尔出版社1988年版。
④ ［日］水野弘元：《佛典成立史》，刘欣如译，东大图书公司1996年版。
⑤ ［日］高楠顺次郎：《印度哲学宗教史》，台湾商务印书馆1992年版。
⑥ ［日］服部正明：《印度思想史与佛教史》，台湾商务印书馆1985年版。
⑦ ［日］佐佐木教悟：《印度佛教史概说》，佛光出版社2012年版。
⑧ 吴汝钧：《龙树中论的哲学解读》，台湾商务印书馆1997年版。
⑨ 林镇国：《空性与现代性》，立绪文化出版社1999年版。

则对体现现代性中之同一性与主体性形上学的牵制性格表示深切的忧虑。理性主体与欲望之间的内在纠葛正是佛教哲学所要厘清的问题,林镇国在处理这个问题时采取了思想史的进路。他选取日本"批判佛教"、"京都学派"、中国"内学院"、新儒家作为展开论题的背景素材,对于东亚汉传佛教是否落入实体形上学,是否在伦理上造成保守主义,进行深入的分析探讨。面对东亚佛教内部的诠释冲突,林镇国在该书中并未简单处理,而是借用北美丰富多元的佛教诠释,透过新格义议题与资源的开发,试图在"批判佛教"与"场所佛教"之外,开启一种新的诠释局面,即将"多音"与"异类"引入,使读者能够得到一种新的尝试。林镇国教授是从接受德国海德格尔的哲学诠释学开始,进而学习了胡塞尔和黑格尔,最后再回归到对佛教哲学的研究。他的研究不同于一般的佛教研究者,他是运用现代西方哲学的研究方法来诠释东方古老的哲学内涵,为读者开辟了一个新的视角。

2. 唯识研究

台湾学界最先以现代学术方法研究印度唯识学思想并有辉煌成果的是叶阿月。叶阿月于1966年以《中边分别论三性说之研究:以真实品为中心》的毕业论文,获颁东京大学硕士学位。后叶阿月由著名学者中村元亲自指导,于1972年以《唯識學における空性說の特色(唯识学空性说的特色)》获博士学位,从此长期任教于台湾大学哲学系,主要教授印度哲学、唯识学、梵文等。1975年叶阿月出版日文版的《唯識思想の研究:根本真實としての三性說を中心にして》(台南高长印书局)一书,在学术界获得很高的评价。可惜并未译成中文出版,所以影响有限。

第三节 问题与展望

一 1949年以来台湾的现代佛学研究

1. 1949—1987年间是国民党的戒严时期,佛学研究艰难起步

台湾佛教的主体,是来自中国大陆的汉传佛教。台湾佛教虽仅有三百多年,但其特殊的历史与地理背景,也是一个宗教与文化的奇迹。自1949年,随着大陆僧众的大量来台,尤其是太虚法师改革体系的印顺法师,其提倡的"人间佛教",让汉传佛教中的优良法脉,源源不绝地在这片土地上发展茁壮。

让青年学子了解佛法，是最重要的课题。而自1952年起，周宣德以居士的身份在台湾大学设立"晨曦社"，此为岛内第一个大专院校佛教社团，并提供学生研佛奖学金。之后数十年间，李炳南居士的大专学佛营，以及各寺院的群起响应，使得大专学佛运动蔚为风气，使得台湾佛教从"烧香、拜拜"的佛教转型为"知识分子的佛教"。至于出家众，也由于佛学院的纷纷成立，加上佛教出版社的发达，僧尼佛学程度也逐步提升。

2. 1987—2012年台湾解严后至今的二十几年，佛教研究进入百花齐放的盛况

由于经济繁荣、佛教徒捐赠寺院的能力加强，佛教内部人才辈出，由佛教界所办的大学就有华梵、南华、玄奘、佛光、慈济、法鼓六校。而在佛教文化事业方面，在质与量上都有提升。电子光盘版大藏经的发行，更是举世之作。台湾也成为世界各大系佛教的荟萃之地，藏传、南传、日本新兴佛教都在中国台湾设立道场。

近60年来，台湾佛教的发展已走出山林、走出寺院，无论是不是佛教徒，佛教的基本教义已深入人心，而大型佛教组织在国际救济、环保或教育等议题上，也产生了很大影响，其成就足以让全世界刮目相看。

二 梵语教学延续印度佛学与哲学的研究

长期以来佛教或印度哲学的研究是依附于各大学的中文系所或哲学系所，而且并非是显学，但这数十年来也渐渐有了一些发展。难能可贵的是，台湾大学哲学系从叶阿月教授、恒清法师到现在的蔡耀明教授，一直有开设梵文教学的课程，这也是拓展印度哲学的重要管道，而且多年以来并未中断，这是体制内的梵语教学。

一些佛学院、寺院、民间的研究机构，虽是体制外的教育，反而更有发展的空间，例如在1996年如实佛学研究室，开风气之先，由许洋主编的《新译梵文佛典般若波罗蜜金刚经》五大册，将金刚经梵文逐字逐句作了文法分析，以方便学生自学，用熟悉的佛经作为学习的教材，跨出了梵文教学的重要一步。慢慢地，台湾的佛学院也开设了梵文、巴利文、藏文的教学，并成为普遍的现象，使得出家众更能深入经藏。

三 中国台湾的印度学研究及其展望——台湾印度学学会的成立

在台湾,大学中并没有独立的印度学系所,印度哲学依附在佛教哲学研究中,对于印度文化、哲学的研究只限于宽泛性的介绍,对六派哲学中的各家各派,并没有作更有系统的深入探讨。

中国台湾印度学学会成立于2003年,如学会成立的宗旨所言,希望能整合学术与社会资源,举办各类学术与文化交流活动,促进与印度相关的研究的发展,就印度宗教、思想与文化等领域进行学术交流与对话,提升印度学研究的学术风气,深化国人对印度宗教、思想与文化各领域的了解,提供奖助,长期深化印度学研究。该会已主办了五届学术活动,其中多次与大陆中国社会科学院梵文研究中心合作举办学术活动:如2010年的"阅读印度史诗研讨会",邀请中国社会科学院三位专家出席;2011年参加中国社会科学院梵文研究中心举办的"第一届两岸梵学佛学研究会";2012年在台湾政治大学举办的"第二届两岸梵学佛学研讨会",两岸研究印度学的学者齐聚一堂,这对于中国台湾印度学研究的建立具有里程碑式的历史意义。

II. 日本篇

绪　　论

中日两国历史上就是一衣带水的邻邦，自古以来，便有徐福渡日的传说，虽因年代久远，汗漫而不可考，但将其视为中日两国之间的文化交流滥觞的象征，却似乎并无不妥。其实，自先秦时代起，中日之间就应该存在文化器物等方面的交流，虽然陆海远隔，但这并不能阻止两国先民交通的愿望[①]，而1784年"汉委奴国王"印的出土，则更是为两国早在两千多年前的汉代便已开始文化上的交流提供了确凿的证据。中日两国文化交流的历史可谓源远流长。

自古以来，由于大陆中原文化发达，所以文化交流的主脉通常是从中国流向东瀛列岛。文化的根基自然是思想，中原大陆，经过先秦时代的百家争鸣，到后来秦代的"焚书坑儒"，再到汉代"罢黜百家，独尊儒术"，儒学终于从诸子百家中脱颖而出，超越其他思想而在中国思想史中占据传统思想的主流地位。日本作为同属汉字文化圈的国家，自然也深受中国大陆思想的影响。自隋唐两代日本向中国派遣使节学习大陆文化以来，中日两国之间的文化交流全面深入，而来自中国的儒学，还有源于印度、在中国发扬光大的佛教思想都在日本思想领域占据着主流的地位。

作为一个与中国隔海相望，且具有自己独有语言的国家，日本虽然在思想领域汲取了大量来自中国的营养，但日本的传统思想并非中国传统思想的简单复制或翻版，而是根据日本本土的需要做出了相应的加工，既有发扬光大，亦有删削隐讳，既有正传又有误读，这些都是文化传播中经常发生的现象。不过，与中国周边同属汉字文化圈的其他国家相比，日本思

---

① 关于日本史前史中与大陆的交流情况，可参见徐逸樵《先史时代的日本》，生活·读书·新知三联书店1991年版。

想的发展更为独立，特别是到了政治稳定、经济发展的德川时代（1600—1868），日本主流思想虽然依旧以来自中国的儒学为主，但不仅日本儒学本身发生了一定程度的嬗变，同时还产生了不少日本独有的本土思想，择其要者有神道及国学思想、町人思想、农民思想等。[①] 日本近世学人亦时时有意识地维护日本思想的独立性，至于明朝衰亡，北方兴起的满清入关主政中国大陆，日本一些学者则以华文化的正统继承人自视，因有"华夷变态"之说，强调明朝覆亡之后，日本思想成为汉字文化圈中的思想正统。该说虽然未必恰切，不过却反映出日本学人的两个特征，其一乃是对"华"文化的尊崇；其二则是对日本思想独立性或主体性的强调。

至于近代，1840年中英鸦片战争，1853年美国黑船叩关日本标志着中国和日本相隔不久共同开始面临来自西方势力的威胁。中日两国也走上了各自不同的因应西方势力、实现自身富强的现代化道路。虽然两国选择的道路完全不同，但在思想领域却存在着共同的趋势，那就是如何通过学习西方的思想来实现自身的富强。中国近代西学先驱魏源提出了"师夷长技以制夷"的观点，而较其略晚的日本思想家佐久间象山也提出了"和魂洋才"的口号，两者虽各有侧重，但在对待中西文化的态度上可谓不分轩轾。

中日两国思想界发生的这种新的趋势也使原来汉字文化圈内部的以中华文化为核心的文化传播发生了变化。原先在东亚地区以册封—朝贡体制为主导的外交体制也逐渐被西方带来的新兴的民族国家体制所替代。在这种情况下，东亚地区各国的思想领域也发生了重要的变化。首先，在东亚各国内部都因受西方影响而开始大量传播、移植与传统思想完全不同的新思想，而且，这些思想逐渐发展壮大，并成为思想领域中的主流。东亚各国虽然在思想的选择上走出了不同的道路，但检视19—20世纪在东亚影响最显著的思想，如民族主义、马克思主义、自由主义等思想，无一不是源于西方。其次，在确立民族国家的过程中，如何从新的角度，主要是利用来自西方的思想资源阐发传统思想，并以之来建构本民族的思想主体性亦成为思想领域重要的变化之一。这一变化其实包括两个部分，一方面是

---

① 关于日本德川时代的思想脉络，可参见王青《日本近世思想概论》，世界知识出版社2006年版，该书从六个方面系统梳理了日本近世思想的脉络。

用新的外来思想来阐发旧有的传统思想，以期使传统思想在新的时代发挥新的功用；另一方面则是以传统思想来对外来的新思想进行改造，以期避免在思想上陷入历史虚无主义的尴尬。如果用简单的话来概括这一过程，可以说这一变化其实是一个"旧瓶装新酒"与"新瓶装旧酒"复合在一起的变化。虽然思想领域发生的变化纷纭复杂，不过以上三种形式却大体上可以概括新的全球化时期在东亚发生的思想传播所具有的一般模式。

一 关于日本哲学的研究范畴

在本部分中，首先笔者想就"日本哲学"所涉及的范畴展开讨论。之所以想简单讨论一下这个问题，其实根本的目的还在于，既然我们讨论中国的日本哲学研究，那么首先就要回答到底什么是"日本哲学"，"日本哲学"在中日两国研究者的视野间到底存在哪些区别，厘清这个问题有助于为我们提出的问题设定一个清晰的边界。

众所周知，"哲学"作为一门学术分类是源于西方的，在西方，依其语义最早可追溯到古希腊的"爱智慧"之学，自哲学在希腊发端之后，于中世纪通过罗马帝国逐渐扩展到欧洲，并在欧洲以文艺复兴为标志的近代转型之后通过霍布斯、笛卡尔和休谟等众多哲学家的思考之后并最终在集大成者康德那里发展出最完备的体系，从而完成了理性主义的革命。在此之后，又在西方的20世纪开始了新一轮的"语言学转向"的革命，并一直延续到现在。当然，这只是对西方哲学发展脉络最粗浅的概括，详细的内容可参照各种西方哲学史的相关著述。[1]

西方哲学在东方的传播其实是在西方殖民者来到东方之后，哲学（philosophy）一词最早是由日本近代启蒙学者西周（1829—1897）意译成汉文的，他开始根据字面意思译成"希哲学"，后改为"哲学"。[2] 因此，如果从西方传来的意义上来讲，那么作为西学分支之一的"哲学"在东亚的发轫的确是在19世纪西方思想全面进入东亚之后。通过西方人的传播以及东方人的主动学习，哲学逐渐在东亚奠定了自己作为一门学科的基础。在此意义上来说，哲学在东方作为一门学科的建立大致在西方哲学理

---

[1] 关于西方哲学史的介绍，可参见［美］撒穆尔·伊诺克·斯通普夫、詹姆斯·菲译：《西方哲学史》，邓晓芒、匡宏译，世界图书出版公司2009年版。

[2] 关于中日之间语词的传递授受的详细情况，可参见冯天瑜《新语探源》，中华书局2004年版。

性主义革命之后，语言学转向之前。而且这里所说的"哲学"其实带有较强的"形而上学"的色彩。不过，如果我们换个角度，从思考的问题来看，则西方哲学所思考的问题，如形而上学的问题、伦理学的问题、政治哲学的问题等其实在东方思想中也均有涉及，只不过从学术的形式来看东方的哲学思想与西方相比具有两个特点：一是形而上学方面的思考要逊于政治哲学、伦理学等方面；二是东方的哲学思想与西方相比也不那么具有系统性。但是，笔者个人认为上述两个特点并不能消解哲学思考在东方所具有的意义，所以从思考相同或相近问题的视角出发，可以说无论是中国还是日本，在古代就都已经有"哲学"了。这样，我想我们就可以说，作为现代西方化的学术建制，哲学在东亚是一门相对较新的学科，而如果作为思考人生、社会、世界等最基本问题的一门学问来看，则无论在中国还是在日本均早已存在，并不能认为在东亚并不存在哲学。

因此，如果探究中国日本哲学研究所涵盖的范围，那就可以分为两个部分，一部分是日本古代的本土哲学思想，这一部分主要受中华思想影响，另一部分则是在19世纪以后，从西方传入的现代哲学思想。当然，在本书中笔者并无意讨论东西方学术差异这样一个巨大的问题。不过，在此需要指出两点：第一，我们现在对日本传统哲学的研究也会受到西方现当代哲学思想的影响，也就是说，虽然我们研究的对象、内容可能属于古代，但在问题意识、方法论上却肯定会受到现当代西方哲学思想的影响。第二，近代以来，随着西方学术逐渐渗透进东方，东方的学术也在随之发生着变化。在这种情况下，所谓"日本当代哲学"这样一个范畴其实也应该被纳入整个"世界哲学"的范畴来看。在全球化的时代，不同国家的"哲学"当然会带上自己国家独有的文化印记，但同时也不是孤立的，而是处在和其他国别的"哲学"永不停止的互动中。

在此顺便想提到的是，虽然东亚各国都在西方的影响之下建构出新的学术建制，不过在各国之间却存在着明显的区别。就以哲学本身为例，中国和日本之间就存在着明显的差异。在日本，如果说到"哲学"，首先人们想到的依然是西方学术传统意义上的哲学，而且通常主要围绕以形而上学为主的经典哲学展开。在日本的大学中，"哲学"专业经常设立在文学院内，而日本哲学领域研究者的研究对象则主要是遵循西方传统哲学理路的各个学科分野，比如现象学、分析哲学、存在哲学等。在日本，日本传统哲学的研究则往往会被划归"思想"或"思想史"的分野，通常设立在政法学院之下，或许从日本研究者的观点出发，日本传统思想所讨论的问题大多属于政治学、法学或伦理学，更接近政法学院的研究内容。从这种现象我们可以看出，在日本的学术建制中"哲学"依然是一个带有较强西方色彩的学术分野，其研究内容也主要聚焦于西方哲学以形而上学为主的相关领域，其分支也主要是更带有思辨哲学色彩的如美学等分支学科，而同样属于哲学重要内容的政治哲学、法哲学等学科则被归于与之相关的政治学部及法学部。

与日本不同的是，在中国的学术建制中，"哲学"的西方色彩或者说形而上学色彩却没有那么强烈，中国大学的哲学系中通常都设有"中国哲学"专业，即以笔者所在的中国社会科学院哲学研究所为例，也设有"中国哲学研究室"、"东方哲学研究室"等两个科室专门从事东亚哲学研究。反观日本，近代之前的传统思想却并不被置于"哲学"这一学术建制的领域之内。因此，如果我们在中国讨论"日本哲学"首先需要想到的便是，由于"哲学"作为学术建制在中国和日本具有不同的含义，因此中国学者所研究的"日本哲学"并不仅仅是指日本在接受各种西方学术思潮之后沿着西方哲学的理论脉络展开的哲学，也包括日本传统思想在内。简而言之，仅从定义域上来看，中国学术界所言之"日本哲学"其实要比日本本土的"日本哲学"概念更为宽广。

在这里就出现了一个问题，那就是当我们考察中国的日本哲学研究的时候，其中的"日本哲学"到底应该采用哪个范畴更为妥当呢？是采用更侧重形而上学，更带有西化色彩的日本学院分野的"日本哲学"呢，还是采用更为宽泛的带有中国色彩的"日本哲学"呢？笔者个人认为应该以更为宽泛的后者作为我们讨论的对象。其理由如下：首先，形而上学固然是哲学最重要的分支，而且形而上学的研究其实会对哲学的所有其他分支产生影响，但形而上学毕竟不是哲学的全部。因此，如果我们把我们的"日本哲学"范畴厘定为前者，则会大大限制我们的研究视野。其次，虽然关于日本传统思想中的政治哲学、法哲学等的研究并没有被完全纳入日本"哲学"的学术建制内，但作为研究对象，这些哲学分支其实对于中国更有意义。原因在于，日本与中国同为后发现代化的国家，而所谓现代化，其中一个重要的部分就是政治、法律、社会意义上的现代化。虽然对"现代化"这一概念本身还存在着诸多争论，但即使我们不采用一个固定的"现代化"视角来观察东亚各国的现代化进程，对包括政治、法律乃至社会中的思想变化进行考察也是必须的。而且，对于目前的中国，虽然改革开放后在各个领域均发生了翻天覆地的变化，国家也已经超过日本崛起为世界第二大经济体，但毋庸讳言，作为发展中国家，我们和发达国家相比，在各个方面还存在着一定的差距。因此，研究日本的政治、法律思想依然对我国有着非常重要的意义。一方面"他山之石，可以攻玉"，我们可以学习日本思想中的长处，从而为我国未竟的现代化事业汲取营养；另一方面，作为现代化的先行者，日本在思想领域也存在很多错误及教训，如何借鉴以避免我们走上同样的弯路也是研究日本思想的重要意义。因此，从上述观点出发，笔者认为中国的日本哲学研究的定位应该采取更为宽泛的后者。

实际上，在现实中也存在这样的趋势，在研究日本哲学、思想的领域，按照笔者并不全面的观察，其实有占大多数的著作及成果是有关政治哲学、法哲学等分支的。研究纯粹形而上学的其实并不很多。当然，之所以会出现这一现状也是由于在形而上学领域，西方因为学术积累深厚，所以至今仍然是形而上学新思想的主流产地，而相对于西方，日本在形而上学领域的研究并不能说是非常发达，一个比较重要的证据就是，日本研究形而上学的学者中，除了以西田几多郎为代表的京都学派拥有一些具有世界影响的哲学家外，日本哲学界世界级的哲学学者并不很多。

另外，在这里需要补充的是，哲学特别是政治哲学或法哲学等涉及社会问题的哲学其实更注重的是所谓的"在地性"，也就是面对不同社会解决不同的问题。因此从某种意义上说，西方的理论并不一定完全适合东方，因为在社会形态上来说，虽然全球化导致很多国家都有了近似的体制，但是在东方与西方之间还是存在着明显的差异，传统文化带来的影响并未能完全消弭，特别是在东亚这个文明历史悠久的地区，且不说中国是古代四大文明古国之一，日本的历史，即便从有文字记载的时候算起也有近两千年了。① 因此即使引进西方的各种政治法律思想，传统的影响也依然存在，自然会在现实中留下明显的痕迹。如果说形而上学的基本问题通

---

① 中国历史典籍《后汉书》（中华书局1965年版，第2821页）中就有关于日本的记载。其《东夷传》中有"建武中元二年（公元57年），倭奴国奉贡朝贺，使人自称大夫……光武赐以印绶"的记载，由此可见，在距今两千年前，日本和中国就已经有了联系，如果以《后汉书》的文字记载为根据，那么可以认为日本已经有两千年的历史。

常涉及"人与世界"的基本问题,因此有可能存在一种线性的不断深入的发展趋势的话,像政治哲学及法哲学等却因需要回答"什么是善的政治"、"什么是善的法律"等和社会有关的问题因而在各个不同的社会中具有不同的答案。在这种情况下并不能简单地说某个社会的政治哲学就比其他社会的政治哲学更为"深刻",同时,发达国家的政治哲学也并不必然"领先"于发展中国家的政治哲学。在这个意义上讲,研究日本的政治哲学等与社会有关的哲学更有现实意义,而且由于涉及现实,研究日本的政治哲学对中国的学者来说或许更具有吸引力,因为如果自己的研究会对现实的中国更有助益,那么也就会带来更大的动力。

上面简单地介绍了一下"日本哲学"的研究范畴,当然,以如此简短的文字讨论这个问题,难免挂一漏万,不过限于篇幅,在此也只能勾勒一个大致的脉络。下面再简单梳理一下新中国成立以后中国日本哲学研究的情况。

二 新中国成立后日本哲学学研究状况概述

新中国成立之后,如果将中国的日本哲学研究进行阶段性的分期,我想主要可以以1978年中日两国缔结《中日和平友好条约》为界分为两个时期,即1978年之前的"准备期"与1978年之后的"发展期"。

选择以1978年作为分界,主要有以下几个理由:首先,1978年中日两国缔结了《中日和平友好条约》,标志着中日关系全面走上正轨,虽然此后中日还于1998年签署了《中日联合宣言》以及2008年的《中日关于全面推动战略互惠关系的联合声明》两个标志着两国关系进一步深化的重要文件,但可以说,1978年的《中日和平友好条约》是中日关系开始深入发展的基础。其次,中国在1978年召开的十一届三中全会上正式提出了对内改革、对外开放的政策,这也标志着中国正式结束了此前"文革"时期的动荡以及1976年"文革"结束后的调整时期,开始迈入正常发展的时期。最后,1978年也是我国停滞多年后第一次通过高考招收大学生入学的一年,这标志着我国的高等教育和科研开始恢复,走向正轨。其中,日语的教学与研究自然也随之恢复正常。这样,就开始为日本研究输送大批接受过正规教育的人才,日本哲学的研究自然也会因此而受益。可以说在1978年之后,两国无论是在经济上还是文化上,交流都日益密切。时至今日,无论中国还是日本,对方都已成为自己外交关系中最重要的国家之一。

1978年前,特别是在1949年到1972年的这段时期内,由于日本在外交上全面依附于美国,而新中国又采取对苏联"一边倒"的外交政策,因此,受东西方冷战的影响,对于潜在敌国日本的研究就受到了影响。

1949年中华人民共和国成立后不久,1950年在中国的近邻朝鲜与韩国之间就爆发了朝鲜战争,在这场战争中,中国派出抗美援朝志愿军赴朝参战,对抗以美国为首的联合国军。因此两国间处于战争状态,关系之矛盾自不待言。日本虽然在二战战败投降后被剥夺了参战权,没有参战,不过在朝鲜战争中却为美军提供了很多后勤上的帮助,日本经济也因此而淘到战后的"第一桶金",而且,1949年新中国成立后,日本也一直追随美国采取不与中国大陆而与中国台湾单方面发展外交关系的方针,这样就大大阻碍了中日两国之间的交流。因此在1972年以前,中国和日本的往来只存在于民间,因而十分有限。

中日之间的这种缺少交流的状况自然会影响到学术,根据李书成和王仲全先生的研究,新中国成立之后,中国的日本研究就基本上"处于一种零散状态",根据他们的统计:"1949年至1955年期间,全国编辑出版的有关日本情况的著译作只有51册,其中除三四册涉及一些学术问题外,大部分是记述战后日本政治、经济、社会的变化,美国重新武装日本以及日本人民争取和平、民主的斗争等内容的书籍。"① 如果以上资料属实,那么在仅有的"三四册"涉及学术问题的书籍中几乎不太可能出现研究日本哲学的专著,甚至是否会涉及日本哲学也是成问题的。

1972年,中日之间实现了邦交正常化,签署了《中日联合声明》,这可以说是两国现代史上的重要事件,标志着两国关系开始正常化,但由于当时中国"文革"并没有结束,国家的各项工作并没有完全纳入正轨,两国关系的正常化虽然为两国之间的经济文化交流奠定了基础,但两国的交流并没有因之而全面展开。中国和日本的关系虽然打破了战后接近隔膜的状态,但与之后相比,各方面的交流还很有限。反映在中国的日本哲学研究领域,就可以发现,1972年之后到1978年间的这段时期,相关领域的研究成果和"文革"前相比并没有显著的增加,甚至还略有减少。

---

① 李书成、王促全:《新中国的日本研究》,中华日本学会、北京日本学研究中心编《中国的日本研究》,社会科学文献出版社1997年版,第21页。

根据《中国日本学论著索引》①的统计，在1978年以前，中国出版的有关日本哲学的专著只有四本，分别是刘及辰的《西田哲学》（1963）和朱谦之的《日本的朱子学》（1958）、《日本的古学及阳明学》（1962）、《日本哲学史》（1964）。同样，根据该书的统计，在1978年前，中国大陆出版的日本哲学方面的译著也只有区区13种②，而且其中还有3种出于同一位作者，即柳田谦十郎。柳田谦十郎确实是日本的马克思主义哲学家，但如果仅仅从哲学史的地位来看，他的重要性是远远不如他的老师西田几多郎的。不过，我们却可以看到，西田几多郎最重要的著作《善的研究》最早被译介到中国来是1965年③，相反，曾经是他的弟子，后来又于1950年转向马克思主义的柳田谦十郎的3部著作却分别出版于1958年、1961年及1962年，早于西田著作的译介，而且，即便是在西田的弟子中，柳田也并不是最重要的作者。柳田谦十郎多种著作的出版其实正好显示出这一时期中国的日本哲学研究存在的一个特色，那就是受到政治的影响比较深，带有一定程度的意识形态色彩。作为1978年前日本哲学界在中国被介绍得最多的哲学家，除了因为柳田谦十郎是一个马克思主义哲学家外，他作为"日中友好协会"会长的职务也很有可能在被选择译介的过程中发挥了作用。另外，在上述13部被翻译到中国来的著作中，有5部是讨论马克思主义哲学的，可见，在这一时期，马克思主义哲学是我国译介日本哲学著作的主流。

　　总结一下1978年前日本哲学研究的状态可以得出以下两个特点：（1）研究成果极为有限；（2）受意识形态和政治的影响比较大。

三　新时期的日本哲学学研究状况概述

　　如果说从1949年到1978年之间的这段时期算是中国日本哲学研究的"准备期"，那么从1978年之后，中国的日本哲学研究就进入了发展期。

---

①　李寒梅、李勇龙、李玉等：《中国日本学论著索引（1949—1989）》，北京大学出版社1991年版。

②　这还是将1978年出版的《日本哲学思想史》（永田广志著，商务印书馆1978年版）计入其中的结果。

③　根据上引《中国日本学论著索引》，商务印书馆的《善的研究》（书中注明是"汉译世界学术名著丛书"，何倩译）出版于1981年，实际上，1965年商务印书馆已经出版了何倩译的《善的研究》，只不过并没有纳入上述丛书，因此，为何《中国日本学论著索引》取较晚的1981年译本而不取1965年的译本则原因不详。因此，如果算上上一版本，则1972年前出版的日本哲学译著应为14种。另外，根据《中国日本学文献总目录》（北京日本学研究中心编，中国人事出版社1995年版），1929年上海的开明书店曾出版过魏肇基翻译的《善的研究》。

发展期的一个重要基础是日语人才的培养。随着各地高校日语教学的恢复，以及很多高校开始组建日语系或日语专业，会日语、了解日本的人越来越多。经过多年的发展，我国日语教学已经结出丰硕的成果，学习日语的人数已达全球第一。根据日本国际交流基金最新公布的调查结果，时至今日，中国正在学习日语的人数已经达到105万人，比2009年增加了26.5%，可见依然在迅速增长，并没有受到两国之间政治问题的影响。另外，这次调查还发现中国已经超过韩国成为世界上学习日语人数最多的国家。[1]

随着能够掌握日语的人才被大量培养出来，自然会有一部分人才进入与日本研究有关的领域，对日本的研究可以说是从全方位展开了，无论是文学、历史、哲学、政治、经济、法律，还是语言学、文化研究等，各个方面都出现了不少研究者。当然，由于现实的需要，其中更多研究者从事的是语言与经济方面的研究，但其他的方面也未被忽视，从事日本哲学研究的人员也在日益增多。同时，也出现了相关的研究机构和民间团体，其中比较重要的有1981年5月1日成立的中国社会科学院日本研究所。该所虽然是一个研究日本的综合性学术机构，但其中有很多学者专职或兼职从事日本哲学或日本思想的研究。1984年，在中国社会科学院哲学研究所成立了东方哲学研究室，该研究室的一个重要研究分支就是日本哲学，而在该研究室主持日本哲学研究的卞崇道先生则是日本近现代哲学研究的大家。1981年，中华日本哲学会成立，这是全国日本哲学研究者结成的第一个研究性学术团体，总共有一百多名成员，由此可见从事日本哲学研究的研究者的数量已经有了很大的增长。[2]

如果对1978年以后日本哲学研究的"发展期"的情况进行概括，其特点有以下几个方面：

首先，研究成果开始不断涌现，而且从1978年开始，逐年递增，呈现出日益繁荣的情况；在研究成果不断涌现的同时，从事日本哲学研究的学者人数也日益增多。当然，在1978年到20世纪80年代中期的这段时

---

[1] 参见《中国学日语人数全球第一》，《参考消息》2013年7月21日第9版。
[2] 根据卞崇道先生的回忆，该学会成立于1981年，首任会长是刘及辰。参见其著《现代日本哲学与文化》，吉林人民出版社1996年版，第208页。另根据《中国的日本研究》，社会科学文献出版社1997年版，第129页，指"中华日本哲学会"成立于1991年。疑有误。

间，由于日语的教学与研究刚刚回到正轨，所以成果相对而言并不是很多，但从 80 年代末期开始，随着各个方面转入正轨，研究成果开始增多。1989 年出版的王守华及卞崇道两位先生合著的《日本哲学史教程》可以说标志着这一时期中国学者从事日本哲学研究的新开端，从此之后，中国的日本哲学研究就展开了新的局面。既出现了以某一思想家或学派为研究对象的专业性研究，也出现了以某一时期的哲学思想为研究对象的综述性研究，可谓全面展开。而 2010 年《东方哲学史》的出版则可以说是日本哲学的综合性研究走向成熟的标志。如果将这部五卷本的巨著中关于日本哲学的部分连缀成书，那可以说是一部在日本哲学史研究中能够准确显现中国学者研究水平的力作。

其次，随着改革开放的深化，日本哲学研究的研究对象呈现出一种日益多元化的态势，旧有的各种条条框框在不断被打破，原来受意识形态的影响，很多"资产阶级思想""封建思想""军国主义思想"等被视为禁区的研究对象重新进入了研究视野，从而也产生出来日益丰硕的成果。仅从专著来说，涉及日本近现代哲学家思想家专题研究的就有福泽谕吉、中江兆民、德富苏峰、九鬼周造、西田几多郎等，而综合性的思想史研究也出现了很多成果。

最后，在哲学及思想史研究的方法论上，随着改革开放的不断深入，人们学术视野的不断开阔，此前因为现实政治原因而非常强调的"以马克思主义理论为指导"的研究方法也逐渐转变为利用多种属于"人类文明成果"的理论工具等进行日本哲学的研究。在学术的生产上，价值更为中立，研究方法更为多元，对学术原典的介绍也更为全面，从某种意义上说呈现出一种"百花齐放"的局面。

四 结语

以上对中国的日本哲学研究状况进行了相对简单的概括，新中国的日本哲学研究经历了风风雨雨的 60 多年，虽然其中有坎坷、有停滞，但在新时期改革开放的环境下已经进入一个欣欣向荣的发展期，新的学术成果不断涌现，相信未来的日本哲学研究会更为繁荣。当然，虽然中国的日本哲学研究呈现出一种日益繁荣兴盛的局面，但我们也不能忽视其中的一些问题。在这最后的部分，笔者就简单讨论一下中国当代日本哲学研究中的几个问题：首先，笔者觉得在当代日本哲学研究的现状更倾向于"知识生产"而非"思想生产",或者说,与知识生产的成果相比,思想生产的成果还略显不足。这具体体现在中国的日本哲学研究还主要以介绍、评述日本哲学思想等知识性内容为主,而从哲学思想的视角出发,与日本哲学进行思想上的碰撞并从而形成新的思想成果方面还略显单薄。当然,辩证地看,知识生产和思想生产其实并不能完全割裂开来,在对日本思想进行介绍及评述时,所选取的视角本身便是具有思想性的学术活动。但是,如果对中国日本哲学研究进行观察,就会发现我国日本哲学研究具有更注重介绍"作为知识的思想"的特点。当然,之所以出现这种现象是由于受各种因素的影响,中国的日本哲学研究起步相对较晚,同时又曾受一些意识形态领域限制的原因,随着改革开放的不断深入,这一现象正在不断得到纠正。当代中国日本哲学研究所面临的第二个问题是我国对日本思想原典的译介还是比较欠缺的,很多重要的思想史资料并没有被介绍过来,这样,由于汉语的研究材料较少,这就使从事日本哲学研究的学者主要限于掌握日语的学者中,虽然,任何专业研究都不可能完全脱离原文著作,但这必然会影响到日本哲学研究在中国学术界的影响。当然,这种情况的出现主要是受学术体制的影响,对于从事日本哲学研究的研究者来说,翻译通常是一件"吃力不讨好"的工作,于是就导致了翻译方面的相对滞后。最后,在整个外国哲学研究领域,日本哲学研究与西方哲学研究相比还不是很受重视。这一方面当然是由于西方现代哲学在世界上具有更广阔的影响力,同时也涌现出很多世界级的哲学学者,与之相比,日本哲学家在当代贡献出的世界性成果较少;另一方面也和中国学术体制内相对而言更重视西方哲学的现状有关。

虽然存在上面提到的一些问题,但中国的日本哲学研究总体走在一条健康发展、日益繁荣的道路上,日本哲学研究虽然以日本哲学为研究对象,但笔者认为,作为一名中国的日本哲学研究者,在研究日本哲学的同时不应忽视其中蕴含的中国问题意识。特别是在哲学思想方面,如何通过研究日本哲学思想汲取日本近代化过程中的经验,起到为中国的现代化发展做贡献的作用依然是每个中国的日本哲学研究者所面临的课题。

第一章 日本古代及中世哲学研究

第一节 综合性研究及中日哲学比较研究

日本哲学是东亚哲学的重要组成部分。在历史上，日本哲学思想既源于中国传统哲学，又发展了本民族的思维特色；近代以来，日本主动吸收西方近代哲学，形成了具有日本民族特质的日本近代哲学，并反哺近代中国，对中国哲学乃至东亚哲学的近代化产生了重大影响。基于日本哲学思想的重要性，我国学者对日本哲学进行了全面而深入的研究，并取得了丰硕的成果，本书尝试对当代中国大陆学术界有关日本哲学思想的研究成果进行初步的梳理，并对其中值得关注的论著进行总结和概括，以期对于今后的研究能提供一些参考性作用。

本书以1978年为界，将中国的日本哲学研究分为前后二期（也有学者如卞崇道先生，把1949年10月以来当代中国的日本哲学研究历程大致划分为三个时期，"文革"之前称为第一期，是我国日本哲学研究的拓荒时代，把"文革"后作为第二期，是发展的时期，进入21世纪的第三期则是"百花齐放"的繁荣时期），即1978年之前的准备期和之后的发展期。

回顾1978年以前的准备期，在20世纪50年代初我国政府制定的"十二年科学规划"中，把日本哲学研究明确规定为开拓性学科之一。根据这一规划，北京大学于1958年设立东方哲学研究室，开展包含日本哲学在内的东方哲学的教学与研究，取得了一系列科研成果，同时培养了一批优秀研究人才。朱谦之作为学科带头人发挥了重要作用。

朱谦之（1899—1972）系统地研究了日本哲学史，对日本哲学思想方面的原典文献资料进行了广泛的搜集整理和深入的分析解读，先后出版了

《日本的朱子学》《日本的古学及阳明学》和《日本哲学史》①，同时还编著了两册日本哲学资料集分别于商务印书馆1962年和1963年出版。朱谦之关于日本哲学史研究的三部力作中，可以说前两部是他系统研究的阶段性成果，《日本哲学史》则是其最终成果。

不可否认，朱谦之的研究曾受到日本学者特别是井上哲次郎的影响，但他也提出了很多独特的学术创见。井上哲次郎所著《日本阳明学派之哲学》（1900年）、《日本古学派之哲学》（1902年）和《日本朱子学派之哲学》（1905年）为日本儒学研究的经典著作。朱谦之对井上的著作中尚未深入探讨的部分，比如日本朱子学的起源以及大阪朱子学派中的无神论思想、水户学派对日本史学的贡献等都进行了全面的阐述，不仅补充了井上的疏漏，在学术观点上也体现了独特的见解。

朱谦之的三部著作主要有以下特征和意义。第一，运用马克思主义的立场、观点和方法，从社会的生产方式出发，探索日本哲学发展的规律。他认为，日本古代哲学虽然是在中国哲学的影响下形成和发展的，但它本质上仍然是日本社会经济基础在上层建筑领域的反映，有其独特的发展规律。用马克思主义观点阐述日本哲学思想史的发展，在日本主要有永田广志所著《日本哲学思想史》（1938年）一书，朱谦之本人也坦言他的研究受到了永田广志的影响。

在《日本哲学史》中，朱谦之循着古代神话传说中的哲学思想萌芽、佛教哲学、儒学与国学、独立学派、启蒙哲学、明治唯物论、西田哲学、日本马克思主义哲学这一基本发展线索对日本哲学史进行了全面的论述，并把朱子学派中贝原益轩的气一元论，富永仲基的加上学说，古学派伊藤仁斋、荻生徂徕的气一元论，阳明学派佐藤一斋、大盐中斋的自发辩证法思想要因，安藤昌益的唯物主义，山片蟠桃的无神论，明治唯物论和日本的马克思主义哲学作为日本哲学发展的主流，主张"日本哲学史即是日本科学的唯物主义世界观及其规律底胚胎发生和发展的历史。马克思主义以前日本哲学的基本情况，即唯物主义和唯心主义孕育、形成、发展以及

---

① 朱谦之：《日本的朱子学》，生活·读书·新知三联书店1958年初版，人民出版社2000年第2版；《日本的古学及阳明学》，上海人民出版社1962年初版，人民出版社2000年第2版；《日本哲学史》生活·读书·新知三联书店1964年版。

它们相互间的斗争，在德川时代已经十分明显"①，这一论点与日本学术界倾向的"日本无哲学"论形成鲜明的对照，也奠定了中国学者研究日本哲学的基本学术立场和思路。

第二，朱谦之重视第一手原典资料的搜集和整理，采用实证主义的研究方法对史料进行深入的分析和解读。以朱谦之为中心的北京大学哲学系东方哲学史教研组编著的《东方哲学史资料选集·日本哲学》的"古代之部"和"德川时代之部"分别于1962年12月、1963年2月由商务印书馆出版，为后世学者提供了研究上的便利。

第三，朱谦之不是把日本哲学作为一个孤立的静止的研究对象，而是注重从中日哲学的相互影响这一角度作动态的把握。朱谦之以丰富的史料论证了中国古典文献对《古事记》和《日本书纪》的影响；具体地分析了贝原益轩等人的思想受到中国张载、罗钦顺的影响；指出伊藤仁斋的唯物主义倾向来自吴廷翰，而徂徕学则近似于颜元。他还引用王阳明亲笔的《送日本正使了庵和尚归国序》等珍贵资料，考证日本阳明学派的中江藤树是受王龙溪思想的影响，日本阳明学右派是受刘蕺山思想的影响。同时，朱谦之又客观地指出，即使在古代，日本哲学也并不是完全被动地接受中国哲学的影响，而是曾以日本学者独特的观点启迪过中国学者。如徂徕学《辨道》《辨名》二书在道光十六年被引进中国出版；幕末阳明学者吉田松阴等人的学说也曾对中国的戊戌维新志士如谭嗣同、黄遵宪等人产生了很大的激励作用。

朱谦之强调中国和日本的哲学思想不是在各自的国家内彼此孤立地形成的，而是互相作用、互相影响的互动关系。近代日本先于中国主动接受西方思想和马克思主义学说，并对中国产生了重大影响。朱谦之指出："中国从在日本出版的报纸杂志等译载了马克思、恩格斯的《共产党宣言》与《家庭私有财产及国家的起源》等著作。"同时也指出，近代日本也仍然有中国思想影响，如西田几多郎哲学中禅的影响，幸德秋水是"从儒学进入社会主义"，中江兆民是"借《孟子》来提倡'民权的主张'"，兆民的唯物主义世界观，"可以说是以《庄子》的思想为根据"。②

---

① 朱谦之：《日本的古学及阳明学》前言，上海人民出版社1962年版，第4—5页。
② 朱谦之：《日本哲学史》，生活·读书·新知三联书店1964年版，第239、315—322、376页。

朱谦之的系列研究成果是中国的日本哲学思想史研究的经典之作，他在日本哲学思想研究领域的开创性贡献，受到中日学界的高度评价。但毋庸讳言，运用教条式的马克思主义研究日本哲学思想，难免有简单化、标签化的倾向，这也是当时的政治环境所导致的时代的局限性。朱谦之将哲学学派斗争与社会阶级矛盾斗争机械地联系起来，以阶级矛盾作为各学派思想斗争的背景，这说明他所运用的学术观点和学术方法在某种程度上说是一种僵化了的意识形态。研究日本的哲学思想，如果其主要目的并不在于将日本哲学思想这一研究对象本身作为"他者"来认识，也未有通过"他者认识"来深入地认识自我的学术方法，那么研究日本哲学史的发展规律只能成为某种意识形态化的理论的注脚而不可能成为独立的学科。①

20世纪60年代后的"文化大革命"导致我国的社会科学研究陷于停滞，日本哲学研究也随之中断。"文革"结束后，社会科学研究的复苏带动日本哲学研究也进入第二期即发展的时期。特别是全面实行改革开放政策以来，社会科学研究蓬勃发展，中华日本哲学会在此时期成立，更进一步推动了日本哲学研究的深入开展，迎来了论文数百篇、研究专著达几十种之多的可喜局面。

其中的代表性成果应推王守华、卞崇道编著的《日本哲学史教程》。该书努力破除前一历史阶段对马克思主义的简单化、片面化和公式化的理解与运用，概括了日本哲学发展的基本线索和主要特征。在充分吸收中外学者的研究成果，特别是先辈学者朱谦之和刘及辰的研究成果的基础上，又提出了一定的新见解。首先在体系上，作者将社会历史分期的一般原理与日本的具体历史情况相结合，把日本哲学的发展分为古代（1867年前）、近代（1868—1945）和现代（1945年后）三个大的断代，体现了历史和逻辑的统一。对于古代哲学，该书以时间为经，思想内容为纬，着重叙述了佛教哲学、儒家哲学和神道哲学。对于朱子学派的哲学，打破了以往以师承关系来划分学派的方法，而从哲学基本问题上将其划分为唯心主义和唯物主义两大派别。其次，在研究领域上有所拓展。譬如关于日本固有的神道哲学，过去我国学者少有论及；对于战后日本哲学也尚未涉猎，而《日本哲学史教程》对以上问题都作了全面的分析和阐释，填补了学术空白。

---

① 参见刘岳兵《朱谦之的日本哲学思想研究》，《日本学刊》2012年第1期。

作者提出的创新性论点主要在于对日本哲学史特点的总体把握上，总结出日本哲学史除了表现出哲学发展史的一般规律外，尚具有独自的特点。（1）移植的特点。在日本哲学的发展史上，经历了佛教思想、儒学、欧洲近代思想和战后来自以美国为首的西方现代思想的四次大规模外来思想的冲击，这四次外来冲击同时又造就了四次大规模移植外国哲学的历史，这点是日本哲学史最为明显的特征。（2）融合、创造的过程。譬如明治初年移植西方哲学时，以西方哲学的概念将儒学的"理"阐释为"物理之理"和"心理之理"，即是西方哲学与传统儒学思想的融合。经过西村茂树、井上圆了、井上哲次郎分别以佛教、儒学与西方哲学相融合的阶段，最终产生了独创性的西田哲学。（3）中间类型的特点。日本在古代主要是移植中国哲学，因而具有东方哲学的特点；从近代开始又移植欧洲哲学而具西方哲学的特征，最终融合东西方哲学思想形成了兼具二者特点的日本型哲学。由此形成了日本哲学兼具西方哲学和东方哲学的特点，亦即兼容并蓄的优点和多元价值观。[①]

另外，该书在占用过去已有资料的基础上，尽可能广泛利用70—80年代新版原始资料和日本学者的最新研究论著，不仅史料丰富翔实，在一定程度上也反映了国内外关于日本哲学研究的新水平和现状，具有十分重要的意义。

黄心川、王守华、卞崇道还主编了一部《东方著名哲学家评传·日本卷》[②]，该书对日本著名哲学家的生平和主要哲学思想进行了全面而客观的评述，对于日本哲学研究领域的学者以及有志者具有重要的参考价值。

改革开放以来，我国的日本哲学研究迎来了新的转机，出现了盛况空前的繁荣景象。尤其是进入21世纪以后，日本哲学研究更出现了拓宽研究对象的领域、研究方法多样化、中青年研究者崭露头角等新动向，可谓全面进入了日本哲学研究的繁荣时期。这一时期研究成果的汇总和概括，反映在徐远和等主编的《东方哲学史》[③]中的日本哲学部分。

《东方哲学史》是中国社会科学院重大课题项目，由全国近四十位东

---

① 参见王守华、卞崇道编著《日本哲学史教程》，山东大学出版社1989年版，第6—8页。
② 黄心川、王守华、卞崇道：《东方著名哲学家评传·日本卷》，山东人民出版社2000年版。
③ 徐远和等主编：《东方哲学史》，人民出版社2010年版。

方哲学研究的专家学者参与撰写。这既是我国学术界全面系统地探讨东方哲学所取得的重大成果，也是我国乃至世界东方哲学研究领域的重大事件。该书共分为"上古""中古""近古""近代""现代"五卷，各卷又分南亚、西亚北非、东亚三编，涵盖印度哲学、古埃及·巴比伦·巴勒斯坦哲学、斯里兰卡等国哲学、阿拉伯伊斯兰哲学、中国哲学、朝鲜半岛哲学、日本哲学、越南哲学诸篇，共计280多万字。其内容涉及东方各个国家和民族不同历史时期的各种哲学体系，囊括众多哲学思潮、学派、代表人物的哲学学说，全面地介绍和反映了东方哲学从古代到现代的历史发展与整体面貌，从广度和深度上展现了东方哲学独特的思想性质与内容，是第一部全面反映我国哲学界最新研究成果与最高学术水准的东方哲学通史。①

在充分吸收和继承朱谦之、王守华和卞崇道等人的先行研究成果的基础上，该书的日本哲学部分从神道教与国学的形成发展与演变、佛教的传入和本土化、儒学的传入和发展、町人和农民哲学思想的形成、洋学与水户学的形成、西方近代哲学初入日本、启蒙主义哲学思潮、自由民权运动理论家的哲学观、东西思想融合的初步尝试、德国哲学的导入与学院派哲学的形成、明治早期的社会主义思想等各个方面对日本哲学的发展历程进行了深入和全面的探讨。

覃启勋的《日本精神》②是一部对所谓"日本精神"进行深度解析的研究专著。

该书对美国文化人类学家本尼迪克特的《菊与刀》、英国伦敦大学教授森岛通夫所撰的《日本为什么"成功"》、德国社会学家马克斯·韦伯的《新教伦理与资本主义精神》以及日本学者川岛武宜所撰的《评价与批判》、鹤见和子所撰的《好奇心与日本人》、山本七平的力作《日本资本主义精神》等有关日本精神的先行研究成果进行了批判性研究，同时提出了一个独特的观点：人类原始社会阶段的一场大洪水造成了日本先民的大迁徙和日本列岛的地理大变迁，而日本原创开拓精神正是源于这场大迁徙和地理大变迁，然后又经历了一个漫长的弘扬期，分为两个阶段，第

---

① 参见方国根《〈东方哲学史〉：一部东方哲学研究的奠基之作——写在〈东方哲学史〉（五卷本）出版之际》，《光明日报》2011年3月2日。

② 覃启勋：《日本精神》，长江文艺出版社2000年版。

一阶段起自弥生时代前期，迄于遣唐使中止的公元894年前后；第二阶段起自公元10世纪前期，终至明治维新前后。在这个原创精神弘扬期，日本民族从落后走向先进、从岛域走向世界，通过"大化改新"和"明治维新"这两次重要改革，完成了由土著文化演变为和汉文化，再由和汉文化演变为和汉西文化这样两次划时代的文化转型。这种原创开拓精神是日本民族顺势向前的潜在内因，也是日本这个岛国取得成功的根本保障。

断代研究是日本哲学史系统研究的又一重要组成部分。特别是日本的近世时期（即江户时代，1603—1867）是日本封建统治的最后一个时代，在德川将军统治下推行中央集权与地方自治相结合的幕藩体制，既曾取得政治和经济上的稳定发展，最终又由于幕藩体制自身的结构性矛盾无法解决，再加上西方帝国主义的胁迫开国，民族危机与封建制危机叠加，导致封建幕府政治体制的终结，日本迈向文明开化的近代化国家的建设之路。近世是日本封建社会高度发展和成熟的时期，在中国、西方、日本多种思想文化思潮的互相碰撞和作用下，日本思想界各种学说流派层出不穷，各种观点主张异彩纷呈，在思想文化上进入一个高度繁荣的时期。王青著《日本近世思想概论》[①]是我国日本哲学思想研究领域中第一部就日本近世错综复杂的哲学思想状况进行体系性梳理的著作。

该书在充分吸收我国学者的先行研究成果并参考日本学者相关成果的基础上，扩大了考察范围，突破我国学术界以往偏重日本儒学的片面性，将日本近世儒学、神道与国学、町人和农民的思想、兰学和洋学以及近世佛教等各种哲学思想都纳入分析的视野之中，将个案剖析与宏观概述结合起来，可以说比较准确地描述了日本近世哲学思想史的全貌。该书不仅是对日本近世哲学和思想的基础理论研究，同时还可以为非专业人士提供有关日本近世哲学和思想的基础知识，因此还具有很高的实用价值。

中日之间的文化交流源远流长，中日两国哲学相互影响，互相启迪，共同发展，二者既有普遍的共同性，又有特殊的差异性。对于中日哲学思想进行比较研究，历来是我国日本哲学研究的一个重要领域。

80年代起，中国学者首先开始对中日朱子学、中日阳明学进行比较研究；90年代后，则进一步从整体上对中日儒学进行了比较研究，其中王家骅的中日儒学比较研究取得了系统性的理论成果。他的《日中儒学

---

① 王青：《日本近世思想概论》，世界知识出版社2006年版。

之比较》《儒家思想与日本文化》《儒家思想与日本的现代化》[①] 三部专著，在揭示日本儒学从古至今的发展形态和社会功能、日本儒学对日本文化的影响、中日儒学的差异以及这种差异对日本现代化的影响等方面的系统论述填补了国内外这一领域的空白。他关于传统文化与现代化关系的一些观点，在国内外引起了一定的反响，他在方法论上的一些突破，也给后学以有益的启示。[②]

李威周主编的《中日哲学思想论集》[③] 是国家教委批准的博士点基金项目"日本及东亚哲学研究"的成果之一，共收录22篇论文。还有他编著的另一部著作《中日哲学思想交流与比较》[④] 都涉及中日哲学思想的交流与比较，并概括出日本哲学思想史具有以下特点：后进性、因移植而缺少独创、新旧哲学思想并存、偏重伦理道德和国家功利、发展变化的内在逻辑不明显、近代以来有融东西方哲学思想于一体的倾向等，这些论点有一定的学术创见。

李甦平较早开始关注中日哲学的比较研究。她在《转机与革新——论中国畸儒朱之瑜》[⑤] 一书中，特辟专章"中日文化交流的灿烂一页——朱之瑜与日本文化"，论述了朱之瑜（舜水）对日本朱子学派、古学派和水户学派的影响。通过翔实的史料，分析日本当时学术发展与朱之瑜的密切关系，指出日本朱子学两大派（主气派、主理派）中着重继承、发展了朱之瑜的"实学"思想，经国济民是其主要宗旨，主博学、尊知识、倡实行、蓄经验是其基本特征，由此构成了有别于中国朱子学而别具特色的日本朱子学。

近年来，传统文化与现代化的关系问题日益引起人们的关注，并逐渐在学术界形成了一个热点。李甦平的《圣人与武士——中日传统文化与现代化之比较》[⑥] 以比较哲学的方法，探讨日本传统文化向现代化转型的

---

① 王家骅：《日中儒学之比较》，东京六兴出版社1988年版；《儒家思想与日本文化》，浙江人民出版社1990年版；《儒家思想与日本的现代化》，浙江人民出版社1995年版。
② 参见刘岳兵、孙惠芹《日本儒学及其对日本文化与现代化的影响——评王家骅的三本书》，《日本研究》1995年第4期。
③ 李威周主编：《中日哲学思想论集》，齐鲁书社1992年版。
④ 李威周编著：《中日哲学思想交流与比较》，齐鲁书社2000年版。
⑤ 李甦平：《转机与革新——论中国畸儒朱之瑜》，中国人民大学出版社1989年版。
⑥ 李甦平：《圣人与武士——中日传统文化与现代化之比较》，中国人民大学出版社1992年版。

途径，并力图以此为鉴，寻觅中国传统文化与现代化的契合点，探索中国实现现代化的有益模式。李甦平采用张立文提出的纵横互补律、整体贯通律和混沌对应律的方法，对中日传统哲学诸范畴进行了纵向与横向的比较研究，比较其同质异素和异质同素相互胶结、贯通、渗透及转化的关系，并研究中日传统哲学诸范畴从无序到有序的发展过程。

作者提出了一系列发人深省的独特见解。例如书中指出，日本阳明学的实践观是一种"事功实践观"，把"知"看作改革社会、经邦弘化的真知识，把"行"看作将其知识付诸实现的具体行动；而中国阳明学的实践观是一种"道德实践观"，其所谓实践是指人伦道德修养的实践，实践意义落到了实践于心或实践于道德之上。日本阳明学道德观的取向是成为武士，武士的追求正是功利实行；中国阳明学道德观的取向是成圣，而圣人道德观所强调的是"良知"。日本社会结构的特点是家族制，中国社会结构的特点是宗法制。日本文化是"杂种文化"而带有复合性、多维性，呈现"全面摄取型"；中国传统文化以儒家文化为主，儒家文化是单一文化而带有单一性和一维性，具有封闭性和保守性。作者的结论是：现代化必须以传统为基础，传统必须以现代化为目标。日本的现代化可以说是对其传统文化加以变革转型的结果，这种经验告诉我们，在我们丰厚的传统文化中蕴藏着适合现代化发展的积极因素。①

朱七星主编、延边大学朝鲜问题研究所东方哲学研究室集体创作的《中国、朝鲜、日本传统哲学比较研究》②更将比较的视野拓展到中、日、朝三国的东亚领域。该书是国家教委"八五"人文、社会科学研究项目，是海内外第一部对中、日、朝三国传统哲学思想进行横向比较研究的著作，从一个新的视角，揭示了东亚传统哲学思想同中有异、异中有同、互补共生的特点。

三卷本《圣人与日中文化》③是旅日学者王文亮（藤原文亮）关于日本儒学研究的一部新著。该书共210万字，以日本儒学思想发展史为中轴，全面分析探讨日本人在各个历史时代所形成的圣人观念的基本内容，

---

① 参见王家骅《中日传统文化比较的哲学思考——评李甦平〈圣人与武士〉》，《哲学研究》1993年第4期；武寅：《中日比较哲学的一部新著——评〈圣人与武士——中日传统文化与现代化之比较〉》，《日本学刊》1993年第3期。
② 朱七星主编：《中国、朝鲜、日本传统哲学比较研究》，延边人民出版社1995年版。
③ 王文亮（藤原文亮）：《圣人与日中文化》，社会科学文献出版社1999年版。

以及与中国固有的圣人观念之间的源流关系。该书作者从一位旅日中国学者的立场出发,更加客观地考察分析了中日儒学之异同,而且旁征博引、史料翔实、论据充分,是一部很有参考价值的学术著作。

张玉柯、李甡平等著《和魂新思——日本哲学与21世纪》① 则在世纪之交,从哲学思想上考察充满着多元冲突融合的东亚地区。作者认为这个地区由于其历史—现实的特殊性,既存在着东亚的文化,亦存在着文化的东亚。作为东亚文化和文化东亚的核心的东亚哲学和哲学东亚,两者的所指既同又异:同是指其折中和合体;异是指各有其侧重点。从作为哲学和合体的东亚而言,传统上是以华夏文明为中心融突和合而构成的,具有一定程度上的哲学共通性和哲学精神的共识性。

中日实学思想的比较研究也是热点问题之一,近年来中国的实学研究在国内外学界产生了一定的影响。葛荣晋主编的《中日实学史研究》② 收录了中日学者的16篇文章,分为"中国编"与"日本编"两部分。中国的实学研究比日本起步晚,两国学者在学术交流中取得了很多共识,但也不乏观点的交锋,如中国学者认为中国实学来自对宋明理学的反动,而日本学者则认为朱子学在推动日本实学方面起了不可忽视的作用等。

由中国社会科学院哲学所李甡平教授主编、安徽人民出版社1995年出版的《中国·日本·朝鲜实学比较》一书第一次从比较文化学的角度,对中国、日本、朝鲜实学思想进行了全面的分析论述。这部著作为东方学术的横向比较研究开辟了一条新路,其新颖之处在于对朝鲜实学思想的研究方面,具体分析了朝鲜实学思想产生的背景和原因,阐述了朝鲜实学思想的内涵与特征,并客观介绍了朝鲜实学思想研究方面的学术成果。③

综观当代中国的日本哲学研究历程,可以看出我国的日本哲学研究已经取得了丰硕的成果,并形成了鲜明的主体意识、独立的立场和观点、实证研究与理论分析相结合的研究方法。随着中青年研究力量的成长和壮大,研究条件的进一步改善,21世纪的中国日本哲学研究必将取得更加深入的发展。

---

① 张玉柯、李甡平等:《和魂新思——日本哲学与21世纪》,收入《东亚哲学与21世纪》丛书,华东师范大学出版社2001年版。
② 葛荣晋主编:《中日实学史研究》,中国社会科学出版社1992年版。
③ 参见姜日天《实学与东亚社会——评〈中国·日本·朝鲜实学比较〉》,《哲学动态》1996年第12期。

第二节　日本古代神道教与近世国学研究

在对日本哲学史进行系统的综合研究和比较研究的同时，我国学者还做了大量关于神道教、儒学、佛教等方面的专题性研究，这里对于一些学术影响较大的论著略作评介。

神道教通称神道，是日本民族自古以来的传统宗教信仰，也是日本文化的根源。神道源自原始时代自然发生的原始信仰，拥有悠久的历史，其发展过程大致可分为原始神道、神社神道、国家神道、神社神道和独立神社并存四个阶段。在神道教中，神具有无上的权威、力量和作用，同时在天皇既是最高政治首领又掌握最高祭祀权的"祭政一致"的政治体制下，"神之道"既是政治规范，也是道德规范。要真正理解日本文化的精神实质，就必须搞清神道教的本质和特征。20世纪80年代后，神道研究越来越受到我国学者的关注，神道研究的论著也层出不穷。

30年来，王守华的日本神道研究一直是这一领域的引领者。他的《神道哲学刍议》[1]是对日本民族思想的中核——神道哲学思想的初步探索。随后，他在《日本哲学史教程》第四章"神道哲学思想"中，又详细地论述了神道思想的形成、各派神道的哲学思想以及神道哲学的理论与特点。他主张神道是日本民族原有信仰基础上发展起来的精神行为，在今天日本的国民生活中仍有很大影响，所以，研究神道思想的发生、发展及其哲学内涵，对研究日本民族意识的发展颇为重要。

作为多年来对神道进行系统研究的结晶，王守华在日本出版了《日本神道的现代意义》[2]，受到日本学术界和神道界的高度关注。但罗时光的《从日本神国思想看天皇制的军国主义之本质》[3]却提出了不同的看法。罗文认为：中外学术界往往普遍认为近代天皇制与国家神道才是近代日本军国主义的根本源泉。持这种观点及研究视点的学者，在日本以井上清、村上重良等，在国内则以王守华等为代表。井上清在其著作《天皇

---

[1]　王守华：《神道哲学刍议》，《日本问题》1988年第6期。
[2]　王守华：《日本神道的现代意义》，东京农文协出版社1997年版。
[3]　罗时光：《从日本神国思想看天皇制的军国主义之本质》，《南昌大学学报》（人文社会科学版）2006年第1期。

制》里力论真正意义上的天皇制乃为近代的产物，也即近代天皇制才是产生近代日本军国主义的根本源泉。村上重良与王守华则分别在其著作《国家神道》与《日本神道的现代意义》里阐明国家神道乃为近代的产物，是军国主义的根本精神源流。这类观点及研究方法似乎极大地影响了中国学术界。但罗文却认为，上述权威观点及其研究难以真正揭示天皇制的本来真实全貌与核心本质。因为真正意义上的军国主义式的天皇制绝非只是在近代才产生的，军国主义也绝非仅是近代天皇制与国家神道的产物。这样的学术争鸣对于推动我国日本哲学研究的深入发展也是十分有益的。

王守华近年来的最新研究成果是和王蓉合著的《神道与中日文化交流》①。该书主张神道是日本民族文化的核心，它积淀于日本文化的深层，影响于日本的政治、经济、文化、国民生活等各个方面。在中国文化传入日本之前，产生于古代日本农耕社会的原始神道只有祭祀礼仪，没有理论和经典。神道是在吸收了佛教、道教、儒学等中国传统文化的成分之后，才逐渐形成了自己的理论和经典。今天，无论从神道的文献资料、各学派神道的理论，到神道的神祇、神社建筑、祭祀礼仪中，都可以看到中日两国思想文化交流的印记。

该书论述了神道概念的形成和发展、神道的历史演变；介绍了神道神祇的基本知识，剖析了神道神祇的实质；揭示了神道的物质外壳（神社）和神道作法（祭祀）的实质；不仅把神道定位为宗教，而且定位为日本的传统文化。从哲学思想、文化、政治、经济、社会生活等视角入手，着重论述了神道的哲学思想（神道的自然观——以"生"为媒介的和谐一体化思想，神道的伦理思想——以"报本反始""清明正直""勤务追进"为特征的"实践"伦理，神道的历史观——以"日本神国""万世一系"为特征的"王道史观"）。特别是另辟专章阐述神道与环境保护、神道环境思想的现代诠释、神道与当代日本社会生活等，反映出作者与时俱进的敏锐的问题意识。

范景武是近年来在神道研究领域崭露头角的青年学者。他的论文《国家神道新探》②指出日本军国主义行为是国家神道在政治、军事上的

---

① 王守华、王蓉：《神道与中日文化交流》，收入《文明对话丛书》，河北人民出版社2010年版。
② 范景武：《国家神道新探》，《内蒙古工业大学学报》（社会科学版）1999年第1期。

延伸。作者认为神道教是日本民族特有的宗教文化现象，即它有别于作为世界宗教的佛教、基督教和伊斯兰教，而是以民族宗教的身份立身处世的。日本民族的国民性或民族性在神道教的历史传承和精神实质中得以充分体现。神道教的产生、发展及由盛而衰的历史是独特的，观察和审视自然力是其产生的原因，协调人与自然的关系是其存在目的，抽象思维能力的一定程度的精进是其发展前提，它吸收和内化佛教、儒学的精神实质，把神儒佛作为共同构成日本文化的主要层面和主体结构，表现出日本文化发展中独创的"吸取—变形"规律。

范景武继出版专著《神道文化与思想研究》[①]之后，又出版专著《民族文化与国民性研究》[②]，彰明了中国大陆思想文化的辐射功能，即显现于它在影响日本社会及其文化的过程中所表现出来的文化张力，以及日本社会及其精神土壤在接受外来思想文化影响的过程中所表现出来的文化引力。作者认为，处于中国大陆思想文化"辐射弧"内的日本社会及其思想文化，同时也演绎着独自的发展之路，由此形成和展现了日本民族的世界观、历史观、价值观、社会伦理观和思维方式。神道文化验证了日本文化的固有性和外来性是辩证关系——文化、思想和哲学等精神产品存在着民族性与世界性、地域性与国际性、特殊性与一般性、落后性与先进性、至上性与非至上性、连续性与非连续性等关系；一个民族拥有自己的历史，就有独自的文化，就会创造自己民族的文化形态和文化成果，其中就内含本民族的民族精神；日本民族依赖于自强不息的民族意识、对外来的先进思想文化不失时机的开放意识、文化交流过程中不断受到冲击所育成的自觉意识、恪守民族根性和永不言败的排邪意识，缩短了民族文化与外来思想的距离，降低了社会发展和文化建设中的成本，形成了独特的文化形成与发展的模式，这是思想文化创造与保持的成功之路，也是社会发展与经济建设的成功之因。

近年来范景武又发表论文《论神道生死观的内核与实质》[③]，阐述了日本人关注生死现象与生死规律，把握生死观念与生死文化，确立生死意识与生死理论，提升生命伦理与生存质量等，以期满足现世利益和现实需

---

① 范景武：《神道文化与思想研究》，内蒙古人民出版社2001年版。
② 范景武：《民族文化与国民性研究》，内蒙古人民出版社2008年版。
③ 范景武：《论神道生死观的内核与实质》，《延边大学学报》（社会科学版）2009年第2期。

求。作者认为神道是日本民族原有的宗教文化和特殊的生活习俗，神道文化是促进日本社会发展、形成日本人国民性的文化基因和思想动因，揭示神道生死观的内核与实质，有利于推进"解日本民族文化之谜"这一事业。

牛建科对日本复古神道有着深入的研究。他先后发表了论文《复古神道与国学》和《论日本复古神道的哲学意义与实践意义》，接着出版了专著《复古神道哲学思想研究》①，这是迄今为止国内最为系统、全面、详尽的复古神道哲学思想的研究专著。该书将复古神道放在日本民族吸收外来文化的大背景下，置于神道发展的历史长河中，纵横地梳理了复古神道思想的发展脉络，阐明了复古神道的理论意义——"神性的提升与神灵观念的完善"与实践意义——"蕴含着反体制性因素"。《复古神道哲学思想研究》最终对复古神道的性质和特征作了如下总结：一、排斥外来思想文化的狭隘民族主义；二、复兴所谓纯神道的复古主义；三、强调神道的宗教实践性；四、彻底的反本地垂迹说倾向。作者指出：厘清复古神道与国家神道、教派神道的思想渊源关系，对于我们认识为什么在今天的中日关系中，日本右翼势力会如此猖獗等现实政治外交问题也具有启发意义。

刘立善著《没有经卷的宗教——日本神道》②也是一部重要的神道研究著作。该书对神道的起源、萌发及其发展，神道的流派与变迁，明治维新后神道的政治实践和国家神道的形成、恶性膨胀直至瓦解等问题进行了全面而深刻的考察，从政治上的神国观、哲学上的现实观、伦理上的明净观等方面剖析总结了神道的特质。

作者指出：从思想渊源上来说，神道与中国的佛教、儒教、道教等都有密切联系，与这些思想派别的结合形成了不同的神道流派。日本近世产生的儒家神道都与朱子学有着密切关系，作为垂加神道创始人的山崎暗斋本身就是著名的朱子学者，他依据朱子学的理学本体论对日本神道古典作出新的诠释，认为神道与儒教本质上是一致的，阴阳五行所描述的世界秩序与神道所理解的神学秩序是一致的。暗斋强调神道与圣人之道本质上的

---

① 牛建科：《复古神道与国学》，《哲学动态》2004年第6期；《论日本复古神道的哲学意义与实践意义》，《文史哲》2004年第5期；《复古神道哲学思想研究》，齐鲁书社2005年版。

② 刘立善：《没有经卷的宗教——日本神道》，宁夏人民出版社2005年版。

统一性，但又反对把神道与圣人之学作简单的附会习合，这一思想又深受伊势神道教义的影响。伊势神道的教义内容大量吸收了中国古代的儒教和道教思想，用周易、太极、阴阳五行等思想解释诸神的由来。实际上这些思想不仅对神道思想而且对整个日本古代思想的影响都是巨大的，《日本书纪》《古事记》等日本古典著作都大量吸收了这些思想。

垂加神道是日本近世神道史上的一个重要流派，其创始人山崎暗斋（1619—1682）在吸收伊势神道和吉川神道思想的基础上，融合朱子学的主张而创立。其教义深受朱熹思想的影响，又强化了神道理论的道德实践性。

对于垂加神道，王维先的学术成果值得关注。他以垂加神道作为主要考察对象的专著《日本垂加神道哲学思想研究》[①]选取在日本近世神道史上有巨大影响的垂加神道，并以其创始人山崎暗斋的思想转变为理论背景，以垂加神道与朱熹学说的思想关联为切入点，注重对垂加神道哲学思想的历史渊源及其流变过程作逻辑的分析，并对神道思想的演变作历史的叙述，分析日本思想文化和民族精神的独特性。

对于垂加神道，日本学术界有着较为详尽的研究，该书充分吸收了日本学者的研究成果，并在对大量原始资料作深入的分析解读的基础上，进一步提出自己的独特见解。作者认为如果把垂加神道放到日本民族精神成长的历史长河中，就会发现它在建构日本民族精神过程中的作用。垂加神道借用朱子学在近世日本的主流意识形态地位，通过与神道思想的结合，以一种婉转的理论形式来论证天皇统治的合理性。该书对神道的历史脉络与垂加神道的历史地位、山崎暗斋的垂加神道本体论和一神论倾向进行了全面而深入的分析，指出垂加神道的本质是一种政治哲学，其政治哲学的展开就是垂加神道的国体论，这成为日本民族主义的思想支点。

王宝平主编的《神道与日本文化》[②]收录了15篇我国学者关于日本神道文化研究的论文。文章或从思想角度，或从历史、民俗视野，或结合中日文化交流史，从多元的视角分别对日本的神道教进行了考察和研究。如牛建科的《试论国家神道思想理论之渊源》、王维先的《山崎暗斋的神

---

① 王维先：《日本垂加神道哲学思想研究》，山东人民出版社2004年版。
② 王宝平主编：《神道与日本文化》，收入《日本思想文化研究丛书》，北京图书馆出版社2003年版。

儒习合思想与儒学的日本化问题》、王力的《天台宗与日本神道》、郑爱华的《苗族与日本起源神话之比较》等均为很有创见的文章。其他还有《论"根叶花实说"及其思想影响》《试论天照大御神在神道中地位的形成和发展》《基督教与神道思想的初次交锋》《华夷思想和神国思想的冲突——论明初中日关系的发展》《近代天皇制确立过程中的国际影响》《日本古代的大陆移民系神社之研究——兼论大陆移民对日本神道教的影响》《明代中国人的日本神道观》《近代中国知识分子神道观的考察》《晚清中国人的神道观——以外交官和考察游历官为中心》等论文，从多个视角全面、立体地考察了神道与日本文化的互动关系。

王金林也是一位在神道研究领域耕耘多年的知名学者。王金林的《日本人的原始信仰》[①]一书，依凭大量的文献、考古和民俗资料，从中日比较文化研究的角度，对日本人原始信仰的形成及其影响做出了细致全面、令人信服的描述与分析。

王金林著《日本神道研究》[②]一书对原始神道及其构成要素的巫术信仰、朴素的宇宙观、原始的创生观、皇室神道的成立与以天皇为核心的中央集权体制的形成、神佛融合过程中出现的问题与矛盾、摆脱依附佛教的新神道的思想形成、神道与儒学的结合与发展、天主教的传入及其与神国思想的冲突、国学与复古神道的兴起、国家神道的形成和展开及其理论基础和基本思想、国家法西斯化与国家神道、靖国神社的起源与天皇制等问题进行了广泛而深入的考察，是我国学者近年来在神道研究方面的一个综合性研究成果。该书以历史发展为线索对日本神道作了全面的研究，可以看作是一部日本神道通史。作者从中国人的角度对一些神道的相关问题提出了看法，比如对于靖国神社问题，作者表示：日本政界、神道界的右翼势力之所以关注靖国神社与国家的关系，其实质就是企图将已成为宗教法人的靖国神社重新拉回到国家神道的老路上去，实现在国家管辖下的非宗教化神社。如此从宗教学的视角点出了靖国神社问题的实质，明确表示了中国学者的立场和观点。

王金林还有系列论文，《程朱理学传入日本与林罗山的儒家神道观》《皇室神道的形成与天皇的神话》《明治前期神道的国教化》和《江户幕

[①] 王金林：《日本人的原始信仰》，宁夏人民出版社2005年版。
[②] 王金林：《日本神道研究》，收入《中日关系史研究丛书》，上海辞书出版社2007年版。

府末期日本的国学和国学神道》①，是一位在神道研究领域颇有建树的学者。

中国社会科学院世界宗教研究所张大柘的《日本的教派神道研究》②是以教派神道为研究对象的一篇重要论文。教派神道，顾名思义是神道的教派组织，亦称宗派神道、宗教神道，是当今日本神道教的一个重要体系，通常指日本幕府末期至明治初期发展起来的黑住教、金光教、天理教、神道修成派、出云大社教、扶桑教、实行教、神习教等神道教的十三个教派。张大柘还有《简论日本神道教祭祀的原理、构成及主要特质》③也值得关注。

除以上论著外，还有不少关于神道方面的研究论文散见于各期刊。如聂长振的《日本稻荷神社与中国民间信仰的关系》④一文，提出了神道与萨满教有渊源关系的观点。李秀石的《从神道国教化到靖国神社——论日本近现代史中的祭祀政治》⑤、李甦平的《道与神道——中日民族宗教核心范畴的比较研究》⑥，王晓峰的《复古神道的历史背景及其思想特点》⑦，廖枫模的《古神道与日本民族性的关系》⑧，方海燕的《论日本神道教的现世性特征——以中世以前神道和佛教的相互关系为中心》⑨，刘金才的《论日本神道信仰的性质和特征——兼谈日本"历史认识"误区的文化原因》⑩，郭冬梅的《明治末期的神社整理与国家神道》⑪，韩东育

---

① 王金林：《程朱理学传入日本与林罗山的儒家神道观》，《日本研究》2008年第1期；《皇室神道的形成与天皇的神话》，《日本研究》2007年第1期；《明治前期神道的国教化》，《日本研究》1998年第4期；《江户幕府末期日本的国学和国学神道》，《日本学刊》1999年第3期。

② 张大柘：《日本的教派神道研究》，《世界宗教研究》1998年第2期。

③ 张大柘：《简论日本神道教祭祀的原理、构成及主要特质》，《世界宗教研究》2000年第2期。

④ 聂长振：《日本稻荷神社与中国民间信仰的关系》，《世界宗教研究》1982年第2期。

⑤ 李秀石：《从神道国教化到靖国神社——论日本近现代史中的祭祀政治》，《世界历史》1998年第6期。

⑥ 李甦平：《道与神道——中日民族宗教核心范畴的比较研究》，《河北学刊》1992年第3期。

⑦ 王晓峰：《复古神道的历史背景及其思想特点》，《外国问题研究》1998年第3期。

⑧ 廖枫模：《古神道与日本民族性的关系》，《中山大学学报》（哲学社会科学版）1990年第3期。

⑨ 方海燕：《论日本神道教的现世性特征——以中世以前神道和佛教的相互关系为中心》，《日语学习与研究》2007年第2期。

⑩ 刘金才：《论日本神道信仰的性质和特征——兼谈日本"历史认识"误区的文化原因》，《日语学习与研究》2004年第4期。

⑪ 郭冬梅：《明治末期的神社整理与国家神道》，《日本学论坛》2007年第3期。

的《日本"京学派"神道叙事中的朱子学》①，吴春燕的《日本德川时代儒学神道的产生及其思想特点》②，王海燕的《日本侵华战争中的国家神道》③，王志、王晓峰的《试论日本神道与武士道的关系》④，韦立新的《中日文化关系史上不容忽视的一页——儒、佛思想在日本神道发展过程中的作用》⑤等，可以说日本神道哲学思想的研究成果非常丰厚。

近年来中国学者的研究领域进一步拓宽到日本文学（文艺）思想和日本近世国学。所谓近世"国学"乃指在17—18世纪的锁国时代背景中产生的思想，由号称国学四大家的荷田春满提出、贺茂真渊继承、本居宣长大成、平田笃胤扩张的一派学问。他们在研究《古事记》和《日本书纪》等日本古典文献时，以排斥汉意＝中国文化的影响、探究日本固有的"古道"为目的，以标榜所谓日本文化的"纯粹性"。

"国学"这个概念在日本近代国家的形成过程中，被赋予了日本精神象征的特定含义，因此"国学"定义有广义和狭义两种。广义的"国学"指的是以日本的古典为研究对象，以文献实证为研究方法，以阐明日本固有的文化和精神为目的的学问。而狭义的国学除上述特征外，就是本居宣长一派建立在抗拒"中国影响"的观念上，带有明显的复古倾向和严重的排他性的学问方法，因而又被称作复古国学。本居宣长一派的复古国学主张恢复日本民族的固有精神即"古道"，从这个意义上讲，狭义的复古国学是真正的文化保守主义和国粹主义的思想。

所以在对近世国学的研究中，必须正视的问题就是对国学的奠基者本居宣长的评价。蒋春红的《日本近世国学思想：以本居宣长研究为中心》⑥就指出：当宣长评价作为一个问题被提出的时候，宣长就不再仅仅是一个学者或思想家，他同时意味着对日本民族身份的自我认同，意味着日本文化的主体性和独立性，意味着日本在亚洲乃至世界中的位置。这不

---

① 韩东育：《日本"京学派"神道叙事中的朱子学》，《求是学刊》2006年第4期。
② 吴春燕：《日本德川时代儒学神道的产生及其思想特点》，《郑州大学学报》（哲学社会科学版）2009年第3期。
③ 王海燕：《日本侵华战争中的国家神道》，《抗日战争研究》2009年第1期。
④ 王志、王晓峰：《试论日本神道与武士道的关系》，《南昌航空大学学报》（社会科学版）2009年第3期。
⑤ 韦立新：《中日文化关系史上不容忽视的一页——儒、佛思想在日本神道发展过程中的作用》，《日本学刊》2002年第3期。
⑥ 蒋春红：《日本近世国学思想：以本居宣长研究为中心》，学苑出版社2008年版。

仅仅是因为本居宣长提出了"清除汉意，坚固和魂"的一系列思想，由此所酝酿出来的"尊王攘夷""倒幕维新"的新思想，对于明治时代的思想界产生过巨大的影响，而且在20世纪的日本学术思想发展史上，也不难看到日本"国学"在思想倾向和方法论等多方面留下的印迹。

本居宣长自称自己的学问是"古学"，他通过古代典籍考辨来确立日本文化的独特性，这个过程也是他确立"和魂"＝以神道思想为核心的日本精神和摒除"汉意"＝以儒家经籍为中心的中国文化影响之下形成的日本化的汉文化思维的过程。尽管实际上，在宣长力图摆脱儒学禁锢的时候，他其实受到了伊藤仁斋和伊藤东涯开创的古义学派和荻生徂徕开创的古文辞学派等日本的儒学古典主义学派的思想影响。本居宣长和他确立的国学常常被后世视为"日本文化异质性"、"日本特殊性"的象征，也常被用来对抗外来文学思潮的冲击。《日本近世国学思想》一书着眼于从世界文化的视野中探寻日本文化的特性，对日本"复古国学"的影响也有清晰而精要的概括。作者指出：由于缺乏真正的启蒙和理性精神，复古国学思想的发展某种程度上导致了现代与封建残余相结合的军国主义和法西斯思想的产生。

该书还对百年来日本及各国研究宣长的要籍有全面而扼要的描述，着重从思想史的角度对近世国学的语境、内容、发展和内外影响进行了全面梳理。可以说这既是一本日本思想史的研究专著，也是关心日本文化以及中日关系的人们值得一读的入门书。[①]

向卿的论文《国学与近世日本人的文化认同》[②]对于近世国学与日本近代民族主义的形成有着精辟的分析，在民族主义形成这一视野和过程中，对日本近世国学的性质及其命运作了分析和考察。作者指出：在古义学、古文辞学"脱儒"乃至排儒之风的熏陶下，17、18世纪登场的国学在思想上的表现是"脱儒""排佛"和"复古"。国学家以"破"儒佛之意和"立"大和魂为手段，企图恢复儒佛传来之前的古道，并以此对抗当时的中国思想文化。"排斥儒佛"意味着原本以中国为中心的"华夷秩序"由于中国权威地位的动摇而发生了"华夷变态"，在寻求重建东亚新秩序下的日本人"自我"与"他者"意识进一步增强；而立"大和心"，

[①] 参见王晓平《"汉意"与"和魂"之间》，《中华读书报》2007年12月26日。
[②] 向卿：《国学与近世日本人的文化认同》，《日本研究》2006年第2期。

即发现日本人共同的精神气质，则意味着日本人民族精神的自觉，开始致力于自我"同一性"（identity）的建构。至本居宣长和平田笃胤，国学的政治性格更加浓厚，又开始强调日本对世界各国的优越性，这导致了日本近世以对抗中国为目的的民族主义的产生。随着近世学问的普及，尤其是武士道的平民化和以"万叶精神"或"物哀"意识为支柱的"大和魂"的建立和泛化，表明至少到了幕末，日本人已形成一个具有充实内容的文化共同体。在幕末，庶民即便对国家不表示忠诚，对"大和心"仍体现出高度的认同和忠诚。因此，与中国对抗并超越中国就成为近世以来日本人的一个共同目标，这也是日本近代史发展的一条主线。可以说，日本近代的民族主义不是在幕末"西方列强"的压力下形成的，而只是在那种国际威胁下得到了强化而已，归根结底它是近世民族主义的进一步发展，是"东亚"内部自发生成的产物。因此，日本在明治维新之后随即也就走上了向东亚扩张的道路，以至于采取"失之西方，取自东方"的"进取"战略。该论文对于日本民族主义的形成以及国学在此过程中所起作用的分析可谓鞭辟入里，发人深省。

沈德玮的《复古国学中的"万叶空间"——贺茂真渊〈国意考〉对建构日本文化之绝对主体的奠基作用》[①]则以贺茂真渊与本居宣长的思想渊源为考察对象，指出贺茂真渊在《国意考》中，通过剿斥儒家道统，吸收道家的哲学思想，清理出"万叶空间"来安放自己的国学古道，为建构日本文化之绝对主体奠定了基础。和歌是日本民族固有的诗歌形式，《万叶集》是日本现存最古的和歌诗集，地位相当于中国的《诗经》，贺茂真渊是研究《万叶集》最著名的日本古典文学理论家。但该文作者认为贺茂真渊建构的"万叶空间"中的主体还缺乏神圣性，于是催生出本居宣长以神道作为日本文化之绝对主体的后续举动。近世以来的日本文化，对自身绝对主体的强烈诉求，是复古国学最终转向复古神道的根本原因。

探讨日本近世国学与日本文化民族主义方面的论文还有姜长斌的《简论日本民族文化成因及其特点》[②]、朱虹的《文化民族主义与日本的对

[①] 沈德玮：《复古国学中的"万叶空间"——贺茂真渊〈国意考〉对建构日本文化之绝对主体的奠基作用》，《温州大学学报》（社会科学版）2010年第5期。

[②] 姜长斌：《简论日本民族文化成因及其特点》，《日本学刊》2006年第4期。

外战略》①、魏育邻的《日本文化民族主义批判——从本居宣长到今日的"靖国辩解话语"》②、徐静波的《〈国家的品格〉所论述的日本文化的实像与虚像》③、张建立的《日本国民性研究的现状与课题》④、陈秀武的《记纪神话中的日本政治意识初探》⑤ 等,可以说中国学者在这个领域不仅成果众多,而且表现出与日本学者不同的立场和观点,对于处理当前的中日关系等政治外交问题也可以提供理论上的参考和支持。

第三节　日本古代儒学思想研究

日本文化是东亚文化圈的重要组成部分,儒家思想是东亚文化圈尤其是中日两国最主要的共同文化基因,因而对日本儒学的研究历来是我国日本哲学研究界非常重视的领域。特别是近世即江户时代是日本思想成熟的时代,也是日本儒学的鼎盛期,所以江户思想研究成为我国日本哲学研究的一个热点领域。

朱谦之著《日本的朱子学》⑥ 开创了日本儒学研究的先河。该书分为"前论"与"本论"两大部分。"前论"叙述"朱子学在日本之传播"和朱子学兴盛的原因;"本论"叙述"日本朱子学派之哲学"中的各个分支(京师朱子学派、海西朱子学派、海南朱子学派、大阪朱子学派、宽政以后朱子学及水户学派等)在日本之传播与发展的具体过程。

朱谦之的《日本的古学与阳明学》与《日本的朱子学》是姊妹篇。作者将朱子学视为代表幕府封建统治阶级的官学,而将日本古学及阳明学视作衰落的天皇及公卿的代言人,所以是朱子学的对立面。朱谦之将日本古学及阳明学置于日本儒学发展的整体视野中,在充分把握第一手典籍资料的基础上,通过对以山鹿素行为先导、伊藤仁斋的古义学派和荻生徂徕的古文辞学派为两大分支的古学派和以中江藤树、熊泽蕃山、佐藤一斋、

---

① 朱虹:《文化民族主义与日本的对外战略》,《中国党政干部论坛》2006年第8期。
② 魏育邻:《日本文化民族主义批判——从本居宣长到今日的"靖国辩解话语"》,《日本学刊》2006年第3期。
③ 徐静波:《〈国家的品格〉所论述的日本文化的实像与虚像》,《日本学刊》2006年第6期。
④ 张建立:《日本国民性研究的现状与课题》,《日本学刊》2006年第6期。
⑤ 陈秀武:《记纪神话中的日本政治意识初探》,《日本学刊》2007年第1期。
⑥ 朱谦之:《日本的朱子学》,生活·读书·新知三联书店1958年初版。

大盐中斋、佐久间象山、幕末志士横井小楠、吉田松阴等为代表人物的阳明学思想的梳理和介绍，系统考察宋学对日本思想，特别是对日本明治维新思想的影响，从而较清晰地勾勒出日本古学派和阳明学派思想发展的基本脉络。

朱谦之指出：日本宋学并不单纯受中国思想的影响，而是有它自身的发展规律的。即就所受中国各派哲学的影响来说，也只有通过日本的社会经济条件和日本封建社会的阶级分化，才可看出其所受的不同影响。日本宋学并不以朱子学为独尊，也如中国一样，朱子学之外尚有陆王学派和浙学派。德川三百年的宋学发展，虽在统治阶级方面严禁异学，以《论》《孟》《学》《庸》的《四书集注》为士人的精神教育之典籍，但在民间方面却相反地发展了与朱子学相对立的古学派与阳明学派，在学术思想方面给日本文化放出更多的光彩。

朱谦之将德川时代划分为三个时期，也代表了宋学三分派之发展的时期，即：

第一时期，家康—吉宗（1603—1735）——朱子学勃兴时代；

第二时期，吉宗—家治（1736—1788）——古学隆盛时代；

第三时期，家齐—庆喜（1789—1868）——阳明学与朱子学对立时代。

除第三时期以阳明学为主导思想之外，还出现了朱子学派中之"水户学"，与从古学转变而来之"考证学派"，至如"折中学派"则为徂徕学与朱子学的混合物，即是调和唯物主义与唯心主义，而归结于唯心主义的思想体系。在封建社会瓦解过程中，阳明学尤其是有进步意义的代表思想。

此时期还有独立学派如安藤昌益著《自然真营道》与《统道真传》，山片蟠桃著《梦之代》，三浦梅园著《梅园三语》，司马江汉著《天地理谭》、《春波楼笔记》，他们的思想虽尚未完全摆脱宋学所用的术语，但因受"兰学"的影响，均极接近于唯物主义。

朱谦之主张朱子学派在日本封建社会初期以合理主义代替信仰主义，是有其进步意义的，但对于朱子学在日本历史上正反两方面的历史作用也要持清醒的认识。水户学以大义名分论与尊皇精神为骨干，从朱子学中特别张扬山崎暗斋学统的国体思想，认为儒道即神道、皇国即神国。这种荒谬的说法已经脱出学术研究范围，成为法西斯主义思想的理论来源之一，所以应严格区别在朱子学派中当时可称为进步思想的成分与后来成为反动法西斯思想根源的成分。对于日本的儒学特别是朱子学的传播和各派的学说主张要抱一种科学的客观态度来加以分析和批判。① 学界普遍认为：朱谦之对日本儒学的研究秉持马克思主义哲学的立场、观点和方法，并对大量的原始资料典籍进行了缜密的分析和解读，所得出的结论既具有鲜明的政治性，又具有严谨的学术性，至今仍是学界的经典与权威。但众所周知，受当时的政治条件所限制，朱谦之也不得不机械套用唯物主义—唯心主义的教条模式，对某些学术问题的阐述未免偏颇，这也正是后来学者在此领域继续耕耘的必要之处。

20世纪90年代，王家骅对日本儒学的研究是继朱谦之之后这一领域的代表性成果。他认为战后日本成为经济大国后，为寻求文化大国地位，许多思想家支持近代史学家津田左右吉的观点，试图将中国及朝鲜对日本的影响矮小化。作为一个中国学者，梳理儒家思想对日本的影响，还历史本来面目就是王家骅研究日本儒学的初衷所在。他在中日儒学比较研究基础上进行的日本儒学及其与日本文化和现代化关系的研究，已经取得了系统性的理论成果。

他的日文专著《日中儒学比较》②，引起了中日学者的强烈反响。该书通过对儒学传入日本后如何发生变形的历史描述，揭示了日本儒学相异于中国儒学的独自特征。王家骅认为，中国儒学较之同时代的西方哲学，在抽象的本体论思维方面不太发达，而日本儒学则比中国儒学更为疏于抽象的世界观思考。宋明理学中思辨最强的本体论，在日本儒学的思想体系中未能占有重要地位。"对于'理'这一范畴，他们更多地将其理解为与经验事物相联系的自然规律与道德准则，而不大将其理解为形而上学的世界的本体存在。"③ 他认为这与日本是文化后进国，抽象思维不成熟以及日本人思维中"非合理主义"倾向和日本文化的"即物主义"性格有关。

之后王家骅相继出版了《儒家思想与日本文化》和《儒家思想与日

---

① 参见朱谦之《日本的古学及阳明学》前言，人民出版社2000年版，第1—8页及《日本的朱子学》，人民出版社2002年版，第169—174页。
② 王家骅：《日中儒学比较》，东京六兴出版社1988年版。
③ 王家骅：《儒家思想与日本文化》，浙江人民出版社1990年版，第192页。

本的现代化》①，他的三部专著揭示了日本儒学从古至今的发展形态和社会功能、日本儒学对日本文化的影响、中日儒学的差异以及这种差异对日本现代化的影响等方面，旨在辨析日本儒学的特色，并以实证材料论证儒学对日本的政治、法律、道德、宗教、文学、史学及当代日本社会即日本现代化的影响。

王家骅的著作进一步拓展和深化了朱谦之的日本儒学研究。儒学作为日本历史上的外来文化，早已渗透、积淀为其传统文化的重要内容。但王家骅认为日本儒学发展的历史并非中国儒学的照相式翻版，而是既影响于日本文化又经日本文化改造的变形物，因此应该结合日本的独特历史、文化环境去揭示日本儒学的具体发展形态。王家骅特别注重日本儒学之社会功能的分析，自始至终都是围绕其正、负两方面的作用辩证地展开论述。

关于儒学在日本近代资本主义社会的发展形态及其功能，王家骅的认识有一个发展过程。在《日中儒学比较》一书中，视野局限于儒学与国家主义、军国主义的联系这一消极方面。而到《儒家思想与日本文化》一书中则开始寻找传统伦理与近代资本主义伦理观的结合点，认识到"传统价值体系中也包含有超越时空的永恒主题"，从而总结出日本近代文化变革的正确道路即"寻找传统文化与近代化的接点，创造地扬弃传统文化，有选择地接受西方近代文化，实行两种的'融入'"②。

80年代以来，探讨日本现代化的精神文化动因，成为我国日本哲学研究者的一个重要课题。王家骅从理论层面和社会生活层面对儒学在近现代日本社会中所起作用进行了深刻分析，认为日本儒学具有封建保守性和近代性这样的二重性格，这一性格与日本现代化的二重性格正相适应，即儒学的近代性成为日本现代化的精神文化动因之一。《儒家思想与日本的现代化》代表了当时中国日本思想史研究者一种共有的问题意识，那就是要探讨日本现代化成功的原因，并希望通过自己的研究而为中国的现代化服务，这种"经世意识"在中国的日本研究中非常明显。王家骅提倡从经济、政治、社会组织、教育等层面，多层次地综合考察儒家思想与现代化的关系；提倡哲学与历史相结合的思想史研究方法，即不仅要重视

---

① 王家骅：《儒家思想与日本文化》，浙江人民出版社1990年版；《儒家思想与日本的现代化》，浙江人民出版社1995年版。

② 王家骅：《儒家思想与日本文化》，浙江人民出版社1990年版，第180页。

"从学理从价值坐标系统进行考察"的哲学的方法,作为历史工作者,他还强调要"从功能坐标系统进行考察",即"不单单根据概念、范畴、推理而进行逻辑评价,而要把儒家思想看成一个不断发展的流,放于具体的历史情景中,进行个案考察"。这些提示与主张,今天仍然具有普遍的指导意义。①

王中田著的《江户时代日本儒学研究》②是青年学者中较早关注日本儒学研究的一部专著。作者从断代思想史的角度研究了江户时代日本儒学的发展过程;儒学对武士、町人阶层的影响;儒学与国学、洋学之间的矛盾冲突及与日本近代化的关系等问题。作者以丰富翔实的史料,描绘了日本儒学的发展轨迹,论述了其不同于中国儒学的独自特点,并就儒学与日本社会、思想文化之关系中的一些重要问题展开剖析,其中不乏创见。

韦立新的《中国儒教文化与日本近世思想的形成》③通过对日本近世思想史上较有代表性的思想体系的特征及其形成进行考察,并与儒教的核心思想进行比较分析,指出中国的儒教文化实际上给整个日本的近世思想都打上了难以磨灭的"烙印"。

此外还有如鲁霞的《德川时期的日本儒学》④、宋晓真的《论日本传统文化中的儒学思想》⑤、贺圣遂的《儒家思想对日本文化的影响》⑥、崔世广和李含的《中日两国忠孝观的比较》⑦、范作申的《中日传统义利观比较研究》⑧、王荣的《浅谈中日儒学的异同与日本文化》⑨等,在此不一一列举。

朱子学研究在日本儒学研究中又是重中之重。代表性成果有潘畅和的《朱子学在日本江户时期急速兴起的原因及其特色》⑩,他认为:日本朱子

---

① 参见刘岳兵、孙惠芹《日本儒学及其对日本文化与现代化的影响——评王家骅的三本书》,《日本研究》1995年第4期。
② 王中田:《江户时代日本儒学研究》,中国社会科学出版社1994年版。
③ 韦立新:《中国儒教文化与日本近世思想的形成》,《广东外语外贸大学学报》2002年第2期。
④ 鲁霞:《德川时期的日本儒学》,《大连大学学报》2006年第3期。
⑤ 宋晓真:《论日本传统文化中的儒学思想》,《今日科苑》2006年第4期。
⑥ 贺圣遂:《儒家思想对日本文化的影响》,《日本研究集林》2006年上半年刊。
⑦ 崔世广、李含:《中日两国忠孝观的比较》,《东北亚论坛》2010年第3期。
⑧ 范作申:《中日传统义利观比较研究》,《日本学刊》2010年第2期。
⑨ 王荣:《浅谈中日儒学的异同与日本文化》,《科教文汇》2007年第7期。
⑩ 潘畅和:《朱子学在日本江户时期急速兴起的原因及其特色》,《东北亚论坛》2005年第5期。

学从镰仓、室町时代的一种文化修养到江户幕府时期作为一种伦理道德思想急速兴起，其主要原因在于日本社会背景的变化，而日本朱子学的自身特点也与这种独特的社会背景有关。作者指出：在日本历史上，德川幕府相对实现了最大范围内的大一统集权统治，这种统治比过去相对割据的分治社会需要更为普遍的理念与价值体系，朱子学正是迎合了当时的这种现实要求急速兴盛起来的。而德川幕府的大一统集权统治，又与中国或朝鲜高度的中央官僚集权统治有很大的区别，是容纳了众多相对独立的子系统和严格的专业分工的内部结构，这种结构又反过来要求朱子学解决具体的"问题"而不是钟情于抽象的"主义"，因此日本朱子学就被诠释成日本社会各个层次乃至庶民的不同伦理文化而呈现出多样性和庶民化的特点。

周杰的《德川幕府与朱子学——德川幕府对理想政治秩序和社会规范的探求》[1] 指出，朱子学之所以能在德川幕府时期成为官学，与德川幕府的庇护以及朱子学在日本的本土化有关。作者认为日本朱子学的开创与发展、兴盛与成熟、衰微和解构的发展路线是德川幕府探求理想政治秩序和社会规范的思想运动过程。

林罗山（1583—1657）作为日本江户前期朱子学派著名学者，在日本思想史上具有重要地位。龚颖《"似而非"的日本朱子学：林罗山思想研究》[2] 从与朱熹进行比较的视角出发对林罗山的理气论、性情关系论、心性论、排佛论、孙吴兵法观及文学思想作了全面的分析，并对林罗山思想的特质、地位以及今后的研究课题、林罗山与朱熹比较研究的方法论意义等进行了深入的探讨。

赵刚著的《林罗山与日本的儒学》[3] 一书围绕日本近世初期思想文化史，以林罗山为主题，展示了除朱子学外林罗山作为诗人和汉学家的另一面，以反映他的思想、志向和感情的汉诗为研究重点加以全面考察。

王金林的《程朱理学传入日本与林罗山的儒家神道观》[4] 则从朱子学与神道的关系角度，对日本朱子学的发展线索和特点进行了研究。他认为，朱子学传入日本后，为日本近世出现的神道理论的儒学化奠定了社会

---

[1] 周杰：《德川幕府与朱子学——德川幕府对理想政治秩序和社会规范的探求》，《解放军外国语学院学报》2008 年第 2 期。
[2] 龚颖：《"似而非"的日本朱子学：林罗山思想研究》，学苑出版社 2008 年版。
[3] 赵刚：《林罗山与日本的儒学》（日文版），世界知识出版社 2006 年版。
[4] 王金林：《程朱理学传入日本与林罗山的儒家神道观》，《日本研究》2008 年第 1 期。

基础，朱子学与神道以及德川幕府之间是一种相资为用的关系。

胡勇的《林罗山的易学观》[①]对林罗山在易学方面的建树做了论述，指出林罗山提倡从象数和义理这两方面研习易学，并主张应将易学提升到天人之学的高度加以理解和践行。

王明兵的《林罗山对"朱子学"理论的批判性发挥》[②]认为林罗山开创"林家朱子学"一系，对林罗山思想的解读和其学术特点的把握，亦成为日本近世思想史研究中的理论话题之一。该文从中日思想横向传播与异变的比较思想史学的视点，通过考察林罗山对朱熹理论的批判性继承过程，勾勒林罗山朱子学体系的思想实态以及近世"日本朱子学派"的学术特质。

王维先的《山崎暗斋的神儒习合思想与儒学的日本化问题》和《山崎暗斋的神儒合一思想与儒学的本土化》[③]的系列论文以山崎暗斋的神儒习合思想为出发点对儒学的日本化问题作了简要探讨。作者认为：山崎暗斋是日本江户时代前期的朱子学家，又是垂加神道的创始人。他把朱子学的基本理论与日本的神道教相结合，主张儒学之正统也就是神道之真传，从而把儒家的忠孝仁义思想注入神道教义，强调神儒合一，忠君爱国，尊王贱霸。儒学与神道的结合过程也就是儒家文化的日本本土化过程，在这一过程中产生了新的文化生长点，形成了神儒一体的垂加神道这一思想体系。

对于朱子学乃至日本儒学，韩东育作为后起之秀，提出了自己的一家之言。他的专著《日本近世新法家研究》[④]为探讨日本现代化起源提供了另一种思路。韩东育主张日本近世徂徕学派的经世思想，其突出特征便是对江户时代作为"心性之学"的朱子学展开了激烈抨击，而在抨击的过程中他建构了"脱儒入法"这一新的思想流派，即"日本近世新法家"，而正是这个"新法家"被誉为奠定了近世日本迈向近代日本的东方式思想基盘，甚至直接影响了明治维新的一举成功，这一重大意义可以说彰显

---

① 胡勇：《林罗山的易学观》，《周易研究》2009年第1期。

② 王明兵：《林罗山对"朱子学"理论的批判性发挥》，《求是学刊》2009年第1期。

③ 王维先：《山崎暗斋的神儒习合思想与儒学的日本化问题》，收入王宝平编《神道与日本文化》，北京图书馆出版社2003年版；《山崎暗斋的神儒合一思想与儒学的本土化》，《齐鲁学刊》2001年第6期。

④ 韩东育：《日本近世新法家研究》，中华书局2003年版。

了丸山真男"有意回避、无视甚至屈抑"的法家学说的重大历史意义。

韩东育从研究徂徕学出发，强调"法家的近代转换意义"和旗帜鲜明的"新法家"主张，其苦心塑造出来的"徂徕形象"及其竭力阐发的徂徕经世学派的思想，浸透了他强烈的现实关怀。他明确指出：日本经济的发展和腾飞，与儒家伦理没有本质上的关联。与儒家学说在日本遭到徂徕派"新法家"思想抨击从而使日本顺利走上资本主义道路不同，中国近代面临亡国灭种危机的关键时刻，改革志士们选择了最不实用的儒教甚至佛教而不是"富国强兵"的法家思想，它奠定了中日两国近现代差异的深层基础。正向着现代化这一唯一目标急行军的当代中国，应该以史为鉴，以理性、务实的态度改变中国的各种陋习和弊端，逐步缩小与先进发达国家的差距。而这一切，均是以"心性之学"为宗的现代新儒家的理论盲点所在。①

韩东育的《从"脱儒"到"脱亚"——日本近世以来"去中心化"之思想过程》② 一书基本继承了作者对于日本儒学的一贯看法。该书以日本主体精神的成长与自我认同的确立为主题，将这一成长的线索追溯至江户时代，并延伸到近代的知识谱系。通过对江户时代各个学派的梳理，探究日本主体意识的确证，在江户时代是如何将自我置换为"华夷秩序"中的"华"；在近代，则是在传统东亚"华夷秩序"破碎之际，通过迅速地融入"万国公法"所建立的国际关系中，构建以日本为优势地位的新型华夷秩序。

对于江户时代儒学，作者的理解是，江户时代儒学的鼎盛，从表面上来看，是一个充分学习中国文化的过程，但其实同时也是一个"去中国化"的过程。近世日本，特别是德川幕府时代，日本社会经历了接受、怀疑、批判和否定朱子学的过程。朱子学在日本学界日渐式微，"古学派""国学派"乃至"启蒙学派"先后崛起。中国朱子学体现了一种"终极关怀"式的思考，形成于准静态的中世文明中，不要说在崇尚功利的近现代，即便在一般意义上的"发展论"面前，其内外混一、天人不分的"连续性思维"，也会因超大叙事和脱离实际的特性而引致批判和排

---

① 参见刘岳兵《中国日本思想史研究30年》，《日本学刊》2011年第3期。
② 韩东育：《从"脱儒"到"脱亚"——日本近世以来"去中心化"之思想过程》，台湾大学出版中心2009年版。

击。而日本思想界的朱子学反思，还在早期"近代化"的意义上被赋予了某种正面价值。①

韩东育的《"道统"的自立愿望与朱子学在日本的际遇》②认为，朱子学传入日本以后，便先后卷入"神儒习合"、"神儒分离"和"神道自立"等思想旋涡，而江户时代日本学界的"道统"自立愿望则是影响朱子学在日本发展演化的重要因素。

韩东育对于朱子学乃至日本儒学的观点在学界引起了一些争议。比如有学者认为韩东育对于朱子学的看法似乎过多地接受了日本现代政治思想史学者如丸山真男等对于朱子学的认识。实际上朱子学对于江户知识人的道德修养、社会风俗的养成、教育的普及等都发挥了切实的历史影响。儒学虽在日本没有科举的制度化，但从礼的层面来说，生丧嫁娶，儒礼皆有所渗入，各种学校也都广泛施行以儒家经典为中心的教育。因此朱子学对江户日本的影响，并非止于简单的工具性的层面。另一方面，他将朱子学视作禁欲主义的观点也过于简单化。确切地说，朱子学应当是一种"反纵欲主义"，即强调人对于自我欲望的反省与克制。以上这种反论强调对于朱子学的历史作用要全面客观地进行评价，是值得思考的。另外韩东育对于徂徕学派="新法家"的定位也尚有待进一步推敲，因为他忽略了徂徕学其实最重视"礼治"，而这正是儒家思想的核心。徂徕要复的是"三代之治"，而秦汉之后的中国废弃三代的封建制，推行中央集权式的郡县制，思想上儒法合一，反而被徂徕学视为染了法家之恶习。

明清之际东渡日本的著名朱子学家朱之瑜（朱舜水）也是中国学者的一个重要的研究对象。李甦平著、中国人民大学出版社1989年出版的《转机与革新——论中国畸儒朱之瑜》一书，是大陆学者研究朱之瑜的第一部学术专著。该书分析了朱之瑜思想产生的时代背景及学术理论渊源，着重阐述了其对日本的文化转机与日本明治维新所起的推动作用，揭示了朱之瑜与日本德川时代诸学派之间的直接或间接的关系。

作者把对朱之瑜思想的剖析，置于明清之际实学思潮大背景之中，这就突出了朱之瑜之所以成为"畸儒"的历史根源及其实学思想的社会价值。作者通过朱之瑜思想这个案例，从明清之际社会变异的深层领域，溯

---

① 参见韩东育《"去中心化"的"中心化"》，《读书》2009年第8期。
② 韩东育：《"道统"的自立愿望与朱子学在日本的际遇》，《中国社会科学》2006年第3期。

本求源，进一步探索朱之瑜学脉的源头——明清之际的实学思潮，并力图从明清之际的社会经济、科学技术、思想演变诸方面论证这股实学思潮产生的原因、发展阶段、价值及影响，其研究自成一家之言。①

覃启勋《朱舜水东瀛授业研究》② 是又一部朱舜水研究专著。作者指出：中日文化交流史上清初赴日的朱舜水是其中承古启今的关键人物，该书围绕朱舜水东瀛授业这一主题，全面而细致地探索了朱舜水移居日本的原因，系统而周密地考察了朱舜水东瀛授业的基础、职业、对象和内容，同时对朱舜水传道加贺及其对日本近世文化的巨大影响进行了充分论证。

此外，钱明在舜水学研究领域里也取得了一系列的成果，他前后发表了论文《朱舜水的政治学术思想及其对日本的影响》《朱舜水与安东省庵》《朱舜水遗迹在日本》③ 等系列论文，非常值得关注。

对日本朱子学乃至日本儒学进行评价时，徂徕学研究是产生意见分歧的焦点问题。江户时代与朱子学、阳明学鼎足而立的日本古学派，以京都伊藤仁斋的古义学派和江户荻生徂徕的古文辞学派为代表。近年来，对日本古学特别是荻生徂徕的研究受到中国学者的重视，产生了较为可观的学术成果。

韩东育的《荻生徂徕与日本早期近代化的思想启蒙》④ 认为徂徕学是日本从传统社会向近代社会转变的思想反映，它的可贵之处就在于它本身所含具的并非来自外在的自生近代化特质，它的理论核心在于具有法家特质的"人情论"。而他进一步在论文《徂徕学派与法家的"人情论"》⑤ 中更明确主张，徂徕学派的工作为明治维新的到来做了传统文化背景下的思想准备，它创生了"日本近世新法家"。韩东育关于徂徕学是日本近代思想萌芽的学术观点在他其后的两部专著中一脉相承。

陆德阳的《〈荀子〉在日本徂徕学中的位置》⑥ 则对徂徕学的思想来

---

① 参见张立文《评〈转机与革新——论中国畸儒朱之瑜〉》，《哲学动态》1990年第4期。
② 覃启勋：《朱舜水东瀛授业研究》，人民出版社2005年版。
③ 钱明：《朱舜水的政治学术思想及其对日本的影响》，《浙江学刊》1981年第4期；《朱舜水与安东省庵》，《浙江学刊》1994年第6期；《朱舜水遗迹在日本》，《浙江学刊》1995年第3期。
④ 韩东育：《荻生徂徕与日本早期近代化的思想启蒙》，《历史研究》2002年第5期。
⑤ 韩东育：《徂徕学派与法家的"人情论"》，《日本学刊》2002年第5期。
⑥ 陆德阳：《〈荀子〉在日本徂徕学中的位置》，《上海师范大学学报》（哲学社会科学版）2007年第2期。

源进行了系统考辨，并对荀子在徂徕学派中的地位进行了分析，认为在徂徕学中孟子的地位仍然高于荀子，但是徂徕学又与《荀子》有密切关系，在对子思及孟子的批判、礼乐的提倡、人的个性的重视、道的创建等方面，徂徕学继承了荀子的学说，并有所发展和创新。

以上这些观点可以说主要是接受了日本著名政治思想史学家丸山真男的观点，把近世思想评价为日本近代化的胎动与萌芽。但近年来日本学术界对于丸山的徂徕学研究也颇有反思，指出丸山真男的近代主义实际上是欧洲中心主义的产物，而此种欧洲中心主义与"脱亚入欧"的主张相结合时，就导致了近代日本相对于亚洲各国的特权化。日本学术界在对这种"特权化"的反省下，对于日本近世哲学思想的研究跳出了近世究竟有无近代化萌芽的争执以及强调日本近世哲学思想与中国哲学思想的异质性的窠臼，出现了在儒学这一东亚的"普遍主义"的背景下深入探讨日本近世思想诸种具体形态的新动向。王青著的《日本近世儒学家荻生徂徕研究》（上海古籍出版社，2005年版）就是一部在徂徕学以及日本近世儒学研究方面富有创见的学术专著。

《日本近世儒学家荻生徂徕研究》是我国学者对17世纪后期到18世纪前期日本学术史上极为重要的学者荻生徂徕（1666—1728）首次进行较为系统的学术解析的专门性著作。作者以江户时代整体学术作为综合文化语境，在"江户儒学"各学派所构建的理论框架中，对荻生徂徕进行了较为全面的审视，从语言哲学、人性论、政治论等多层面的视野阐释他的学术，致力于揭示荻生徂徕思想观念的本质特征。

丸山真男在他的经典著作《日本政治思想史研究》一书中将徂徕学评价为近世日本摆脱"封建的"中国思想文化的影响，内驱地产生了近代思维方式"萌芽"的一个重要标志。而我国日本哲学思想研究界近年来对日本近世思想特别是徂徕学的评价受到了丸山真男的较大影响。该书以徂徕学与中国思想的渊源关系入题，通过对大量的第一手原典资料的分析解读，辨析阐明了中国儒学和日本儒学在观念与价值上的异同以及日本朱子学在日本近世意识形态中的真实地位和价值等复杂的学术思想关系，由此揭穿了丸山真男构筑起来的"徂徕学虚象"，并进一步揭示出这种"虚象"的意识特征的本质是从近代主义＝脱亚论和日本中心主义角度出发得出的儒学观。

王青说："通过对'徂徕学'庞杂浩繁的原典著作的读解，发现丸山真男对'徂徕学'的引用有断章取义、为我所用之处。他的'徂徕学研究'其实是把'徂徕学'当作他构建有关日本近代起源学说的一个工具,借助'徂徕学'研究叙述了一个'徂徕学'＝反'朱子学'＝'近代思想'的神话。"丸山的徂徕学研究的意义实际上并不在于他对于徂徕学的评价是否准确这一问题本身,而是在于他通过把批判朱子学的徂徕学塑造为"人性解放"的近代思想的先驱来对抗二战时期日本法西斯政权的专制统治。丸山的出发点无疑是为了维护近代的民主主义,反对日本法西斯主义,从这个意义上讲丸山的学说即使在今天也仍然具有现实意义。

该书的学术观点受到日本哲学思想研究领域中日学者的高度关注。北京大学比较文学与比较文化研究所所长严绍璗教授在为其所做的"序言"中评价这一研究成果构筑了就本课题内容进行国际对话的学术平台。日本《东方》杂志2006年2月号刊登了日本学者直井文子教授的书评《茅塞顿开的爽快感》,称其具有中国学者的独特视角,为中日乃至东亚思想交流史提供了另一种解读的可能性。

在日本阳明学的研究方面我国学者也积累了不少成果。日本阳明学的始祖为中江藤树(1608—1648),其后熊泽蕃山、佐藤一斋等都是阳明学的代表人物,阳明学在德川时代后期曾产生重要影响,并被一些学者认为对日本的明治维新发挥了积极作用,因而日本的阳明学引起了中国学者的很大关注。近十年来,中国大陆对日本阳明学的研究除评介性论文之外,还有一些对日本阳明学与中国阳明学的比较研究和对其历史功能的分析考察。

例如,钱明的《朝鲜阳明学派的形成与东亚三国阳明学的定位》[①] 比较了中日韩三国阳明学的特点,指出:"就学术个性而言,朝鲜所接受的阳明学比较接近中国北方的阳明学,而日本所接受的阳明学则较为接近南方阳明学。比较而言,中国的阳明学发展到后来,已从政治层面深入到民间社会,与平民教育相结合,走的是政治化加世俗化的普世主义的发展路径;日本的阳明学起先只是掌握在儒学教师个人手中的文化知识,后来为了实际的需要而逐渐成为武士阶层手中的思想武器,走的是学问化加功利化的文化民族主义的发展路径。"此外国内阳明学界对日本阳明学研究成

---

① 钱明:《朝鲜阳明学派的形成与东亚三国阳明学的定位》,《浙江大学学报》(人文社会科学版) 2005年第3期。

果积极引进,钱明、吴震等都曾对日本的阳明学研究专家及其成果多有评介,冈田武彦、岛田虔次等日本学者的部分著作已被译为中文,对中国大陆的阳明学研究发挥了参考作用。

郭连友的《吉田松阴与近代中国》① 对日本幕末维新时期著名阳明学思想家、改革志士吉田松阴的思想形成进行了全面、系统的考察和研究。从对吉田松阴的思想形成产生重大影响的中国思想,如孟子思想以及中国近代史(如鸦片战争、太平天国等)的角度,重点考察和探讨了吉田松阴的思想本质以及后来他的思想对近代中国改革家们(如黄遵宪、康有为、梁启超等)的影响。

近十年来,一些中国思想文化研究者开始涉足日本思想史研究领域,他们往往是从整个东亚哲学的宏观角度着眼,从整体上把握日本儒学的发展脉络和民族特色。如郭齐勇《东亚儒学核心价值观及其现代意义》② 一文论述了儒学在东亚社会的长期发展中,在殊异的时空环境与民族文化背景下,形成了异彩纷呈的诸多流派、思潮,有着丰富多样的价值诉求。但近世以来,东亚三国迎接西方的挑战,内在思想的资源仍然是儒学思想。东亚儒学的价值理念既有共性,又有个性。所谓共性,指的是仁、义、礼、智、信,或者说仁爱、敬诚、忠恕、孝悌、信义等基本观念的某些主要内涵是普遍的、稳定的,在不同时空环境中对社会文化具有价值导向的功能。

所谓个性,指的是儒教伦理在中、日、韩、越各国的不同时代具有不同的表现。特别由于社会结构、文化习俗、民族心理等各方面的差异,导致伦理价值观各有偏重。例如日本学者沟口雄三具体比较了中日"公私"观的差异,认为日本的"公"与"私"是领域性的和限定性的,中国的"公"与"私"则是原理性的和道德性的。日本人的这种"公"观念产生出"灭私奉公"的意识,并与尽忠领主的"忠"的观念相结合,对日本经济起飞起了支柱性的作用。在日本,"忠"的观念化为对国家和自己所属集团的忠诚,加上社会普遍重视的"信"与"义",超越了宗族血缘伦理,成为资本主义性质的契约关系和商业交易关系的有效伦理。同时在中国精英层不受重视的勇、武、刚、强、毅等武勇价值,在武士政权统治

---

① 郭连友:《吉田松阴与近代中国》,中国社会科学出版社2007年版。
② 郭齐勇:《东亚儒学核心价值观及其现代意义》,《孔子研究》2000年第4期。

下的日本社会成为主流价值观，较易导入基于弱肉强食的生存竞争之上的资本主义竞争原理。①

但郭齐勇认为：尽管如此，我们仍然可以看到中日传统的"公""私"观有相同的一面。例如山鹿素行就把对国家、天下、人民尽力，视为最大的忠，也就是"公共之忠"——"公"，这就与沟口先生所说的中国人追求的道德性与普遍性的"公"观念十分相近。沟口先生说，日本"忠"强"孝"弱，宗族血缘关系薄于中、韩，亦是契约关系和商业伦理的又一生长点。但日本其实也有中江藤树等重"孝"派，而且"孝"的意识在韩国和中国台湾与中国香港等地的经济起飞中，亦成为一种助缘，对家族产业也起过一定作用。此外，传统中国思想注重相互扶助而不是竞争，警戒"恃强凌弱"和一定程度的平均主义、均富情结，虽不易导入基于弱肉强食的资本主义竞争原理，但仍然可以作为协调当下和未来社会的利益分配、求得社会公正的一种支援意识。

陈来《中日韩三国儒学的个性：中国仁、韩国义、日本忠》②认为：儒家思想发源于中国，而广泛传播于东亚汉字文化圈。在漫长的历史文化发展过程中，因民族精神气质的不同，及地理、历史、社会存在条件的不同，中、日、韩各国的儒学形成了各自的个性和特色。陈来简洁明快地总结说：从比较的意义上来看，中国儒学凸显其"仁恕"，韩国儒学凸显其"义节"，日本儒学凸显其"忠勇"；这不仅是价值系统的差异，也是文化原理不同的反映。

家训研究是近年来一个新的问题意识。家训，在日本是家长为家族成员、父祖长辈为后代子孙所规定的有关立身处世、居家治生的训诫和教条，是家族成员必须遵守的法则。齐家之训，始自儒经，推及治国。家训本属中国传统文化的重要载体，日本在吸收中国文化的过程中，积极借鉴和模仿中国家训而形成其富有时代特征、对象复杂、功能多样、持续不断，在各个时期均能发挥很好作用的日本家训，展示了中日文化的不同特征。

---

① 参见［日］沟口雄三《日本的近代化及其传统因素：与中国比较》，载李明辉主编《儒家思想在现代东亚：总论篇》，"中央研究院"文哲所筹备处1998年版；《中国与日本"公私"观念之比较》，载《二十一世纪》（香港），1994年2月号，总第21期。

② 陈来：《中日韩三国儒学的个性：中国仁、韩国义、日本忠》，《北京日报》2007年5月8日。

南开大学日本研究院李卓教授主编《日本家训研究》[①] 一书，其中按照武家家训、商人家训、女训的顺序详细阐述了日本的家族制度、家庭伦理及家训基本内容，在附录部分，选择了有代表性的武家家训、商人家训、女训、儿童启蒙教材、现代企业的社训、社是等译成中文，为读者提供学习与研究的便利。《日本家训研究》一书在观点立论、史料分析和研究方法上，都可视作中国学者对日本社会文化史研究中的专题史的研究佳作。[②]

此专题的研究还有李卓的《从家训看日本人的节俭传统》[③]、许译兮的《日本武家家训编纂特征及社会影响》[④]、王慧荣的《论儒家思想对近世日本女训的影响》[⑤] 等学术论文，对于中国儒家思想对日本家训及以妇女为对象的女训的影响进行了深入的分析和论述。

综观我国的日本儒学研究，可以说涵盖了日本传统儒学思想的主要问题，涌现出了一批富有学术价值的成果，体现出研究的系统性和全面性。虽然不可否认，改革开放前，受政治大环境的影响，我国的日本儒学研究也曾受到教条式的意识形态的束缚，但中国学者具有不同于日本学界的独特的立场和方法，在很多问题上也许更能从不受现实政治干扰的客观的学术角度得出富有启发性的观点和结论。此外，几千年来，中日韩等东亚国家其哲学思想和价值观念具有紧密的联动性，今后的东方各国哲学研究应该突破国界的限制，从整个东亚哲学的视阈出发，把日本哲学看作东亚哲学的一部分，从中探求日本哲学的发展线索和思想特质。

第四节　日本古代佛教思想研究

中日两国是一衣带水的邻邦，但要真正了解日本必须从其宗教与哲学等深层文化入手，才能深入理解日本社会与文化的特质。李远喜在《世界宗教研究》2001 年第 3 期上发表了《日本宗教的文化定位》一文，旨

---

① 李卓主编：《日本家训研究》，天津人民出版社 2006 年版。
② 参见赵建民《宏观视野实证和比较研究的佳作——评李卓主编的〈日本家训研究〉》，《日本研究》2011 年第 2 期。
③ 李卓：《从家训看日本人的节俭传统》，《日本学刊》2006 年第 4 期。
④ 许译兮：《日本武家家训编纂特征及社会影响》，《日本学刊》2006 年第 1 期。
⑤ 王慧荣：《论儒家思想对近世日本女训的影响》，《解放军外国语学院学报》2007 年第 1 期。

在从宏观的视角来概述宗教在日本的表现形态，通过日本民众的宗教活动透视其中的文化因素，进而表述日本宗教的文化定位问题。作者指出，在日本诸种宗教之间的相互渗透使其本体模糊，难以确定彼此的界限。日本人的集团性和从众性对其宗教信仰产生了很大的影响，以至于大多数人表面上信仰宗教不过是迫于集团压力而已，或许可以说宗教对于日本人来说文化意义远大于信仰意义。

日本佛教本从中国传入，但在长期的发展中形成了有本民族特色的新的佛教宗派，在近代又先于中国引进西方哲学与宗教学的理论和概念对传统佛教进行了重新诠释，并积极向中国等海外弘法布教。今日的日本已成为世界性的佛教大国，所以对日本佛教的研究有着尤其重要的意义。

我国的日本佛教研究中，最经典的著作就是杨曾文的《日本佛教史》①。这是我国第一本日本佛教通史，到现在为止，也是大陆唯一的一本。台湾地区虽有圣严法师的《日本佛教史》，但是前者的篇幅是后者的五倍有余，可见其内容之丰富。日本学者在日本佛教史方面的研究积累虽然厚重，但是多将教团史与教理史分开来写，而杨曾文的《日本佛教史》将二者有机地结合起来，既介绍了教团发展的历史及当时日本社会的情况，也有对教理和哲学思想方面的分析探讨。

《日本佛教史》结合日本社会历史背景对佛教在日本的早期传播、民族化发展过程及其对日本历史文化的深远影响作了系统的考察，特别着重论述了日本民族佛教格局的形成过程。对在日本佛教和传统文化中占有重要地位的天台宗、真言宗、净土宗、真宗、临济宗、曹洞宗、日莲宗等宗派和日本近现代的佛教作了比较详细的论述，重点阐释中日两国佛教亲缘关系和介绍在中日文化交流史上作出重大贡献的人物、历代重要佛教制度，并且论述了日本原有的神道教与佛教互相影响、吸收的关系等。在写作中，杨曾文参考了日本学者的大量研究成果，但他并不盲从日本学者的观点，而是依据日本佛教典籍、史书中的基本资料进行考察，从而提出了作者的独到见解。

继《日本佛教史》之后，杨曾文又与张大柘、高洪合著了一本《日本近现代佛教史》②，拓宽了佛教史的研究领域和研究视野，而且使我国

---

① 杨曾文：《日本佛教史》，浙江人民出版社1995年初版，人民出版社2008年再版。
② 杨曾文、张大柘、高洪：《日本近现代佛教史》，浙江人民出版社1996年版。

对日本佛教的研究形成了从古代到现当代的完整的通史系列。《日本近现代佛教史》主要涉及明治维新时期的佛教，大正、昭和前期的佛教，战后佛教的重建和发展，新兴佛教宗派的兴起，当代日本的佛教与政治、文化，日本的佛教研究和日本佛教在国外的传播情况等诸多方面，阐述了明治维新推行神佛分离政策以后日本佛教的发展情况和战后日本佛教的重建进程，对日本佛教系统的新兴宗教如创价学会、灵友会的宗教理论和宗教活动做了详细介绍，还列有专章分析近代以来日本教界、学界对佛教学的研究情况以及日本佛教在国外的传播现状等。该书涉及面广泛，资料丰富，是研究日本佛教史的一本必备的参考书。

关于日本佛教史上著名僧侣的专题研究，我国学者主要集中于日莲、鉴真和空海。日莲（1222—1282）是日本佛教日莲宗的创始人，他主张"末法"时代，唯有《妙法莲华经》才是诸经中最胜之经，是与时机相应之法。日莲通过自己的判教理论把《法华经》提到最高地位，结论是只有法华经才是适宜末法时代日本乃至世界（阎浮提）的最高最圆满的佛法。

何劲松先后发表了《论日莲早期的宗教批判和社会改革思想》和《论日莲后期的佛教思想》①等论文，对日莲的佛教思想作了全面的论述。作者尖锐地指出：后期的日莲将日本佛教的国家主义发挥到了极致，并破斥其他各宗，不仅试图超越中国天台宗，甚至还想取代释迦牟尼的至尊地位。其后何劲松推出了专著《日莲论》（东方出版社，1995年版），这是一部专门研究日莲的学术著作。作者参考了不少中日两国的史籍和论著，对日莲的生平、思想、主要著作及历史上的日莲教团作了介绍与分析。该书从日莲宗的创始人日莲这个个案研究入手，以点及面，管窥整个日本中世佛教。

杨曾文在《世界宗教研究》1998年第2期发表了题为《日莲心目中的〈法华经〉》一文，对日莲思想与《法华经》的关系作了概述。文中指出："日莲认为在一切佛教经典中只有《法华经》是最圆满优胜的经典，并在吸收天台宗的一些概念、命题的基础上对此经作出了自己独特的解释和论证，把当时盛行的净土宗、禅宗和真言宗称之为'邪法'、'邪教'

---

① 何劲松：《论日莲早期的宗教批判和社会改革思想》，《世界宗教研究》1992年第4期；《论日莲后期的佛教思想》，《世界宗教研究》1994年第3期。

而予以批判，主张通过国家政权宣布以《法华经》为全国信奉的'正法'，废除净土宗等其它教法。"

唐代扬州大明寺高僧鉴真（688—763）为了弘扬佛法，传播唐代文化，接受日本遣唐使的邀请，于 55 岁高龄东渡日本，前后六次，历经千难万险，终于抵达日本的土地，在日本开创了佛教律宗，并为日本带去了唐朝的先进文化，被日本人民称为"天平之甍"，意谓他的成就足以代表当时的日本天平时代文化的高峰，所以鉴真研究在中日两国佛学界向来属于热点问题。最早对鉴真作出系统研究的是汪向荣，他的专著《鉴真》一书，于 1979 年由吉林人民出版社出版，此书对鉴真的生平、佛学成就以及对中日交流的贡献作了全面阐述。汪向荣指出，在日本佛教发展史上，鉴真和他的弟子们的主要功绩，与其说是在创立律宗，不如说是在把一向被统治阶级视作自我托庇与对外镇吓工具的佛教，向人民，主要是向劳动人民开放传弘这一点。其后他又对《唐大和尚东征传》作了校注，于 2000 年由中华书局出版，此书为日本佛教史研究又提供了一部重要的参考资料。

关于鉴真的评述还有王金林的《鉴真》[①] 一书和王恩祥编著的《日本佛教律宗开山祖鉴真》[②]。1980 年扬州市政协文史资料研究组、扬州师院历史科编的《鉴真研究论文集》收入了 13 篇鉴真研究的论文。其中有赵朴初的《鉴真——中日文化史上的不朽人物》，汪向荣的《邀聘鉴真东渡的历史背景》《〈唐大和尚东征传〉考》等文章，颇具参考价值。

除了专著外，还有发表于各类学术期刊的论文。如卞孝萱的《寺院经济与鉴真东渡》[③]，陈世民、文山的《鉴真与他羁旅海南期间的事迹》[④]，郭天祥的《鉴真对日本佛教文化的影响》[⑤] 以及李寅生的《论鉴真东渡后唐代佛教对日本佛教的影响》[⑥] 等，都对鉴真东渡及中日文化交流诸问题进行了探讨，这一系列研究成果中均有很多新的创见，这一时期的中日佛教交流史的研究成果可谓充实。

---

① 王金林：《鉴真》，上海人民出版社 1979 年版。
② 王恩祥编著：《日本佛教律宗开山祖鉴真》，黑龙江美术出版社 2010 年版。
③ 卞孝萱：《寺院经济与鉴真东渡》，《烟台师范学院学报》1996 年第 1 期。
④ 陈世民、文山：《鉴真与他羁旅海南期间的事迹》，《海南师范学院学报》1996 年第 1 期。
⑤ 郭天祥：《鉴真对日本佛教文化的影响》，《宝鸡文理学院学报》1996 年第 4 期。
⑥ 李寅生：《论鉴真东渡后唐代佛教对日本佛教的影响》，《贵州文史丛刊》2002 年第 3 期。

日本平安时代的高僧空海（774—835），曾随遣唐使入唐学法，回国时携回大量的佛教经典，创立了真言宗宏大的教学体系，对此后的日本佛教产生重大影响。他同时也是一位文艺理论家，其所著《文镜秘府论》是日本汉诗学的第一部研究著作，对后世学者影响深远。空海研究在我国的日本佛教学界也属于颇受关注的主题，但是这些研究多集中于空海在语言文学方面的成就，如他的《文镜秘府论》研究；而王益鸣的《空海学术体系的范畴研究》[①]是一部从空海的整个学术体系出发的研究专著，涉及其生平、密教思想、语言文字、文学、声律、自然观及书法理论等，其中佛学方面作者主要通过空海的《秘藏记》《宿曜经》《星供祭文》等著述对其两界曼荼罗理论进行了分析，提出空海有关"金胎两部"的思想既注意到实践的重要性，对于观照、思维也不轻忽的看法。此外还表示，《文镜秘府论》乃是建立在以"天地"二卷配中央、其他四卷配四方这一曼荼罗的构图之上的著作，作者的观点很有启发性。

除了王益鸣的这部专著外，吕建福还有《论空海的六大缘起说》[②]一文，对空海的六大缘起说进行了深入探讨。作者指出，六大缘起从性质上说更多地表现出生成论的特点，并带有一定的唯物主义倾向，与密教教义在内的佛教传统哲学所讨论的本体论概念及其唯心论思想并不一致。对于空海六大缘起思想的产生缘由，作者指出其乃受密教佛身论及其瑜伽观法的直接影响。

关于日本佛教其他思想方面的论文还有以下的研究成果值得关注。龚隽发表于《世界哲学》2004年第2期的《"反抗的现代性"：二十世纪的日本禅、京都学派与民族主义》对以京都学派为首的日本学者所表现出的日本禅的强烈民族主义倾向作了揭示。正刚发表在1994年《佛学研究》上的《玄奘唯识学与新罗、日本唯识学》对中国法相唯识学对日韩佛学的影响及日韩唯识学的形成及其与中国唯识学的区别作了探讨。何劲松发表于《东南文化》1994年第2期的《天台宗在日本和韩国的传承与发展》一文则对日韩天台宗的情况作了介绍。法缘发表于《法音》2008年第2期的《日僧圆尔辩圆的入宋求法及其对日本禅宗的贡献与影响》

[①] 王益鸣：《空海学术体系的范畴研究》，广东人民出版社2005年版。
[②] 吕建福：《论空海的六大缘起说》，载《古代中国：东亚世界的内在交流》，复旦大学出版社2005年版。

一文对著名的禅宗高僧圆尔辩圆（1202—1280）作了专题研究。高洪的《明治时代的日本佛教改革运动》①、罗时光的《日本禅与军国主义》和《武士道之军国主义化与日本禅——论日本禅对武士道之军国主义化的影响》②、张大柘的《日本佛教僧官称谓的演进》③、王恩祥编著的《日本大光普照国师隐元》④等。张文良的《日本佛教界对生命的理解——以关于"中有"的讨论为中心》⑤一文对日本学界关于佛教"中有"讨论的两派意见作了介绍与探讨。

除此之外，还有一些关于中日佛教文化交流的论文。详见魏常海的《江南佛教对日本佛教的影响》⑥，韦立新的《论宋元文化的影响力与日本佛教文化》⑦，周进、于涛的《隋、初唐时期中国、朝鲜半岛、日本佛教状况之分析》⑧，崔正森的《五台山与日本佛教文化交流》⑨，林正秋的《元代浙江与日本的佛教文化交流史》⑩，李聪的《中日"禅学"思想之比较》⑪，史景峰的《中日文化交流的桥梁——禅宗》⑫ 等。

近代以后，以净土真宗为首的日本佛教各宗派以日本对外侵略扩张的政策为背景，开始进入中国，在各地开教建寺、传道授徒、拓展文教社会事业，获得广泛的发展，近年来学术界关于近代日本净土真宗在华传教活动的研究正成为新的关注点。如杨曾文在《杨文会的日本真宗观》⑬ 一文

---

① 高洪：《明治时代的日本佛教改革运动》，《日本研究》1996 年第 3 期。
② 罗时光：《日本禅与军国主义》，《苏州科技学院学报》（社会科学版）2003 年第 2 期；《武士道之军国主义化与日本禅——论日本禅对武士道之军国主义化的影响》，《苏州科技学院学报》（社会科学版）2004 年第 1 期。
③ 张大柘：《日本佛教僧官称谓的演进》，《法音》1999 年第 10 期。
④ 王恩祥编著：《日本大光普照国师隐元》，黑龙江美术出版社 2010 年版。
⑤ 张文良：《日本佛教界对生命的理解——以关于"中有"的讨论为中心》，《南昌航空大学学报》（社会科学版）2007 年第 4 期。
⑥ 魏常海：《江南佛教对日本佛教的影响》，《江西师范大学学报》2004 年第 3 期。
⑦ 韦立新：《论宋元文化的影响力与日本佛教文化》，《日语学习与研究》2007 年第 5 期。
⑧ 周进、于涛：《隋、初唐时期中国、朝鲜半岛、日本佛教状况之分析》，《东疆学刊》2006 年第 2 期。
⑨ 崔正森：《五台山与日本佛教文化交流》，《忻州师范学院学报》2000 年第 4 期。
⑩ 林正秋：《元代浙江与日本的佛教文化交流史》，《杭州师范学院学报》2002 年第 1 期。
⑪ 李聪：《中日"禅学"思想之比较》，《日本研究》2006 年第 4 期。
⑫ 史景峰：《中日文化交流的桥梁——禅宗》，《传承》2010 年第 33 期。
⑬ 杨曾文：《杨文会的日本真宗观》，《世界宗教研究》1997 年第 4 期。

就杨文会对日本净土真宗的批评作了介绍,其对日本真宗背离佛经、只主张净土门、废弃自力修行等方面的批评仍然可为我们今天认识日本净土真宗提供帮助。

对此问题忻平发表了《近代日本佛教净土真宗东西本愿寺派在华传教述论》《近代日本佛教在华传教的主要基地——净土真宗东本愿寺上海别院》《近代以来日本佛教真言宗在华的宗教活动》和《日本佛教的战争责任研究》[①]等一系列论文进行了深入的研究。他尖锐地指出:纵观中日佛教交流史,从古代到现代,以清季为界可分为两段,前期是从中国向日本输出佛教,后期日本因明治维新国力大增,对外侵略,佛教交流也变为反向输出,日本佛教各宗如净土真宗、真言宗、曹洞宗、净土宗、临济宗、日莲宗等都随日本对华军事侵略而积极在华开教扩教,尤其是净土真宗在中国各地的传教活动获得了很大的发展。然而这是在特定的历史背景下进行的,不仅在传教对象、传教方式、传教组织方面与基督教、天主教等不同,且其教义的"入世"性质也因自身的民族、地域特色而与中国佛教相异,本质则是支持日本政府对外扩张的国策而敌视中国。随着日本在华的军事失败,其苦心经营了近80年的日本在华传教事业也随之迅速趋于瓦解。

此外还有王志平的《甲午战后日本佛教传入台湾的动机与效果分析》[②]、何劲松的《甲午战争、日俄战争中的日本净土真宗》和《伪满期间日本佛教在中国东北扮演的角色》[③]、秦永章的《近代日本佛教净土真宗东、西本愿寺派与中国西藏地方政权及藏传佛教界的接触》[④]、曹立前

[①] 忻平:《近代日本佛教净土真宗东西本愿寺派在华传教述论》,《近代史研究》1999年第2期;《近代日本佛教在华传教的主要基地——净土真宗东本愿寺上海别院》,《近代中国与世界》第2卷;《近代以来日本佛教真言宗在华的宗教活动》,《史学月刊》1996年第5期;《日本佛教的战争责任研究》,《华东师范大学学报》(哲学社会科学版)2001年第5期。

[②] 王志平:《甲午战后日本佛教传入台湾的动机与效果分析》,《世界宗教研究》2008年第3期。

[③] 何劲松:《甲午战争、日俄战争中的日本净土真宗》,《宗教研究》2005年第5期;《伪满期间日本佛教在中国东北扮演的角色》,《世界宗教研究》2001年第3期。

[④] 秦永章:《近代日本佛教净土真宗东、西本愿寺派与中国西藏地方政权及藏传佛教界的接触》,《世界民族》2007年第2期。

的《近代中国关于日本佛教在华传教权的争夺》①、杨大春的《论日本佛教的清国开教与中国社会的抵制》②、张民军的《日本佛教大谷派在华活动概观》和《中日战争时期日本真宗大谷派在华活动初探》③、肖平的《中日甲午战争前后日本佛教教团的动态》④ 等相关论文值得关注。⑤

第五节　日本町人思想研究

町人是日本江户时代的都市工商业者，在江户幕府实行的士农工商四民世袭等级身份制度下是社会等级最低的两个阶层。町人在江户时代中期开始结成自治性共同体，成为都市民众的代表阶层，并逐渐形成了本阶层独特的思想文化。

石田梅岩（1685—1744）是日本近世著名的町人思想家，他开创的庶民化学术思想被称作"石门心学"，是他哲学思想的核心，而他关于"商人道"与"俭约"的学说则是其经济思想的核心。

李甦平著《石田梅岩》⑥ 是我国学者研究梅岩心学思想的第一本著作。该书通过对石门心学创始人石田梅岩的"学问的生命"和"生命的学问"的探索，揭示了石门心学不仅对日本社会发展产生了重要作用，而且以其独特的魅力，成为东亚心学的一枝奇葩，在面向 21 世纪的今天，它仍然具有现代意义。

韩立红的《石田梅岩与陆象山思想比较研究》⑦ 通过对陆象山思想与梅岩思想的比较研究，窥探中日"心学"的不同作用及所产生的原因。陆象山（1139—1193）是中国南宋时代的思想家，他以"心"为最高哲

---

① 曹立前：《近代中国关于日本佛教在华传教权的争夺》，《复旦学报》（社会科学版）1991 年第 2 期。

② 杨大春：《论日本佛教的清国开教与中国社会的抵制》，《安徽师范大学学报》（人文社会科学版）2001 年第 8 期。

③ 张民军：《日本佛教大谷派在华活动概观》，《东北师大学报》（哲学社会科学版）2000 年第 5 期；《中日战争时期日本真宗大谷派在华活动初探》，《日本学论坛》1999 年第 2 期。

④ 肖平：《中日甲午战争前后日本佛教教团的动态》，《中山大学学报》（社会科学版）1999 年第 1 期。

⑤ 本节参见李子捷《三十年来中国的日本宗教研究》，《日本研究》2010 年第 2 期。

⑥ 李甦平：《石田梅岩》，东大图书公司 1997 年版。

⑦ 韩立红：《石田梅岩与陆象山思想比较研究》，天津人民出版社 1999 年版。

学范畴，构筑"心学"哲学体系。二者分别作为日本"心学"与中国"心学"的创始者，为日本的石门心学和中国陆王心学的创立发展作出了很大的贡献。

作者认为陆象山与石田梅岩的思想在形成时期存在着很多一致或相似。在学术渊源上，二者同时受孟子思想原理的影响与启发；关于世界的本体，陆象山的"道器"合一论及石田梅岩的"阴阳"与"道"合一的学说立场相同；关于心性论，二者不分"心"与"性"，强调"心"与"理"合一；关于学问观，二者皆提倡以道德实践的方法去"顿悟"人的本来之"心"。但两人死后其思想却走向了截然不同的道路。象山的思想最终停留在学术思想的阶段；而石门心学在后人弟子的改造努力下，最终成为一种大众思想运动。

韩立红另一篇论文《石田梅岩及石门心学思想研究述评》[①]对梅岩思想进行了深入的研究。石田梅岩以广大庶民为教育对象，提倡神、儒、佛三教一致论，提出了"形即心"的思想理论，主张以"正直"与"俭约"的实践方法，在日常生活中求得"知心"，并以此为商人构筑了独特的"商人道"伦理思想。石门心学无论从思想史角度还是从教育史角度皆对日本近世社会的发展作出了贡献。同时，石田梅岩的"商人道"思想确立了町人的道义，强化了忠诚、孝行、无私及献身职业劳动的观念，对日本近代社会产业化的发展起了积极的作用，可以说，对于石门心学思想的研究是日本思想史研究中不可忽视的重要领域。

刘金才的《町人伦理思想研究：日本近代化动因新论》[②]则将考察的视野扩展到整个近世町人阶层，从伦理思想史的角度阐明了日本近世町人阶层的伦理思想与近代日本社会发展之间的内在联系，提出了富有创造性的观点。该书详细论述了江户时代町人发展的五个阶段，即萌生阶段、形成阶段、成熟阶段、发展阶段以及与近代契合阶段，考察了町人阶层及其伦理思想从萌芽、发展到消融在近代之中的历史轨迹，从史实和理论两方面探讨了町人及其价值伦理在日本向近代转型过程中所发挥的重大历史作用。

《町人伦理思想研究》为了探究促动日本近代资本主义生成和发展的

---

① 韩立红：《石田梅岩及石门心学思想研究述评》，《哲学动态》2005年第5期。
② 刘金才：《町人伦理思想研究：日本近代化动因新论》，北京大学出版社2001年版。

真正的精神动因，以马克思主义历史唯物论为指导，援用伦理学、历史学、社会文化学的理论，采用"将哲学的方法与历史的方法相结合"的方法，从伦理思想史的角度，对日本近世町人阶层的生成发展及其伦理思想形成的社会文化背景和历史轨迹，町人价值伦理的内涵和精神指向，以及它在日本由封建社会向近代资本主义社会转型过程中的作用和影响，进行了较为系统和深入的历史性考察和研究。研究结果表明，在日本前近代的德川时代，唯有掌握了经济和文化主导权、成为推动近世商品经济发展主体势力的町人阶级"惟以货币为贵""以金钱为本位""以营利为善"和以正直、俭约、精算手段致富的价值伦理和精神指向，才在本质上具有符合商品经济发展规律，促进商业资本发展，催生近代资本主义的功能和近代取向；正是町人阶层及其价值伦理和精神，在日本由近世向近代发展的历史进程中，起到了侵蚀、瓦解、毁灭以封建领主土地所有制、四民等级身份制和朱子学思想统治为基石的幕藩封建统治的重要作用，发挥了促动日本近代资本主义的生成和扩展，推动日本由封建社会向近代资本主义社会转型和发展的精神原动力作用。

第六节　武士道思想研究

"武士道"一词出现在日本的战国时代（1467—1615），但在江户时代（1603—1867）才被广泛使用，原指武士阶级所必须遵守的法规和原则，也是武士阶级必须履行的责任和义务。奈良时代（710—784）以天皇为首的中央集权制瓦解，进入平安时期后，庄园制代之而在日本兴起。庄园主为了领土安全和人身安全，组织了专门负责保卫工作的武装势力即武士团。在战场上英勇杀敌和对主人忠诚献身的精神，是对武士的基本要求，从而形成了"武家习气""弓矢之道"等新观念，它们成为维持武士团组织的重要思想支柱。武士夺取政权后的镰仓时代，这种观念越发兴盛起来，江户时代后，吸收儒家思想，其内涵进一步丰富，达到了"武士道"这一理论化的层面。

武士道虽然是日本封建社会中武士阶层的道德行为规范，但由于武士长期占据统治阶级的位置，所以武家的伦理思想成为全体国民必须效仿的道德标准，也成为日本民族精神的来源之一。日本七百年武家社会所培养起来的、以无条件效忠和自我牺牲为核心的伦理道德＝武士道演变成一种社会风尚，具有控制思想、规范言行的巨大功能。近代以后，武士道又同排外主义的神国观念和对天皇的绝对崇拜牢固地结合在一起，起到了某种宗教性的功能。1899 年，新渡户稻造将武士道誉为大和魂，作为日本民族精神向全世界加以介绍和宣传。

作为屡受近代日本帝国主义侵略的受害国，对武士道的研究和批判历来是中国学术界的焦点问题。娄贵书在武士道研究方面积累了很多成果，他的论文《武士道为虎作伥探析——日本军国主义的精神支柱、思想渊源和战争工具》[①] 指出：武士道既存在嗜杀成性、穷兵黩武的军国主义，又存在追求幸福安宁的和平主义。在其产生、发展和演变的漫长历史岁月中，武士道更多地向军国主义倾斜，为军国主义服务。特别是在明治维新至二战的 70 多年间，极尽为虎作伥之能事，以"愚忠"、"盲从"鞭策国民献身于军国主义战争政策，以武勇精神激发国民的战争意识，以杀身成仁将"皇军"铸造成泯灭人性的侵略恶魔。

娄贵书《日本武士道源流考述》[②] 是国家社会科学基金西部课题"日本武士兴亡史"的阶段性成果。该文通过考述武士道的源流，从不同的角度观察武士道精神。作者指出：甲午中日战争之后 4 年的 1899 年，新渡户稻造用英文写作的《武士道》在美国出版后，武士道与樱花一起作为日本的象征而名扬欧美诸国。伴随着日本举世瞩目的近代化成就和经济奇迹，武士道也被越来越多的国家和民族所熟悉。20 世纪八九十年代以来，日本国内也对日本传统文化出现了重新评价的动向，"武士道热"一浪高过一浪，数学教授藤原正彦著的《国家的品格》一书，甚至提出要以"武士道"和"物哀"来提升日本的国家品格。

唐利国的《武士道与日本的近代化转型》[③] 对山鹿素行的武士道论——幕藩制度确立时期的意识形态论、吉田松阴的武士道论——幕藩制度解体时期的武士道论、日本近代化转型期武士道的演变、从武士道到国民道德——日本近世与近代的连续与断裂等问题进行了深入的分析和阐述。

---

① 娄贵书：《武士道为虎作伥探析——日本军国主义的精神支柱、思想渊源和战争工具》，《贵州师范大学学报》（社会科学版）2006 年第 1 期。
② 娄贵书：《日本武士道源流考述》，《贵州大学学报》（社会科学版）2010 年第 3 期。
③ 唐利国：《武士道与日本的近代化转型》，北京师范大学出版社 2010 年版。

甘涛、方芳著的《管窥武士道的思想渊源及代表理念》[①] 分析了日本"武士道"历史发展过程中的思想渊源及其代表性理念，以期引起我们对其本质的认识和警觉。

蔡荷的《什么是真正的武士道思想》[②] 认为：平安末期武士登场以后，日本社会才有了比较清晰的伦理意识，从此武士作为人们的偶像而存在，武士的伦理观占据了日本传统伦理意识的大部。战国时代以前，武士道主要表现为"恩"的社会意识，战国时代表现为"生"与"死"的社会意识，江户时代则表现为"敬"与"诚"的社会意识。无论哪一阶段，武士道思想的极端性都是昭彰醒目的。

侯灵华的《日本武士道思想来源探究》[③] 也就武士道思想来源进行了探讨。作者认为：武士道在形成过程中吸收了儒学、佛教、神道教等理论要素，武士道思想对儒教进行了异化；自镰仓时代起，"武士好禅"成为社会潮流，禅宗"生死如一"的思想启发了武士"死的觉悟"意识，这对日本武士剖腹自杀的独特死亡方式产生了影响；神道教是日本的传统宗教，日本天皇万世一系，为天皇效命的思想与武士道思想结合产生了军国主义。

史少博的《日本武士道精神对儒家思想的汲取》[④] 则着重对武士道精神中的儒家思想元素进行了具体的分析。

王志的《〈叶隐〉武士道思想简论》[⑤] 和李东君的《关于〈叶隐闻书〉和武士道》[⑥] 以江户时代广泛传诵的武士道经典《叶隐》作为考察的对象。《叶隐》一书所宣扬的武士道与近世山鹿素行等儒学家提倡的"士道"相比，更加强调为主君牺牲献身的愚忠精神。在日本发动军国主义侵略战争期间，出于战时动员宣传的需要，《叶隐》这部因宣扬"死的觉悟"而曾在江户时代长期被封禁的奇书，成为二战时日本国民教育最重要的教科书，其所宣扬的武士道也成为日本法西斯军人的精神支柱。武士道是日本七百年武家社会所培养起来的、以无条件的愚忠和自我牺牲为核

---

① 甘涛、方芳：《管窥武士道的思想渊源及代表理念》，《湖北成人教育学院学报》2009 年第 4 期。
② 蔡荷：《什么是真正的武士道思想》，《湖南医科大学学报》（社会科学版）2009 年第 3 期。
③ 侯灵华：《日本武士道思想来源探究》，《魅力中国》2011 年第 2 期。
④ 史少博：《日本武士道精神对儒家思想的汲取》，《甘肃社会科学》2010 年第 6 期。
⑤ 王志：《〈叶隐〉武士道思想简论》，《古代文明》2012 年第 3 期。
⑥ 李东君：《关于〈叶隐闻书〉和武士道》，《博览群书》2007 年第 9 期。

心的伦理道德，二战时日军在战场上誓死不降，都可以归因于对天皇的绝对忠诚。《叶隐》所标榜的"死的觉悟"成为日本法西斯政权对中国和亚洲各国人民造成巨大伤害的思想根源。

此外还有杨平平的《从〈武士道〉来看武士的价值核心》①、周晓杰的《日本人的"忠义"观与武士道精神》②、周颂伦的《武士道与"士道"的分歧和对立》③ 等一系列优秀论文。

近年关于武士伦理观念的研究著作有王炜的《日本武士名誉观》④，该书围绕武士身份与名誉观念的关系、武士实现名誉的方式和途径以及影响武士名誉观念的各种评价体系、评价标准等问题，对武士名誉观念的形成和发展以及变化过程进行分析，试图进一步了解与把握武士及武士思想的发展脉络和各个历史时期的特征。

作者指出：武士身份的成立和存在，以武士在社会生活中所担负的责任和义务为前提；武士以行为符合其自身或所属集团对其身份赋予的行为规范即名誉得以实现，同时也为武士身份的成立和存在提供了理论依据。武士身份本身便是一种来自所属集团或者整个社会的价值肯定，即名誉评价。否则，如果武士身份者的行为不符合自身或集团的行为规范，便导致武士身份本身所具有的名誉意义受到来自自身或所属集团的否定，因此，武士的名誉与武士的身份互为存在的必要条件。

李涛的《大和魂——日本的根性窥探》⑤ 阐述了日本民族根性——纤柔敏感与血腥暴力、故步自封与谦虚好学、无条件的敬重与无原则的颠覆等既矛盾又统一地共同构成了日本人的思维特质。而李涛的《畸性的武士道：日本的全球视角》⑥ 一书更具体阐述了武士道与日本极右思潮的思想渊源关系。书中尖锐地指出：武士道迄今为止已有千年的历史，它是日本民族的"基因"，融在每一个日本人的血液里，是一条看不见的脉络贯穿着日本历史，渗透至日本政治、文化的方方面面。对武士道精神的狂热

---

① 杨平平：《从〈武士道〉来看武士的价值核心》，《学理论》2012 年第 7 期。
② 周晓杰：《日本人的"忠义"观与武士道精神》，《苏州科技学院学报》（社会科学版）2008 年第 2 期。
③ 周颂伦：《武士道与"士道"的分歧和对立》，《日本研究》2008 年第 4 期。
④ 王炜：《日本武士名誉观》，社会科学文献出版社 2008 年版。
⑤ 李涛：《大和魂——日本的根性窥探》，中国友谊出版公司 2007 年版。
⑥ 李涛：《畸性的武士道：日本的全球视角》，中国友谊出版公司 2007 年版。

尊崇，使本来只是一种民族特点的武士道受到了畸性的追捧。该书从日本的武士道精神说起，进一步阐述由武士道而起的民族特性、爱憎荣辱、失败后的切腹之举。当今在日本舆论界流行的极右思想、极端民族主义和极端亲美派合流，构成了影响当前日本政治、外交决策的主要思想潜流。日本正加速突破二战后形成的"和平宪法体系"，这客观上正是造成其他民族灾难的根源。该书通过对武士道精神本质的分析，阐述了当前中日关系及围绕日本的国际关系中的症结所在，其独到的见解发人深省。

蒋立峰、汤重南主编的《日本军国主义论》[①]是一部论述日本军国主义的重要著作。该书系国家社会科学"十五"重点规划项目——日本军国主义问题研究丛书之一，是我国第一部对日本军国主义问题作理论性、体系性研究的专著。全书分为上、下两册，共99万字，是近年来我国学者关于日本军国主义研究方面的总结性成果。

该书指出：冷战结束后，日本连续十多年经济衰退，新保守主义和新民族主义思潮、右倾化思潮泛滥，右翼势力猖獗。美化日本军国主义，为其侵略罪行翻案的言论甚嚣尘上，军国主义思想又有滋生。应该说，日本军国主义问题，是重大的历史问题、学术问题，更是21世纪我国面临的重大理论问题和政治问题。日本今后的发展方向，有无重蹈军国主义覆辙的危险，直接关系到中日关系的发展和我国的国家安全。可是，对近代时期的日本军国主义问题的研究，以往国内外均较为薄弱。在日本，只有20世纪五六十年代井上清的《日本军国主义》和水上勉的《日本军国主义》等数种，近年来日本几乎没有专门研究日本军国主义的学者和成果，连军国主义一词似乎也成了禁用词。而我国除了若干篇学术论文之外，只有万峰的《日本军国主义》[②]一部不足10万字的小册子。

《日本军国主义论》一书由中国社会科学院日本研究所研究员蒋立峰和世界历史研究所研究员汤重南担纲主编。我国学术界对于此书给予高度评价，普遍认为全书通过对地理环境对日本民族性格的塑造、作为源流要素的尚武传统与武士道精神、神国观念与天皇崇拜思想等方面的论述，探讨了日本军国主义思想产生的源流、形成过程和体制结构等，分析了军国主义与法西斯的区别和联系，剖析了日本军国主义对外侵略扩张的历史根

---

① 蒋立峰、汤重南主编：《日本军国主义论》，河北人民出版社2005年版。
② 万峰：《日本军国主义》，生活·读书·新知三联书店1962年版。

源。从国际大背景，日本政治、经济、思想文化、右翼思想、对外侵略战争等方面，全方位、多层次地剖析了日本军国主义这一历史现象产生的深刻根源。

步平的《靖国神社与日本军国主义》[①]是又一部研究日本军国主义的力作。作者深入到日本社会的内部，对靖国神社问题的产生进行了深入的、全方位的考察，有助于人们从根本上了解靖国神社本身和靖国神社问题的本质。位于日本东京都的靖国神社历史不过百余年，供奉自明治维新以来为日本帝国战死的战犯及家属，其中绝大多数是在侵略中国战争及太平洋战争中阵亡的日军官兵及殖民地募集兵。其最初的目的是通过祭祀来安抚冤魂，以免给人们带来灾难。但由于靖国神社的祭祀对象包括了14名甲级战犯，2000多名乙、丙级战犯，使得该神社被东亚各国视为日本军国主义的象征而备具争议性。作者从日本原始宗教——神道的起源与国家神道的性质上追寻作为日本军国主义象征的靖国神社问题产生的历史和思想根源，指出靖国神社问题不仅是中日关系中一个难以解决的障碍，而且是日本国内的政治问题。围绕靖国神社问题的争议首先发生在日本国内，是从二战后就开始的围绕对战争历史的认识和政治与宗教关系的争论，后来逐渐地发展成为国际性的问题。

第七节　日本独立学派思想研究

安藤昌益（1703—1762）是日本江户时代中期独特的思想家。他的名字和著作直到1899年才被日本学者狩野亨吉发现，通过狩野和他的学生渡边大涛等人著书介绍才开始被人知晓。1949年，加拿大东方学家赫·诺曼发表专著《安藤昌益与日本封建社会的剖析》（在日本改题为《被遗忘的思想家安藤昌益》出版），使安藤昌益及其著作引起了各国学术界的广泛注意。朱谦之的《日本哲学史》和王守华、卞崇道的《日本哲学史教程》都特辟专节把安藤昌益的思想作为日本封建制解体过程中新世界观的萌芽之一，详细阐述了他的朴素唯物主义、辩证的思维方式和空想社会主义等思想特质。

朱谦之和王守华、卞崇道的研究总结出安藤昌益的主要代表作是

[①] 步平：《靖国神社与日本军国主义》，黑龙江人民出版社2011年版。

《自然真营道》，直译就是"自然的真正规律"。他在书中充分阐述了他的社会政治思想，即"自然世"和"法世"对立的理论。他认为，在人类的自然世界里，所有的人原本都自耕而食，自织而衣，直接从事农业生产（称为"直耕"），"直耕"即是"真道"。"自然世"是一个人类绝对自由、绝对平等的理想社会，无贫富差别，亦无男女和上下尊卑不平等，既"无金银钱通用"，也无须"五常五伦"等道德，是一个完满的永远和平安定的理想境界。

而昌益在对"法世"的描述中，对日本的封建统治阶级、封建社会制度和意识形态，进行了猛烈的抨击。在他看来，人类社会本来无所谓君臣贵贱之别，"法世"的出现，是后来的"圣人""君主"造成的。而现实社会中的一切罪恶，都是由于"圣人""君主"的做法而产生的，而"圣人""君主"都是"不耕贪食"的"大罪人"。安藤昌益的"自然真营道"哲学思想，从总体上看，反映了日本近世农民的思想。

昌益认为，在"法世"社会里，由于"人为"地造出了"士农工商"等身份而有了上下贵贱的差别，出现了男女不平等。随着剥削和统治的开始，就有了腐败、邪恶和堕落，给人民大众造成了不幸、痛苦和灾难。统治者为了维护自己的地位和私利，镇压人民的反抗，又建立了军队、警察和监狱，而人类的不道德和不幸、苦难和丑恶都是"法世"的必然产物。昌益还对儒、兵、道、法等诸家著作及代表人物，以及佛教、巫术和神道教及其经传教义都进行了揭露和批判。他指出，封建社会的一切道德规范都是为了迷惑和欺骗民众。他甚至认为，当时社会的一切绘画、音乐、文学、艺术等都只是供统治阶级享乐用的，应该完全抛弃。

昌益主张消灭"法世"，回到"自然世"这一理想社会去。但是如何实现从"法世"向"自然世"的转变呢？他设想通过名义上的君主——"正人"和平地实现。就是出现一位"正人"为整个社会的指挥者，一切土地都归"正人"所有，"正人"再把土地分给"士农工商"各类人，使人人都有土地，人人都"直耕"，大家都自营生活，"正人"也不例外。这样一切贡租就不必要了，维持治安的法律、军警、监狱也都不必要了，从此一切争乱、罪恶和灾难也都自然而然地没有了。

《自然真营道》还系统地阐述了昌益的唯物论哲学。他认为物质的东西是根本的，世界的规律性在于物质性，物质和运动是分不开的。他宣称世界最高的实体是"气""道""精"或"活真自感"（自己运动着的活生生的真实存在），用物质实体的"气"一元论反对二元论。而"气"的运动有其自身的原因，自然界在空间上是无限的，时间上是连续的，物质只会从一种状态向另一种状态转化而不会消灭，其质量也"不增不减"。

在《自然真营道》的论述中，含有某些辩证法的因素。昌益用自己独创的两个密切联系的基本概念来观察自然和社会的一切现象，表述他的哲学和社会政治理论。这两个概念，一是"互性"，即相对性或交互作用；二是"活真自行"，即活生生的真实存在的或物质的自我运动。他把这二者结合起来，称为"互性活真"，用以表示万物的相互制约性和物质与运动的不可分性。他认为自然和社会的一切现象都是相对的，互为条件的，但相对之中有着绝对。如善与恶、苦与乐、天与地、男与女，这些相对的概念从表面看，都好像是"二别"（矛盾），但按"互性"来理解，实际上是"一真"（统一），犹如形与影一样是不可分离的。这"二别而一真"的客体不断运动变化，就是"互性活真"。他认为世间所有的一切都是"互性而活真"的，不能片面、静止地去观察世界，应该把世界作为不可分割的运动变化着的永恒的全体来认识和理解。

由于受到时代和阶级的局限，昌益的思想有许多缺点和弱点。首先，昌益把他的理想社会"自然世"规定为过去的原始时代，理想的实现也只是向过去复归，这就否定了发展和进步。他否定一切文化艺术，否定一切知识和学问，反对文明和进步，强调衣食第一，反对工商业，把人类社会局限在耕田、生孩子这些最低限度的生活，反映出当时日本农民视野的狭窄。其次，他对"法世"的批判固然尖锐，却认为"法世"的出现是"圣人""君主"等个人作为造成的，因而又幻想通过名义上的君主——"正人"个人的作为来消灭"法世"，这就从另一面无意识地夸大了"圣人""君主""正人"的历史作用，仍未摆脱唯心主义史观，而且停留于空想水平。最后，昌益的哲学唯物论思想和某些辩证法的观点，并未摆脱原始的、直观的、猜测的性质。由于他对对立面如何转化，即对立面的斗争是绝对的，统一是相对的、有条件的这一点理解得并不清楚，所以又陷入了相对论。他在批判宗教迷信时，也常常表现出他企图建立"自然神道"，因为他认为自然界具有某种"神妙的"、"灵验的"东西，这使他的著述往往带有浓厚的神秘主义色彩。

中国的日本哲学研究界对于安藤昌益富有批判精神和独创性的思想体系从"文革"前就开始了研究，并且给予了很高评价，这也与当时的研究立场和研究方法有关。除了以上介绍的朱谦之的《日本哲学史》和王守华、卞崇道的《日本哲学史教程》的研究之外，还有系列论文，如朱谦之的《安藤昌益——十八世纪日本反封建思想的先驱者》①、黄心川的《安藤昌益与〈自然真营道〉》②、马采的《十八世纪日本杰出农民思想家安藤昌益》③、米庆余的《日本反封建思想家安藤昌益》④、王守华的《安藤昌益的社会观》⑤ 等，普遍将安藤昌益视为唯物主义者和战斗的无神论者。

王家骅的《安藤昌益与儒学》⑥ 指出在德川封建社会的鼎盛期，安藤昌益不仅反对"不耕贪食"的封建经济剥削和"立大小之序"的封建政治压迫，主张返回到人人"直耕自食"且人人平等的"自然世"，而且反对主张"上下、贵贱、贫富"的、作为封建意识形态的"儒、佛、神、老、庄"等思想。他对儒学的批判尤为激烈，不仅在日本，就是在东亚各国封建社会中，也罕见其匹，具有唯物主义思想和彻底反封建的精神。

赵乃章的《安藤昌益的自然观、社会观及评述》⑦，从哲学的高度评述了安藤昌益的"气一元论"的自然观、"活真互性"的辩证法以及"自然世"的空想社会观，指出他的思想中包含着反封建和无神论的观点。

陈化北的《安藤昌益"人论"中的平等与差别思想》⑧ 则对安藤昌益的"人论"思想作了客观的分析，指出"真气说"和"平等与差别"思想贯穿于安藤昌益的整个思想体系之中。安藤昌益的"人论"思想确实蕴含有"平等"的理念，但其男女观、人身人品观、职业身份观、国家民族观等思想中又潜伏着差别与歧视的观念，因而安藤昌益的"平等"与近代西方的"平等"是两个完全异质的概念。

---

① 朱谦之：《安藤昌益——十八世纪日本反封建思想的先驱者》，《北京大学学报》（人文科学版）1962 年第 2 期。

② 黄心川：《安藤昌益与〈自然真营道〉》，《北京大学学报》（人文科学版）1962 年第 3 期。

③ 马采：《十八世纪日本杰出农民思想家安藤昌益》，《中山大学学报》（社会科学版）1963 年第 3 期。

④ 米庆余：《日本反封建思想家安藤昌益》，《历史研究》1981 年第 1 期。

⑤ 王守华：《安藤昌益的社会观》，《延边大学学报》（社会科学版）1983 年 S1 期。

⑥ 王家骅：《安藤昌益与儒学》，《日本研究》1992 年第 4 期。

⑦ 赵乃章：《安藤昌益的自然观、社会观及评述》，《辽宁大学学报》（哲学社会科学版）1994 年第 6 期。

⑧ 陈化北：《安藤昌益"人论"中的平等与差别思想》，《求是学刊》2006 年第 4 期。

安藤昌益一直是我国许多学者关注和研究的对象，在20世纪80年代众多研究的基础上，1992年9月为纪念安藤昌益逝世230周年，于山东大学召开了由中国和日本共同发起的"中日安藤昌益学术研讨会"，并出版了王守华、李彩华主编的会议论文集《安藤昌益·现代·中国》①。该书通过对安藤昌益思想的全面研究，表明昌益思想在今天仍然具有重要的理论价值。

1992年10月在日本八户市举行了大规模的"八户国际安藤昌益节"，同时召开了"安藤昌益国际学术讨论会"，1993年由日本农文协会出版了日文版论文集《安藤益昌：日本·中国共同研究》。1993年4月，在美国纽约康奈尔大学又举行了"安藤昌益国际学术讨论会"。这一系列的国际学术活动，使安藤昌益研究在世界范围内取得了引人瞩目的新进展。

王守华在《日本问题研究》2013年第1期发表《安藤昌益的环境思想及其哲学基础》一文，紧扣时代的课题，率先开始关注安藤昌益的环境思想。安藤昌益的环境思想主要包括：自然和人的关系是"大天地"与"小天地"的对应关系、自然和人的活动是一个和谐的循环系统、天灾是人灾、反对滥施开发矿产等内容，核心问题就是人与自然的和谐。他认为"自然"是包括天地、万物、人类在内的总体，它们遵循同一规律运动着。所以昌益环境思想的哲学基础是他的"活真"论、"进退·互性"矛盾运动、"五行·四行"说、"天地"（宇宙）论、"通·横·逆"论等具有独特内容的自然哲学。王守华的这篇论文继他在《日本哲学史教程》中对安藤昌益的研究之后又开拓了昌益研究的新视角。

三浦梅园（1723—1789）是日本德川时代中期的儒医及哲学家。他致力于探讨自然界的结构和规律，依据中国的《易经》《庄子》思想，并参照佛教哲学和当时的自然科学知识，用自己独特的概念和逻辑创立了富有独创精神的"条理学"。

朱谦之的《日本哲学史》和王守华、卞崇道的《日本哲学史教程》都特辟专节把三浦梅园视为日本封建制解体过程的新世界观萌芽之一而全面总结论述了他的哲学思想，认为其中具有唯物主义和辩证法的因素。他们的研究认为，梅园主张宇宙充满着物质性的、永恒不灭的"一元气"（亦称一气），宇宙间一切可见和不可见的事物都是由气构成的。气有精

---

① 王守华、李彩华主编：《安藤昌益·现代·中国》，山东人民出版社1993年版。

粗之分,"气精则体没",体没则表现为不可见的、无形的东西——气;"气粗则体露",体露表现为可见的、有形的东西——物。在他看来,"天地,气、物也",即世界由气和物构成,并最终统一于"一元气"。

三浦梅园阐明宇宙万物处于对立统一的关系中,这就是他的"条理学"思想。"条理"就是规律,他根据条理学,在认识论上提出了"反观合一"的方法。他说,"条理是一一",而"一一"即阴阳,主张任何事物都以"阴阳"构成,对事物应从对立的两方面进行把握,但同时他又强调"一一即一",即事物既是对立的,又是统一的。这种"反观合一"的认识方法具有直观的辩证法的因素。

三浦梅园还根据"条理学"来考察人类社会和伦理道德。他认为人类有"理智"和"情欲",他的伦理思想突破了儒家传统的道德规范,肯定"情欲"也是人的本性,所以他强调后天修养的重要性,主张安命自足,以"理智"去克制"情欲",以建立符合道德规范的社会秩序。

除以上朱谦之和王守华等人的经典研究之外,我国日本哲学研究界对于三浦梅园思想研究的成果还不算多。值得关注的是李威周的《〈周易〉与三浦梅园的辩证法思想》[1],是较早认识到三浦梅园思想价值的论文。作者认为日本何时才出现有辩证法思想的学者?何时才有阐述辩证法思想的著述?辩证法思想在日本是土生土长的,还是吸收外来文化的结果?这是研究日本哲学思想和日本民族文化的重要问题,而对三浦梅园条理学的阐释就是以上问题研究的关键。

张谷的《略论道家道教思想在日本近世的传播和影响》和《道家道教思想对日本近世知识分子的影响——以三浦梅园为例》[2] 的系列论文主张道家道教思想在日本的传播,到了江户时代,对日本文化产生了空前的影响。此时期受道家道教影响的日本知识分子不胜枚举,如徂徕学派的荻生徂徕、太宰春台,社会思想家安藤昌益,经济思想家海保青陵,自然哲学家三浦梅园,复古神道学者贺茂真渊、本居宣长,文学家松尾芭蕉、佚斋樗山等。张谷特别以三浦梅园为例对江户知识分子与道家道教思想的关系作了具体的分析和探讨。

---

[1] 李威周:《〈周易〉与三浦梅园的辩证法思想》,《日本学刊》1991 年第 3 期。
[2] 张谷:《略论道家道教思想在日本近世的传播和影响》,《广西社会科学》2011 年第 5 期;《道家道教思想对日本近世知识分子的影响——以三浦梅园为例》,《前沿》2011 年第 16 期。

二宫尊德（1787—1856）是日本江户后期农政思想家，一生致力于村藩的改革和复兴，以农村实践家而著称。他积极进行社会调查研究，制定农村建设规划（称"报德仕法"），对改良和普及日本近世农业技术起到了先驱作用。

刘金才在二宫尊德研究领域耕耘多年，刘金才、草山昭主编的《报德思想与中国文化：二宫尊德思想国际研讨会论文集》于 2003 年由学苑出版社出版，其后他又发表了《二宫尊德的"报德教"与儒释道》[①]等多篇关于二宫尊德的学术论文，对二宫尊德的思想进行了全面的分析和介绍。刘金才认为二宫尊德融合吸收了神、儒、佛三教的思想要素，创立"报德教"，主张以实践之德报天、地、人三才之德，倡导封建社会庶民的道德思想和生活规模，强调从宿命论出发的勤劳、节约、忍耐和禁欲的生活态度。他与安藤昌益的思想不同，他主张在不打破封建体制的前提下，实行"兴产安民"，强调农民应有"无税田"。在幕末的大动荡时期，由于苛捐杂税、高额地租、严重的灾荒和饥馑，造成农业凋零，农村贫富不均的现象日益严重，针对这种情况，二宫尊德认为：必须"严守本分"，即领主和农民都要有所约束，不能超越本分。他在应藩主的请求，实行农村复兴时，要求藩主必须实施"仁政"，禁止无限制的剥削，因而二宫尊德受到了农民阶层一定程度的支持。但他要求农民也要安分守己、忍耐克让，不让农民以暴动斗争反抗领主剥削，显然对农民又具有一定的消极影响。由此看出，他要求封建领主作出一些让步，本质上仍然是维护封建制度的。二宫尊德认为："天道"和"人道"是并存的，"天道"维护统治者，而"人道"是维护被统治者，二者缺一不可。二宫尊德的这种"天道"、"人道"观，是从他拼命努力要恢复随着封建制的衰落而荒废了的农村土地，阻止封建农业崩溃的经验中归纳出来的。

在二宫尊德研究领域，近年来中日两国学术界积极开展学术交流活动。2005 年 3 月在大连民族学院国际语言文化研究中心成立了东北二宫尊德研究所，并先后主（承）办了"二宫尊德报德理念与实践"（2005 年 3 月）、"报德理念与经济伦理"（2006 年 8 月）两次国际学术研讨会，在国内外学界产生了广泛影响。

[①] 刘金才：《二宫尊德的"报德教"与儒释道》，《延边大学学报》（哲学社会科学版）2010 年第 2 期。

2008年10月，东北二宫尊德研究所结集，由该所研究人员撰写的研究文集《二宫尊德思想与实践研究》，由吉林大学出版社出版，向中日学者展示了该所的相关研究成果，受到国内外学界的广泛关注。2008年11月在上海理工大学召开了国际二宫尊德思想学会第四届学术大会"报德思想与和谐社会"。这些学术活动为中日学者共同探讨二宫尊德的思想与实践在当今时代的价值和意义提供了广阔的交流空间。

王秀文、关捷编的《二宫尊德思想与实践研究（续篇）》[①]进一步就儒学的传播与二宫尊德的实践——兼谈儒学复兴问题，中国传统文化与二宫尊德报德思想在现代经济管理中的价值，二宫尊德报德思想中至诚、勤劳、分度和推让为中心的理念，二宫尊德报德思想与构建和谐社会的继承关系等热点问题展开了讨论。

范景武的《论二宫尊德的神道观和价值观》[②]也是一篇值得关注的学术论文，作者以"神儒佛三教论"为背景，把握二宫尊德的神道观和价值观的内涵、本质及作用，探求日本人国民性的文化基因和思想动因。作者指出："神儒佛三教论"是佛教、儒学等外来思想相继传入日本社会以后发生在日本民族精神世界中极其重要的思想文化关系，是构筑不同发展阶段日本思想文化体系的基本要素，是影响不同历史时期日本民众的思维方式和行为模式的重要因素，也是日本民族处理和解决民族文化与外来思想之相互关系的思想结晶。

第八节　日本基督教与兰学思想研究

基督教在日本的传播可追溯到日本战国时代（1467—1615），当时的耶稣会传教士努力说服九州地区的一些大名允许他们传教，他们在传教的同时也给日本带来了铁炮制法等一系列西方近代文明。明治维新后，基督教再次随着西学涌入日本，不过基督教在日本没有占据优势地位，对日本社会的影响也不及佛教、神道等传统宗教。

---

① 王秀文、关捷编：《二宫尊德思想与实践研究（续篇）》，吉林大学出版社2010年版。
② 范景武：《论二宫尊德的神道观和价值观》，《内蒙古工业大学学报》（社会科学版）2008年第1期。

戚印平撰写的《日本早期耶稣会史研究》① 是这方面的力作。该书以耶稣会在战国时代进入日本传教直到德川幕府禁教锁国为止的日本早期基督教传播史为研究对象，在坚实的中外文资料基础上，从天主教在中世末期日本的传播发展全过程、传播过程中的手段及策略、基督教神哲学与当时日本传统思想的冲突及融合三个主要方面，对当时日本的基督教史作了比较全面的考察与研究。这部著作在我国日本宗教研究领域受到普遍的关注，认为其开拓性意义不仅体现在日本基督教史研究方面，而且对伴随着大航海时代而来的西学东渐的研究以及中国的基督教传播史都极具参考价值。作者在书中还就基督教思想对日本人思维的影响提出了自己的观点，比如基督教理性传教的目的在于神启信仰，但它无疑会在客观上大大激发日本人的自然理性，使日本民族的理性思维能力得到前所未有的发展。由此可以推测，江户时代日本的兰学及其他为明治维新作出思想铺垫的学术思潮都与此有着千丝万缕的联系。

除了这部专著之外，戚印平还发表有《关于日本耶稣会士商业活动的若干问题》和《关于日本耶稣会史中教会本地化问题的矛盾与斗争》② 等一系列论文。这些论文对当时日本基督教的经济活动、传教活动等一系列具体问题都作了比较详细的考察。

李小白的《信仰·利益·权利——基督教布教与日本的选择》③ 一书则展示了基督教从战国时代传入日本到近世初期被禁止，再到对江户时代兰学的影响，直至近代开国后随着西学之风在日本重新传播的全过程。全书分为基督教传入日本的内外背景、具体的布教过程、耶稣会在日本的经济活动和适应主义、与日本各势力的冲突、近世洋学以及伴随着日本重新开国而展开的近代布教等章节。在考察了西方基督教在日本的前后兴衰史后，作者断言明治维新时期的日本同禁教时代的日本一样，同属中华文明和西方文明的周边文明性格越发强烈了，而周边文明尽管接受了中心文明先进的文化因子，但它的内部却始终跃动着本民族的灵魂。

---

① 戚印平：《日本早期耶稣会史研究》，商务印书馆2003年版。
② 戚印平：《关于日本耶稣会士商业活动的若干问题》，《浙江大学学报》（人文社会科学版）2003年第3期；《关于日本耶稣会史中教会本地化问题的矛盾与斗争》，《浙江大学学报》（人文社会科学版）2001年第5期。
③ 李小白：《信仰·利益·权利——基督教布教与日本的选择》，东北师范大学出版社1999年版。

李小白的《从〈妙贞问答〉到〈破提宇子〉：十七世纪前期日本宗教思想界的徘徊》①介绍了日本近世初期著名天主教传教士巴比庵的信仰变化。原是禅僧的巴比庵后来皈依天主教，并于1605年著《妙贞问答》以批判佛教、儒教及神道，15年后又脱离天主教，著《破提宇子》一书批判天主教。作者认为这反映了当时日本宗教思想界对外来宗教信仰徘徊不定的状态。

赵德宇的《论16、17世纪日本天主教的荣衰》②一文，以当时天主教在日本与统治阶级的关系为主线，研究了日本天主教从登陆种子岛开始传教，直到由于锁国政策被彻底赶出日本的兴衰史。作者指出，统治阶级对传教士的态度虽然几经反复，但始终是系于其政治经济利害天平之上的。从政治上看，初期织田信长的扬耶抑佛和其后丰臣秀吉的扬佛抑耶政策，表面看来是截然相反的态度，但其真实目的是完全一致的。再从经济上看，即使在禁教令发布以后，丰臣秀吉和德川家康出于对南蛮贸易的需求，仍然对传教士表现了一定程度的宽容，及至与荷兰建立贸易关系后，传教士才完全失去了利用价值。而后来，天主教教义、教规动摇了日本的忠君思想、主从关系、家族制度等"国风伦理"，成为与日本统治者"正法"对立的"异端"，就自然只有被禁止的命运了。

此外，汤开建和吴青的《明季寓居澳门的日本基督徒及广东政府的管治与防范》③一文论述了万历年间在澳门的日本人的活动以及广东政府的"驱倭"运动，也从另一个侧面为日本早期基督教史的研究提供了可供参考的资料。

日本江户时代（1603—1867）中后期，幕府为禁止耶稣会的传教活动，实行锁国政策，只在长崎等地保留与荷兰和中国的贸易关系，这期间日本人通过荷兰人带来的荷兰语书籍吸收、研究西方近代科学技术和思想文化的学问被称作"兰学"。近年来兰学研究日益受到关注，涌现出一批优秀论著。

---

① 李小白：《从〈妙贞问答〉到〈破提宇子〉：十七世纪前期日本宗教思想界的徘徊》，《古代文明》2007年第2期。
② 赵德宇：《论16、17世纪日本天主教的荣衰》，《南开学报》1999年第6期。
③ 汤开建、吴青：《明季寓居澳门的日本基督徒及广东政府的管治与防范》，《中华文史论丛》2008年第1期。

周维宏《试论兰学对日本近代思想界的影响》①较早关注到这个问题的重要性。他主张作为锁国期间唯一汲取西方文化的渠道，兰学对日本近代的发展，在各个方面都发生过不小的影响。研究兰学及其影响，有助于我们认识日本近代社会的进程，认识明治维新发生的思想基础和社会条件。

郑彭年著的《日本西方文化摄取史》②是一部重要的专著。该书以文化为主体，从兰学、洋学、明治维新与西方文化，近代化与西方文化，现代化与西方文化，日本摄取西方文化的经验教训等各个方面论述了日本如何通过摄取西方文化而建成了一个现代化的发达国家。日本的成功经验值得我们学习，其中有一定的借鉴意义。因为国内有关江户、幕末时代兰学及西学的研究成果不多，这本书可为广大读者提供参考。

王青的论文《从"支那"到"西洋"的转折点——试论日本近世思想家本多利明》③将目光投向了之前未引起中国学者足够重视的兰学家本多利明。本多利明是日本江户时代后期颇具特色的经世学家，他以独特的风土史观为依据，力主日本应摆脱传统的中国思想文化的影响，转而接受西洋的文明成果。他具有近代合理主义和机械唯物主义倾向的政治经济主张，使日本学术界将他尊为日本接受西方思想文化的先驱。但是利明的经世学说实际上仍与传统儒学有着内在的思想关联，他面对西洋文明的挑战，以独自的方式完成了从中国文化到西洋文化的价值转向过程，而这也正是日本社会从中国文化到西洋文化的价值转向的写照。这篇论文不仅吸收了日本学者的新观点，而且从史料上对日本近世思想家和中国思想家的思想关联作了具体的分析和比照。

赵乃章的《论司马江汉在思想文化上的成就》④对日本江户时代后期的著名兰学家司马江汉（1748—1818）的思想学说作了全面的总结和论述。司马江汉既是西方油画和日本铜版画的先驱，又是西方地理知识、天文学地动说、太阳中心说等新天体观在日本最早的宣传者，他在哲学思想上主张气一元论的唯物主义思想，并具有进步的社会思想。

---

① 周维宏：《试论兰学对日本近代思想界的影响》，《历史教学》1985年第7期。
② 郑彭年：《日本西方文化摄取史》，浙江大学出版社1996年版。
③ 王青：《从"支那"到"西洋"的转折点——试论日本近世思想家本多利明》，《北京大学学报》（哲学社会科学版）1999年第6期。
④ 赵乃章：《论司马江汉在思想文化上的成就》，《日本研究》1990年第2期。

杨晓峰的《西保尔德：西方科学的传播者》①对德国著名的医学家、民族学家和博物学家西保尔德（Philipp Franz von Siebold，1796—1866）在日本传播西方近代思想文化的活动进行了具体的考察。

周晓冀的《兰学与日本近世思想文化》②指出：兰学开创了日本大规模引进西方现代科学文化的先河，对日本传统儒佛文化产生了巨大的冲击，为日本文化中心主义的产生确立了思想前提。在兰学发展的近300年历史中，阿兰陀通词（荷兰语翻译）、荷兰商人和幕府官员都是重要的推介者，但尤以兰学者的影响最为重要，他们对日本近世思想文化的形成起到了决定性作用。

刘小珊的《兰学·洋学——日本人实理实用精神的启蒙》③指出：日本的西学是沿着兰学—洋学—英学的轨迹发展起来的，西学东渐对于日本现代化的发展起到了至关重要的作用。该文通过对兰学、洋学的发展所引起的日本民族思想的转变以及升华的过程的考察，试图探求日本人如何将汉学与西学融为一体，创造出高度文明、科技先进的今日日本的原因所在。

段学品的《浅析日本锁国体制下的"窗口"及其作用》④充分肯定了在德川幕府锁国政策下兰学作为有日本特色的启蒙运动在日本历史上的地位，同时指出中日两国锁国体制的不同是造成近代两国不同结局的一个重要因素。

史红霞的《"兰学"勃兴的原因初探》⑤分析道：17世纪中叶，日本为抵制基督教开始"闭关锁国"，一直到1853年才被迫开国。但其间日本并未对先进的西方科技闭目塞听，"兰学"就是在这个时期形成并发展起来的。汉籍和荷兰书是西学传入的渠道；荷兰通辞（翻译）和部分政府官员是西学的传播媒介；长崎是日本接纳西学的窗口，因此日本具有兰学研究的社会条件。

---

① 杨晓峰：《西保尔德：西方科学的传播者》，收入《日本研究论集》，天津人民出版社2003年版。
② 周晓冀：《兰学与日本近世思想文化》，《泰山学院学报》2006年第28卷第5期。
③ 刘小珊：《兰学·洋学——日本人实理实用精神的启蒙》，《广东外语外贸大学学报》2004年第4期。
④ 段学品：《浅析日本锁国体制下的"窗口"及其作用》，《理论界》2008年第8期。
⑤ 史红霞：《"兰学"勃兴的原因初探》，《邯郸职业技术学院学报》2003年第2期。

宋书强《明治维新前日本的西学历程》① 指出：日本对西学的摄取，在明治维新前经历了"南蛮学"、"兰学"和"洋学"三个阶段，各有不同的情形和特点，是一个动态演变的过程，亚洲国家中学习西方成效最显著的当首推日本。关于日本对西方文化的摄取进程，人们的关注多集中在明治维新时期，该文试对明治维新之前的日本西学历程进行大致的梳理和分析，以求窥见日本摄取西方文化的动态演变过程。

李存朴的《18 世纪末以前中日对西方新世界观念的回应》② 从比较研究的视角出发，指出：16 世纪中叶以后至 18 世纪末，新航路开辟后形成的西方新世界观念在中日两国都有传播，中国被动地接受了部分新世界观念，但更多表现为排斥西方文化及其世界观念；日本则主动地吸取新世界知识，形成兰学思潮，世界观念得到了更全面、更深刻的改变和发展。中日对新世界观念的不同回应是两国适应新的世界形势的重要表现，也为 19 世纪中叶以后两国历史不同的发展际遇埋下了伏笔。

徐静波的《大航海时代以后日本人对外界与自身的新认识》③ 认为具有强烈的民族主义情绪的"日本人意识"或是"日本人情结"以及西洋先进的观念，是在江户中期即 18 世纪以后逐渐形成并日益凸显出来的。形成这一认识或意识，自然有诸多缘由，但大航海时代以后西洋人的到来以及从西洋输入的新知识，尤其是描述整个世界的相关地理知识，无疑是酿成日本人对外界和自身新认识的一个非常重要的因素。事实上，它与后来明治时期形成的"脱亚入欧"的社会思潮也有相当的内在关联。

喻冰峰的《"兰学"在日本出现的原因探析》④指出：兰学的兴起始于以杉田玄白、前野良泽、大槻玄泽等医生为中心的兰学家对荷兰医书的译注，不久研究领域逐渐从医学扩大到语言、天文、历学、地学、化学、兵书等领域，对日本全面引进和吸收西方近代科学技术和思想文化起到了至关重要的促进作用。

谢辰、唐利国的《日本近世知识分子思想构成研究——以兰学家杉

---

① 宋书强：《明治维新前日本的西学历程》，《传承》2007 年第 5 期。
② 李存朴：《18 世纪末以前中日对西方新世界观念的回应》，《烟台师范学院学报》（哲学社会科学版）2004 年第 1 期。
③ 徐静波：《大航海时代以后日本人对外界与自身的新认识》，《日本学刊》2009 年第 5 期。
④ 喻冰峰：《"兰学"在日本出现的原因探析》，《日本问题研究》2003 年第 3 期。

田玄白为例》①则对近世著名医学家、兰学先驱杉田玄白（1733—1817）的兰学思想作了具体的考察。作者指出：杉田玄白力图通过对"以中华为中心"的传统华夷观的批判，铲除日本"慕夏"思想的根基，促使日本积极吸纳西洋的文明成果。在日本内忧外患的社会现实之下，杉田玄白提出的开国通商等主张，虽旨在应对来自沙俄的北方危机，但却对锁国体制本身构成批判。其为挽救幕府统治危机而提出的内政改良倡议，虽为德川后期的改革思想张本，但仍受传统的局限而难有新意。总之，杉田玄白思想的独特构成，典型地反映了日本近世知识分子及其时代的特征。

日本关西大学外国语学部沈国威教授的《西方新概念的受容与造新字为译词——以日本兰学家与来华传教士为例》②从语言学研究的角度阐述了兰学促进日本吸收西方近代思想文化和科学技术的重要作用。作者提出：汉字被认为是一个可以不断孳乳繁衍的开放的系统。历史上，创制新的汉字一直是应对概念增长的最重要的手段之一。近代以降，日本的兰学家和来华传教士都使用汉字翻译西方的新概念。在方法论上，日本多用直译法造复合词，而中国由于化学元素名翻译的成功，造新字为译名的方法被认为更符合汉语的本质。然而，来华传教士苦心孤诣创制的大量新汉字，最终为日本直译法的复合词译名所取代。中日不同译名创制法对各自语言的近代词汇体系形成之影响表明，对于有限的语音形式，只靠增加记录语言的符号——新汉字，不可能完成新的科技术语体系的建构。

---

① 谢辰、唐利国：《日本近世知识分子思想构成研究——以兰学家杉田玄白为例》，《中共贵州省委党校学报》2012 年第 5 期。

② 沈国威：《西方新概念的受容与造新字为译词——以日本兰学家与来华传教士为例》，《浙江大学学报》（人文社会科学版）2010 年第 1 期。

第二章 日本近现代哲学史、思想史等综论性研究

新中国的日本哲学研究，如果我们按前述部分所提到的分期方法以1978年为界分为两个时期，那么毫无疑问，在1978年之前，关于日本哲学史的综论最重要的就是朱谦之先生所著的《日本哲学史》一书。当然，朱先生著作等身，仅在日本哲学方面就还著有《日本的朱子学》与《日本的古学及阳明学》等另外两种著作，但因属于专论，所以就不在此介绍了。

朱谦之先生生于1899年12月4日，1916年进入当时的北京大学哲学系学习。据记载，朱谦之先生在北京大学就学期间，博览群书，以致当时北京大学的图书馆主任李大钊曾说："北大图书馆的书，被朱谦之看过三分之二了，再过一个月，将被他看完，他若再来借书，用什么应付呢？"① 虽然博览群书，但朱先生并非是"两耳不闻窗外事，一心只读圣贤书"的书生。据当时任图书馆馆员的毛泽东回忆，他曾与朱先生讨论过无政府主义等问题。朱先生在北京大学学习期间爆发了历史上影响深远的五四运动，先生亦积极投入其中，并曾因散发传单而被逮捕，入狱长达百余日，由此可见，当时的朱先生积极参与现实的政治运动，并不是把自己封闭在象牙塔里。1929年，朱谦之先生获中央研究院资助到日本研究哲学两年。在日本的两年，为朱谦之先生日后的日本哲学研究打下了牢固的基础。一方面他在日本接触到了马克思主义的辩证唯物主义及历史唯物主义哲学，这为日后的研究奠定了理论基础；另一方面，虽然在日本的研究课题是"历史哲学"而非"日本哲学"，但哲学总是相通的，在日本从事历史哲

---

① 参见朱谦之《日本的朱子学》，人民出版社2000年版，第538页黄夏年写的跋。

学的研究本身就不可能忽视日本本土的哲学。另外，在日本的研究，也能为他日后日本哲学研究积累研究素材。据后人回忆，朱先生在日本留学的时候："……每日有暇必往图书馆，从早到晚忙于看书、抄书。东京的书市，他是常客，生活再苦，也不惜把好书用重金买下。"① 可见在日本的两年朱先生收集了大量与哲学有关的研究材料。1931 年归国后，朱先生在中山大学任教，一直到 1952 年，这一时期是朱先生"历史哲学"研究成果迭出的时期，有关"历史哲学"的著作就出版了四种，即《历史哲学大纲》《文化哲学》《孔德的历史哲学》《黑格尔的历史哲学》等。1952 年，中国进行大学院系调整。朱先生从中山大学调到北京大学，在北大期间主要从事中国哲学的研究，1958 年，朱先生开始转向东方哲学研究，而他关于日本哲学的三部力作就是这一时期的成果。1964 年，朱先生调入中国科学院哲学社会科学部世界宗教所任研究员，开始从事宗教哲学的研究，此后一直在宗教所任职到去世。

《日本哲学史》出版于 1964 年，是朱谦之先生"日本哲学三部曲"中的最后一部，同时也可以说是新中国日本哲学研究的开山之作，这部哲学史从日本上古文献《日本书纪》《古事记》中的神话传说（通常简称"纪记神话"）所蕴含的哲学思想开始展开讨论，一直讨论到 20 世纪前期日本哲学领域中不同学派的不同作者，可以说是一部相当全面的日本哲学通史。这部著作的出版可以说为中国的日本哲学研究奠定了基础，虽然距该书初版已经过去了近 50 年，但至今对于从事日本哲学研究的研究者来说，该书依然是不可不读的参考书。2002 年，尽管当时已经存在数种关于日本哲学史的著作与译著，人民出版社再版了这部著作，这就表明该书依然具有相当重要的现实学术价值。

这部著作共分 15 章，系统介绍了日本各个时代不同流派的哲学思想，涉及朱子学、儒学、国学、独立学派思想、启蒙思想、马克思主义思想、形而上学思想等多达十数个学术流派。仅在标题中列出并讨论的各个时代的哲学家、思想家就达 46 人，可以说比较全面地概括了德川时期以来日本思想界的全貌。这部著作除介绍了众多的哲学流派、哲学家之外，还有一个特色是其中引用了大量日本哲学思想的原典。仅仅在书后的"原始资料要目"中，就列出了涉及日本思想家的日文原典共计 141 种，而且其

---

① 参见朱谦之《日本的朱子学》，人民出版社 2000 年版，第 538 页黄夏年写的跋。

中很大一部分是全集、文集等多卷本的著作，这反映出老一代学者扎实的学术功力。入门的研究者通过阅读这一《日本哲学史》就可以大致了解自己想要了解的日本思想家的思想，如果要进行某个思想家的专项研究还可以通过该书了解到与该思想家有关的日文原典。这就大大方便了后学。实际上，包括笔者在内，在从事日本哲学研究时都曾仔细阅读过该书，并根据该书所列出的原典进一步深入了解自己感兴趣的研究对象。

作为一个"百科全书式"的学者，朱谦之先生在其研究中能够博采众长，注重借鉴他人的研究成果，比如他自己就提到曾参考过日本井上哲次郎的研究："又关于哲学史方面，古学派及阳明学派尚少专著，惟井上哲次郎所提供资料尚可用，而立场、观点不同，余则仅供参考而已。"①他还在书中提到过日本马克思主义思想史家永田广志和苏联的拉都—沙杜洛夫斯基所著的《孔子教在日本之传播》一书。可见涉猎广泛。当然，最为重要的还是他在研究日本思想的时候能够与中国古代的思想进行相互比较，这和朱先生在国学上深厚的学养是分不开的。根据卞崇道先生的研究，朱谦之先生并没有满足于日本古代思想曾受中国影响这一泛泛的结论，而是在很多地方具体指出这样的影响："朱谦之不满足于这种泛论，而以大量丰富的史料具体指出了在古代，中国古典文献对《古事记》和《日本书纪》的影响，由中国佛教对日本佛教的影响。特别在论述日本古代唯物主义时，具体指出了贝原益轩等人的唯物主义思想来自中国张载、罗钦顺的传统，伊藤仁斋的唯物主义哲学来自吴廷翰，荻生徂徕哲学近似于颜元。……"② 另外，由于朱谦之先生学问渊博，他还发现了古代日本思想在中国的传播："本书所述以关于日本的古学及阳明学所受中国哲学之影响为限，但并没有忘却日本在形成古学及阳明学之后，对于中国亦发生影响。例如当徂徕学流行时，其所著《辨道》、《辨名》二书，在道光十六年即有钱泳编本，附以自序，并《日本国先生小传》，作为《海外新书》出版。又当幕末阳明学盛行时，其代表吉田松阴等亦影响中国的戊戌维新志士，如谭嗣同即以身实践松阴的行为，黄遵宪《人境庐诗草》亦有《近世爱国志士歌》，表示钦仰。"③ 对于朱谦之先生在中日哲学相互

---

① 参见朱谦之《日本的古学及阳明学》"前言"，人民出版社2000年版，第21页。
② 卞崇道：《现代日本哲学与文化》，吉林人民出版社1996年版，第213页。
③ 朱谦之：《日本的古学及阳明学》，人民出版社2000年版，第382页。

引鉴方面的研究成就，卞崇道先生这样总结道："可见，朱谦之强调在古代主要是中国哲学影响日本，近代主要是日本哲学影响中国，同时又指出即使在古代，日本哲学也影响到中国，即使在近代，中国思想仍然影响着日本。他这种互相影响的观点，旨在说明，哲学思想不是在各个国家内彼此孤立、互不依赖地形成的各种哲学体系的简单的机械的总和。相反，某一国家的哲学，同其它国家已有哲学处于一定相互关系中，前者受到后者的影响，并且反过来也影响后者。这种相互作用，由于中日两国所处的历史条件比较相似（或相近），发挥得尤为充分。因此哲学思想的发展过程，不仅仅局限于个别国家的范围内，它同时还扩展到许多在经济上、政治上和思想上彼此相联系的国家。这种观点非但对研究中日哲学史有意义，且对研究世界哲学史也有普遍意义。"① 可以说，卞先生对朱先生的评价是非常中肯的。

作为一个早年曾积极参与五四运动，并在日本学习期间接触到马克思主义思想的学者，朱谦之先生还是我国最早以马克思主义思想来对日本哲学进行研究的，这在中国日本哲学史的研究领域尚属于开创性的工作。朱谦之先生自己曾指出："研究日本哲学史主要在以马克思主义观点，阐述日本唯物主义哲学思想的发展，并批判过去所有唯心主义哲学体系；但也不能忘却在唯心主义哲学里面，正如黑格尔的辩证法，有其合理的内核……现代日本哲学的主流是辩证唯物主义和历史唯物主义的发展，而追溯其思想背景，则不可不先研究一下马克思主义以前唯物主义哲学及辩证法思想产生的准备时期哲学的诸流派。简单来说，德川时代哲学诸流派，已为产生优秀的辩证唯物主义创造了必要的前提条件……"② 他根据马克思主义的哲学思想，将日本哲学分为三个时期："第一期，马克思主义传播以前唯物主义哲学及辩证法思想产生的准备时期；第二期，马克思主义传播以前日本唯物主义哲学形成时期；第三期，马克思主义唯物哲学与修正主义斗争的时期。"③ 这种分期方法十分新颖，可以说是一种创新。这种利用马克思主义的思想方法来对日本近代哲学进行分析研究的做法为后来的研究者开辟了新的研究思路。

---

① 卞崇道：《现代日本哲学与文化》，吉林人民出版社1996年版，第213页。
② 朱谦之：《日本的古学及阳明学》，人民出版社2000年版，第6页。
③ 同上书，第5页。

朱谦之先生的《日本哲学史》具有材料翔实、方法新颖等各种特色，填补了中国日本哲学研究领域的空白，可以说是新中国的日本哲学研究通史的开山之作，不过由于时代的限制，美中不足的是，这部《日本哲学史》主要以德川时代以后的日本哲学思想作为自己的研究对象，而对德川时代之前的日本思想着墨不多[①]，另外由于写作时间较早，对日本战后哲学思想的发展也很少涉及，而后进学者的研究则进一步填补了这方面的空白。

朱谦之先生的《日本哲学史》一书出版于1964年，之后由于众所周知的原因，日本哲学研究陷于停滞，直到1989年王守华、卞崇道先生合著的《日本哲学史教程》出版，可以说开启了新一代学者对日本哲学的研究。

这本《日本哲学史教程》填补了朱谦之先生留下的遗憾，首先对公元8世纪日本有文字的历史开始以来直到17世纪的德川幕府建立之前的哲学史进行内容的增补，同时也纳入了战后日本哲学的内容，可以说，通过这部著作的完成，我国日本哲学史综论部分终于有了一部相对较为全面的著作。

该部著作根据历史年代分为三个部分：第一部分是日本古代哲学，内容涉及从古代到德川时代晚期的哲学思想；第二部分是日本近代哲学，主要讨论日本明治时期到昭和前期的哲学思想；第三部分是日本现代哲学，主要介绍日本战后新兴起的哲学思想。可以说这部哲学史相对系统完整地介绍了日本哲学思想的历史脉络，简洁明晰地梳理了日本自古代到现代哲学思想发展的轨迹。

根据该书著者之一卞崇道先生自己的概括，与前人的著作相比这部《日本哲学史教程》的新意主要体现在以下几个方面：

> 首先体系上，作者将社会历史分期的一般原理与日本的具体历史情况相结合，把日本哲学的发展分为古代（1867年前）、近代（1868—1945年）和现代（1945年后）三个大的断代，体现了历史和逻辑的统一。对于古代哲学，该书以时间为经，思想内容为纬，着重叙述了佛

[①] 《日本哲学史》一书共分15章，而德川之前的部分仅有1章，在体量上，只占全书不到6%的篇幅。

教哲学、儒学哲学和神道哲学。对于朱子学派的哲学，则打破了传统的以师承关系来划分学派的方法，而从哲学基本问题上将其分为相互对立的两大派别。其次，在研究领域上有所拓展。譬如于日本固有的神道哲学，过去我国学者少有论及；对于战后日本哲学也尚未涉猎，而《日本哲学史教程》对之都作了阐释。最后，在观点上也有新意。尤其是对于日本哲学史的特点的总体把握，认为除了表现出哲学发展史的一般规律外，尚具有独自的特点。①

这部"教程"还有非常重要的一点是在该书绪论部分对日本哲学史独有的特点进行了总结和概括，哲学作为一门发源于西方的学科，在讨论东方哲学史时，首先面临的一个问题便是东方有没有哲学，东方哲学又有什么特点的问题。在这部教程的绪论中，从中国学者的视角讨论了这一问题，这也是这部教程的一个非常重要的创新之处，因此在这里着重介绍一下。该书作者通过总结，认为日本哲学史与其他国家的哲学史相比具有以下三个特点：首先是"移植的特点——从古到今，日本的哲学几乎全都是从外国传入的。在日本哲学发展的历史上，经历了四次大规模的外来思想的冲击，形成了四次大规模的哲学思想的移植：第一次是佛教思想的冲击，第二次是儒学的冲击，第三次是欧洲近代哲学的冲击，第四次是战后来自以美国为首的西方现代哲学的冲击。这四次外来哲学的冲击成为四次大规模地移植外国哲学的历史，构成了日本哲学史最为显著的特征"②。这一特点导致"日本哲学不仅在时间上萌芽、发展比较晚，而且在理论内容上比较浅近"③。该教程总结的第二个特点是"融合、创造的特征"④。也就是说日本虽然移植了很多来自外国的哲学，但这一移植的过程并不是简单照搬，而是对外来的哲学进行了融合与创造，从而形成了日本自己的哲学。"譬如明治初年移植西方哲学伊始，以西方哲学将儒学的'理'改装为'物理之理'和'心理之理'，即是西方哲学与传统儒学思想的融合。经西村茂树、井上圆了、井上哲次郎的佛教、儒学与西方哲学融合，

---

① 卞崇道：《现代日本哲学与文化》，吉林人民出版社1996年版，第215页。
② 王守华、卞崇道：《日本哲学史教程》，山东大学出版社1989年版，第7页。
③ 卞崇道：《现代日本哲学与文化》，吉林人民出版社1996年版，第215页。
④ 王守华、卞崇道：《日本哲学史教程》，山东大学出版社1989年版，第7页。

最终产生了独创性的西田哲学。"① 该部教程总结的第三个日本哲学史的特点是"中间类型的特点"②。作者认为："如果说欧洲哲学的特点是西方哲学的典型，印度、中国哲学的特点是东方哲学的典型，那么依靠移植东西方哲学而形成、发展起来的日本哲学则具有介于两种异质哲学之间的中间类型的特点。从空间上来说，在古代主要是移植中国哲学而具有东方哲学的特点，从近代开始又移植欧洲哲学而具有西方哲学的特征，最终融合东西方哲学思想形成了既具东方哲学特点，又具西方哲学特点的日本型哲学。从时间上来说，东方哲学史上的各种哲学思想体系（婆罗门教、佛教、儒学）都有自己古老的传统，后世往往是通过注释前代古已有之的范畴创立新学说，表现为较强的承续性。而在西方哲学史上，后世哲学取代前代哲学，往往是通过否定前代哲学而创立新学说，表现为批判地继承。而日本哲学则介于两者之间，与印度哲学和中国哲学比，呈现比较明显的非连续性和阶段性。与西方哲学相比，又表现为相对的连续性，即所谓'新旧哲学并存的情况突出'。其它从与科学的关系，与宗教的关系上来说，日本哲学也介于东西方哲学特征之间，由此形成了日本哲学既具西方哲学的特点，又具东方哲学的特点，亦即兼容并蓄的优点和多元价值观。"③

作者之所以总结日本哲学的这三个特点，其实是为了回答一个在研究日本思想史时经常需要面对的问题，那就是作为东亚的后发现代化国家，日本为何能后来居上，最先在各个领域实现了现代化，步入发达国家之列。该教程作者认为以上三个特征是该问题的答案："因为日本哲学史具有以上特点，才使得在历史后进、经济不甚发达的日本，虽然晚于中国、印度进入封建社会，但却先于它们成功地进入资本主义社会，又以较短的时间赶上并超过了发达的资本主义国家，实现了资本主义现代化。"④ 当然，对于该问题有着各种见仁见智的解释，不过该教程的作者将这一问题与日本哲学史的特征结合起来的研究思路显现出很强的现实问题意识，而这正是研究日本哲学史所难能可贵的出发点。

---

① 卞崇道：《现代日本哲学与文化》，吉林人民出版社1996年版，第216页。
② 王守华、卞崇道：《日本哲学史教程》，山东大学出版社1989年版，第8页。
③ 同上。
④ 同上。

除了上面列举的特色以外,这部教程还采用了当时很多新的资料,从而反映出当时"国内外关于日本哲学研究的新水平和现状"[①]。当然,由于各种条件所限,这部写作于近30年前的日本哲学通史也存在一些问题,正如卞崇道先生自己所说,"例如,作为一部通史,虽然作者力求从古代一直写到当代,但对大正、昭和前期仅仅阐述了主要的有代表性的哲学家,论述也过于简略,对战后日本哲学的描述更为单薄,仅限于介绍一些流派和哲学家,评论和研究尚嫌不足,对于思想史和哲学史分野的界定和把握,对于日本哲学范畴的理论分析等,也欠缺深度"[②],等等。但尽管如此,该部教程仍旧是一部研究日本哲学的入门必读书,而且,随着我国日本哲学研究的不断深入,涌现出很多新的成果可以弥补这部教程所具有的一些缺憾。特别是后面将予以讨论的刘岳兵的《日本近现代思想史》和《东方哲学史》(日本部分)。

在与该教程出版的同一时期,还有另外两部有关日本哲学史的著作,分别是金熙德的《日本近代哲学史纲》和方昌杰的《日本近代哲学思想史稿》,这两部著作主要研究日本近代的哲学思想,虽然时间跨度不如《日本哲学史教程》,但对于从事近代日本哲学研究的人来说,还是比较重要的著作,不过限于篇幅,在这里就不详细介绍了。

在新一代的年轻学者中,刘岳兵的《日本近现代思想史》是一部比较重要的著作,该部专著出版于2010年,可以说是近年来日本哲学思想史领域的一部力作。与此前的思想史不同,这部著作有以下几个突出的特点。

首先是该书立足于思想史中的"史实",也就是各个作者所写作的原典,通过对原典的研究,作者尝试更为准确地还原思想史的原貌。作者自称在写作该部著作时采取的是一种回避"流行的史学理论或研究'范式'"的方法[③]。当然,任何思想史的写作都不可能完全回避理论的影响,不过从这段话中可以看出作者的一种态度,那就是更多地将思想史写作的重心置于借助原典对思想的复现上。这其实是一项非常重要的工作,特别是在中国,一方面受意识形态影响,既往的研究通常强调由某一理论进行

[①] 卞崇道:《现代日本哲学与文化》,吉林人民出版社1996年版,第217页。
[②] 同上。
[③] 刘岳兵:《日本近现代思想史》,世界知识出版社2010年版,第8页。

指导；另一方面由于各种原因，对近现代日本思想领域中出现的很多重要原典的介绍还并不充分，在这种情况下，这种立足于思想原典来写作思想史的做法就更具有学术价值。

这部思想史对资料的征引是非常广博的，根据附录的"主要参考文献"，该书所征引的文献被分为三个部分，第一部分是"基本史料"，该部分几乎囊括了日本出版的各种主要的思想史原典文献总集，包括：《日本近代思想史大系》全24卷、《近代日本思想大系》全36卷、《现代日本思想大系》全35卷、《战后日本思想大系》全16卷、《史料日本近现代史》三册和《日本史史料〔5〕现代》；第二部分是"基本研究文献"，这部分包括了中日两国学者在日本近现代思想史方面很多重要的先行研究，共包括三部具有权威性的大体量多卷本思想史综论，分别是：《近代日本思想史讲座》全8卷、《近代日本思想史大系》全7卷、《日本思想史讲座》全10卷；1部工具书《近代日本哲学思想家辞典》和17部中日学者关于日本思想史的专著。第三部分是"分章文献"，按章节列出各章所征引的文献。第一章征引了52种专著；第二章征引了46种专著，其中还包括多部多卷本的文集；第三章33种；第四章40种；第五章27种；第六章54种；第七章75种，总计征引的中外学者的相关专著达327种。由此可见，作者在写作这部思想史时利用了大量的思想史原典以及前人的研究资料，这不仅使这部思想史具有更高的可信性，同时也为思想史领域的专题研究提供了一个较好的平台。

这部思想史的另一个重要特色是比较全面地介绍了日本近代以来思想的发展及各种分支。众所周知，明治维新是日本从古代向近代转型的标志性事件，然而，虽然每个时代都会有每个时代的主流思想，在不同的时代也会有不同程度的思想的发展，但任何思想的发展都不会是无根之木，即便是移植外来的思想，在移植的过程中也会受到本土思想的影响，因此，在这部著作中，作者也对明治维新之前日本传统思想中对后来接受外来思想发生影响的部分进行了梳理。这样，就不会让人对此后日本思想中发生的变化感到突兀，难以理解。

这部思想史的写作是按照年代进行的，除第一章讨论近现代思想的传统渊源之外，第二到四章讨论了明治时期的思想，第五章及第六章讨论了大正时期及昭和前期的思想，而第七章则讨论了战后的日本思想。由于是一部通史，因此在按照时代进行划分的讨论中，对各个时代的思想均进行了较为全面的概括。其中比较重要的是他在这部思想史中梳理了日本思想中由民族主义到帝国主义最后走向军国主义、法西斯主义的思想脉络，这是此前的思想史通史写作所不曾涉及的，可以说填补了这方面的空白。另外，该部思想史还介绍了以往思想史没有加以注意的思想。如明治时期日本的"文艺复兴"与"精神革命"；明治晚期的个人主义及精神主义；大正时期的女权思想、人格主义、文化主义等，这些都是初次进入中国思想史通史写作的视野。可以说，这部思想史基本完成了对日本近现代思想史的全方位的把握。

在对日本近现代思想进行了全面的介绍之外，这部思想史还有一个特点就是对日本近现代一些重要的思想问题进行了较为深入的讨论。比如针对日本近代思想领域的重要文献《教育敕语》，作者就进行了非常详尽的讨论和介绍，不仅介绍了《教育敕语》出台前的背景，还介绍了各种敕语的草稿，其中斟酌语句所引发的争论等，为人们了解《教育敕语》在日本思想史方面的重要意义提供相当翔实的材料。以上《教育敕语》仅仅是一个例子，此外如作者对"明六社"的介绍，对"东京审判"的讨论以及对"象征天皇制"的分析，都是非常详尽的，而这些内容，也均是日本思想发展中不容忽视的事物。

总之，刘岳兵的这部《日本近现代思想史》是近年来日本哲学思想史研究领域的一部非常重要的著作，不仅在很多方面填补了以往研究的空白，同时作者也以非常认真扎实的文献处理能力为后续研究提供了基础。当然，这部近现代思想史也有一些缺憾之处，其中一个问题就是该部著作主要围绕日本近现代思想中的政治思想展开，所以从某种意义上可以说接近一部"政治思想史"，如果从这一视角出发，那么这部著作对日本近代思想其他领域的关注则略显不足。不过，该书因此正好可以和前述王守华、卞崇道所著的《日本哲学史教程》相互补充，因为后者更注重介绍日本哲学思想中关于形而上学等思辨领域的思考。

2010年《东方哲学史》（日本部分）的出版可以说是中国东方哲学研究领域的一件非常重要的事，这是我国第一部系统介绍东方哲学的通史，可以说这部通史的出版，一方面填补了我国东方哲学研究领域缺乏系统性通史的空白；另一方面也将我国的东方哲学研究的水平提升到一个新的高度。

日本哲学作为东方哲学的重要组成部分，自然在这部大部头的东方哲学史中占据相当数量的篇幅，总计三百余页，可以说，如果将这些部分组织在一起独立出版就是一部相当不错的《日本哲学史》。与之前的数种日本哲学史著作相比，这部著作中的日本哲学部分具有思想观念较新，同时还填补了多项学术空白等特点。传统的哲学史写作往往受意识形态影响较重，强调以正统的思想引导哲学史的写作，不过，在该部著作中，更为强调思想演变的历史，而不是将注意力集中在如何对这些思想进行评价上，这样，就使这部通史具有了更为客观的学术价值。

这部著作中日本哲学部分另一个重要的特点是填补了一些学术空白，在这部著作的"总序"中，作者将该书"日本哲学"部分所填补的学术空白总结为以下三点：

第一："神道教是日本的国教，代表了日本国民的精神，反映了日本传统文化的内核。所以，神道教是日本国民的精神信仰，是日本传统文化的体现。一部神道教发展史也就是一部日本社会文化发展的缩写。而神道哲理又是神道教的精髓。目前学术界研究神道教的论文、论著较多，但研究神道哲学的论著、论文较少，而且对神道哲学发展史的研究，则少之又少。在此意义上，可以说本书第一次较系统、较完整地对神道哲学的发展历程进行了梳理和论证。同时，也对神道教的影响和作用，作出了客观、公允的评价。"①

第二："日本现代哲学始自大正（1912—1926年）时代。按照学术界的传统观点，一般认为西田哲学（即西田几多郎的哲学思想）、和辻哲郎的伦理学、京都学派的田边元的哲学思想等是日本现代哲学的典型代表，故研究他们思想的论著较丰厚。本书在对上述重要哲学家思想论述的基础上，还重点介绍了九鬼周造的偶然性哲学和逻辑学思想。关于九鬼周造的偶然性哲学和逻辑学思想以及'粹'的思想，由于其晦涩和艰深，国内学者很少论及，故我们这里的论述，也属首次，具有补白之价值。"②

第三："本书还对京都学派的历史哲学进行了介绍和评述。由于京都学派的历史哲学涉及日本对外发动侵略战争时期提出的'战争哲学'、'总力战的哲学'等观点，故国内学术界一般都对此持全盘否定或回避的

---

① 徐远和、李甦平、周贵华、孙晶主编：《东方哲学史》（上古卷），人民出版社2010年版，第29页。

② 同上书，第30页。

态度,本书在介绍此学派思想的基础上,首次进行了客观的分析和评价。"① 确实,由于中日两国之间的历史原因,很多时候我们往往无法正视日本思想,这对日本思想研究来说,确实是一个障碍。自明治维新以来,因受到西方的压力,日本的极端民族主义不断膨胀,最终侵略亚洲,挑起了第二次世界大战。因此,在中国对日本民族主义及军国主义的研究往往采取忽视的态度,思想史中一些重要的人物有时会因为其思想中带有军国主义思想而被忽视,同时往往只从侵略中国的视角去看待这一问题。因此,对日本民族主义的研究相对来说未能深入,日本民族主义思想在其现代化过程中所发挥的作用也没有得到充分的讨论,同时,日本在历时近百年的现代化过程中,也涌现出很多不同甚至表面对立的民族主义思想分支,对这些不同的民族主义思想脉络也没有很好的梳理,倒是在进入21世纪后,我国相关方面的研究开始出现了不少成果。而能以客观的态度对这些思想进行分析梳理其实对我们了解当今的日本很有益处。

由以上所讨论的特点来看,《东方哲学史》的日本部分的确是近年来的一部重要的哲学史综论,这部哲学史的出版可以说为日本哲学史奠定了一个比较坚实的基础,也标志着新时期中国日本哲学研究的最高成就。

从前面介绍的各部综论性研究来看,可以说每一部都较之前的研究有所创新和突破,我国的日本哲学研究也正是在这一不断创新不断突破的过程中日益发展起来。学无止境,随着我国日本哲学研究的发展,未来还会有更多更出色的著作涌现出来,为繁荣我国的日本哲学研究作出新的贡献。

---

① 徐远和、李甦平、周贵华、孙晶主编:《东方哲学史》(上古卷),人民出版社2010年版,第30页。

第三章 日本近现代哲学思想研究

第一节 启蒙思想研究

　　日本明治时期以来,引进西方思想进行现代化的启蒙成为哲学思想领域的重要思潮。在这一启蒙思潮中,毫无疑问,福泽谕吉是其中最为重要的人物,他幼年虽曾学习汉学,但长大接触西洋学之后便为之倾倒,由兰学而英学,积极了解来自西方的各种现代知识,并积极著述立说、创办学校①,向日本国民传播、介绍他所理解的西方思想,至今日本一万元纸币上仍然印着他的肖像。福泽谕吉虽然是日本哲学思想史中的重要人物,但多年以来,因其思想中所包含的蔑视亚洲特别是中国的思想以及向亚洲大陆的扩张思想②而被视为军国主义的源头。受此影响,对于福泽谕吉的研究并不是非常的全面和深入。不过,新时期以来,有更多的研究者开始从事关于他的研究。作为一个被称为"日本的伏尔泰"的百科全书式的思想家,他的思想至今仍在很多方面对我国的现代化进程具有借鉴意义。

　　在研究福泽谕吉的成果中,王中江的《严复与福泽谕吉——中日启蒙思想比较》是一本比较重要的著作,也是目前唯一一部研究福泽谕吉的专著。从其题目可以看出,该部专著主要采用比较的视角来对严复与福泽谕吉的思想进行分析。在"引言"中作者对此进行了说明:"本书的比较范围是中日近代思想文化,具体而言,是抓住中日启蒙思想这一对象,

---

① 福泽谕吉是日本著名私立大学"庆应义塾大学"的创办者,自1858年创办以来,这所学校为日本近代化培养了大批人才,这所学校至今仍旧是日本私立大学中的翘楚,很多政治人物如小泉纯一郎、小泽一郎等均毕业于该学校。

② 在其著名的《脱亚论》中,福泽认为日本应该"与西洋文明国共进退",在甲午战争结束后,他宣称中日之间的战争是一场"文野之战"。

以严复与福泽谕吉这两位启蒙大师为中心而展开的。中日启蒙思想是中日近代思想文化中的一个非常重要的部分,它与中日近代化的历程有密切的关系,比较中日启蒙思想,对把握中日近代思想文化的发展特征,认识中日传统思想如何转变更新,了解中日启蒙思想对中日近代化发生了怎样的影响,都将有积极的意义和作用。严复与福泽谕吉是中日启蒙思想中的两颗明星,在中日启蒙思想中占有十分重要的地位。通过对他们的透视,可以展现中日启蒙思想的微观部分,以达到具体的把握。"①

该部著作的主要内容分为四大部分,分别是"时代篇",主要介绍该书涉及人物的时代背景以及这一时代所面临的课题,同时还介绍了严复与福泽谕吉的生涯。"文化篇",在这篇里主要讨论了东西文化论的两个模式即"华夷与神夷"和"中体西用与和魂洋才",并分别对严复和福泽谕吉的东西文化论进行了分析。接下来是"思想篇",这部分较为重要,作者从"科学观与哲学观""政治诸范畴""历史意识""经济观念""宗教态度"等五个方面对严复和福泽的思想进行阐述并加以对比分析。最后是"实践篇",讨论了严复的变法自强论和福泽谕吉的文明开化论并进行了比较分析,同时还对两者的教育思想和教育实践进行了介绍。

在该书的结语中,著者对严复和福泽谕吉启蒙思想的意义进行了概括,认为两者都"全面推进了中日思想的近代化,变革传统的理论形态和价值观念"②。同时他们的思想也都"发生了很大的影响,使一代人或几代人都受到了新思想的洗礼"③。不过,笔者认为,如果从中日两国在现代化过程中所走上的不同路径出发,其实在比较思想的基础上讨论严复与福泽谕吉的差异或许更具有现实意义。

在日本的启蒙思想家中,另一位重要人物是被称为"东洋的卢梭"的中江兆民,他曾经留学法国,回国后积极宣传西方的自由主义思想,他曾经翻译卢梭的《社会契约论》,译名为《民约译解》,并在当时产生了相当广泛的影响,他还通过创办宣传自由民权的报纸《东洋自由新闻》以及开设"法兰西学塾"等形式积极倡导自由民权运动。作为这样一位

---

① 王中江:《严复与福泽谕吉——中日启蒙思想比较》,河南大学出版社1991年版,第2页。
② 同上书,第301页。
③ 同上书,第303页。

"对近代日本政治思想和日本国民的心理产生了巨大而深远的影响"① 的思想家，我国的日本哲学研究者也进行了不少研究，根据唐永亮的考察，在出版的书籍中，涉及中江兆民的主要有王家骅的《儒家思想与日本的现代化》、朱谦之的《日本哲学史》、刘岳兵的《日本近代儒学研究》、毕小辉的《中江兆民与新井白石》等数种。② 中江兆民研究中一部重要的成果是唐永亮的专著《中江兆民的国际政治思想》。众所周知，在面临西方近代文明的冲击时，东亚后发现代化国家的思想界所面临的重要课题就是如何在外交中维护国权以及如何在内政中谋求国家的富强，而中江兆民的国际政治思想则是日本近代外交思想的重要组成部分，他最重要的著作之一《三醉人经纶问答》便是假托"洋学绅士""豪杰君""南海先生"三人提示的三条外交路线，可以说对当时和后世的外交思想产生了重要的影响。在这部专著中，作者首先从汉学和洋学两方面介绍了中江兆民国际政治思想的基础，接下来又讨论了中江兆民国际政治思想的形成、发展和转变。最后，作者又从中江兆民国际政治思想的内在逻辑及思想史意义两方面讨论了中江兆民国际政治思想的影响。通过这部专著，作者相当详尽地梳理了中江兆民的国际政治思想，这样就使我们可以更为清晰地"认清中江兆民政治思想理论框架及其逻辑构造"③，从而为我们进一步深入理解日本近代政治思想的发展提供了帮助。

吉田松阴（1830—1859）虽然仅仅活了29岁就因反对幕府而在"安政大狱"中被处以极刑，但作为明治维新的先驱，他的思想在后来发生了重要的影响，他的弟子有伊藤博文、山县有朋和高杉晋作等明治时期赫赫有名的政治人物，特别是伊藤博文，在他的主持下制定并颁布了日本宪法，同时还多次担任首相，可以说对日本政治产生了深远的影响。

在国内对吉田松阴的研究还相对薄弱，虽然朱谦之先生在其《日本的古学及阳明学》中有所涉及，但并不是很详细，此外的研究成果则多为单篇的论文。郭连友的《吉田松阴与近代中国》是已知唯一一部专著。在这部专著中，作者结合中国近代的历史事件、重要人物以及中国传统思想对吉田松阴展开了讨论。根据作者自己的叙述，在本部专著中，作者主

---

① 唐永亮：《中江兆民的国际政治思想》，社会科学文献出版社2010年版，第2页。
② 同上书，第9页。
③ 同上书，第3页。

要讨论了四个以前没有经过充分讨论的课题，分别是：鸦片战争对吉田松阴的思想所形成的影响；近代中国的太平天国运动对松阴思想的形成、变化及转换产生的影响，以及这次运动在他思想上具有的意义；孟子思想在松阴思想形成过程中所发挥的作用；在近代中国，人们如何认识吉田松阴的思想，换言之，即松阴及其思想对近代中国产生了怎样的影响。[①] 通过对这四个课题的讨论，作者从与中国相关联的研究视角对吉田松阴的思想进行梳理与阐释，这不仅进一步深化了对吉田松阴思想的理解，同时还结合中国的视角讨论了其思想对中国现代化进程所可能具有的借鉴意义，可以说是中国日本哲学思想研究领域的一个重要的成果。

明治时期是日本现代化的转型期，随着西方思想的涌入，与传统的思想碰撞，日本也形成了一个思想高度发达的时代，这个时代的特点是各种在思想领域发生影响的人物，很多很难界定其"专业"，大多横跨多个学科，比如日本最著名的启蒙思想家福泽谕吉，就同时也是教育家，而他的思想则涉及政治、经济、法律、哲学等很多学科。这是由于旧有的学术体制在崩塌，新的未及建立，同时大量的思想涌入，知识分子在吸收新的知识时并不会以一种学科固化的思维去吸收，因此就出现了很多知识分子同时横跨数个学术领域的情况，而这种情况只有在学术体制充分建立、学科的专业化不断加强的情况下才会逐渐消失，在现代的学术环境下，更容易出现的是以赛亚·伯林所说的"刺猬"而非"狐狸"[②]。

在日本近代思想人物中，德富苏峰便是这样一个跨领域的人物，他自己既是作家又是记者、历史学家、时事评论家，而他在思想领域的影响则仅次于福泽谕吉。虽然从严格意义上说，德富苏峰并不是一个哲学家，但如果从其思想的影响上来看，他的影响要比很多哲学家深远得多。由于其自甲午战争前就开始鼓吹扩张，并在战后积极鼓吹军国主义，受此影响国内对他的研究并不是很多。但是，虽然其思想中有很多反动的内容，仅仅因此就忽视其思想则会加大我们了解明治时期思想史的难度，因为毕竟他的思想在日本非常有影响，而且也是军国主义的源流之一。

---

① 参见郭连友《吉田松阴与近代中国》，中国社会科学出版社2007年版，第11—16页。
② [英] 以赛亚·伯林：《俄国思想家》，彭淮栋译，译林出版社2001年版。其中的《刺猬与狐狸》一文讨论了两种类型的学者："狐狸多知，而刺猬有一大知"，也就是说有的学者广泛涉猎很多领域，而有的学者则对一个狭窄领域有着深入的研究。见该书第26页。

在现有的关于德富苏峰的研究成果中，米彦军的《德富苏峰右翼思想研究》一书是一部重要的专著，该书主要分五个章节讨论了德富苏峰的思想，分别是："甲午战争前的德富苏峰民族主义思想及其实践"；"民权斗士向皇权鹰犬的蜕变"；"从'黄种人的重负'到八紘一宇的梦呓——民族主义的变奏"；"'精神武装'与大和魂的躁动——批判德富苏峰文化民族主义"；"大和殇——德富苏峰极端民族主义的悲歌"。可以说，通过这一系列的讨论，对德富苏峰从一个早期的带有民族主义色彩的民权论者转变为后期积极鼓吹战争的军国主义者的思想脉络进行了仔细的梳理，从而为我们了解德富苏峰的思想提供了有益的帮助。作为一部学术专著，该部著作也提出了一些具有创新性的观点，根据作者本人的总结，主要包括以下三个方面：首先，"本研究认为民族主义是贯穿德富苏峰一生的核心思想"。而在国内学者和日本学界的论著中"以德富苏峰的民族主义以及其嬗变轨迹为研究对象的专题著述尚未发现"。其次，"本书在国内学术界是首次依据大量的德富苏峰原著、社论、演说、信件等第一手资料写成的，在德富苏峰民族主义的嬗变轨迹、各时期民族主义的成因、内容、嬗变的原因、产生的社会危害等实证研究方面，会对国内学术界的相关研究产生重大影响"。最后，"本书的研究视角在于把德富苏峰置于幕末至二战后初期这一世界史大背景中，通过纵向、横向对比深层剖析其民族主义的形成、发展、嬗变的过程，并将阿Q精神和日本民族心理做了对比"。[①] 总之，通过这部专著，我们对德富苏峰这样一个在日本思想领域有着重大影响的思想人物有了更为清晰的了解，这对中国的日本政治思想研究来说是一个非常有意义的成果。

第二节　形而上学研究

作为哲学的一个重要分支的"形而上学"主要研究的是存在及宇宙基本性质等问题。日本哲学界在该领域主要以京都学派为代表。以西田几多郎（1870—1945）为代表的京都学派中涌现出很多有造诣的哲学家，他们结合西方的形而上学及东方的传统思想，提出了不少具有新意的观点。中国的日本哲学研究者对西田以及京都学派的研究也一直在进行着，

---

① 米彦军：《德富苏峰右翼思想研究》，中国社会科学出版社2012年版，第9页。

新中国最早出版的日本哲学著作之一便是 1963 年出版的刘及辰先生的《西田哲学》，此后虽然由于大环境的种种原因对西田及京都学派的研究一度停滞，但在改革开放之后的新时期，该方面的研究又开始繁荣起来，涌现出不少研究成果。下面就择其要者，简单介绍一下。

刘及辰先生的《西田哲学》不仅是新中国第一部关于日本哲学专题研究的专著，同时也是第一部由外国人撰写的西田哲学的研究著作。[①] 该书分为六章，从六个方面对西田哲学展开了讨论，这六章分别是："纯粹经验"，"自觉中的直观和反省"，"场所逻辑"，"无的逻辑"，"辩证法的世界"，"绝对矛盾的自己同一"。同为西田哲学研究者的卞崇道先生认为此书："在全面理解西田哲学的基础上，按其发展的客观过程，把西田哲学的发展分为前期、中期、后期这三个时期，然后从每个时期中选取最有代表性的独创性哲学范畴，加以解析、评论，从而构成西田哲学的完整图像。"[②] 他进一步对该书六章所包括的内容进行了概括，因为笔者并非西田哲学研究方面的专家，所以就引卞崇道先生的概括如下："纯粹经验是西田哲学的出发点，是贯穿整个西田哲学的一个基本概念。自觉中的直观和反省是西田进行独创性研究提出的范畴，如果说纯粹经验的心理主义色彩过于浓厚，那么，西田进而把它把握为是一种先验'自觉'，并从逻辑上说明'直观'与'反省'即意识者和被意识者之间的关系。从唯意志主义向直观主义发展，西田哲学便进入中期阶段，场所逻辑和无的逻辑的提出，是西田哲学成熟的标志。西田几多郎的哲学由于有自己独创性的逻辑基础而得以被世人誉为西田哲学。……场所逻辑进而发展为无的逻辑，使西田哲学更具东方文化特色，也更具神秘主义色彩。进入后期，西田把'场所'的立场具化为'个物相互限定即一般者自己限定'的'辩证法一般者'的立场，同时又把该'辩证法一般者'的立场直接化为'行为的直观'的立场，并在该立场上形成了作为历史世界逻辑的一种'个物的多'和'全体的一'的'绝对矛盾自己同一'的逻辑。最后，便由此展开了所谓精神、文化及宗教等特殊问题。经过这样建构，就把西田哲学主要内容和独创性特征完全再现出来了。"[③] 这里卞崇道先生对这本书的概

---

① 参见卞崇道《现代日本哲学与文化》，吉林人民出版社 1996 年版，第 219 页。
② 同上书，第 221 页。
③ 同上。

括还是非常准确的。当然，由于所处时代的局限性，这部著作的一个问题是经常站在当时的主流意识形态的立场上对西田的思想进行批判，批判固然是无可厚非的，但学术批评中如果带入过多的价值判断，则会削弱一部学术著作的理论性。这也是这部著作的缺点，不过瑕不掩瑜，对于研究西田哲学的人来说，这部专著依然是一部重要的参考资料。

田边元（1885—1962）是京都学派的另一位重要的哲学家，曾师从井上哲次郎，还曾跟胡塞尔学习过现象学，他的思想同时还受到佛教净土宗的影响，在京都学派中的地位可以说与西田相当，他提出的重要哲学概念有"种的逻辑"和"忏悔道"等，这和西田的思想之间存在一定的分歧。关于这位哲学家，在中国的研究还不是很深入，虽然从朱谦之先生的《日本哲学史》开始，各部日本哲学通论中都会有所涉及，同时也有一些学术论文涉及他的哲学，如1990年第3期《外国问题研究》中赵乃章的《评田边元的忏悔道哲学》等，但整体说来，与西田相比，对田边元思想的研究在中国学界尚待进一步深入，而这将是未来中国日本哲学研究者的任务。

三木清（1897—1945）也是京都学派的一位重要的哲学家，他早年师从西田几多郎，后留学德国并接受存在主义哲学、马克思主义哲学的影响，回国后任教，并曾因同情日本共产党而被捕，可以说是京都学派"左翼"思想的代表。不过，严格意义上说，三木清的哲学与马克思主义哲学之间还存在着一定的不同。由于和马克思主义的关系，我国对三木清的思想研究较多，有很多论文介绍他的思想，而刁榴的《三木清的哲学研究》则是一部研究三木清思想的专著。

在这部专著里，作者分五章介绍了三木清的主要哲学思想，分别是："帕斯卡尔研究""马克思主义研究""历史哲学""'构想力'的哲学"和"'协同主义'的哲学"，这五个部分可以说较为全面地涵盖了三木清的哲学思想，通过这些介绍，三木清思想的演进脉络，也就比较清晰地展现在读者面前。

在日本现当代哲学家中，九鬼周造是另外一位重要的哲学家，他毕业于东京大学，并曾在欧洲留学长达八年时间，其间亲炙德国著名哲学家海德格尔、柏格森等人。留学归国后，他在京都大学担任哲学教授，因此，虽然他的学术传承并非出于京都，但因在京都大学任教的原因，也使他成为京都学派的一位作者，当然，和其他京都学派的哲学家相比，他更边缘，也更具有自己的思想特色。国内关于九鬼周造的研究还不是很深入，涉及他的论文不多，主要有卞崇道发表在2005年第4期《日本研究》上的《论九鬼周造的偶然性哲学》。徐金凤的专著《九鬼周造的哲学思想研究》是该领域中的第一部专著，可谓填补了九鬼周造研究的空白。

九鬼周造的最重要也是最具特色的思想就是他关于"粹"这一日本传统文化概念的思想，而在该专著的第二章"关于'粹'的审美意识"中，作者从九鬼周造自身"粹"的体验，"粹"的内涵结构、外延结构、自然表现、艺术表现以及"粹"的日本民族性及其形成等方面讨论九鬼周造关于"粹"的思想，并在最后介绍了九鬼周造关于"粹"的两篇论著《"粹"的本质》和《"粹"的结构》。

对"偶然性"的强调是九鬼周造哲学的另一个重要特征，而在该书第三章"关于偶然性的哲学——自他独立二元'邂逅'"中，作者从偶然的定义、直言的偶然、假言的偶然、选言的偶然、惊异与偶然性等五个方面分析了九鬼周造的偶然性哲学。

通过对上述两个方面的讨论，作者对九鬼周造的思想进行了比较细致的分析及梳理。在该专著中，作者还介绍了九鬼周造思想的形成历程，特别是幼年家庭的状况对其思想形成所产生的影响，同时还讨论了九鬼周造哲学思想的学术价值，从而较为全面地勾勒出了九鬼周造的思想肖像，这不仅填补了研究空白，也为后续研究提供了基础。

在关于形而上学方面，还有一套翻译的丛书值得向大家介绍，那就是卞崇道先生主编的"现代思想的冒险家们"译丛。该套译丛共计31种。除了第一种《现代思想的源流》介绍了马克思、尼采、胡塞尔和弗洛伊德等四位对20世纪思想产生重要影响的作者以外，每一种都以一个重要的哲学家为题。分别是：齐美尔、怀特海、荣格、卡夫卡、巴什拉、卢卡奇、维特根斯坦、海德格尔、本雅明、巴赫金、巴塔耶、伽达默尔、拉康、波普、阿多诺、列维纳斯、阿伦特、梅洛·庞蒂、蒯因、列维·施特劳斯、巴特、阿尔都塞、罗尔斯、库恩、德鲁兹、福柯、哈贝马斯、德里达、埃柯、克里斯托娃。从这个名单可以看出，基本上涵盖了西方当代哲学领域的重要分支如语言哲学、存在主义、阐释学、后现代主义、西方马克思主义、政治哲学、逻辑哲学等。

这套丛书的原著均是日本的哲学研究者，我国对西方哲学的研究与介绍一般主要都是直接与西方学术界发生直接的关系，这套丛书的出版，可以让我们了解到日本的哲学研究者是如何理解及介绍这些西方的思想者的，因此可以说提供了一个与我国研究者完全不同的视角。这套译丛不仅有助于中国的日本哲学研究者研究日本哲学，同时也有助于中国的西方哲学研究者从新的视角出发去研究西方哲学，可以说是一套非常有意义的译丛。

第三节　民族主义及其外围思想的研究

自明治维新以来，日本结束了原来封建割据的历史，进入了中央集权的时代，曾经的德川幕府被以天皇为首的中央政府所替代，在这个过程中，如何将原来相对分散的以"藩国"为单位的身份认同转化为以"日本国"为单位的身份认同就成为明治时代思想领域的课题。而明治时代又是西方思想不断传入日本的时代，在西方思想的影响下，诞生于近代的以民族国家为基本政体的民族主义思想就开始在日本形成并最终成为思想领域最具影响力的潮流之一。与提倡其他价值观的各种主义，如自由主义、社会主义等不同，民族主义的一个特点是没有清晰的价值诉求，除了抽象的"民族利益"至上的价值观之外，无法给出实现该民族利益所需要的具体途径。因此，民族主义一方面因为价值观的模糊而能获得最大多数人的支持——同一个民族内部的成员恐怕不会有任何人会反对本民族利益至上这样一种价值观；另一方面其又因为价值观的模糊而使其无法绝缘于一些恶的主义，比如军国主义、纳粹主义等，因为这些主义同样可以打出"民族利益至上"的旗帜，这也就是民族主义危险的地方。不幸的是，日本在明治维新之后民族主义也在不断发酵与膨胀，最终在20世纪前半叶演变为以极端民族主义与武力崇拜相结合的军国主义，最终导致了对亚洲国家的侵略。

由于日本对中国的侵略为害甚重，不仅给中国带来了人道主义灾难及严重的物资损失，还大大延缓了中国的现代化进程，所以对日本发动侵略战争的思想基础即民族主义及军国主义思想进行研究就是中国的日本哲学研究者始终关注的课题，在该领域也出现了很多研究成果。下面择其要而述之。

陈秀武的《近代日本国家意识的形成》就是围绕近代日本民族主义形成期的国家意识展开讨论的一部专著。在该部专著的开始部分里，作者就清楚地表达了自己从事这一研究的问题意识:"近年来,在中日关系上,参拜靖国神社问题、历史问题、台湾问题、东海石油危机问题等所引发的中日民族情绪已然达到中日邦交正常化以来的历史高峰。……理性地面对当前的中日关系,从思想深处挖掘日本所以至此的文化思想根源,已成为刻不容缓的研究任务。笔者在研究过程中发现,日本国家意识或许能够成为我们了解日本民族其行为方式的一把钥匙。"①

从这样的问题意识出发,作者分两篇介绍并讨论了近代日本国家意识是如何形成并被确立的。这两篇分别是"近代日本国家意识的胎动"和"近代日本国家意识的确立"。在上篇作者主要介绍了德川时代晚期日本所发生的变化,当时的国际关系对日本国家意识的影响以及作为日本民族主义思想重要来源的水户学。而在下篇中,作者则讨论了幕末时期"志士"的思想活动以及如"黑船事件"等历史事件所带来的影响,同时还讨论了传统认同藩国的国家意识的崩溃以及围绕近代天皇制所确立起来的新的国家意识。

通过这些讨论,作者主要回答了三个方面的问题:首先是梳理"近代日本国家意识的衍生、发展、变化,准确把握近代日本国家意识的构成"。其次是"分析近代日本国家意识的形成过程,为准确理解日本人的对华认识及行动方式提供线索"。最后则是"抓住主要人物的国家论,分析在东亚国际关系的大环境下,华夷之辩的发展轨迹及国家论和明治时代种种国家思想的发展概况"。②通过对以上问题的回答,可以说作者对日本近代国家意识的形成进行了较为深入的讨论,从而为日本民族主义的研究提供了可资借鉴的视角。

向卿所著的《日本近代民族主义(1868—1895)》则比较详细地讨论了日本从明治维新开始到1895年甲午战争结束这段时间民族主义思想的发生与发展,是一部关于日本民族主义思想的比较重要的专著。

该部著作分六章对日本民族主义展开了讨论,分别是:"日本民族主义的文化根源"、"日本早期民族主义的形态及其实践"、"明治的官方民族主义"、"明治前半期的民族主义思潮"、"自由民权运动与民族主义"、"甲午战争与近代民族国家的确立"。通过讨论,作者总结了日本明治时

---

① 陈秀武:《近代日本国家意识的形成》,商务印书馆2008年版,第1页。
② 同上书,第6页。

期形成的民族主义与后来成为日本侵略亚洲思想基础的军国主义之间的联系："第一，绝对主义的封建天皇制所构建的日本国体的独特性及日本人国家观念的独特性，内含了极端民族主义的倾向。……第二，'国民'的缺席或不在也规定了近代日本的极端民族主义倾向。……第三，近代日本继承了近世对抗乃至压迫中国的性格，因而侵略亚洲也就成为明治史的主题之一。"[①] 通过该总结，让我们进一步认清了民族主义作为一种思想在日本近代史中所具有的影响现实的意义。

根据王振锁先生的观点，该书的创新之处主要体现在以下几个方面："（1）在国内首次从理论上探求日本民族主义的文化根源，并把近世古学、国学等纳入了民族主义的考察视角；（2）从民族主义的角度，在国内首次论述日本近世与近代之间在政治上的内在关联，即与中国的对抗乃至压迫中国及天皇权威的树立是两个时代之间的重要纽带；（3）在国内首次系统地运用'民众统合'的政治学理论方法，从根源上探求日本近代军国主义形成的历史过程，为我们审视日本战后的新民族主义提供了历史依据；（4）近代民族主义发展为天皇制军国主义是日本朝野互动的结果，它的最终确立以甲午战争为主要标志。"[②] 总之，该部专著填补了我国日本民族主义思想研究的空白，对于了解日本近代的民族主义思想是一部重要的著作。

日本的民族主义其实还折射在日本近代的另一脉思潮——"亚细亚主义"上。而王屏所著的《近代日本的亚细亚主义》则对这一脉思潮展开了讨论。对于日本近代的亚细亚主义，作者分三篇进行了介绍，分别为："作为'思想'的亚细亚主义"、"作为'行动'的亚细亚主义"和"作为'外交战略'的亚细亚主义"。其中后两部分和本章讨论的问题无关，有关的是第一篇"作为'思想'的亚细亚主义"。在这一篇中，作者从"近代以前日本的亚洲认识"、"亚细亚主义的形成（1878—1898）"、"亚细亚主义的基本理论"及"亚细亚主义的具体实践"等四个方面切入日本近代的亚细亚主义思想，并尝试回答了作者所提出的两个问题："（亚洲主义）究竟在近代日本乃至近代亚洲的政治思想中占有何种地位？

---

① 向卿：《日本近代民族主义（1868—1895）》，社会科学文献出版社2007年版，第459—461页。

② 同上书，王振锁序第2页。

我们应如何正确评价近代日本亚细亚主义的历史作用？"[1] 亚细亚主义虽然从名义上看超越了作为民族国家的日本，但是，由于亚细亚主义中带有浓厚的日本领导亚洲抵抗西方的色彩，所以依然是和日本近代兴起的民族主义息息相关的，而且，虽然名为"亚细亚"主义，但其中蕴含的价值观却并非亚洲利益至上，而是日本利益至上，在这一点上，亚细亚主义和日本民族主义之间并没有本质的区别。王屏对亚细亚主义的研究，可以说进一步拓展了关于日本民族主义的研究领域与研究视野，也为日本近代思想研究添加了新的素材。

二战战败后，在美国占领军的控制下，战时日本甚为嚣张的极端民族主义得到了一定程度的控制，不过，随着时间的演变，民族主义在战后依然以演变后的新形式而存在。而我国的研究者对于战后日本的民族主义亦有所关注，除了部分发表的论文外[2]，孙政所著的《战后日本新国家主义研究》乃是这一研究领域的专著。

该著作按照时间顺序，分五章讨论了日本战后新国家主义的源泉和演变的脉络，分别是："日本极端国家主义与战后改革""战后日本新国家主义逆流及其挫折（1945—1960）""60、70年代日本政治经济的发展与新国家主义的暗流""80年代中曾根新国家主义""冷战结束后日本新国家主义的抬头"。通过研究，作者发现："战后日本新国家主义并不是一以贯之的一种政治行为或者政治思潮，它既与战前极端国家主义有着很深的思想联系，却又不能简单地将其归结为战前国家主义的延续。"同时还总结出了日本战后数波新国家主义思潮所具有的几个共同特点："其一，对侵略战争历史的看法。美化侵略动机，肯定自己的过去，在历史脉络中寻找保守政治的正当性、正义感和自信心；其二，追求日本的大国化。其目标在不同的历史发展阶段分别为'祖国重建'、'政治大国'、'普通国家'；其三，力求重新武装，做军事大国，最终修改宪法。"[3]

在二战后，日本由于损失惨重，因此对战争带来的破坏进行了反省，打出了和平主义的旗帜，其放弃战争的宪法就是其中的重要标志。不过，

---

[1] 王屏：《近代日本的亚细亚主义》，商务印书馆2004年版，第382页。

[2] 关于该方面的详细内容可参见孙政《战后日本新国家主义研究》，人民出版社2005年版，第12页。

[3] 同上书，第335页。

日本新的国家主义思潮却试图修改这一宪法中的和平条款,曾深受日本侵略之害的中国,自然应该对这一趋势保持关注,同时对其背后所蕴藏的思想脉络进行探讨,而孙政的这部著作正好填补了这一方面研究的空白。

在日本近代,与民族主义思想有关的还有为确立日本主体意识而借重的本土思想资源,其中儒学和神道教是两个非常重要的部分。我国也有不少学者注意到了儒学对日本近代思想的影响,王家骅和刘岳兵都曾撰写专著讨论这一问题。

王家骅先生的《儒家思想与日本的现代化》是我国讨论这一问题的第一本专著,刘岳兵认为,该书从三个主题切入到儒学与日本现代化这一课题的研究中:"首先,他(王家骅)清醒地认识到日本的现代化具有明显的二重性,同样,日本儒学也具有二重性。他认为,日本现代化的消极面与日本儒学的消极面不无关联,但更重视日本儒学积极面对于促进日本现代化的积极贡献,而且指望它能有助于解决日本现代化所面临的困境……其次,他认为儒学对现代化的影响是发挥正面的功能或产生负面的作用,'主要取决于对儒学与西方近代思潮能否均持分析、批判态度'。王家骅在本书中特别强调任何思想体系与文化价值系统都是可以解析与重构的。因此,同一思想观念在不同的思想体系和价值系统中可以发挥不同的社会功能……第三,对儒家传统文化的分析解构是为了寻求东西文化的交会点,阐明优秀传统与现代融合的具体机制。为此,王家骅通过对力图解释东亚各国经济奇迹原因的有关'制度论'派与'文化论'派的批判、分析,提出了自己的'系统整合'论。认为日本经济奇迹是'日本社会协调发展的结果。过分强调某种或几种要因,都不免带来片面性'。"[①] 可以说,刘岳兵对该书的总结是比较中肯的。

刘岳兵本人的《日本近代儒学》则结合日本近代的几个比较重要的思想人物讨论了儒学在日本近代的影响。分别是:"中江兆民论:日本近代自由主义与儒学之间"、"小岛祐马论:'共同社会'——大同理想的再兴"、"服部宇之吉论:孔子教与儒家思想的现代意义"、"狩野直喜论:中国古典解释学的现代复兴"。在该部著作中,作者除了讨论了上述几个人物的思想与儒学之间的联系之外,还讨论了日本近代军国主义与儒学的

---

① 刘岳兵:《中日近现代思想与儒学》,生活·读书·新知三联书店2007年版,第311—313页。

关系。通过上述讨论，可以说作者很好地完成了在该书导论中提出的要通过该书解决的问题："第一，日本近代儒学与近代思想史的关系；第二，日本近代儒学与传统儒学的关系；第三，日本近代儒学自身的思想特征。"①

第四节 马克思主义与左翼思想研究

无论是从对思想的影响还是从对社会的影响来说，马克思主义都是19—20世纪最为重要的思想理论之一，而日本作为最早接触西方思想的东方国家之一，马克思主义在日本的传播也在很早以前就开始了。对于中国来说，研究日本的马克思主义及在其发展中形成的左翼思想则具有相当重要的意义，一方面，新中国成立以来就成为世界上奉行社会主义、共产主义实践的重要国家之一，因此马克思主义对于中国的思想政治领域具有特殊的意义；另一方面，日本作为积极引进西方思想的国家之一，在很多方面充当着中西之间思想交流的桥梁，马克思主义自然也不例外。众所周知，中国最早的《共产党宣言》的译本，就是出版于1922年的译本，而该译本乃是译者陈望道从日文本转译而来。

在战前的日本，因为受到当时政府的压制，马克思主义哲学并不是非常流行，但在战后，随着日本社会由军部专制转向民主，马克思主义哲学也逐渐繁荣起来。

我国对日本马克思主义的研究主要还是在新时期以后，其中清华大学的韩立新通过对日本马克思主义的研究提出了"日本马克思主义"的新的学术范畴。在其《日本马克思主义——一个新的学术范畴》（《学术月刊》2009年第9期）一文中，韩立新提出："'日本马克思主义'作为一个独立的马克思主义流派，诞生于20世纪60年代。如果说马克思主义研究可分为'文献学研究和文本解读'、'针对社会现实的实践性研究'这样两个方面的话，由于远离苏联意识形态的控制，日本对马克思主义的文献学研究和文本解读相对自由，更接近马克思恩格斯本人著作的原貌，其成果毫不逊色于掌握着原始手稿解释权的'苏联东欧马克思主义'；在针对社会现实的实践性研究上，由于日本属于东方，它对马克思理论的吸收

---

① 刘岳兵：《日本近代儒学》，商务印书馆2003年版，第6—7页。

和应用明显不同于'西方马克思主义',具有浓郁的东方色彩。正是因为'日本马克思主义'具备这样两个特点,我们可以将它视为一个与'西方马克思主义'、'苏联东欧马克思主义'和'中国的马克思主义'同等级别的范畴。"

在该文中,作者比较详细地介绍了日本马克思主义的形成情况并总结出日本马克思主义的三个特点,分别是:"重视文献考证和原始文本解读的'学术性'","横跨多种学科领域的'综合性'"以及"丰富和敏锐的'时代感觉'"。同时还对多部马克思的著作,如《德意志意识形态》、《政治经济学大纲》及《资本论》在日本哲学界的文献学研究进行了详细的介绍,该文还讨论了日本市民社会派的马克思主义。通过这些讨论,大致勾勒出"日本马克思主义"这一学术范畴的肖像。

值得注意的是,围绕"日本马克思主义"这一概念,在国内学者中展开了论争,如张一兵就提出了"日本新马克思主义"的概念,关于两者之间的讨论依然在进行,具体的内容可以参见《"日本马克思主义"还是"日本新马克思主义"?——关于日本马克思主义的学术定位的对话(上,下)》一文①,在此就不赘述了。

与马克思主义相关的是左翼思想,而赵京华的《日本后现代与知识左翼》则比较细致地梳理了日本后现代左翼思想的思想脉络并介绍了具有代表性的知识人。该书主要选取日本战后左翼知识界具有代表性的几位学者予以介绍,他们分别是柄谷行人、子安宣邦、小森阳一和高桥哲哉。

作者在该书的导言中对之所以选取这几位学者展开讨论的原因进行了简要的介绍:"柄谷行人(1941—)作为日本后现代思想的主要倡导者和推动者,三十余年来的文艺批评和理论实践,比较完整地反映了'后现代思想'发源于'68年革命',经过20世纪70、80年代的迅猛发展而于90年代逐步转向新的'知识左翼'之社会批判的演进过程。特别是他倚重马克思的批判性思想资源又借用解构主义的思考理路和分析工具,从反思'现代性'的立场出发,对后现代思想的核心问题如'差异化'、'他者'与'外部'等观念所做出的独特思考,大大地丰富了日本后现代批评的内涵。……子安宣邦(1933—)是20世纪80年代以来日本思想史研究领域中最具后现代倾向和社会批判性的学者。他早年主要从事江户

---

① 该文上、下部分分别刊登在《中国社会科学报》2010年3月25日第6版和4月6日第6版。

儒学特别是朱子学研究，到90年代以后通过挑战近代主义者丸山真男思想史叙述，建立起自己从现代知识制度层面批判日本近代化、思考战争历史的'知识考古学'。……小森阳一（1953— ）是在日本近代文学研究领域较早运用文本分析和叙事学理论，有力推动了文学研究上以社会历史分析为主的传统方法论变革的重要学者，同时也是具有后现代主义倾向而关心文化政治乃至真实政治参与的新一代知识左翼。……高桥哲哉（1956— ），从1992年出版第一部著作开始，便在构筑解构哲学和强调他者伦理政治学同时，积极参与有关侵略战争的'历史认识'论争，并直接投身旨在追究日本国家战争责任的'女性审判日本军性奴隶制国际战犯法庭'等一系列'真实政治'的斗争。就在高桥哲哉那里，基于后现代思想的知识学理工作与文化政治乃至真实政治的参与从一开始就是融为一体的，这反映了日本后现代主义批评在上个世纪90年代的新变化。"①从上述内容可以看出，通过介绍这几位具有代表性的左翼学者的思想，战后日本知识左翼的基本思想状况也就较为清楚地展现在人们面前了。

  关于日本的马克思主义研究，同样有一套译丛应该介绍，那就是由韩立新主编的"日本马克思主义译丛"，这套丛书已经出版的有五种，分别是：望月清司著的《马克思历史理论的研究》，山之内靖著的《受苦者的目光：早期马克思的复兴》，内田弘著的《新版〈政治经济学批判大纲〉的研究》，岩佐茂等著的《〈德意志意识形态〉的世界》以及田畑稔著的《马克思和哲学》。这套译丛较为全面地介绍了日本马克思主义研究领域的重要学者的重要著作，可以说为我们了解日本的马克思主义研究提供了很好的素材。中国的意识形态领域一直是以马克思主义为主，作为一种重要的思想，马克思主义本身也在不断发展，通过对日本学者的马克思主义研究进行考察可以进一步开拓我们的研究视角，同时也能够借鉴其中的有益之处，为进一步深入我国的马克思主义研究提供助益。

---

① 赵京华：《日本后现代与知识左翼》，生活·读书·新知三联书店2007年版，第18—21页。

Ⅲ. 朝鲜(韩)半岛篇[①]

---

① 在第二次世界大战结束前,朝鲜和韩国拥有共同的历史和民族文化。朝鲜半岛的分裂状态于1948年5—8月间被固定下来。本篇所讨论的是1945年前朝鲜半岛的哲学思想,为行文之便本篇同时使用"韩国哲学"和"朝鲜哲学"两个概念,未作统一。

第一章　中国的韩国哲学研究概况

中国对韩国哲学的研究起步较晚，但是进展相当迅速。从目前已推出的研究成果来看涉及韩国哲学的各个领域，从古代到现代均有所探讨。而且，还涌现出不少具有较高学术质量的科研成果。本篇将对中国韩国哲学研究的历史和现状及其特色等问题进行一些简要评述。

新中国成立以来，中国学术界对韩国哲学的研究大体经历了三个发展阶段。

（一）第一个阶段是1957年至1977年。在这一阶段，除了1957年《哲学研究》第1期上发表的《十六世纪朝鲜卓越的唯物主义者徐敬德的哲学思想》以外，几乎是空白。因此学者们称此一研究阶段为韩国哲学研究的萧条期。

（二）第二个阶段是1978年至1991年。这一阶段是中国的韩国哲学研究的发展期。它以1979年10月延边大学成立朝鲜问题研究所朝鲜哲学研究室为标志，意味着我国正式建立专门的韩国哲学这一学科。该研究室不仅配备了专门的研究人员，而且还曾创办过《东方哲学研究》（1979）学术刊物。1984年经国家教委批准获得了东方哲学硕士学位授予权，开始正式培养专门从事韩国哲学研究的专业人才，为该学科的日后发展和教学科研工作的展开打下了良好的基础。[①]

此一阶段在基础研究方面取得的主要成果有：

（1）辞书类

1980年7月出版的《辞海·哲学分册》收录了有关朝鲜哲学条目22条。其中，1条为学派介绍，其余皆为人物介绍。不过，选取的人物和学

[①] 参见朱七星《中国的韩国哲学研究概况及其特点》，《当代韩国》1995年第2期。

派("实学派")都集中在朝鲜朝时期,即以郑道传、权近、金时习、赵光祖、徐敬德、李彦迪、李滉、金麟厚、李珥等朝鲜朝的性理学家和实学派代表人物为主。

1987年10月出版的《大百科全书·哲学卷》收录了有关韩国哲学条目33条。在《辞海》所收条目的基础上,又增加了元晓、义湘、义天等韩国佛教史上的著名僧人。而且,该书还首次设"朝鲜哲学史"条目,分古朝鲜哲学、三国时期哲学、高丽时期哲学、李朝时期哲学、18世纪70年代以后的哲学五个部分来概述韩国哲学思想的发展过程。

此后,由上海辞书出版社1992年出版的《哲学大辞典》,则把有关韩国哲学条目增加至46条,并对最能反映韩国性理学特色的"四端七情理气论辩"和重要哲学家的代表作进行了介绍。①

需要指出的是,以上三本辞书中的韩国哲学条目主要由延边大学朝鲜问题研究所朝鲜哲学研究室的朱红星、李洪淳、朱七星等人参与撰写。

(2) 韩国哲学史类著作

1989年8月,朱红星、李洪淳、朱七星合著的《朝鲜哲学思想史》一书由延边人民出版社正式出版。该书是为了满足韩国哲学史专业的教学工作需要而编写,是我国出版的第一部韩国哲学思想史方面的著作。该书在充分吸收韩国和朝鲜出版的同类著作的研究成果的基础上,以中国学者的角度对韩国哲学思想进行了一番梳理。全书由绪论、后记和正文组成。正文分为7个章节,具体为:第一章朝鲜古代奴隶制社会的哲学;第二章三国及统一新罗时期的哲学;第三章朝鲜高丽时期哲学思想;第四章高丽末李朝初期哲学思想;第五章李朝前半期的哲学思想;第六章李朝后半期的哲学思想;第七章朝鲜近代哲学思想,比较完整地勾勒出了韩国哲学思想史的发展脉络。该书的问世"对朝鲜哲学思想史的研究具有开拓性的意义"(《中国哲学年鉴》1990年,"朝鲜哲学思想史研究概况"),在国内外得到了较好的评价。1993年韩国的艺文书院还将此书译成韩文出版发行。

此外,这一阶段在全国范围内还发表了100多篇论文,内容涉及性理

---

① 该辞典正式出版时间为1992年10月。但是,该辞典从1980年开始编纂,1989年出版各分卷,到1991年8月已完成对文稿的增删修改与汇编合订工作(参见《哲学大辞典》前言)。故把该辞典成果纳入这一阶段来介绍。

学、阳明学、汉学、实学、东学、佛教、道教等。①其中主要成果有朱红星的《试论元晓的佛教哲学——"一心论"》和《论朴趾源的哲学思想》②、谢宝森的《朝鲜实学大师李瀷的哲学思想初探》③、张克伟的《郑霞谷与朝鲜阳明学》④、魏常海的《朴殷植的儒教求新论与阳明学思想》⑤等。

（三）第三个阶段是1992年至今，是韩国哲学研究的勃发期。1992年8月中韩建交，中国的韩国哲学研究亦随即呈现出日新月异的景象。二十多年来，除了在韩国儒学研究领域之外，在韩国佛教研究、道教研究、文献整理以及学术著作译介方面均有高水平的专著、论文不断出版发表，中国的韩国哲学研究日益系统深入。这一阶段取得的主要成果将在下文做系统介绍。

---

① 参见朱七星《中国的韩国哲学研究概况及其特点》，《当代韩国》1995年第2期。
② 朱红星：《试论元晓的佛教哲学——"一心论"》，《东方哲学研究》（《延边大学学报》1980年增刊）；《论朴趾源的哲学思想》，《哲学研究》1981年第7期。
③ 谢宝森：《朝鲜实学大师李瀷的哲学思想初探》，《浙江学刊》1982年第3期。
④ 张克伟：《郑霞谷与朝鲜阳明学》，《晋阳学刊》1991年第1期。
⑤ 魏常海：《朴殷植的儒教求新论与阳明学思想》，《延边大学学报》1991年第4期。

第二章　韩国儒学研究

众所周知，中国与韩国是同属东亚儒家文化圈的重要国家。在历史上儒学作为这一地区最具生命力和影响力的学说，在各自国家的社会历史发展过程中发挥了广泛而又深远的影响。

韩国儒学作为东亚儒学的重要组成部分一直是中国韩国哲学研究的主要领域。几十年来学者们对此一领域的诸多问题进行了多层次、多角度的颇有意义的探讨，如在退溪学、南冥学、栗谷学、阳明学、实学、古籍整理与学术著作译介等方面都取得了较大进展。

第一节　韩国儒学史研究

由于中韩两国1992年才建交，我国对韩国哲学思想的学术研究起步较晚，至20世纪80年代为止几乎为空白。从20世纪80年代后期开始才有相关论著出现，如张立文著的《李退溪思想研究》[1]、朱七星等著的《中国、朝鲜、日本传统哲学比较研究》[2]、姜日天著的《朝鲜朝后期北学派实学思想研究》[3] 等。同时还发表了一定数量韩国哲学研究的学术论文。这些研究成果表现出三种倾向：第一，注重对个别哲学家哲学思想的研究；第二，开始有对个别学派哲学思想的研究；第三，出现了中韩哲学思想的比较研究。但是，综合地、系统地与整体地研究韩国哲学思想的著述则并不多见。

---

[1] 张立文：《李退溪思想研究》，东方出版社1997年版。
[2] 朱七星等：《中国、朝鲜、日本传统哲学比较研究》，延边人民出版社1995年版。
[3] 姜日天：《朝鲜朝后期北学派实学思想研究》，民族出版社1999年版。

进入21世纪以来,首先在韩国儒学史研究方面我国学者取得了显著进展,开始出现带有总结性质的重要研究成果。其中最具代表性的研究成果为李甦平先生主持并完成的国家哲学社会科学规划项目——"韩国儒学史"。作为该课题研究的最终结项成果,同名专著《韩国儒学史》2009年由人民出版社出版(约55万字)。该书是由中国学者撰写的第一部对韩国儒学发展史进行全面系统研究和介绍的专著。按照韩国社会发展的历史进程,该书分为"统一新罗前后时期的儒学"、"高丽儒学"、"朝鲜前期儒学"、"朝鲜后期儒学"、"近代儒学"等,分别对郑梦周、权近、李退溪、李栗谷、郑霞谷、宋时烈、洪大容、丁茶山、朴殷植等重要哲学家的学术思想进行了论述,并将"四端七情"论和"湖洛争论"的有关资料也作了说明。

该书的主要内容可概括为以下三个方面。

第一章"绪论"为第一部分内容。"绪论"是此专著提纲挈领的部分,主要谈了三个问题。

第一个问题,韩国儒学的品格和精神,主要是谈韩国儒学的特点。诚然,韩国儒学最初是从中国传入的,相对于朝鲜民族的固有文化,这是一种异质文化。从中国输入的儒学在与韩国文化的结合中,凭借着韩国人细密的思维方式、精微的逻辑思辨、强烈的忧患意识,使儒学发生了重要变化,演变为具有朝鲜民族印记的"韩国儒学"。韩国儒学的特点有三,即重"气"、重"情"、重"实"。所谓重"气",是说对于儒学的"理气"范畴,韩国儒学更加强调的是"气"范畴的价值。这是因为韩国摄入的朱子学就具有重"气"的倾向。在韩国儒学史上,中国朱子学是在1290年由安珦(1243—1306)传入高丽王朝的。中国元朝朱子学的代表是许衡(1209—1281),他被誉为元代理学宗师。许衡学宗程朱,但他十分重视理学范畴中的"气"。这种重"气"的朱子学被前来元朝学习朱子学的高丽儒者传入朝鲜半岛。其次,在韩国儒学史上,以李栗谷(1536—1584)为首的主气派具有显著的地位并发挥了重要影响作用。主气派系谱为李栗谷→金长生(1548—1631)→宋时烈(1607—1689)→权尚夏(1641—1721)→韩元震(1682—1751)和李柬(1677—1727)。主气派在学理上强调"气"的能动性和自动性,实质上是对人的主观能动性和事物客观性的提倡,由此引发了韩国以注重现实、实际为特质的"实学"思潮的产生。所谓重"情",是讲韩国儒学对于儒学"性情"范畴中的

"情"更加重视。这突出地表现为从高丽朝末期开始,一直持续到朝鲜朝末期,近五百年之久的"四端七情理气"之辩。所谓"四端"指恻隐、羞恶、辞让、是非四种"情";所谓"七情"指喜、怒、哀、惧、爱、恶、欲七种"情"。其中"四端"可视为道德情感,"七情"可视为自然情感。这场论辩主要涉及的是"四端""七情"和"理气"的关系以及"四端"和"七情"的关系等问题。韩国儒者这场对于"四端七情"论辩的时间之长,参与人数之多,可谓东亚儒学史上的第一次。所谓重"实",是指韩国儒学具有重要的社会价值。在韩国儒学史上,自16世纪中叶至19世纪中叶产生了一股"实学"思潮。韩国实学提出的经世致用、利用厚生、实事求是成为了改革韩国社会的一剂良药,是使韩国社会由中世纪向近代迈进的强大推动力。

第二个问题,韩国儒学对中国儒学的发展。韩国儒学对于中国儒学的发展,在理论上主要有两点。一是强调"理气妙合",即主张"理"与"气"关系的辩证统一性;一是强调理的活动义,这就否定了朱熹所主张的理的寂然不动性。而且,在实际上则将中国儒学的"礼仪"规范根据韩国的需要,进一步使之民族化和人情化。由此使"礼仪"思想在韩国儒学中占有重要地位并被世代沿袭流传下来,韩国也因此被誉为东方重"礼"的君子之国。

第三个问题,韩国儒学对日本儒学的贡献。中国儒学最初传入日本列岛是通过古代朝鲜半岛的百济而完成的。中国儒家典籍和思想大约于公元4世纪末、5世纪初从百济传入日本,对于早期日本儒学的形成产生了重要作用。由此,在这一地区才逐渐形成了中国、朝鲜半岛和日本列岛为主要区域的东亚儒家文化圈。

第二章统一新罗前后时代的儒学、第三章高丽儒学、第四章朝鲜前期儒学、第五章朝鲜后期儒学、第六章近代儒学为第二部分内容,即对韩国儒学史的论述。此专著以韩国历史发展为序,以重要儒学家的儒学思想为基本内容,客观、科学地阐释了韩国儒学史的发展脉络。在对韩国儒学史的论述中,针对中外学术界的一些观点,作者主要提出了三个重要观点。观点一,作者认为韩国儒学从学理上划分,可分为四大派,即"主理"学派(以李退溪为首)、"主气"学派(以李栗谷为首)、阳明学派和实学派。这四大学派互相影响,又互相纠缠,而韩国儒学就是在这影响和纠缠中发展的。观点二,作者针对日本学者认为韩国没有阳明学这一学术观点，重点阐述了郑霞谷的阳明学思想。以郑霞谷为代表的韩国阳明学派的思想特点是注意到了"气"范畴的价值，以"气"释"心"。这是韩国阳明学的一个重要特点。观点三，作者注意到了学术界有一种视韩国"实学"不为"儒学"的观点，指出了"实学"是一种"改新"的儒学，"实学"是"儒学划时代的转换"。作者认为韩国实学是韩国儒学的一种变革和转型，它凸显了元典儒学中的实践思想，强化了元典儒学的"下学"精神，其结果使韩国儒学向着指向近代的性格转化。

第七章韩国儒学史上的两次大论战为第三部分内容。"四七论辩"和"湖洛论争"不仅是韩国儒学史上的两次大辩论，而且也是东亚儒学史上具有里程碑式意义的著名论争。

"四七论辩"是一场关于"四端"即《孟子·公孙丑上》所说"恻隐之心，仁之端也；羞恶之心，义之端也；辞让之心，礼之端也；是非之心，智之端也"和"七情"即《礼记·礼运篇》的"喜、怒、哀、惧、爱、恶、欲"的论争。这场论争涉及新儒学的理气、心性、善恶、性情、人心道心、太极无极、阴阳五行、已发未发、理一分殊、格物致知、天理人欲、修己正身等理论问题。在这场论辩中形成了韩国儒学"主理"派（退溪学派）和"主气"派（栗谷学派）。这两大学派的形成意味着韩国儒学在理论上的完全成熟。

所谓"湖洛论争"是朝鲜朝18世纪一场重要的儒学论辩。从韩国儒学史的角度审视"湖洛论争"，应该说它是"主气"学派内部的一场大论辩。"湖洛"学派的主要代表者——韩元震和李柬都是以栗谷为首的"主气"学派的重要学者。栗谷学说的特点是强调"理气之妙"，循着这种观点深入研究"理气"关系，便产生了"未发"时"心"是怎样的（即"未发心体"论）问题，产生了人性与物性是相同的还是相异的（即"五常"论）问题等。这场论争使韩国儒学更加深入化和细密化。

该书的主要理论特色在于作者以中韩性理学比较的视角，对韩国儒学家对朱子学的发展以及韩国儒学特性等理论问题作了深入探讨。关于韩儒对朱子学的发展，作者认为：古往今来，儒学之所以具有旺盛的生命力，长盛不衰，就是由于儒学自身的更新和变异，即发展。中国儒学传到韩国之后，在与韩国本土文化的融突过程中，发生了许多变化，形成了韩国儒学。没有这种变化，就没有韩国儒学。而这种变化，就是韩国儒学对儒家学说的丰富和发展。该书从儒学的基本范畴理气、心性情、礼仪、以图解说四个方面，具体阐述了韩国儒学对朱子学的发展。

首先在"理气"论方面，中国大儒朱熹认为所谓理有动静是指"理"是气之所以能够动静的根据。所以，"理有动静"不是说"理能活动"。"有动静"与"能活动"是两个不同的概念，朱熹倾向"理"的不活动义，否定"理"的活动义。他的这一思想，明初便受到一些儒者的质疑。在这一问题上，朝鲜朝大儒李退溪明确主张"理"自会运动，"理"自身具有活动性。李退溪之所以要强调理能活动，是为他的"四端七情"论寻找理论依据。他在与奇高峰的论辩中，主张"四端，理发而气随之；七情，气发而理乘之"。李退溪的主旨是要强调四端为理发，是纯善无恶的；七情是气发，是有善有恶的。这里的"理发"，讲的就是理的活动，理的运动。如果认为理自身不具备活动的功能，那么"四端理发"的命题便失去其理论基础，因此必须承认"理"的活动义。这样，不仅使李退溪的"四端七情"论能够自圆其说，而且在客观上也是对朱熹思想的发展。

而另一位朱子学大家李栗谷及以其为代表的主气学派在继承朱熹思想的同时，也深入地发展了朱熹思想。例如，在理气关系问题方面，栗谷提出的"理气之妙"说就是对朱熹理气观的发展。又如，宋时烈将理气关系分属四个范畴进行了精辟总结：从理而言即理主宰气；从气而言即气包理；从本体而言即源头处；从作用而言即流行处。再如，栗谷的"理通气局"说亦是对朱熹"理一分殊"思想的丰富和发展。这种理性分析是对朱熹理气观的本质总结和细微梳理，而这种总结和梳理也正是对朱熹思想的发展。

其次在"心性情"学说方面，"心性情"问题是中国朱子学的重要理论问题之一，其内容涉及"已发"、"未发"、"性"之诸说、"心"之诸说、"心、性、情"之关系等。韩儒对上述问题从深化和细化方面作了发展，可归为三点。一是"未发"论；二是"性三层"说；三是以理气释情。

自《中庸》提出"喜怒哀乐未发谓之中，发而皆中节谓之和"之后，"已发"、"未发"问题（亦称为"中和"问题）便成为中国儒学的重要论题，更是宋明理学常常讨论的问题。以朱熹为代表的中国儒者关于"未发"、"已发"问题的关注焦点主要是何谓"未发"？何谓"已发"？即"未发"、"已发"的界定。

而韩国儒者在继承朱熹上述思想的基础上,进一步探讨了"未发"的状态情形,即"未发"是纯善无恶还是有善有恶的?"未发"是圣人独有的还是圣凡相同的?等等。

魏岩李柬与南塘韩元震在湖洛论争中,对这一问题作了细化。李柬认为"未发"以"心之体"(本然之心)来保障,是超越善恶的绝对善的境界。所以,"未发"不是指接触事物之前的状态,而是本然的根源状态,即天理之全体所存在的状态。这种状态是"自尧舜至于涂人,一也"。韩元震与李柬一样,在"未发"问题上深化、细化了朱熹思想。他认为"未发心"具有"湛然虚明"和"气禀不齐"两个侧面,而这两个侧面同存于"一心"之中,他将含有善恶的"气禀"移植于"未发"之中,在逻辑上得出了"未发有善恶"的结论。而且,他还将"性"分为三个层面:第一层性是人物皆同的超形气的本然之性。第二层性是说人禀气全,故其理全;物禀气之不全,故其理亦不全。第三层性为"气质之性"。韩元震的"性三层"说在人物理气同异问题(即人物性同异问题)方面,对朱熹思想作了补充和细化。

这些论述和观点是韩国儒者发中国儒者所未发,凸显了他们对"性"、"情"范畴研究的深入和细密,由此构成了韩国儒学的一大特色。

再次在"礼仪"方面,礼仪是东亚古代社会治理国家的规范和制度,在中国先秦时期就有了"三礼",即《周礼》、《仪礼》和《礼记》。朱熹的礼学思想随着他的著作传入韩国后韩儒在继承朱熹礼学思想基础上,对"礼"又有所发展。这种发展表现为两个方面:第一,"礼"的民族化;第二,"礼"的人情化。

韩国儒者为适合于朝鲜民族的需要,将"礼"文化与民族的社会习俗、生活方式相融合,使"礼"更具民族性。例如李退溪依据朝鲜民族无侍立之礼、丧服习白、不设正寝等习俗,更改了立礼、丧服及正寝祭祀等礼仪。这些更改都是依据于朝鲜民族的风俗和习惯,使"礼"更适合于韩国人的习性。

又如栗谷高足金长生思想的特色是礼义经世说,因而对"礼"作了精深的研究,为前人所未及。他撰写的《家礼辑览》(六卷)、《家礼辑览图说》(二卷)、《典礼问答》(二卷)、《丧礼备要》(四卷)、《疑礼问解》(七卷)、《疑礼问解拾遗》(一卷),共计22卷,对"礼"作了详尽的阐发和规范,使"礼"的民族化进程趋于完善,凸显了礼学的民族性。

另外，人情性是朝鲜民族"礼"思想的内核。人情亦是仁情，"礼缘仁情"。这样，礼对于民众来说，才是亲情的，才能与民众的情感息息相通，民众也乐于接受与践履，"礼者，履也"。礼失去其践履性便成为空礼，空礼就会在社会生活中丧失其意义。也正因为朝鲜民族的"礼"具有浓厚的人情性，所以礼学思想在韩国儒学中占有重要地位并被世世代代沿袭流传下来，韩国也因此被誉为东方重"礼"的君子之国。

最后在"以图解说"方面，中国儒者为了阐释儒学范畴之间的关系，曾以画图的形式来表述，最具代表性的应属北宋理学家周敦颐的《太极图说》。以图解说的益处在于给人以深入浅出、易懂易记、通俗明白的方便。在这一方面韩国儒者大大地发展了理学的这一传统。这种发展表现在两个方面，一个方面是韩国绝大多数儒学家都喜欢运用图解的方式来表达自己的性理学思想，而且不是用一个图式而是用十几个图式乃至几十个图式来说明一个完整的命题。以"图"示"说"，以"说"释"图"，"图"与"说"相结合阐明其哲学思想的核心理论。所以，使用"以图解说"的方式来表述自己的学说、思想，显然成为当时韩国儒者的一种风尚和习惯。

另一方面是韩国儒者的"以图解说"显示了他们逻辑思维的精微性。"以图解说"展示出的是范畴、概念之间的关系，而实质则是通过对概念、范畴的分析和综合而作出的逻辑判断。若无对问题的整体贯通和抽象概括这两方面的思维能力，若无对范畴与范畴之间关系的精确和细微的理解，要想绘制出由博返约、由约见体的图示，是很困难的。"以图解说"反映了韩国儒学者艰苦朴实的儒学范畴辨析工夫和分析义理的精微功力。

李甦平先生在韩国儒学及东亚哲学比较研究领域耕耘多年，著述颇丰，从以上精到分析中我们亦可看出其深厚的理论学养。该书开篇便写道："何谓韩国儒学？关于这个问题，一些对韩国历史和文化有着走马观花式了解的人认为，韩国儒学就是中国儒学的移植和翻版。此言误矣！固然中国是儒学的发源地，儒学就是以孔子为首的儒者的学说及其思想的总汇。同时应该看到儒者的学说和思想总是随着时代的发展而深化，随着时势的需求而丰富。由此，儒学才能够像一棵长青之树，像一条湍流不息的长河，永葆青春，永不沽竭。"诚如斯言，儒学从中国传入朝鲜半岛后便开始了本土化、民族化历程，这种带着朝鲜民族印记的儒学就不再是中国儒学，而是具有独立性的"韩国儒学"。韩国儒者以独特的问题意识和特殊的思想能力继承并予以独立发展的传统儒学，正是"韩国儒学"。在跨文化比较研究日益受到学界关注的今天，作为东亚儒学百花园中的一枝奇葩，韩国儒学也将会日益彰显其独到的理论价值与意义。

该书的出版得到了中国和韩国学者的好评，如该课题结项时被国家社会科学规划办鉴定为优秀成果，又如韩国儒学会会长、韩国成均馆大学教授崔英辰特为此书写"序文"并予以好评。此专著的出版将为学习和研究韩国文化、韩国哲学的学生和学者，提供一部有益、方便的著作，也必将推动我国的韩国儒学研究进一步深入发展。

当然，该书也存在一些不足，如在内容上因囿于篇幅所限对韩国实学思想和近代儒学部分的论述略显单薄，结构上相对较侧重于朝鲜朝性理学的分析等。不过，这些薄弱部分亦是今后学界要重点研究和开拓的新领域。因此在此意义上该书既是近几十年来国内韩国儒学研究学术积累的一次总结，又是今后我国韩国儒学乃至东亚儒学研究继续向纵深推进的一个新的起点。[①]

另外，张立文、李甦平主编的《中外儒学比较研究》[②] 和徐远和的《儒学与东方文化》[③] 等著作中，都用相当多的篇幅介绍了韩国的儒学思想，尤其是，朝鲜朝时期的性理学思想。

第二节　退溪哲学研究

李滉（1501—1571），朝鲜朝著名性理学家，被称为"东方之朱夫子"。字景浩，号退溪、退陶、陶叟，谥号文纯，出生于礼安县温溪里（今安东郡陶山面温惠洞）。中宗时文科及第，官至大提学、右赞成。后辞官退隐乡里，钻研学术，以授徒讲学为业度过了一生。曾在家乡礼安选一景色宜人处筑"陶山书堂"，作为其著述和讲学之场所。李滉的学说被

[①] 参见李甦平《韩国儒学史》，人民出版社2009年版；洪军《研究韩国儒学的力作——评李甦平先生之〈韩国儒学史〉》，《当代韩国》2012年第2期。
[②] 张立文、李甦平主编：《中外儒学比较研究》，东方出版社1998年版。
[③] 徐远和：《儒学与东方文化》，人民出版社1995年版。

继承和发展为左右韩国性理学发展的"退溪学",并形成了规模庞大的岭南退溪学派。

在东亚儒学史上退溪哲学的"理"论极具特色,不过"理"亦是其哲学中最难解处。退溪本人也曾言"理"字最为难知,因为在其学说中"理"既是一个具无形、无质、无为之特性的形上之存有,又是一个指代作为实的道理(实理)的"天理"。而且,"理"又兼体用,既有无声、无臭、无方体之"体",又有至神至用之"用"。对于这样的"理"退溪做过多角度的论述,曰:"古今人学问道术之所以差者,只为理字难知故耳。所谓理字难知者,非略知之为难,真知妙解到十分处为难耳。"[《退溪全书》(一)卷十六,《答奇明彦·别纸》]他认为,只有"穷究众理到得十分透彻,洞见得此个物事至虚而至实,至无而至有"[《退溪全书》(一)卷十六,《答奇明彦(论四端七情第二书)·别纸》]处,才能知"理"。从"虚实""有无"等角度论述"理"本体的同时,退溪还提出"理非静有而动无,气亦非静无而动有"的理(太极)自有动静的思想,明确地肯定了理的能动性。退溪曰:"太极之有动静,太极自动静也;天命之流行,天命自流行也,岂有复使之者欤!"[《退溪全书》(一)卷十三,《答李达李天机》]由此,在理气之发问题上便有了"理气互发"之论。此外,还提出"理贵气贱""理帅气卒""理尊无对"的观点。退溪重视理气之"不杂"义,目的是为了强调理的主动性、主宰性。对二者"不杂"义的重视,是退溪理气观的主要特色。在四端和七情问题上,退溪认为四端和七情是不同类的情,四端是由理所发,七情是由气所发,曰:"四端,理发而气随之;七情,气发而理乘之。"[《退溪全书》(一)卷七,《进圣学十图札》]他还制作"心统性情图"对此做了进一步阐发。在修养论方面,退溪以下学上达为其居敬穷理之出发点,极重"主敬"之工夫,曰:"只将敬以直内为日用第一义,以验夫统体操存不作两段者为何等意味,方始有实用功处,脚跟著地,可渐渐进步,至于用功之久,积熟昭融,而有会于一原之妙。"[《退溪全书》(二)卷二十九,书《答金而精》]强调下学上达,主张持敬的实践工夫,以体验天理之极致是退溪"主敬"思想的特色。

他的思想不仅对朝鲜性理学界影响至大至深,而且还对日本朱子学的发展产生了影响。主要哲学著作有《启蒙传疑》《自省录》《朱子书节要》《宋季元明理学通录》《圣学十图》《论四端七情书》等,均收录在

《退溪集》（68卷）之中。

改革开放后我国学者对韩国儒学的研究始于对"朝鲜之朱子"——李退溪（1501—1570）思想的探讨。我国退溪哲学研究的先驱为中国人民大学教授张立文先生。1989年10月第十一届退溪学国际学术会议在中国人民大学召开，这是在中国举办的第一次退溪学国际会议。开会前夕张立文先生主编出版了《退溪书节要》①。在该书的前言部分，张立文先生写道："吾人编纂《退溪书节要》的宗旨：一是便于完整系统地认识、把握退溪思想的精髓，以消除对退溪的误解和偏见。穷究退溪思想的旨趣，无疑需要掌握退溪的全部思想数据，即使这样做了，也不一定能无差别地体认李退溪思想之深意。这就需要有一本入门书以起导向作用。二是易于教授和传播。退溪的奏折、札子、文章、书信，均系古汉语，而非现代汉语，对于现代中国人来说，能读懂文言文，而又领会其意思的人，可谓寥若晨星，一般研究者亦不克其含义，而需借助于注释。这对以其他文字语言为母体的学者来说，其困难更显而易见。《退溪书节要》以其易简，注释，有助于读懂退溪文章，使读者渐觉其言之有味，其意之无穷。三是利于探索退溪学与新儒学的现代意义。"② 文中，他还用较长的篇幅对退溪哲学的逻辑结构和理论特点作了系统的介绍。该文作为退溪学的入门读物，译成韩文后单独成册在韩国出版。《退溪书节要》是我国学者对退溪学的普及与国际退溪学发展作出的重要贡献。

随后，我国学者还翻译出版了日本著名学者筑波大学高桥进教授的代表作《李退溪和主敬哲学》③，有力地推动了正在兴起的国内退溪学研究。

在李退溪思想研究方面，学者们不仅撰写了大量的研究论文，而且还出版了多部学术著作。如已发表的具有代表性的论文有：陈来的《略论朝鲜李朝儒子李退溪与奇大升的性情理气之辩》④、赵宗正的《试论退溪学的特点》⑤、蒙培元的《朱学的演变和李退溪哲学》⑥、辛冠洁的《论李

---

① 张立文主编：《退溪书节要》，中国人民大学出版社1989年版。
② 同上书，第5页。
③ 高桥进：《李退溪和主敬哲学》，王根生等译，延边人民出版社1991年版。
④ 陈来：《略论朝鲜李朝儒子李退溪与奇大升的性情理气之辩》，《北京大学学报》1985年第3期。
⑤ 赵宗正：《试论退溪学的特点》，《文史哲》1985年第6期。
⑥ 蒙培元：《朱学的演变和李退溪哲学》，《浙江学刊》1986年第1期。

退溪的心学思想》①、杨宪邦的《论退溪学的体用观》②、李锦全的《论退溪人生哲学在儒学中的历史地位》③、刘蔚华的《退溪"易学"思想初探》④、金仁权的《论李滉对程朱"主敬"思想的扬弃》⑤、葛兆光的《寰中谁是中华？——从17世纪以后中朝文化差异看退溪学的影响》⑥ 等。出版的著作有：张立文的《李退溪思想研究》⑦、周月琴的《退溪哲学思想研究》⑧、高令印的《李退溪与东方文化》⑨ 等。此外，《退溪学在儒学中的地位——第十一届退溪学国际学术会议论文集》也于1993年由中国人民大学出版社出版。这些成果的问世，都大大推动了国内退溪学的研究。在这些成果中张立文先生的《李退溪思想研究》是一部凝聚作者十多年努力与心血的国内第一部系统研究退溪哲学思想的研究力作，具有重要的开拓性意义，受到了国际退溪学界的重视。

张立文先生的退溪学研究始于1982年撰写《朱子与退溪易学思想比较研究》一文。此后到1997年年底出版该书为止，他对李退溪哲学思想进行了系统而深入的研究。《李退溪思想研究》一书共分为14章。第一章为绪论，主要是从宏观的角度对韩国性理学的内涵和历史演变以及对其理论特色进行了概要性的论述。同时，还涉及中韩性理学之间的差异和二者的互动关系。第二章至第十四章分别对其太极说、理气说、四端七情说、心性说、格致说、易学思想、理数思维、价值观、人心道心说、居敬涵养说、教育思想、为学方法等问题，进行了深刻而精到的分析。张先生的退溪学研究特色在于通过对退溪哲学的核心概念和范畴的探讨，来展现继承和发展朱熹哲学思想的退溪哲学的逻辑结构。而且，从"和合"和"东亚文化"视角审视和观照退溪思想亦是张先生退溪学研究的又

---

① 辛冠洁：《论李退溪的心学思想》，《浙江学刊》1986年第1期。
② 杨宪邦：《论退溪学的体用观》，《社会科学战线》1987年第1期。
③ 李锦全：《论退溪人生哲学在儒学中的历史地位》，《天津社会科学》1990年第1期。
④ 刘蔚华：《退溪"易学"思想初探》，《济南教育学院学报》2000年第1期。
⑤ 金仁权：《论李滉对程朱"主敬"思想的扬弃》，《延边大学学报》（社会科学版）2003年第4期。
⑥ 葛兆光：《寰中谁是中华？——从17世纪以后中朝文化差异看退溪学的影响》，《天津社会科学》2008年第3期。
⑦ 张立文：《李退溪思想研究》，东方出版社1997年版。
⑧ 周月琴：《退溪哲学思想研究》，杭州出版社1997年版。
⑨ 高令印：《李退溪与东方文化》，厦门大学出版社2002年版。

一特色。

第三节　栗谷哲学研究

李珥（1536—1584），朝鲜朝性理学家，与李滉并称为朝鲜朱子学双璧。字叔献，号栗谷、石潭，谥号文成。籍贯为德水，出生于江原道江陵府北坪村（乌竹轩）外氏第。16岁时母亲（师任堂申氏）去世，三年后脱下孝服旋即入金刚山摩诃衍道场修行佛法。次年下山往江陵作了"自警文"，弃佛学儒。23岁春谒李滉于礼安陶山，请教主一无适、应接事物之要。李珥从13岁至29岁九次中科举状元榜首，被称为"九度状元公"。自从29岁时任户曹左郎开始，一生为宦，曾官至吏曹判书，49岁时卒于京城大寺洞寓所。他的学说被后人继承和发展，逐渐形成韩国儒学史颇具影响的畿湖性理学派。

在理气问题上，他不同于李滉，在继承朱子理气说的过程中较侧重理气之"不离"义，并对之作了进一步的阐发。其理气观主要由"理气之妙"说、"气发理乘"说以及"理通气局"说构成。其中，"理气之妙"说是其哲学的"难见亦难说"处。曰："理气之妙，难见亦难说。夫理之源一而已矣，气之源亦一而已矣。气流行参差不齐，理亦流行而参差不齐。"（《栗谷全书》卷十，书二《答成浩原》）其"理气之妙"说是通贯其整个学说的精髓和根本立场。"气发理乘"说和"理通气局"说，可视为其"理气之妙"思想的进一步阐发和具体表现。不过，与李滉相比较，李珥虽然在理气说的理论突破方面不及李滉，但在正确地承传朱子理气说的方面，其学说似更能反映朱子理气说的特色。在四端七情问题上，李珥从其"理气之妙"的思想出发，不同意李滉的"理气互发"论，转而支持奇大升的观点。他说："朱子之意亦不过曰：四端专言理，七情兼言气云尔耳。非曰四端则理先发，七情则气先发也。退溪因此立论曰：四端理发而气随之，七情气发而理乘之。所谓气发而理乘之者可也，非特七情为然，四端亦是气发理乘之也。"（《栗谷全书》卷十，书二《答成浩原》）一方面批评李滉未能真正理会朱子之本意，另一方面又主张不仅七情是气发理乘，四端亦是气发理乘。李珥对李滉的批评，遭到了成浑的辩难。于是，继"退、高之辩"之后，李珥和成浑之间又展开了第二次"四七论辩"，将这一问题之讨论推向了高潮。经过数次书信往复，二人的立场更加明了。李珥说:"今若曰'四端理发而气随之,七情气发而理乘之',则是理气二物或先或后,相对为两歧,各自出发矣。"(《栗谷全书》卷九,书一《答成浩原》)进而举例说:"所谓气发而理乘之可也,非特七情为然,四端亦是气发而理乘之也。何则?见孺子入井,然后乃发恻隐之心,见之而恻隐者,气也。此所谓气发也。恻隐之本,则仁也,此所谓理乘之也。非特人心为然,天地之化无非气发而理乘之也。"(《栗谷全书》卷十,书二《答成浩原》)在栗谷看来,若四端是理发、为善情;而七情为气发,亦可为善情,则人心有二本。因此对四七的解释只能是"气发理乘",四端七情均是气发理乘。在人心道心问题上,李珥发挥朱子的学说,提出了自己独特的"人心道心不能相兼而相为终始"的"人心道心终始"说。他说:"今人之心直出于性命之正,而或不能顺而遂之,间之以私意,则是始以道心而终以人心也。或出于形气,而不咈乎正理,则固不违于道心矣。或咈乎正理,而知非制伏,不从其欲,则是始以人心,而终以道心也。"(《栗谷全书》卷十二,书四《答安应休》)这是因"意"具商量计较义,道心可转化为人心,人心亦可转化为道心,故不能将人心与道心之间的区分加以固定化。但是,人心与道心却无法彼此兼有,因此与七情兼有四端有所不同。他认为人心道心与四端七情的差异在于:"心一也,而谓之道、谓之人者,性命形气之别也。情一也,而或曰四或曰七者,专言理、兼言气之不同也。是故人心道心不能相兼而相为终始焉,四端不能兼七情而七情兼四端。道心之微,人心之危,朱子之说尽矣。四端不如七情之全,七情不如四端之粹,是则愚见也。"(《栗谷全书》卷九,书一《答成浩原》壬申)因"七情"是"心"发动之时统而言之的情的七个种类,而此时还尚未达到比较而看的地步,故七情可包四端。但是,四端又是七情的善一边,故七情可兼四端。而道心、人心的情况则不同,二者因已有比较之意,所以彼此可以成为终始,却不可以兼有。依他之见,道心与人心是基于"意"的计较商量义而存在的相对之物。从天理人欲之辩来看,李珥人道说颇似"天理人欲相对"说。主要哲学著作有《天道策》《人心道心图说》《圣学辑要》《答成浩原》等。

李珥是朝鲜朝五百年间难得的一位哲学家、政治家和教育家。政治上,他积极建言献策,主张为了朝鲜朝的中兴"因时制宜"与"变法更张",强调"事要务实"。在社会教育方面,他不仅亲自开展私学教育,而且还制定"海州相约""社仓契约束"以及著《击蒙要诀》《学校模范》等为朝鲜朝社会教育水平的提高做出了贡献。

国内发表的第一篇有关栗谷哲学的研究论文是由李洪淳撰写的《论李珥的哲学思想》[①]一文。之后，国内栗谷学研究出现了很长一段时间的停滞状态。直到1993年，张立文的《退溪与栗谷理欲、敬静观之比较》（收入《朝鲜学—韩国学与中国学》）发表后，国内的栗谷学研究才正式启动。某种意义上说，栗谷的哲学思想正式被我国学者所认识与了解是从退溪学在国内的普及开始的。栗谷与退溪并称为"朝鲜朱子学的双璧"，栗谷23岁时曾拜谒李退溪于礼安陶山，当时退溪已是58岁的儒学大家。虽然栗谷只逗留了两天，但这对他来说是与当时的儒林宗匠的最初晤对。他一方面阐明了自己平素积累的学术见解，另一方面又向退溪请教了主敬工夫与《大学》定、静、安等诸义，由此消释了一些疑难之点。退溪对栗谷评价道："其人明爽，多记览，颇有意于吾学，后生可畏，前圣真不我欺也。"（《栗谷全书》卷三十三，附录一《年谱》上）此后栗谷还通过书信就儒学中的主一无适的主敬工夫以及格物穷理等问题，与退溪往复进行了数次问辩。（《栗谷全书》卷九，书一《上退溪先生书》）退溪也多弃旧见而从其说，并称赞道："他日所就，何可量哉。"（《栗谷全书》卷三十五，附录三《行状》）果如是言。

随着建交后两国学术交流的加强和国内退溪学研究的深入，我国学者亦较多关注栗谷学。1994年《吉林大学学报》第4期刊登了李秀东的《栗谷哲学思想的时代特征》一文。作者指出，朝鲜建国后社会经济、文化的发展，阶级矛盾的尖锐化，这一历史现象反映到意识形态领域里，表现为各种不同的哲学观点的冲突。这种冲突集中反映在程朱学派内部的以退溪和栗谷为代表的两派冲突。作者认为，栗谷在这场冲突中，正确把握时代脉搏，为解决时代提出的历史任务，阐释了许多反映时代特征的合理的有价值的思想。这些思想为传统儒学注入了新的时代内容和生命力，对后期朝鲜哲学的发展产生了深远的影响。1997年《中国文化研究》第3期发表了葛荣晋撰写的《栗谷论"孝"及其现代意义》一文。该文认为，儒家向以注重伦理道德著称于世，而"孝"为"百行之首"，所以栗谷先生作为朝鲜朝的大儒论学也是"以孝敬为先"。栗谷所谓孝道，并不只限于"正家"范围，而是按照孟子的"君子亲亲而仁民，仁民而爱物"

---

① 李洪淳：《论李珥的哲学思想》，《延边大学学报》1979年增刊。

(《孟子·尽心上》)的仁学结构,将孝道贯穿于"亲亲—仁民—爱物"之中,构成一个完整有机的孝道体系。同年12月中国社会科学出版社出版的《亚文》第2期,收录了楼宇烈的《栗谷的经学思想研究》。文中指出,栗谷先生不管是自励还是教人,"必以立志为先,躬行为务"。因此,读经必须"明其理而措诸行,以尽成己成物之功",是栗谷先生"经学"思想的核心所在。栗谷先生的经学是在深刻理解与把握"礼"之"理"的基础上,去回答和解决人伦日用中的实际礼仪问题。

近几年来国内的栗谷学研究有了较快的发展,已有3本专著、4篇硕士论文以及多篇研究论文问世。

2003年北京大学出版社和中国社会科学出版社分别出版了张敏和洪军的《立言垂教——李珥哲学精神》和《朱熹与栗谷哲学思想比较研究》。《立言垂教——李珥哲学精神》一书,对李珥的生平业绩、哲学思想、理论传承、现代意义等都做了详尽而又清晰的介绍。《朱熹与栗谷哲学思想比较研究》一书,则对两人的哲学思想进行了系统比较。2011年延边大学出版社出版了李红军的朝文版《朱熹与栗谷性理学比较研究》,该著以理气论、心性论、修养论的角度阐述了栗谷对朱熹学说的传承。

4篇硕士学位论文有:毛哲山的《朱熹和栗谷理气论之比较研究》[①]、李斌的《朱子与退溪、栗谷人心道心说之比较》[②]、赵君的《栗谷的经世思想及其哲学基础研究》[③]、朴经勋的《朱熹与李栗谷理气观之比较研究》[④]等。

其间,发表的主要研究论文有蒙培元的《从栗谷的仁学看儒学与现代性的问题》[⑤]、陈尚胜的《重陪鹓鹭更何年?——朝鲜李珥出使明朝诗歌初探》[⑥]、张敏的《创业守成更张论刍议》[⑦]、金源姬的《浅谈栗谷的四

---

① 毛哲山:《朱熹和栗谷理气论之比较研究》,延边大学硕士学位论文,2003年。
② 李斌:《朱子与退溪、栗谷人心道心说之比较》,延边大学硕士学位论文,2004年。
③ 赵君:《栗谷的经世思想及其哲学基础研究》,延边大学硕士学位论文,2005年。
④ 朴经勋:《朱熹与李栗谷理气观之比较研究》,吉林大学硕士学位论文,2006年。
⑤ 蒙培元:《从栗谷的仁学看儒学与现代性的问题》,《新视野》2002年第1期。
⑥ 陈尚胜:《重陪鹓鹭更何年?——朝鲜李珥出使明朝诗歌初探》,《山东大学学报》(哲学社会科学版)2002年第6期。
⑦ 张敏:《创业守成更张论刍议》,《当代韩国》2003年秋季号。

端七情论》①、李甦平的《试论李栗谷的理气观》② 等。

《从栗谷的仁学看儒学与现代性的问题》一文认为，现代性是不是意味着对传统文化的全面否定，是迄今为止争论不休的问题。由于现代性与西方文化有一种历史的渊源，这个问题对东方发展中国家而言就显得更加突出。20世纪80年代有人提出"儒家资本主义"、"东亚模式"等说法，由于亚洲金融危机的出现，这一说法受到质疑。但是，不可否认的是文化多元化的局面已经形成，并成为当今文明发展的一个重要特点。当我们讨论现代性的问题时，就不能不考虑到这点，亦即现代性作为一个被普遍接受的概念，其中包含若干共同的要素，但是，我们很难找到一个固定不变的"模式"，用以概括现代的生活方式。其原因就在于不同民族、国家和地区具有不同的文化特色。

《重陪鹓鹭更何年？——朝鲜李珥出使明朝诗歌初探》一文则认为，李珥出使明朝的诗歌作品，表现了他来华后的心情意绪。诗中有他在异邦旅行时的孤寂忧愁，也有他对中国礼仪文化的倾慕衷情；有对明朝军防窳败的担忧，也有对京师恢宏场面的神往。透过李珥的这些诗歌作品，我们可以发现16世纪朝鲜士大夫对于明朝的复杂心态。

此外，儒学与韩国现代化的关系问题也曾一度成为国内韩国哲学界热衷于讨论的学术热点，此后此一问题还与"儒教资本主义"（"儒教假说"）讨论相联系，成为从文化的视角研究东亚"奇迹"的重要话题。此一时期出版的《中外儒学比较研究》③《现代东方哲学》④《君子国的智慧——韩国哲学与21世纪》⑤《当代东方儒学》⑥ 等著作均讨论过此一问题。学者们指出：儒家文化给韩国以巨大的影响，这种影响不是随时代的发展而淡薄，而是随着现代化进程的深入发展越来越在新的层次上深刻地表现出来。儒学在韩国现代化过程中产生了深刻的影响，在现代化的总体进程中，它的影响基本是以不自觉的历史认同的形式存在着。然而，随着后工业社会的加速到来，西方现代的思想和社会结构正面临重大的转折，

---

① 金源姬：《浅谈栗谷的四端七情论》，《孔子研究》2004年第1期。
② 李甦平：《试论李栗谷的理气观》，《东疆学刊》2005年第1期。
③ 张立文、李甦平主编：《中外儒学比较研究》，东方出版社1998年版。
④ 黄心川主编：《现代东方哲学》，浙江人民出版社1998年版。
⑤ 姜日天等：《君子国的智慧——韩国哲学与21世纪》，华东师范大学出版社2001年版。
⑥ 刘宗贤、蔡德贵主编：《当代东方儒学》，人民出版社2003年版。

从个性解放到群体和谐，从理性的物性到感性的人性的反顾正在开始，面对这种新的转折，韩国人更加自觉地意识到了儒家文化的价值，越来越多的人起来呼吁儒学的现代倡明。① 这一问题的研究无论其结论成立与否，无疑拓宽了哲学研究的视野。这对文化传统与现代化的关系问题以及现代化道路的选择问题的研究都大有帮助。

第四节 南冥哲学研究

曹植，字楗仲，号南冥，谥号文贞，昌宁人，出生于庆尚道三嘉，5岁时移居汉阳。他与李滉生当同年，并峙岭之左右，且又与李滉并称为岭南学派之双璧。庆尚右道的儒者大多从曹植之说，庆尚左道的儒者则多从李滉之说。他是朝鲜朝著名的性理学家，崇尚洙泗学的实践躬行精神，主张积极参与现实的实践活动。后人称退溪学派为江左学派，南冥学派为江右学派。《东儒学案》之《德山学案》云："退溪居岭左之陶山……南冥居岭右之德山……蔚然为百世道学之宗师。二先生以天品：则退溪浑厚天成，南冥高明刚大。以出处：则退溪早通仕籍，位至贰相；南冥隐居尚志，屡征不起。以学问：则退溪精研力索天人性命之理，无有余蕴；南冥反躬实践，敬义夹持之功，自有成法。"②

与李滉不同，曹植一生未仕，始终以教授为业。曹植为学极重"敬义"，曰："吾家有此两个字，如天之有日月，洞万古而不易。圣贤千言万语，要其归，都不出二字外也。学，必以自得为贵。"（《南冥集·南冥先生行状》）他以为"程朱以后不必著书"，主张反躬体验与持敬实行，并对现实社会也表现出强烈的忧患意识，史称："先生平生未尝一念不在于世道，至于苍生愁苦之状，军国颠危之势，未尝不嘘唏掩抑。"（《南冥集》卷三，祭文）著作有《南冥集》、《学记类编》等。其中《学记类编》分为上、下二卷。上卷又分"论道之统体"和"为学之要"两部分，并绘有二十二个图式加以阐释；下卷主要是列出儒者应学习和践行的对象，有"致知""存养""力行""克己""出处""治道""治法""临政处事""辟异端"等条目，并附有两个图式。此二十四图便是与李滉《圣

---

① 张立文、李甦平主编：《中外儒学比较研究》，东方出版社1998年版，第191页。
② 转引自李甦平《韩国儒学史》，人民出版社2009年版，第371—372页。

学十图》齐名的南冥的"学记图"。二人虽然同为岭南儒林之代表，但是为学各有特点，对此曾师事曹植和李滉的郑述评价道："李滉德器浑厚，践履笃实，工夫纯熟，阶级分明，学者易以寻入。曹植器局峻整，才气豪迈，超然自得，特立独行，学者难以为受。"（《寒冈年谱》卷一，庚辰38岁）学风上的差异亦是最后导致岭南学派由退溪学派所取代的原因之一。

近年来南冥学研究也受到国内学者的重视。李甦平先生在《韩国儒学史》中认为，虽然南冥与退溪都对朝鲜朝儒学做出了贡献，但贡献点却不尽相同。李退溪主要是在性理学方面深化、发展了中国朱子学说，奠定了他在韩国儒学史上的显赫地位。而曹南冥则强调原典儒学的"敬义"和"实践"精神，故有"自成一家之学"和"自有成法"之说。

体现其这种学术思想的便是于《学记类编》中所造的"二十四图"。用图说的形式来表达自己的学术思想，是南冥的特点，也是朝鲜朝儒学者的一个传统。韩国的图说可以追溯于朝鲜朝初期权近的《入学图说》，以后相继出现过郑秋峦和李退溪合作的《天命图说》，李退溪的《圣学十图》，李栗谷的《心性情图》和《人心道心图说》等。以"图"示"说"，以"说"释"图"，"图"与"说"的结合则简明扼要地表达了作者的思想。南冥的二十四个图亦是这样的图说。

关于上述二十四个图说，学者们认为其中有十个图最重要，即"三才一太极图"，"太极图与通书表里图"，"天人一理图"（"天道图"和"天命图"），"心统性情图"，"忠恕图"（"忠恕一贯图"），"敬诚图"（"敬"图和"诚"图），"审几图"（"几图"），"为学次序图"（"小学、大学图"），"博约图"，"易书学庸语孟一道图"。之所以将这十图视为最重要的图说，是因为其侧重于南冥的形上学本体论。若从南冥的主旨思想或核心观点来看，二十四图中最重要的十图应是"敬图"，"小学、大学图"，"诚图"，"人心、道心图"，"博约图"，"知言、养气图"，"易书学庸语孟一道图"，"心为严师图"，"几图"，"神明舍图"。这是因为南冥思想的特色即是"敬义"和"力行"。[①] 不过，有些学者指出这十图中

---

① 参见李甦平《韩国儒学史》，人民出版社2009年版，第372—373页。

"忠恕图"（"忠恕一贯图"）、"博约图"并非南冥的"自图"。① 尽管如此，二十四图仍被视为"南冥学"的精髓，是理解和把握其思想的主要依据。

张立文便依据"三才—太极图"探讨了其理气观。他认为，南冥独具匠心地、创造性地把"三才"与《太极图》融为一体，而超越了前人。指出，此图体现了形而上学理体与形而下学气用的由体达用、用以贯体的体用一源的原理，凸显了对宇宙自然生命和人的本质、人性、道德、价值的关怀。张立文以理气先后之辩、理气形而上下道器之辩、有无极限之辩三个维度具体阐发了南冥的理气说。南冥自造《天理气图》就是为了说明天地万物自然化生和人类伦理道德形成的演化进程。②

相较于退溪和栗谷，南冥的学说此前很少被国内学界所了解。2000年6月于西安成立了"国际南冥学研究会"，还举办了三次（2000年、2003年、2005年）有关南冥学与关学的国际学术研讨会。2004年和2007年社会科学文献出版社先后出版了《张载关学与南冥学研究》和《关学、南冥学与东亚文明》。2006年11月10—11日，北京大学韩国研究中心还与韩国南冥学会、庆尚大学南冥研究所共同举办"南冥学国际学术会议"，80多名中韩学者出席。会后，此次研讨会论文集《东方学术与南冥学》（沈定昌主编）2007年由辽宁民族出版社出版。以上几本有关南冥的著作均为历次学术研讨会上发表的论文汇编，所收录的论文观点新颖，论题广泛，研究深入，将对国内的南冥学研究产生积极影响。

第五节　郑齐斗与韩国阳明学研究

学术界长期流传着一种观点，认为中国和日本有阳明学，而韩国没有形成阳明学。但是史料证明这种观点是不科学的，中国阳明学传到了韩国，并形成了独特的韩国阳明学。③ 郑齐斗便是韩国阳明学的杰出代表，他的理论颇能反映韩国阳明学之特色。

---

① 参见刘学智《南冥"圣学二十四图"辨证》，载《关学、南冥学与东亚文明》，社会科学文献出版社2007年版。

② 参见张立文《南冥的理气观》，载沈定昌主编《东方学术与南冥学》，辽宁民族出版社2007年版。

③ 李甦平：《韩国儒学史》，人民出版社2009年版，第468页。

郑齐斗生于仁祖二十七年（1649年），卒于英祖十二年（1736年），字士仰，号霞谷。郑氏为被称为"东方理学之祖"的郑梦周第十一世孙。他集韩国阳明学之大成，创建了"霞谷学"，提出了"生气论"、"生理论"、"生道论"。郑氏认为，"气"充满天地万物之中，无始无终，是无限的，而且，"气"还是生动活泼，生生不已的。他说："窃谓大气元神，活泼生全，充满无穷。神妙不测而其流动变化，生生不已者，是天之体也，为命之源也。"（《霞谷全集上·存言中》）将"气"的概念引入阳明学是"霞谷学"的一个显著特点，所以霞谷学亦被称为主气心学。"生理"是郑氏思想中的一个重要概念，亦是独特用语之一。"生理"在其思想中是宇宙间万事万理的本源，"万事万理皆由此出焉"。同时，它既是"心"，又是"良知"，亦"可以主宰万理"。郑齐斗特别提出"生理"这一概念，主要是针对朱熹的"理"概念。他认为：朱子把"气道之条路者"称为"理"，就是称气的根源为"理"。这种"理"是空虚的，如同枯木死灰一般，没有任何生气。郑氏曰："夫圣人以气主之明体者为理，其能仁义礼智者是也。朱子则以气道之条路者为之理。气道之条路者，无生理，无实体，与死者同其体焉。苟其理者，不在于人心神明，而只是虚条，则彼枯木死灰之物，亦可以与人心神明同其性道，而可以谓之大本性体者欤？可以谓人之性犹木之性，木之理犹心之理欤？"（《霞谷全集上·存言上》）他以为，朱子将以"气道之条路者"为理，虽然此种理"在气之上"，且能"为其各物之条贯"，但"非所以为统体本领之宗主者"（《霞谷全集上·存言上》），故朱子的"理"是既无实体，又无生气的死物枯木。而他的"生理"则指的是心的神明所存在的内在之理，即"圣人以气主之明体者为理"。可见，郑氏的"生理"非为像朱子那样的物理之"理"，而是活生生的、有生命力的人心的神明，即心气的灵通途径。因此它能主宰、统领万事万物。

在郑氏学说中，"生道"是相当于"良知"的重要概念。郑氏曾曰："恻隐之心，人之生道也。良知即亦生道者也。"表明其思想中的"生道"指的是，生命的根本和原理。进而他还从性善论的立场出发，主张作为生命的根本和原理的"生道"既是"恻隐之心"，亦是"仁"。他指出：若不扩充善性，仁理灭绝，"生道"就将覆灭。视"生道"（良知）为道德理性，这是韩国阳明学的又一个重要特点。

"生气"（气）、"生理"（心）、"生道"（良知）构成了郑氏学说的基本概念和主体思想。在《霞谷全集》中，阳明学的基本命题如"理气""良知""心即理"也使用或出现过，但郑氏又常使用"生气""生理""生道"等独特的概念。这一方面说明了他的思想是对中国阳明学的发展，另一方面也表明了其学说是一种强调生命智慧的哲学。"生气论"阐明了由于气的生生不息，才有活泼的生命力之生生不已；"生理论"说明了正是由于生理永不停息的运动和变化，它才成为宇宙生成的命根；"生道论"表明了流行发育、化化生生的生道（良知）是宇宙的原理、生命的根本。这一个"生"字，凸显了霞谷学对宇宙生命的终极关怀。生生不息的元气是宇宙生命的根本，而对仁、对善的不断扩充致尽，则是宇宙生命永葆长青的本根。[①]

我国学者对韩国阳明学的研究始于20世纪末，虽然在研究成果的数量上不及退溪学、栗谷学和实学那般丰富，但是在研究的视角和内容上亦具特色。这一方面主要研究成果有：李甦平的《中韩阳明学比较》[②]、吴震的《郑齐斗思想绪论》[③]、钱明的《朝鲜阳明学派的形成与东亚三国阳明学的定位》[④] 等。

《中韩阳明学比较》一文，从中韩阳明学的理论依据、心与性范畴、致良知与生理范畴、社会价值的比较等四个角度去探讨两国阳明学的共性与异性。该文指出，两国阳明学同中有异，异中有同，通过对它们的比较分析，可以明晰东亚传统文化的核心——东亚意识，即主体意识、人文意识、多元意识。《郑齐斗思想绪论》一文，则就心即理、致良知以及无善无恶等三个方面，分析了郑霞谷对阳明学的理解。指出，郑氏在基本倾向上对于阳明的心学思想是抱认同态度，而且他对阳明学的理解已达到了一定的理论深度。他把阳明学当作一种学问，或者说是与朱子学不同的形态的，同时又是与儒学基本精神相吻合的一种学术体系来掌握和理解。作者认为，在17世纪的中国清朝，中国本土的阳明学受到格外的冷漠对待和严厉批判，但在东方的另一国度，却遇到了郑霞谷那样的知音，这一历史

[①] 参见李甦平《韩国儒学史》，人民出版社2009年版，第478—492页。

[②] 李甦平：《中韩阳明学比较》，《北京大学韩国学论文集》第7辑，新华出版社1998年版。

[③] 吴震：《郑齐斗思想绪论》，《复旦大学韩国研究论丛》第十二辑，中国社会科学出版社2006年版。

[④] 钱明：《朝鲜阳明学派的形成与东亚三国阳明学的定位》，《浙江大学学报》（人文社会科学版）2006年第3期。

本身就令人回味。如果，"东亚儒学史"这一概念成立的话，那么完全有理由将郑氏的阳明学放在"东亚儒学史"这一分析视野中，与中国的阳明学作一番认真的比较研究。而且，通过这种方式我们可以发现阳明学所具有的某些普遍性的东西。《朝鲜阳明学派的形成与东亚三国阳明学的定位》一文则指出，朝鲜朝时期（1392—1910），在退溪学的主导下通过对阳明学的辨斥，才形成了不同于中、日两国阳明学的独特的朝鲜阳明学派。就学术个性而言，朝鲜所接受的阳明学比较接近中国北方的阳明学，而日本所接受的阳明学则较为接近南方阳明学。比较而言，中国的阳明学发展到后来，已从政治层面深入民间社会，与平民教育相结合，走的是政治化加世俗化的普世主义的发展路径；日本的阳明学起先只是掌握在儒学教师个人手中的文化知识，后来为了实际的需要而逐渐成为武士阶层手中的思想武器，走的是学问化加功利化的文化民族主义的发展路径；而朝鲜的阳明学从一开始就是作为与佛教禅宗相混同的异端思想被引进的，因而是在垄断性的主流意识形态的辨斥声中被官方和民间艰难地接受和传布的，走的是如何适应以程朱理学为绝对权威的类似原教旨主义的发展路径。

在韩国阳明学研究方面李甦平教授还撰写了《从韩国霞谷阳明学的发展看儒学的生命力》《论郑霞谷的阳明学思想》[①] 等学术论文。

以上是我国学者在韩国阳明学研究方面所取得的主要成果。

第六节　丁茶山与韩国实学研究

在17世纪至19世纪300年间，中国、韩国、日本历史上出现了一股贴近社会现实、讲究功利性与实践性的"实学"思潮，对于中国、韩国、日本社会的历史发展均起到了一定的积极作用。但是，因各自在不同的社会条件和文化背景下形成，其作用也具有明显的差异。《中国、日本、朝鲜实学比较》[②] 一书，通过对三国"实学"思想的比较研究指出了各自的特点。书中作者认为，以韩国朱子学为代表的韩国儒学文化功能和价值的

[①] 李甦平：《从韩国霞谷阳明学的发展看儒学的生命力》，《儒家思想在现代东亚》，台湾中研院2001年版；《论郑霞谷的阳明学思想》，《阳明学衡》第二辑，贵州人民出版社2007年版。

[②] 李甦平等：《中国、日本、朝鲜实学比较》，安徽人民出版社1995年版。

变化，促进了韩国实学者的自我觉悟，使他们开始了价值观转向，而重于厚生，务于实证，为了强我之邦，富我之民，坚持实事求是的新思维方法。这种价值观念的转向，决定了韩国实学具有指向近代的重要意义。虽然由于历史的局限，他们尚未能提出"近代"的概念，但在当时的封建末期氛围中，他们所向往着的，其实正是通往近代的道路，并把韩国实学的本质特色归纳为"厚生实学"。

韩国的实学是朝鲜朝英祖、正祖朝以来掀起的一股以注重"实事求是""经世致用""利用厚生"为其特色的新的社会思潮，分为经世致用派、利用厚生派、实事求是派等。实学是朝鲜朝后期的一个重要学术思潮。

在韩国实学研究方面代表性成果还有朱七星著的《实学派的哲学思想》、葛荣晋主编的《韩国实学思想史》以及姜日天著的《朝鲜朝后期北学派实学思想研究》。朱七星著的韩文版《实学派的哲学思想》[①] 是我国学者撰写的第一部有关韩国实学思想的研究专著。该书分3部分：第一部分主要探讨了实学概念的形成、变迁以及实学的特征、性格、历史作用等；第二部分详细论述了李晬光、柳馨远、李瀷、洪大容、朴趾源、朴齐家、丁若镛、李圭景、崔汉绮等9位实学家的哲学和实学思想；第三部分收录有关清代考据学与金正熹、清代经世实学与丁若镛的清代实学与朝鲜实学的比较文章。2005年该书增补版《韩国实学与东亚实学比较》由韩国学术情报（株）在韩国再版。

《韩国实学思想史》[②] 是我国第一部以哲学角度系统研究韩国实学思想的专著。本书共分21章，主要内容包括导论、李退溪性理学中的实学思想、南冥性理学体系中的实学思想、李栗谷的性理学与实学思想以及崔汉绮、南秉哲的实学思想等。

姜日天著的《朝鲜朝后期北学派实学思想研究》[③] 则对韩国实学史上的重要流派之一的北学派实学的深层内涵，从哲学和文化史的层面上进行了阐发。"北学论"是英祖、正祖朝以来出现的提倡向清朝学习其先进思想与文物制度的学问倾向。北学论者以"利用厚生"为旗帜，主张发展

---

① 韩七星：《实学派的哲学思想》（韩文版），艺文书院1996年版。
② 葛荣晋：《韩国实学思想史》，首都师范大学出版社2002年版。
③ 姜日天：《朝鲜朝后期北学派实学思想研究》，民族出版社1999年版。

工商业，加强同外国的贸易往来，以求实现富国强兵。《朝鲜朝后期北学派实学思想研究》一书共分5章：第一章北学派实学的概述；第二章北学派实学的奠基者洪大容的实学思想；第三章朴趾源的"利用厚生"实学；第四章《北学议》与朴齐家的实学思想；第五章北学派实学的现代意义。书中指出：北学派的宇宙自然理解已把眼光打在开启宏观天体和微观世界的科学之门上。"利用厚生"从精神实质上说不拒斥作为自然历史过程的资本主义，而它包容得更多，指向更远。"利用厚生"理念的包容力在于它的生命、生活、实践、实用的哲学内涵。北学派实学打破"夷夏之辨"的开放理念，解放妇女、解放劳动本身，工商业指向未来的历史哲学思考，"富贵共之"的理想社会追求等，都是东亚社会现代理解的一种参照。

相关的主要研究论文还有，李秀东的《朝鲜实学思想的特点及其历史地位》[1]、杨雨蕾的《18世纪朝鲜北学思想探源》[2] 等。李秀东在《朝鲜实学思想的特点及其历史地位》一文中指出，朝鲜实学是在中国实学思潮的影响下，在朝鲜特定的历史背景下产生的其时代精神的集中反映。它反映了进步的士大夫阶层为解决社会所面临的现实问题而提出的改革要求。他们批判了当时占统治地位的性理学，不断地吸取历史上的各种优秀文化遗产，坚持把实事求是作为研究学问的方法，主张改革现实中不合理的社会制度，建设一个富国强兵的国家。这些进步思想起到了朝鲜朝从传统文化通向近代思想的桥梁作用，成为韩国近代启蒙思想的源泉之一。但是，由于朝鲜朝实学学者们所处的历史条件和他们所具有的阶级局限性，加上日本帝国主义入侵及强化殖民统治，尚没有发展到近代思想的高度，也没有把韩国引向资本主义社会。《18世纪朝鲜北学思想探源》一文认为，18世纪朝鲜朝北学思想堪称韩国走向近代社会的前奏，它主要是在部分朝鲜朝入华燕行使臣深切感受到清初中国政治稳定、人民生活繁盛、文化事业发达的过程中逐渐形成的，更准确地说是在使臣为解决其传统华夷观与现实所产生的矛盾中，在其"攘清夷"观逐渐被打破的过程中形成的。虽然它率先提出打破"华夷之辨"的口号，但根本上还是对中国传统儒家文化认同的一种回归。

近年来丁茶山的研究受到学界重视，新近出版的《韩国儒学史》《东

---

[1] 李秀东：《朝鲜实学思想的特点及其历史地位》，《东北亚论坛》1995年第3期。
[2] 杨雨蕾：《18世纪朝鲜北学思想探源》，《浙江大学学报》（人文社会科学版）2007年第4期。

方哲学史》都设专章介绍了他的思想，而且研究专著如韩英的《戴震气学与丁若镛实学的近代性研究》①以及茶山学术文化财团编的《茶山的四书经学》②等也陆续问世。

丁茶山名镛，本名若镛，字美镛、颂甫，号茶山、俟庵，堂号与犹，是朝鲜朝实学思想的集大成者。其著述在韩国文化史上占有重要地位，数量之丰几无人可与之比肩。他将经世致用派、利用厚生派、实事求是派的实学汇通为一，又将西方技术科学精神融会贯通，完成了庞大的、完整的、崭新的实学体系。他尽管与北学派的朴齐家交好，但是对北学派的民族虚无主义倾向和激进倾向有所微词。他更多强调民族文化之根，努力区分西学与西教，主张学习西方的技术科学。③

在茶山形而上学思想研究方面，姜日天、方浩范、束景南等学者做了有益的探索。姜日天在《丁若镛的天道观与18、19世纪韩国实学形而上学》④一文中，对其天道观做了较好的阐发。他指出，茶山的天道观是其整个实学思想的纲领。茶山天道观包括天气之道、天然之道、天公之道、天帝之道等内容。他的天道观发展了先秦以来儒家关于自然之天、命运之天、神道之天的思想体系。茶山的天气之道讲天是气构成的，讲天的自然存在；天然之道讲万物自然；天公之道讲天无赐予之意，人因作为之德而得福禄；天帝之道则讲彼岸超越世界。茶山天道观是其所处时代实学思想的表征。东亚儒学的派生性在茶山的实学中得到集中体现，具有现代文化人类学意义。姜日天的另外一篇文章《丁若镛的四气本体》⑤，则专门分析了丁若镛的四气本体思想。该文指出，在丁若镛的实学思想中，气范畴具有明显的本体论意义。他提出四气（受气、变气、象气、性气）本体学思想，强调气对事物的形成和发展所产生的多方面作用。方浩范和束景南在《丁若镛实学中"仁"学思想体系的建构——孔孟仁学思想体系的

---

① 韩英：《戴震气学与丁若镛实学的近代性研究》，世界图书出版公司2007年版。
② 茶山学术文化财团编：《茶山的四书经学》，商务印书馆2008年版。
③ 徐远和、李甦平、周贵华、孙晶主编：《东方哲学史》（近代卷），人民出版社2010年版，第380页。
④ 姜日天：《丁若镛的天道观与18、19世纪韩国实学形而上学》，《湖湘论坛》2010年第3期。
⑤ 姜日天：《丁若镛的四气本体》，《湖湘论坛》2012年第6期。

复归与继承》①则认为，丁若镛的哲学思想具有"反朱子学"、"脱性理学"的特性，主张恢复以孔孟为中心的原始儒学思想。他大胆地批判统治朝鲜朝社会的性理学，提出了一系列社会改革的思想和方案。如果说朱子把"仁"理解为形而上学概念的话，那么，丁若镛则把"仁"理解为道德行为主体的实践德目。他把"仁"理解为人与人之间的关系，而且是一种"向人之爱"的关系。他认为"仁"和"不仁"并非是内在于人心的、先验的价值观念，而是根据人的自律性意志的自觉选择，因而"恕"才是实现"仁"的具体方法。他主张把"仁"以孝、悌、慈的形式，扩充于社会政治、经济、文化等各个领域，成为全社会最普遍的、最根本的伦理。

此外，朱七星的《朝鲜封建社会末期实学思想的集大成者——茶山丁若镛》②，丁冠之的《戴震、丁茶山的实学思想》③，李敦球的《韩国北学派的经济思想》④，姜秀玉的《浅谈朝鲜实学思想与开化思想的继承性》⑤，李东欢的《韩国实学的哲学基础》⑥，邹志远的《朝鲜李睟光哲学思想与文学思想——李睟光"实学"思想论质疑》⑦，邢丽菊的《茶山丁若镛的心性论探析：以经学为中心》⑧，李英顺的《朝鲜北学派实学研究》⑨等都从不同角度对其实学思想进行了深入探讨。

---

① 方浩范、束景南：《丁若镛实学中"仁"学思想体系的建构——孔孟仁学思想体系的复归与继承》，《孔子研究》2008年第1期。
② 朱七星：《朝鲜封建社会末期实学思想的集大成者——茶山丁若镛》，《延边大学学报》1979年增刊。
③ 丁冠之：《戴震、丁茶山的实学思想》，《烟台大学学报》（哲学社会科学版）1997年第1期。
④ 李敦球：《韩国北学派的经济思想》，《复旦大学韩国研究论丛》第7辑，中国社会科学出版社2000年版。
⑤ 姜秀玉：《浅谈朝鲜实学思想与开化思想的继承性》，《东疆学刊》2000年第2期。
⑥ 李东欢：《韩国实学的哲学基础》，《湖南大学学报》（社会科学版）2005年第1期。
⑦ 邹志远：《朝鲜李睟光哲学思想与文学思想——李睟光"实学"思想论质疑》，《东疆学刊》2007年第3期。
⑧ 邢丽菊：《茶山丁若镛的心性论探析：以经学为中心》，《复旦大学韩国研究论丛》第二十四辑，社会科学文献出版社2012年版。
⑨ 李英顺：《朝鲜北学派实学研究》，中国社会科学出版社2011年版。

第三章　韩国佛教研究

产生于印度的佛教是一种戒律十分严格、富于哲理的宗教，它强调破无明，超脱轮回。它是公元前6世纪由古印度北天竺迦毗罗卫国王子悉达多·乔达摩所创，大约在东汉时传入中国，后由中国再传至韩国和日本等国。但是，韩国佛教并非是中国佛教简单的延续。佛教自从传入韩国后，便与其固有的思想和文化相结合，形成了颇具地域特色的独特的韩国佛教。韩国佛教不仅影响了日本佛教的发展，而且还为世界佛教的发展作出了重要贡献。事实上，韩国佛教已成为东方佛教文化圈中不可或缺的一环。

在韩国佛教史上，最为突出的特点是佛教与王权的结合，新罗佛教便是其典型的例子。以法兴王为首的新罗王室为了建立中央集权的国家体制，把佛教作为构筑这一体制的精神支柱，并把王法和佛法合而为一，试图以佛的威力来代替王的威力，由此来确立王权的绝对权威。[①] 韩国统一新罗时期和高丽王朝皆以佛教为国教。因此对韩国佛教的研究亦是中国的韩国哲学研究的主要课题之一。

首先，在韩国佛教史研究方面我国学者取得了可喜的成果。2008年社会科学文献出版社出版了何劲松著的《韩国佛教史》。全书共分15章，主要记述了韩国自4世纪三国鼎立时期直至近代以来佛教的传入、传播、演变和发展过程，详细论述了韩国各个时期佛教的消长、教派的兴衰以及与政治的关系，重点介绍了韩国各个时期的佛教事件与重点人物，对作出贡献的韩国僧人各自的生平、经历、佛学思想和理论特色做了梳理和分

---

① 徐远和、李甦平、周贵华、孙晶主编：《东方哲学史》（中古卷），人民出版社2010年版，第637—638页。

析，特别介绍了入华求法的代表人物，如，元晓、义湘、知讷、休静等都专设章节进行了重点介绍。该书引征典籍史料丰富，叙述脉络清晰，详略得当，较好地论述了韩国佛教的发展历史过程，是一部从中国人的视角探讨韩国佛教起始与兴盛的尝试之作。该书的出版有助于人们加深对韩国佛教特有的思想和特征的认识，亦将会为后人的进一步研究提供有益借鉴。

其次，在中韩佛教交流史研究方面也有两部著作出版。1999年3月宗教文化出版社推出陈景富的《中韩佛教关系一千年》。该书约65万字，共分17章，主要叙述了中韩两国佛教界在一千年的时间里交往的历史。上起公元4世纪前半叶，下讫14世纪中后期。该书的特点是对中韩佛教交流过程中的"双向性"及"互补性"问题给予了相当的关注，且在此问题的研究上亦有突破。该书是国内学术界迄今为止在两国佛教交流史研究领域内容最全面、最系统的著作。此外，1993年12月中国社会科学出版社出版黄有福、陈景富著的《中朝佛教文化交流史》。该书约40万字，共分13章。

再次，在佛教流派及其人物思想研究方面亦取得较好的成果。在韩国佛教史上，新罗法性宗（海东宗）的初祖元晓、海东天台始祖义天和曹溪宗的宗祖知讷是最具影响力和代表性的三位高僧，也是较早引起我国学术界关注的重要佛教人物。

元晓（617—686）——和诤思想

关于元晓的生平、行迹比较难考，据《宋高僧传》卷4、《三国遗事》卷4及朝鲜《高仙寺誓幢和上塔碑》等碑刻资料可推知，释元晓，俗姓薛，幼名誓幢，新罗湘州人，29岁时于皇龙寺出家。后慕唐朝玄奘、窥基之名，与义湘结伴入唐，途中二人遇雨而宿于墓地之中。后因此机缘，乃悟"心生故种种法生，心灭故龛坟不二"，"三界唯心，万法唯识，心外无法，胡用别求"，便弃入唐求法之念头中途折回。① 元晓主张一乘圆教的见地，以融会和"和诤"为基本特点，目的在于会通各宗各派的教理，使其归一。元晓综合和整理各家学说，提出了颇具特色的"一心"思想和"和诤"理论。在《大乘起信论疏》中，元晓阐述了其"一心"

---

① 徐远和、李甦平、周贵华、孙晶主编：《东方哲学史》（中古卷），人民出版社2010年版，第645页。

思想的基本理论。他认为"开二门（心真如门、心生灭门）于一心"，由"一心"观之真如即生灭、生灭即真如，世间万事万物的变化及生灭，皆可统一于"一心"。

在元晓思想研究方面，我国学者的研究主要集中在对其《大乘起信论疏》及《别记》的研究。相关成果有：杜继文的《评元晓关于〈大乘起信论〉的疏解》[①]、魏常海的《元晓的"和诤"思想与中国的儒释道思想》[②]、金勋的博士学位论文《元晓思想研究》[③]、刘立夫的《元晓对中韩佛教文化交流的贡献——以〈大乘起信论〉疏、记为中心》[④] 以及朱莉的硕士学位论文《〈大乘起信论〉二疏比较——〈海东疏〉与〈贤首疏〉的对比研究》[⑤] 等。

但是元晓的另一部重要作品《金刚三昧经论》并未引起学界关注。只有金勋的博士论文及何劲松的著作《韩国佛教史》有所涉及。在元晓众多的著作中，《金刚三昧经论》是唯一出现于赞宁为其所撰写的传记中的著作。有关它的出现，具有浓厚的神话色彩，也占据了《元晓传》的大部分篇幅。《传记》中说，这本书本来称为《金刚三昧经疏》，但是传到中国后，某位"翻经三藏"将其改为《金刚三昧经论》，将其由一般佛教僧侣、学者的著作提升为由菩萨所做的"经律论"三藏之一的"论"。因此，元晓几乎成为可以与龙树等人相提并论的佛教思想家，并赢得了"初地菩萨""陈那后身"等美誉。在印度以外的地方，元晓是唯一获此殊荣的僧人。《金刚三昧经论》具有丰富的佛教思想，几乎涵盖了当时佛教界流行的各种思潮。它不仅在《大乘起信论》的基础上进一步讨论了如来藏思想、本觉思想等佛教理论，还着重阐述了回归本觉一心、实现解脱所需要的各种修行实践，从而建立起一套完整的佛教思想体系。《金刚三昧经论》很早就传入日本、中国，宗密、延寿等人对此多有引用。

---

① 杜继文：《评元晓关于〈大乘起信论〉的疏解》，《中国佛教与中国文化》，宗教文化出版社2003年版。

② 魏常海：《元晓的"和诤"思想与中国的儒释道思想》，《陕西师范大学学报》（哲学社会科学版）2006年第1期。

③ 金勋：《元晓思想研究》，北京大学博士学位论文，1993年。

④ 刘立夫：《元晓对中韩佛教文化交流的贡献——以〈大乘起信论〉疏、记为中心》，淮阴师范学院学报》（哲学社会科学版）2000年第1期。

⑤ 朱莉：《〈大乘起信论〉二疏比较——〈海东疏〉与〈贤首疏〉的对比研究》，北京大学硕士学位论文，2000年。

2010年敖英以元晓的《金刚三昧经论》为研究对象完成了博士论文，弥补了国内对于元晓《金刚三昧经论》研究的不足。该文指出：元晓始终强调"一切众生，同一本觉"，人人都可以成佛。这一本觉之心不仅是众生自己修行的基础，也是在自觉的同时可以使他人觉悟的基础。只要回归这一本觉之心，就可以获得解脱，最终成佛。元晓依据《楞伽经》、《法华经》和《大乘起信论》等，把《金刚三昧经》中的"本觉"和"如来藏""第九识""诸法实相""涅槃"等联系在一起，消除了"本觉"被实体化的危险。另外，元晓认为，对于"本觉"与"始觉"的关系，既不能执着于二者是"一"，也不能执着于二者是"异"。因为如果执着于二者是"一"的话，众生就会懈怠，以为不需要努力修行就可以成佛；如果执着于二者是"异"的话，众生就会以为"有所得"，并对其产生分别执着。要回归这一本觉之心，从本觉到始觉，就要进行各种实践，包括无相观、十二因缘观、"如来禅"、"理入与行入"等各种观行。虽然《金刚三昧经论》中所提到的与禅宗典籍中的说法有些相似，但是元晓对它们进行了不同的诠释。元晓认为，这些修行方法都建立在"本觉"基础之上。元晓在解释这些修行方法的时候，始终秉持着菩萨自觉觉他、自利利他的精神，用菩萨的六行将这些具体的修行方法联系在一起。与元晓的其他著作一样，《金刚三昧经论》中，也体现了元晓的和诤思想。他不但提出了指导原则，并且将其运用在解释文本的具体过程中。①

义天（1055—1101）——天台宗

随着高丽王朝逐渐转入重视门阀的贵族制社会②，佛教界也发生了很大的变化，其中最重要的变化便是天台宗的创立。创立者为高丽佛教的杰出代表义天和尚。

义天，名煦，俗姓王氏，为高丽国文宗仁孝王第四子，文宗十九年在灵通寺出家。宣宗二年（1085）入宋，师从净源（1011—1088）研习华严，后又师从天竺寺慈辩从谏尊者习得天台教观。义天在宋14个月不仅遍参了当时宋朝华严、天台、律宗、法相、禅宗、梵学等各宗名德50多

---

① 参见敖英《元晓〈金刚三昧经论〉研究》，北京大学博士学位论文，2010年。
② ［韩］朴龙云：《高丽时代史》，一志社1996年版，第16—17页。

人，而且还广收各宗章疏，回国时带去了各种经书三千余卷。① 回国后义天大力弘扬天台教观，积极培养门人弟子，使宗风大振。

义天基于华严四祖澄观（738—839）的理论，主张"性相兼学"，强调兼修二宗，但又并不把属于性宗的《大乘起信论》和属于相宗的《唯识论》同等看待。他说："以谓《起信》、《唯识》二论，是性、相两宗之枢要，学人之所宜尽心……或曰，贤首五教中，判唯识、瑜伽为大乘始教，而云固非究竟□□之□，法师克荷华严，何必横攻□□□□□穷五教，故兼学也。盖华□□□□□，一代枝末，从此而出故也。故慈恩疏，引例六经，而以华严冠之最初。又云，经为根本，随法相以宣扬；论是末宗，禀佛言而成理。西明疏中，释归命偈，满分之言，曰满则如来，分是金刚藏、解脱月者，可谓深见经论之本末也。况清凉有言：'性之与相，若天地日月，易之坤乾，学兼两辙，方曰通人！'是知不学《俱舍》，不知小乘之说，不学《唯识》，宁见始教之宗？不学《起信》，岂明终顿之旨？不学《华严》，难入圆融之门，良以浅不至深，深必该浅，理数之然也……近视学佛者，自谓顿悟，蔑视权小，及谈性相，往往取笑于人者，皆有不能兼学之过也。"② 他指出，华严五教小乘教、大乘始教、大乘终教、大乘顿教、一乘圆教在教说上亦不尽相同。故要兼学，不可执于一说。

义天还基于圭峰宗密（780—841）的《圆觉经疏》主张禅教一致。《圆觉经》的内容，包括理法界、理事无碍法界、事事无碍法界。而此三法界亦是《华严经》的核心内容。另外，《圆觉经》还含有"一心二门"思想，而"一心二门"则又是《起信论》之要体。此外，义天又谈到儒家与道家、南禅与北禅。可见，他不仅要会通禅教，而且还试图会通佛教与儒道，因此义天还特别强调元晓大师的"和诤"思想。③

在义天研究方面，崔凤春的《海东高僧义天研究》④ 和魏常海的《元晓"和诤"理论与义天"圆融"思想》⑤ 以及鲍志成的《高丽寺与高丽

---

① ［韩］章辉玉：《义天天台宗创宗再考》，《义天》，艺文书院 2002 年版，第 221 页。
② 《大觉国师文集》卷 2 "刊定成唯识论单科序"，《韩国佛教全书》4 卷，第 529 页。
③ 参见徐远和、李甦平、周贵华、孙晶主编《东方哲学史》（中古卷），人民出版社 2010 年版，第 670—672 页。
④ 崔凤春：《海东高僧义天研究》，广西师范大学出版社 2005 年版。
⑤ 魏常海：《元晓"和诤"理论与义天"圆融"思想》，《东疆学刊》2005 年第 4 期。

王子》① 等都具有代表性。

《海东高僧义天研究》一书广泛引证了大量原始资料，对义天的佛门活动全过程进行了较为详细的介绍、分析和考证。尤以其学法、求法、弘法的经历为重点，兼及与义天有交往的宋、辽等国的高僧和政治人物，以及义天本人与海外诸国的关系。举凡义天之事迹，不论是史实还是传说，书中都一一作了相应的辨析。该书一共由四章组成：第一章，着重论述了高丽王室佛教发展的概况，并兼述了义天入宋求法之前的事佛活动；第二章，主要论述了义天入宋求法请益的始末，兼及义天与宋僧之间的交往活动；第三章，着重论述了义天归国弘扬佛法的神迹；第四章，围绕着义天的编纂著述事业，对其遗著和佛教文化交流情况，作了一些介绍和考证。《元晓"和诤"理论与义天"圆融"思想》是一篇对两位韩国佛教史上著名的国师思想的比较论文。作者认为，尽管元晓倡"和诤"，义天主"圆融"，但是两者其实一脉相承，都继承了中国传统中儒释道融合的思想，且二人又都不失佛教的立场。两者的区别在于，元晓着力于和会诸宗内部的纷争，义天则重在宏观上的融合。该文分析深入细致，观点新颖，很有启发意义。鲍志成的《高丽寺与高丽王子》一书，是一部专门讨论高丽寺的名称、方位、兴废、规模以及义天入宋求法始末等内容的著作。该书出版后受到中韩学界的好评。

另外，还有黄纯英点校的《高丽大觉国师文集》② 以及其他研究性论文若干篇。回顾义天研究，存在的问题主要是对其哲学思想的阐释和分析方面相对不足。

知讷（1158—1210）——曹溪宗

高丽贵族社会后期因诸多原因转入武臣当权的"武家政权"时期。这一变化不仅影响到高丽佛教界教宗的发展，而且还影响到禅宗的发展，其直接结果便是知讷的曹溪宗全面登上了韩国的佛教舞台。

知讷，俗姓郑，自号牧牛子。八岁出家，祝发受具戒，年二十五时（1182年）考上僧科，其早年的特点是"学无常师，唯道是从"。于清凉寺、普门寺等地领会到"禅教不二"的道理，1190年还组织了"定慧结

---

① 鲍志成：《高丽寺与高丽王子》，杭州大学出版社1998年版。
② 黄纯英点校：《高丽大觉国师文集》，甘肃人民出版社2007年版。

社",主张"定慧双修"。其主要著作有《华严论节要》《劝修定慧社文》《法集别行录节要》等。他将原有的"九山禅门"统一到曹溪宗门下,深深影响了此后韩国佛教的发展。死后被二十一主熙宗王谥为"佛日普照国师"。作为韩国禅宗曹溪宗的中禅祖,他与义天被后人视为高丽佛教的主要代表人物。

知讷生活的高丽中期是贵族体制走向衰落、武将叛乱不断的社会历史时期。在混乱的政局中传统的王室佛教日趋腐败堕落,且教禅两宗之间的对立亦更加突出。知讷把挽救佛教的衰落和消除教禅之间的对立作为自己的使命。他组织"定慧结社",发起了一场佛教改革运动。他认为,教宗的"背心取相"和禅宗的"不依文字指归",皆不可取。于是,知讷试图通过"当舍名利,隐遁山林"的结社方式,来推动其新佛教运动。他的佛教改革理论基础是,"自修佛心,自成佛道"。他认为"求自心"是内心自悟和实现解脱的根本途径。[①] 知讷基于"自修佛心,自成佛道"思想,力倡"定慧双修","定慧结社"亦被视为普照禅传统的始源。

在知讷的哲学思想研究方面,主要论文有:魏常海的《知讷〈真心直说〉初探》[②],何劲松的《韩国知讷及其心性论研究》《韩国受容佛教与民族佛教的分水岭——论义天和知讷的佛教思想和历史地位》[③],潘畅和、李洪淳的《知讷及其佛教哲学思想》[④],金哲洙、王振江的《知讷的"心"本体论哲学思想初探》[⑤] 等。

其中,何劲松的《韩国受容佛教与民族佛教的分水岭——论义天和知讷的佛教思想和历史地位》作为对高丽佛教双璧义天和知讷的比较研究论文,颇具特色。该文认为,高丽佛教是三国佛教和新罗佛教的继承和

---

① 参见徐远和、李甦平、周贵华、孙晶主编《东方哲学史》(中古卷),人民出版社 2010 年版,第 671—675 页。

② 魏常海:《知讷〈真心直说〉初探》,《北京大学韩国学论文集》第 6 辑,新华出版社 1997 年版。

③ 何劲松:《韩国知讷及其心性论研究》,《中国禅学》第 1 卷,中华书局 2002 年版;《韩国受容佛教与民族佛教的分水岭——论义天和知讷的佛教思想和历史地位》,《复旦大学韩国研究论丛》第十三辑,中国社会科学出版社 2006 年版。

④ 潘畅和、李洪淳:《知讷及其佛教哲学思想》,《朝鲜研究论丛》第 1 辑,延边大学出版社 1987 年版。

⑤ 金哲洙、王振江:《知讷的"心"本体论哲学思想初探》,《复旦大学韩国研究论丛》第十八辑,世界知识出版社 2008 年版。

发展。新罗佛教在三国统一过程中成功地实现了新罗化的过程。高丽时期，韩国佛教又实现了另一次转变，即由受容佛教转变为民族佛教，而实现这一转变的正是高丽时期最有代表性的两位高僧——义天和知讷。义天是高丽王朝前期具有代表性的僧人，他以自己特殊的政治地位和渊博的佛学修养，自觉地担负起对高丽前期佛教进行认真总结的历史重任——广义上讲，他也是汉传佛教受容过程的终结与民族化佛教产生之前出现的一位划时代的人物。如果把义天和稍后的另一位著名僧人知讷放在一起，显然义天是受容佛教的集大成者，而知讷则是新兴的民族佛教之父。毋庸置疑，知讷及其禅侣们开展的定慧结社无论是在韩国佛教史上还是在整个汉传佛教史上都可以说是一场影响深远的新佛教运动。对于知讷所开参禅修行的三种法门，该文指出，惺寂等持门的作用在于使修行状态恒常保持惺惺寂寂的标准状态，而获得此状态的前提条件则为圆顿信解门，即坚信自心的空寂灵知本来与佛毫无差别。当然，圆顿信解门还是初心者的入道方法，而摆脱这种知解的活句径截门则是最高的境界。因此，三门之间的关系又可概括为：惺寂等持门是修行者必须遵守的一个总的原则；初心者进入惺寂等持的入道方法为圆顿信解门；入道后，为保持真正的惺寂等持，就要在修行方法上更进一步，即采用活句径截门。三门是针对机根不同的人设定的，虽然径截门属于上根大机者，但不应当排斥其他的修行法门。

2012年李海涛以《普照知讷真心思想研究》为题完成了博士学位论文。该文主要是以知讷的原典著作为文本，以现有的国内外知讷研究成果为参照，运用经典诠释、内在诠释和比较哲学的方法对知讷的真心思想进行系统的分析研究。重点阐释了知讷的真心思想，包括真心思想的渊源、真心思想的内涵和意趣、真心思想的修证、真心思想的特质等问题。指出：在渊源上，知讷的真心思想主要是吸收了中国禅宗和华严宗的相关思想，同时也借助了韩国固有的圆融思维及前人的探索；在内涵和意趣上，知讷所述之真心即是空寂灵知清净心，此真心为一切众生本来具足之佛性，又为一切世界发生的根源性存在，此真心乃是空思想与如来藏思想的结合，是直趣佛果的方便；在修证上，知讷强调要在正信的基础上，通过修十种无心功夫来顿悟渐修成佛，其具体方便法门有惺寂等持门、圆顿信解门、看话径截门和念佛要门等；在特质上，知讷所述之真心具有空寂灵知性、三分体用定慧、圆融会通、真心直说、真心对治等特质。同时，论文还考察了知讷真心思想的影响，认为，知讷的真心思想不仅为弟子慧谌及其后学所继承,而且还为韩国曹溪宗的发展奠定了理论基础,同时也对日本佛教和中国佛教产生了一定的影响。① 而且,该文还首次撰写了知讷的年谱并整理了 100 余年 (1900—2011) 的知讷研究成果目录,为以后的知讷研究作出了基础性的工作。

此外,金焕泰的《韩国佛教史概说》②则早在建交初期便已译介到中国。1995 年中国社会科学出版社还出版了朱谦之先生翻译的日本学者忽滑谷快天的《韩国禅教史》。2007 年宗教文化出版社还出版了《韩国天台宗圣典》一书,为中国的学者提供了重要的参考资料。

---

① 参见李海涛《普照知讷真心思想研究》,中国社会科学院 2012 年博士学位论文。
② 金焕泰:《韩国佛教史概说》,社会科学文献出版社 1993 年版。

第四章 韩国道教与道家哲学思想研究

韩国道教研究比起韩国儒学和佛教研究相对落后些,这主要是与道教在韩国哲学史上的影响不及儒学和佛教有关。在韩国亦是,道教研究远不及儒学和佛教研究。尽管如此,我国学者对韩国的道教还是有所论及。

如,陈耀庭的《道教在海外》(福建人民出版社,2000年版)一书,用较长的篇幅对道教在韩国的传播与发展情况做了系统介绍。还有,楼宇烈主编的《东方哲学概论》(北京大学出版社,1997年版)也设专门章节介绍了道家思想和道教哲学对朝鲜半岛的影响,重点叙述了三国时期的道家思想和新罗仙派以及高丽科仪道教和李朝昭格殿等。

2010年出版的《东方哲学史》(中古卷)也专设一个章节对道家学说的传入与统一新罗时期的发展做了较详细的论述。书中指出:道教产生于中国,是中国本土的民族宗教。但是,它早已传播至海外成为汉文化圈诸多国家传统文化思想的重要组成部分。道教向海外传播过程中的第一站便是朝鲜(韩)半岛。从现存的文献资料来看在古代朝鲜(韩)半岛各国中,最早接触道家书籍的是百济。《三国史记》的记载表明,至少在近肖古王二十四年(369年)之前道家的书籍已在百济流行。据记载,是年高句丽军队来犯,当时还身为太子的近仇首王(375—383)带兵击退来犯之敌后欲乘胜追击。当追击高句丽军队至水谷城之西北时,其手下将军莫古解引用《老子》书中的一段话来劝近仇首王不能继续贸然推进。作为宗教的道教何时传入百济现已无法确知。日本学者黑板胜美认为,百济博士阿直岐、王仁等人来日所携带的典籍并不限于儒家经典,亦包括与道家和道教相关的书籍,而且,所传授的思想并不限于儒家学说。他举《延喜式》(卷8)的祝词为例说明了这一点。由此可以推知,近肖古王

(346—375) 在位之前《老子》等道家书籍已在百济传播。但是，道教作为宗教还没有正式传入，只不过天师道或带有道教性质的杂术思想或许已传入百济。

高句丽北部与中原地区相连，理应最早接触道家和道教思想。但是，在文献资料上还很难找出与此相关的史料。《三国遗事》记载："丽季武德、贞观间，国人争奉五斗米教。唐高祖闻之，遣道士，送天尊像来，讲《道德经》，王与国人听之，即第二十七代荣留王即位七年，武德七年甲申也。"① 荣留王七年，即公元625年，这是作为民众道教的五斗米教传入高句丽的确切记录。此时高句丽宝藏王（642—668）时的权臣盖苏文还指出应学习中国，使国中三教互补，主张国家层面上输入道教。可见，道教在高句丽的传播受到统治阶层的重视。但是，此时传入高句丽的道教应该是6世纪初在中国盛行的五斗米道。②

新罗地处半岛的东南角，与中国大陆的接触比百济、高句丽要晚一些。这主要是因当时新罗所处的地理位置不利于与中国的交往。

道家书籍在新罗传播的最早记录出现在《三国史记》的《百结先生传》中。百结先生的生卒年代不详，但是有些学者指出他应该是新罗慈悲王（458—479）在位时期活动的人物。③ 不过，新罗人把道家书籍作为一种思想和学说来理解和接受，是值得注意的特点。而且，国家亦鼓励读书人学习儒家以外的其他学说，并优先选拔博通五经、三史、诸子百家学说者。

书中还指出，儒释道三教在新罗社会次第传播和相互交涉过程中并没有发生相互对立冲突，这是朝鲜（韩）半岛特有的精神风土，也与当时特殊的历史状况相关。④

另外，韩国学者都珖淳的《韩国的道教》⑤、林采佑的《韩国道教的

---

① 一然：《三国遗事》卷3，兴法，宝藏奉老·普德移庵。
② 韩国道教思想研究会编：《道教与韩国思想》，汎洋社出版部1988年版，第65页。
③ 高丽大学民族文化研究院韩国思想研究所编：《资料与解说韩国哲学思想》，艺文书院2001年版，第270页。
④ 参见徐远和、李甡平、周贵华、孙晶主编《东方哲学史》（中古卷），人民出版社2010年版，第664—669页。
⑤ [韩]都珖淳：《韩国的道教》，《道教》第3卷，上海古籍出版社1992年版。

历史和问题——有关韩国仙道与中国道教问题的探讨》[①]、金得榥的《韩国宗教史》[②] 等论文和著作译成中文在中国发表后,提供了不少朝鲜固有的檀君神话、神仙信仰和道教传人等方面的资料。

[①] 林采佑:《韩国道教的历史和问题——有关韩国仙道与中国道教问题的探讨》,《世界宗教研究》1997年第2期。

[②] 金得榥:《韩国宗教史》,柳雪峰译,社会科学文献出版社1992年版。

第五章　韩国近代新宗教研究

近代以来，在东亚的日本和韩国出现了数量众多的新宗教，且在社会上产生了广泛影响。在韩国这些新宗教（亦称民族宗教），至今仍在社会上积极开展着各种活动，非常活跃。

韩国近现代的宗教运动大致分为两类：两班阶层内部为克服朝鲜朝儒教自身的矛盾与局限性而展开的运动；儒教社会体系之外的被压迫阶级试图表达自己的欲望和要求而开展的运动。朝鲜王朝后期，以宗教运动为契机，民众逐渐推出众生平等思想，与统治阶层发生了碰撞。他们的这种热情随着东学革命的失败而遭到严重的挫折，他们渴望寻找新的解决途径。于是，在国家和民族面临生死存亡的危急时刻，各种学说和思潮都从不同的角度探讨了摆脱这一危机的出路。韩国近代诸民族宗教便是在这种背景之下产生的。朝鲜朝末期至日帝占领初期韩国产生了诸多新宗教，如1860年崔济愚创立的东学、1900年姜一淳创立的甑山教、1909年罗喆创立的大倧教以及1916年朴重彬创立的圆佛教等。

这些宗教的产生是以当时韩国所处的国际环境和国内形势为历史背景的。当国家和民族面临危难之际，从以传统民间信仰为基础产生的韩国近代新兴宗教思想中我们可以看出其变易思想、危机意识、平等思想以及反抗精神等。此一时期产生的民族新宗教在革命与革新、独立与启蒙运动方面亦起了积极作用。①

2006年宗教文化出版社出版了金勋的《韩国近代新宗教的源流与嬗变》一书。该书以现代韩国社会为背景，对新宗教的概念、产生的原因、

---

① 徐远和、李甦平、周贵华、孙晶主编：《东方哲学史》（中古卷），人民出版社2010年版，第410页。

基本特征等问题作了探讨，并对新宗教与传统宗教的关系、全球信息化与新宗教、新宗教的社会功能、新宗教与邪教的关系以及邪教的社会危害与治理等诸多理论和实践问题进行了系统研究。作为国内第一部研究和介绍韩国新宗教的产生发展和思想特征的学术著作，它的问世无疑有助于我国学术界对此一问题更深层次的探讨。

2010年人民出版社出版的《东方哲学史》（近代卷）中也设一章节专门论述了东学思想与近代新宗教的产生与发展。书中认为，朝鲜朝后期，包括统治阶层在内的整个社会充满了封建矛盾。统治阶层无休止的党派纷争导致其内部被划分为保守与革新两大派别，而他们之间的权力斗争最终酿成"壬午兵变"与"甲申政变"。政治变革与执政混乱以及连年的自然灾害迫使农民提出革新要求。这种急速的社会变化要求重塑宗教价值观，这又促使宗教在韩国近代社会发挥主体作用。东学思想正是19世纪中叶韩国社会危机意识的产物，是一种试图从宗教的层面来解决韩国社会所面临的各种危机的尝试。所谓"东学"是相对于"西学"（天主教）而言的，意指朝鲜之学问。崔济愚曰："吾生于东，受于东道，虽天道，学则东学。"（《东经大全》"论学文"）其实，传统性理学价值观出现的危机，也是促发韩国近代民族宗教诞生的原因之一。面临接踵而至的诸多危机，各种民族宗教相继诞生。其中，东学的出现开了其先河。创始人水云崔济愚（1824—1864年）通过自身的宗教体验领悟到，"天主"并非存在于吾心之外，而内在于吾心之内。因此东学中所讲的"天"，并非是自然之天而是内在于吾心的"上帝"。其教理的核心思想可以概括为"人乃天"、"侍天主"。

甑山教是由姜一淳（字士玉，号甑山，1871—1909）创立。该教吸收了不少东学教理，同时它还受到韩国《正易》思想的影响，如后天开辟学说等。所谓"开辟"，意指天开地辟，天地生成。该教认为，天地万物由掌握三界大权的上帝创造，天地开辟之初万物皆依天地度数运行。后因其运行偏离"天地度数"才造成"神明界"和"人间界"的诸不幸。故需以后天开辟来纠偏。甑山还提出"人尊神卑"思想。此一思想与以往宗教的"神尊人卑"和"神人同格"思想不同，它把神置于人的支配之下，曰："人尊大于天尊地尊，从此即为人尊时代，宜勤修心。"表现出对人的价值的重视和对人类社会公平正义的向往。这是韩国近代民族宗教的典型特征。

大倧教是由韩国民族独立运动家罗喆（1863—1916）创立，它是为了寻找失去的民族之魂而诞生的韩国近代民族宗教。大倧教起初亦被称为"檀君教"，1910年改称为"大倧教"。它以中国东北和韩国国内一些地区为中心展开了其传教和抗日活动。大倧教的教理根于"三位一体"说的"三一"原理。"真理训"讲，人物同受三真，性、命、精。又曰三妄着根，心、气、神，产生善恶、清浊、厚薄。不过，最终三妄可以"返妄即真"，返真一神、神人合一。"三真归一，即三即一"，繁杂事物的和谐统一便是"三一哲学"的宗旨所在，是大倧教独特的世界观和认识论。该教自称"百教之祖"，其教经典《会三经》把感、息、触此三途与儒释道要谛作了比较。认为，佛教的明心（见性法）为大倧教的止感法，仙道教的养气（炼性法）为大倧教的调息法，儒教的修身（率性法）为大倧教的禁触法，试图融摄儒释道三教。该教基于"三一哲学"将"造化、教化、治化的三神一体"作为其信仰对象。"三神"即指，"造化神"桓因、"教化神"桓雄、"治化神"桓俭。

圆佛教是由朴重彬（字处化，号少太山，1891—1943）创立。圆佛教的创教动机是为了把生活于波澜苦海中的众生引向广大无量的极乐世界。其开教标语有："物质开辟，精神开辟"，"无时禅，无处禅"，"动静一如，灵肉双全"，"佛法是生活，生活是佛法"等。"一圆相"是圆佛教教理的最高宗旨，它是使所有存在可以相互成为可能的巨大力量和法则。圆佛教以为，万有为一体性，万法为一根源。各种宗教真理观虽各异，但其根源却为"一"。少太山创立的圆佛教是继崔济愚的东学、姜甑山的甑山教之后又一个具有强烈民族主义性格的韩国新宗教。它与佛教不同，强调的是一种强者不失其位，弱者亦可变为强者的"恩的造化史观"。[①]
2005年宗教文化出版社还出版了楼宇烈等编译的圆佛教的基本经典《圆佛教教典》。

[①] 参见徐远和、李甦平、周贵华、孙晶主编《东方哲学史》（中古卷），人民出版社2010年版，第404—418页。

第六章　韩国哲学文献整理与哲学著作译介

继推出《退溪书节要》之后，我国学术界历时六年多的努力终于完成了退溪全书今注今译工程。《退溪全书今注今译》由贾顺先任主编，共分8册，第一册于1992年5月由四川大学出版社出版，之后陆续出版了其他分册。第八册则于1996年2月由四川大学出版社出版。1998年6月四川人民出版社又出版了刘伟航著的《退溪先生文集考证校补》一书。这套大型古籍整理图书的出版，大大方便了中国学者对退溪学的研究，受到中韩学界的好评。

1999年中华书局出版了胡双宝和韦旭升整理的17世纪朝鲜朝朱子学的重要代表人物宋时烈著作的选本《宋子选集》。该书内容涉及其政治观点、政策主张、哲学思考、治学方法、历史人物、人际关系等，可以从中窥见朝鲜朝中后期的朱子学成就，以及当时政治思潮、学术动态、社会状况、风土习俗，乃至这位大儒者个人的学识与品德修养等，对于了解儒家学说在朝鲜的传播与发展情况，也颇能有所助益。尤其是，在明朝覆亡、满人入关、清王朝建立以后，当时朝鲜朝野上下对中国的这一重大历史转变所持有的政治态度，在书中也有很鲜明的反映，这对关心此类问题的研究者将大有裨益。2006年上海辞书出版社还出版了其代表作之一的《程书分类》一书的校勘标点本，为宋时烈思想研究提供了又一重要参考文献。

另外，由中国人民大学孔子研究院主持的《韩国历代"四书"的注释集成》编校工程，也将会进一步推动我国的韩国儒学研究步伐。

2008年11月华夏出版社和中国人民大学出版社在京共同举行了《国际儒藏·韩国编》首发式。儒学在公元前3世纪便传播海外，成为世界性的学问。韩国、日本、越南等国也都曾涌现出大批儒学大师。这些学人都有大量著作存世，而大多未经标点整理，给后人的研究带来了诸多不便。加之，海外儒学文献分散在各地，查找困难，长期未能得到应有的重视。海外各国儒学的研究也受制于此。近年来，中国人民大学孔子研究院积极搜寻世界各国儒学著作，力图编纂一部完备的《国际儒藏》，以惠及学界。按计划，《国际儒藏》将分为《国际儒藏·韩国编》《国际儒藏·日本编》《国际儒藏·越南编》和《国际儒藏·欧美编》等几部分。此次出版的是《国际儒藏·韩国编》的四书部分。《国际儒藏》依各国仿《四库全书》体例，分为经、史、子、集，但有所创新。所编纂的文献按照"古籍点校条例"进行整理、标点、校勘，并撰写简明提要，对收入著作的作者生平思想、著作内容、版本源流、后世评价及影响作简单介绍。此次编纂出版的《国际儒藏·韩国编》，不仅对我国儒学界具有十分重要的积极意义，而且对韩国儒学界也具有非常重要的深远意义。

翻译和介绍韩国哲学名著一直是中国韩国哲学研究的重要组成部分，多年来我国学术界在韩国哲学著作译介方面不断有新的成果出现，取得了可喜的进展。

1997年社会科学文献出版社出版了三卷本《韩国哲学史》（上·中·下）。该书是韩国哲学会集全国的学术力量编写的迄今为止内容最为全面的《韩国哲学史》著作，中文版《韩国哲学史》的问世使我国学术界首次比较系统地了解到韩国哲学史发展全貌。

1998年我国学者翻译出版了两本韩国儒学研究名家的著作，即崔根德的《韩国儒学思想研究》（学苑出版社，1998年版）和尹丝淳的《韩国儒学研究》（新华出版社，1998年版）。两本译著的问世，给国内的韩国儒学研究学者提供了最新的韩国儒学成果。还有，卢仁淑的《朱子家礼与韩国之礼学》亦于2000年8月由人民文学出版社出版。

2008年"韩国名人名著汉译丛书"首批推出《韩国儒学与现代精神》[①]、《韩国儒学思想研究》[②]二种。该套丛书由中国社会科学院哲学所李甦平教授和韩国成均馆大学韩国哲学系的崔英辰教授任主编，遴选了当代韩国著名学者的代表作，从思想文化深层角度为我们展现了韩国的哲

---

① ［韩］柳承国：《韩国儒学与现代精神》，姜日天、朴光海等译，东方出版社2008年版。
② ［韩］崔英辰：《韩国儒学思想研究》，邢丽菊译，东方出版社2008年版。

学、宗教以及民俗等方面思想传统的生发流变过程。

柳承国是韩国著名的儒学思想研究大家，中文版《韩国儒学与现代精神》是从其两本韩文著作《韩国思想与现代》（韩国东方学术院，1988年版）和《东洋哲学研究》（韩国东方学术院，1983年版）中选取部分章节翻译的。该书围绕韩国儒学思想这一主题，通过大量的考古新资料、甲骨文献等，深入细致地阐述了韩国儒学思想形成的渊源，韩国儒学的历史发展、特性与社会功能，以及韩国儒学思想与现代社会等，对韩国儒学思想领域的诸多重大问题进行了独到而精湛的分析，从而揭示和展示了韩国儒学思想独有的人文魅力。全书共分4章：第一章为传统思想的根本探求；第二章为儒家思想形成的渊源探究；第三章为韩国儒学的特性与社会功能；第四章为韩国儒学思想的现代展望。其中，第二章"儒家思想形成的渊源探究"是其博士论文的部分内容，主要论述了尧舜的历史史迹与东夷文化的关系、商周时代征伐人方及文化交流的历史过程、中国古代文化及孔子的儒学思想对韩国传统文化的影响，以及韩国儒学的本质及其与中国儒学的文化同源性。作者指出，中国的儒学是在中国的环境下历史地发展而来的，韩国的思想是从古代东部社会原有生态上发展出来的。自古以来，韩中关系是历史地在相互交融的过程中，相互发生了影响发展而来的，在这个过程中又形成了各自独特的传统。他主张，韩国的思想在探索、开拓新局面的过程中，韩国儒学的方向需要的是回到儒学之根本精神，超越以往时代局限，追根溯源寻其本，而不应自缚于制度与文字字面上。作为儒学渊源的尧舜的历史实在与东夷文化的关系、殷周文化的传入与韩国古代社会的信仰等问题此前国内学术界甚少论及，该书的翻译出版为我国学界对此一问题的思考和进一步研究提供了有益的启示。

《韩国儒学思想研究》是一部系统研究韩国儒学思想发展的韩国当代知名学者崔英辰教授的代表性论著。作者以独特的问题意识和思维方式，对韩国儒学思想展开了深入考察和分析。全书由上、中、下三篇组成：上篇从儒学思想的本质出发，对儒学思想的核心概念如"仁""中""孝""道""善""性""神"等作了界定和分析；中篇重点考察了朝鲜朝儒学思想的发展演变，即依照前期与后期的时间划分，梳理和诠释了不同时期的儒学代表人物的思想，如前期的花潭、晦斋、退溪和栗谷，后期的巍岩、南塘、木山、芦沙以及实学家茶山和惠冈等，从中可窥视朝鲜朝儒学思想发展的特征以及儒学思想的本质是如何发展并重新构成为韩国思想的；下篇则申论现代韩国社会的儒教认识，对诸如儒学的现代化、亚洲价值的哲学反思、韩国社会的家族主义等作了细致的阐发和探讨。纵观全书内容可见，作者并未从整体上分析儒学思想，而是将焦点置于儒学思想所具有的"问题性"上，并据此提出自己独特的思想观点，基本体现和反映了韩国儒学界的当前水准。作者以为，朝鲜朝士大夫们用朱子学的理论体系批判佛教，逐渐树立了性理学的主导地位。在这一过程中朝鲜朝儒学逐渐具有了强烈的现实性和实践特征，四端七情论辩的发生与此不无相关。指出，朝鲜朝前期儒学的主题是"情"（即，四端七情论），后期儒学的主题则由心出发，发展到"性"（即，人物性同异论），人与人以及人与自然的关系问题。书中作者批判了以往学界对朝鲜朝儒学思想史的"主理与主气"的分类方式，并提出了富有创意的"离看与合看"的新方法。关于朝鲜朝儒学思想的分类，国内学术界曾大多沿用传统的"主理、主气"之分类法，该书"离看、合看"新研究方法的提出对我国学界韩国儒学研究方法的探讨亦有积极的借鉴意义。

上述两部著作与已被翻译出版的另外两位韩国儒学研究名家崔根德的《韩国儒学思想研究》[①] 和尹丝淳的《韩国儒学研究》[②] 一并成为我国学者了解和研究韩国儒学的重要参考资料。

除了儒学研究著作之外，其他具有较高学术价值的韩文哲学名著亦被翻译出版，如"文明互动丛书"推出的《韩文的创制与易学》[③]、《东西哲学的交汇与思维方式的差异》[④] 等。

李正浩著的《韩文的创制与易学》是一部韩国经典学术名著，早已被译成多国文字出版。该书以《周易》思想和韩国的《正易》思想为基础，深入探讨了"训民正音"的创制原理及其所含有的文化意蕴。众所周知，现今通行的韩语文字（"han - geul"）被称为《训民正音》，创制于1443年，由朝鲜朝第四代君王世宗（1418—1450年在位）创制，1446年正式颁布使用。它是现有世界上少数几种确知其创制年代和创制者的文字之一。但是，世宗创制《训民正音》之前，韩国曾使用中国的汉字。

---

① 崔根德：《韩国儒学思想研究》，学苑出版社1998年版。
② 尹丝淳：《韩国儒学研究》，新华出版社1998年版。
③ 李正浩：《韩文的创制与易学》，洪军译，河北人民出版社2006年版。
④ 宋荣培：《东西哲学的交汇与思维方式的差异》，朴光海、吕钼译，河北人民出版社2006年版。

新罗时期还曾借用汉字使用过"吏读",还使用过"口诀"。但是,这些都未能很好地发挥文字的作用。加上,汉字为表意文字,故以此来记录韩国语特有的语音存在一定的困难。世宗颁布《训民正音》之后,韩国语才有了属于自己的能够正确且自由书写自己语言的文字。

不过,对其起源和创制原理历史上曾有过多种解释。一种解释是,世宗创制《训民正音》模仿了汉字古篆、印度梵字、西藏文字、蒙古八思巴文字或其他西域文字;另一种解释是,《训民正音》是将韩国古代神代文字整理而成;还有一部分人则认为《训民正音》模仿窗棂和门扣儿而创制。直到1940年世宗创制《训民正音》时的原本《训民正音》(解例本)在韩国庆尚北道安东地区意外地被重新发现,人们才有机会了解到《训民正音》是模仿发出各个音素时的发音器官的形状制作而成,而且还认识到它的制字原理实则根于易理。

全书共分上下两篇。在上篇作者着重探讨了《性理大全》在韩国的流布过程以及对其进行研究的状况,并指出《性理大全》在创制《训民正音》的过程中发挥了十分关键的作用。另外,还阐述了世宗带领集贤殿学士们研究易理的状况以及世宗对易学、象数以及义理理论的应用与实践。还有,描述了构思二十八个字母的过程和《训民正音》的创制遵循"象形而字仿古篆"等原理的内容。下篇则着重讨论了二十八个字母的制字起源以及各字母所蕴含的哲学意义。作者认为,《训民正音》的纵向、横向调和原理与《周易》阴阳太极原理相同。《训民正音》的整体构成原理立足于《易》的构成原理,而且其制字过程还运用了《易》之太极、两仪、三才、四象、五行、八卦等原理。例如,作者认为元音字母"·—丨"分别代表天地人三才,即"·"表示"天","—"表示"地","丨"表示"人"。指出,《训民正音》出自天地自然之理,可以尽人间万事之致用,发挥开物成务之作用。因它出于天地自然之理——"易",故它又是归藏于天地自然之理的"易"之一种。该书中文版的问世,使我们有机会了解到韩文创制的原理以及韩国传统易学思想的特点。

当今世界虽然互联网等最新的交流通信网正以惊人的速度扩散,但是西方学者对东方文化传统的理解依然有限,而东方知识分子也只是无条件地学习和模仿西方的学术和文化,在与西方学者对话方面,不少东方知识分子感到十分无奈。因此,对东西方的知识分子来说,必须在"自我文化认同"的基础上,相应地理解对方的文化,并展开对话。而这种不同文化与文明间的对话，其必要性比人类历史发展的任何时期都来得迫切。宋荣培著的《东西哲学的交汇与思维方式的差异》是一部作者最近十年间在各种机缘下采用不同方式撰写的哲学论文集。不过，全书的中心话题则以主体问题意识为中心展开，即在西方哲学和西方思维方式支配的韩国的文化风土中，应该如何解读东方哲学，以及东方哲学应该为消除现代社会问题提供些什么。该书以韩国社会为例，对东西方哲学融合的可能性、哲学思维方式的差异以及儒家式现代化等问题进行了有益的探索。作者指出，文化并不是抽象的孤立不变的凝固的结晶体，而是在具体的生活现场，通过人们不断的相互接触和对话变化的"流动性现场的临时性结晶体"。因此，儒家式现代化和西方式现代化的问题并非谁代替谁的"非此即彼"的问题。

以上是近年来被翻译出版的比较有代表性的韩国哲学著作，此外不少译文还先后刊登在《世界哲学》《孔子研究》《国际儒学研究》《复旦大学韩国研究论丛》等刊物上。大量译著译文的出版发表，不仅有利于中国学者对韩国哲学界最新研究成果的了解，而且还有利于两国的学术文化交流与合作的进一步加强。

第七章　中韩日哲学比较研究

众所周知，传统时期中国在整个东亚文化圈中处于辐射源的地位，因此中国的韩国哲学研究比起韩国本土的韩国哲学研究带有更鲜明的比较研究特色。无论是人物研究还是学派研究，大多以中韩哲学比较以及中日韩哲学比较的视角来加以探讨。这是中国的韩国哲学研究的一大特点，也是一种创新。

在中韩日传统哲学比较研究方面的主要成果有：《中国、朝鲜、日本传统哲学比较研究》①、《中国、日本、朝鲜实学比较》②、《朱熹与退溪思想比较研究》③、《中韩宗教思想比较研究》④、《东亚儒家文化圈的价值冲突——以古代朝鲜和日本的儒家文化比较为中心》⑤ 等。

《中国、朝鲜、日本传统哲学比较研究》是一部论述与揭示中国的儒学、道教、佛教、朱子学、阳明学和实学在韩国和日本传播及其影响的哲学著作。该书的特点有：一是从宏观上论述和揭示了中国传统哲学在韩国、日本的传播与影响，并对其如何融会成为它们的传统哲学作了历史的和系统的理论总结；二是从微观上通过对中国各传统哲学在韩国、日本的传播、影响和特点的考察，既把握了韩国、日本的各传统哲学思想的来龙去脉和特点，又挖掘了两国传统哲学的价值取向；三是纵向论述与横向论述相结合，这有助于把握中国传统哲学在东亚哲学中的地位和作用。该书

---

① 朱七星主编：《中国、朝鲜、日本传统哲学比较研究》，延边人民出版社1995年版。
② 李甦平等：《中国、日本、朝鲜实学比较》，安徽人民出版社1995年版。
③ 张立文：《朱熹与退溪思想比较研究》，台湾文津出版社1995年版。
④ 金京振：《中韩宗教思想比较研究》，中央民族大学出版社2010年版。
⑤ 潘畅和：《东亚儒家文化圈的价值冲突——以古代朝鲜和日本的儒家文化比较为中心》，中国社会科学出版社2012年版。

出版后受到韩国学界的重视，1998年韩国艺文书院以《东亚传统哲学》为书名出版了该书的韩文版。

《中国、日本、朝鲜实学比较》一书，通过三国"实学"思想的比较研究指出了各自的特点。作者认为，以韩国朱子学为代表的韩国儒学文化功能和价值的变化，促进了韩国实学者的自我觉悟，使他们开始了价值观转向，而重于厚生，务于实证，为了强我之邦，富我之民，坚持实事求是的新思维方法。这种价值观念的转向，决定了朝鲜实学具有指向近代的重要意义。虽然由于历史的局限，他们尚未能提出"近代"的概念，但在当时封建末期的氛围中，他们所向往着的，其实正是通往近代的道路，并把韩国实学的本质特色归纳为"厚生实学"。

《中韩宗教思想比较研究》一书共分五章：第一章阐述了中韩原始宗教的主要思想、特点及作用并作了比较；第二章对中韩儒学（儒教）思想作了重点阐述并予以对比；第三章对中韩佛教思想作了重点论述并作了类比；第四章对中韩道教基本思想作了重点说明并阐述了它们之间的相同点和相异点；第五章阐述了中（台湾地区）韩新兴宗教的主要思想观点并在此基础上作了概括性的比较。书的最后附有相关的统计表，这些统计表对理解和研究中韩宗教思想的基本概况并进行比较研究具有一定的参考价值。

《东亚儒家文化圈的价值冲突——以古代朝鲜和日本的儒家文化比较为中心》一书则从文本层面和价值层面入手，对古代朝鲜和日本儒学的价值冲突进行了深层次的剖析和理论阐述，全书分为（孔孟）儒学传播、发展于朝鲜的历史过程及其特点；朱子学传播、发展于朝鲜的历史过程及其特点等数章内容。该书指出：东亚儒学文化圈主要由中国、日本、韩国构成，儒学的典型形态即为这三国的儒家文化形态。中国作为儒家文化的原创国，儒家文化博大精深；日本和韩国作为接受儒家文化的子文化，又恰好将儒学的价值理性和工具理性各自做了极大的发挥，从而将儒学内在的各种文本功能在不同的文化主体中做出了现实的不同诠释。而两国儒学的这种相异，主要源自两国不同主体所做出的不同的价值选择：如果说日本更多地崇尚技术文化而追求具体实力的提高，那么，韩国则偏重精神理念而追求普遍的个体人格的完成。由此，两国走出了以武士道和两班文化为各自特色的不同的文化发展道路。

《朱熹与退溪思想比较研究》一书则对朱熹与退溪二人的哲学思

想作了详尽的比较。此外,在人物思想比较研究方面的代表性论文则有:成中英的《李退溪的"四端七情"说与孟子、朱熹思想》①、张立文的《朱子与退溪、栗谷的道心、人心之比较》② 等。陈来的《李牧隐理学思想简论》③ 亦是以比较的角度对李穑的思想进行了分析,并指出其思想继承程朱理学思想的同时还受到元代理学发展的影响。

比较哲学作为研究东亚传统哲学思想的重要方法之一,具有理论的广度(横向比较研究)和理论的深度(纵向比较研究)的优势。通过比较研究我们可以得出相对客观、公允的结论。

新中国成立以来,尤其是中韩建交之后中国的韩国哲学研究取得了重大进展,硕果累累,出现了繁荣景象,呈现出如下特点:

首先,韩国哲学研究从个别思想家的研究转入对学派及其思想的综合性研究阶段。例如,《朝鲜哲学思想史》《韩国佛教史》《韩国实学思想史》《韩国儒学史》等成果的产生都表明韩国哲学研究已进入综合性研究阶段。

其次,韩国哲学研究已进入比较研究阶段。例如,《中国、朝鲜、日本传统哲学比较》《中国、日本、朝鲜实学比较》《中韩宗教思想比较研究》《朱熹与退溪思想比较研究》《朱熹与栗谷哲学比较》《戴震气学与丁若镛实学的近代性研究》等,都充分显示了我国在东亚传统哲学比较研究方面的实力。

再次,韩国哲学研究从个体攻关转入组织专门研究人员集体攻关的阶段。例如,8卷本《退溪全书今注今译》的出版、中文版《韩国哲学史(上·中·下)》的问世、中国人民大学孔子研究院主持的《韩国历代"四书"的注释集成》编校工程等,都大大加快了我国的韩国哲学研究步伐。

尽管我国的韩国哲学研究取得显著成绩,但是因研究起步较晚,整体上仍存在一些不足。这主要表现在:一是限于人力对韩国哲学远未做到深度介绍,今后要加大对韩文哲学经典著作的译介工作,使我国学界对韩国哲学乃至对东亚哲学有较全面的了解;二是还要加强反映韩国哲学理论特

---

① 成中英:《李退溪的"四端七情"说与孟子、朱熹思想》,《学术月刊》1988年第1期。
② 张立文:《朱子与退溪、栗谷的道心、人心之比较》,《浙江学刊》1992年第5期。
③ 陈来:《李牧隐理学思想简论》,《云南大学学报》2006年第4期。

色的论辩和问题的研究，力求客观和准确认识其主体性和独立性；三是有重大理论意义和社会影响力的研究成果尚不多见；四是在基本史料和文献的收集、整理和利用方面还存在薄弱环节，这也是今后要努力的方向。

参考文献

印度篇

崔连仲：《从吠陀到阿育王》，商务印书馆2001年版。

D. M. Dattan & S. C. Chatteyee：《印度哲学导论》，李志夫译，台北幼狮文化公司1974年版。

方广锠：《渊源与流变：印度初期佛教研究》，中国社会科学出版社2004年版。

郭良鋆、黄宝生译：《佛本生故事选》，人民文学出版社2001年版。

郭良鋆：《佛陀和原始佛教思想》，中国社会科学出版社1997年版。

何欢欢：《〈中观心论〉及其古注〈思择焰〉研究》，中国社会科学出版社2013年版。

弘学：《人间佛陀与原始佛教》，巴蜀书社1998年版。

黄宝生译：《薄伽梵歌》，商务印书馆2010年版。

黄俊威：《缘起的诠释史》，台湾圆光出版社1996年版。

黄心川：《印度哲学史》，商务印书馆1989年版。

季羡林：《三论原始佛教的语言问题》，《原始佛教的语言问题》，中国社会科学出版社1985年版。

李世杰：《印度奥义书哲学概要》，台湾佛教月刊社1965年版。

李志夫：《巴拉蒂特的哲学：印度吠檀多学派后期》，台湾商务印书馆1975年版。

李志夫译：《印度通史》（上下册），国立编译馆1983年版版。

李志夫：《印度思想文化史——从传统到现代》，台湾东大图书公司1995年版。

李志夫：《印度哲学及其基本精神》，台湾洪叶文化事业有限公司1999年版。

林煌洲:《印度思想文化与佛教》,台湾历史博物馆出版2002年版。
林煌洲:《印度思想文化与佛教》,台湾历史博物馆出版2002年版。
林镇国:《空性与现代性》,台湾立绪文化出版1999年版。
吕澂:《印度佛学源流略讲》,上海人民出版社1979年版。
糜文开:《印度文化十八篇》,台湾三民书局1977年版。
舍尔巴茨基:《佛教逻辑》,舒晓炜、宋立道译,商务印书馆1997年版。
沈剑英:《因明学研究》,中国大百科全书出版社1985年版。
石村:《因明述要》,中华书局1981年版。
孙晶:《印度吠檀多不二论哲学》,中国社会科学出版社2014年版。
孙晶:《印度吠檀多哲学史》,中国社会科学出版社2013年版。
孙晶:《印度六派哲学》,中国社会科学出版社2015年版。
孙晶译释:《示教千则》,商务印书馆2011年版。
惟善:《说一切有部之禅定论研究——以梵文〈俱舍论〉及其梵汉注释为基础》,中国人民大学出版社2011年版。
巫白慧:《印度哲学》,东方出版社1998年版。
巫白慧:《印度哲学与佛教》,中国佛教协会文化研究所1991年版。
巫白慧译释:《梨俱吠陀神曲选》,商务印书馆2011年版。
吴汝钧:《龙树中论的哲学解读》,台湾商务印书馆1997年版。
【日】辛岛升等:《印度河文明-印度文化之源流》,林煌洲译,"国立"编译馆1990年版。
杨东:《〈辩中边论〉思想研究》,宗教文化出版社2011年版。
杨惠南:《印度哲学史》,台湾东大图书公司1995年版。
杨曾文:《佛教的起源》,今日中国出版社1989年版。
姚卫群:《佛教般若思想发展源流》,北京大学出版社1996年版。
姚卫群:《佛教入门——历史与教义》,中国人民大学出版社2006年版。
姚卫群:《佛学概论》,宗教文化出版社2002年版。
姚卫群:《印度宗教哲学概论》,北京大学出版社2006年版。
印顺:《初期大乘佛教之起源与开展》,台湾正闻出版社1980年版。
印顺:《净土与禅》,台湾正闻出版社1963年版。
印顺:《说一切有部为主的论书与论师之研究》,台湾正闻出版社

1968 年版。

印顺：《印度佛教思想史》，台湾正闻出版社 1988 年初版。

印顺：《印度之佛教》，台湾正闻出版社 1985 年修订重版。

印顺：《原始佛教圣典之集成》，台湾正闻出版社 1971 年版。

周贵华：《唯识通论——瑜伽行学义诠》，中国社会科学出版社 2009 年版。

周贵华：《唯识心性与如来藏》，宗教文化出版社 2006 年版。

周贵华：《唯心与了别——根本唯识思想研究》，中国社会科学出版社 2007 年版。

日本篇

卞崇道：《融合与共生：东亚视域中的日本哲学》，人民出版社 2008 年版。

卞崇道：《现代日本哲学与文化》，吉林人民出版社 1996 年版。

陈秀武：《近代日本国家意识的形成》，商务印书馆 2008 年版。

冯天瑜：《新语探源》，中华书局 2004 年版。

郭连友：《吉田松阴与近代中国》，中国社会科学出版社 2007 年版。

蒋立峰、汤重南编：《日本军国主义论》，河北人民出版社 2005 年版。

刘岳兵：《日本近代儒学》，商务印书馆 2003 年版。

刘岳兵：《日本近现代思想史》，世界知识出版社 2010 年版。

刘岳兵：《中日近现代思想与儒学》，三联书店 2007 年版。

米彦军：《德富苏峰右翼思想研究》，中国社会科学出版社 2012 年版。

唐永亮：《中江兆民的国际政治思想》，社会科学文献出版社 2010 年版。

王屏：《近代日本的亚细亚主义》，商务印书馆 2004 年版。

王青：《日本近世儒学家荻生徂徕研究》，上海古籍出版社 2005 年版。

王青：《日本近世思想概论》，世界知识出版社 2006 年版。

王守华、卞崇道：《日本哲学史教程》，山东大学出版社 1989 年版。

王中江：《严复与福泽谕吉》，河南大学出版社 1991 年版。

《西方哲学史》,世界图书出版公司2009年版。

徐远和、李甦平、周贵华、孙晶主编:《东方哲学史》,人民出版社2010年版。

杨曾文:《日本佛教史》,人民出版社2008年版。

杨曾文:《日本近现代佛教史》,昆仑出版社2011年版。

以赛亚·伯林:《俄国思想家》,彭淮栋译,译林出版社2001年版。

赵京华:《日本后现代与知识左翼》,三联书店2007年版。

《中国的日本研究》,社会科学文献出版社1997年版。

《中国日本学论著索引》,北京大学出版社1991年版。

《中国日本学文献总目录》,中国人事出版社1995年版。

朱谦之:《日本的朱子学》,人民出版社2000年版。

朱谦之:《日本哲学史》,人民出版社2000年版。

朱谦之编著:《日本的古学及阳明学》,人民出版社2000年版。

朝鲜(韩)半岛篇

洪军:《东亚儒学研究新进展——第二届"国际儒学文化论坛"综述》,《哲学研究》2009年第1期。

洪军:《近年来韩国哲学研究新进展》,载《中国哲学年鉴》,《哲学研究》杂志社2009年版。

洪军:《中国的韩国儒学研究成果》,载韩国《儒教文化研究(国际版)》第11辑,2009年2月。

李甦平:《韩国儒学史》,人民出版社2009年版。

陆玉林:《东亚的转生——东亚哲学与21世纪导论》,华东师范大学出版社2001年版。

沈善洪主编:《韩国研究中文文献目录1912-1993》,杭州大学出版社1994年版。

石源华:《中国韩国学研究回顾与展望》,《当代韩国》2002年春季号。

徐远和、李甦平、周贵华、孙晶主编:《东方哲学史》,人民出版社2010年版。

中国社会科学院哲学所编:《中国哲学年鉴1995》,《哲学研究》杂志社 1996 年版。

中国社会科学院哲学所编：《中国哲学年鉴 1996》，《哲学研究》杂志社 1997 年版。

中国社会科学院哲学所编：《中国哲学年鉴 2007》，《哲学研究》杂志社 2007 年版。

朱七星：《中国的韩国哲学研究概况及其特点》，《当代韩国》1995 年第 2 期。

后　　记

本项目由中国社会科学院东方文化研究中心负责组织实施。各章执笔如下：
1. 序：孙晶
2. 印度篇：第一、二章 孙晶；第三章 赵梅轩；第四章 何欢欢
3. 日本篇：第一章 王青；绪论及第二、三章　贺雷
4. 朝鲜（韩）半岛篇：洪军